普通高等教育"十四五"规划教材

播音与主持艺术专业训练教材

播音主持语音发声训练教程

[第三版]

张 涵 ◉ 编著

BOYIN ZHUCHI
YUYIN FASHENG
XUNLIAN JIAOCHENG

[DI-SAN BAN]

中国传媒大学出版社
·北京

图书在版编目(CIP)数据

播音主持语音发声训练教程 / 张涵编著. -- 3 版. -- 北京：中国传媒大学出版社, 2022.1(2025.8 重印)
普通高等教育"十四五"规划教材　播音与主持艺术专业训练教材
ISBN 978-7-5657-3122-8

Ⅰ.①播… Ⅱ.①张… Ⅲ.①播音员—发声法—高等学校—教材　②主持人—发声法—高等学校—教材　Ⅳ.①G222.2

中国版本图书馆 CIP 数据核字(2021)第 274283 号

播音主持语音发声训练教程(第三版)
BOYIN ZHUCHI YUYIN FASHENG XUNLIAN JIAOCHENG(DI-SAN BAN)

编　　著	张　涵
策划编辑	赵　欣
责任编辑	赵　欣
责任印制	秦　英
封面设计	拓美设计
出版发行	中国传媒大学出版社
社　　址	北京市朝阳区定福庄东街 1 号　邮　编　100024
电　　话	86-10-65450528　65450532　传　真　65779405
网　　址	http://cucp.cuc.edu.cn
经　　销	全国新华书店
印　　刷	北京中科印刷有限公司
开　　本	787mm×1092mm　1/16
印　　张	18
字　　数	383 千字
版　　次	2022 年 1 月第 3 版
印　　次	2025 年 8 月第 3 次印刷
书　　号	ISBN 978-7-5657-3122-8　　定　价　58.00 元

本社法律顾问：北京嘉润律师事务所　郭建平

第三版修订说明

本书第一版 2011 年出版后,反响良好,被上百所高校选为相关课程的教材。2016 年出版第二版。

本次修订做了如下更新:一是使理论表述更加简洁明确,二是替换了部分字词、绕口令和句段,三是各章节均有局部增删和润色。

此次修订还会存在疏漏之处,恳请广大读者批评指正,以便下次修订予以改进。

目录

1	教材使用说明
1	**上编　普通话语音训练**
3	第一单元　普通话语音概说
3	第一节　语音导论
4	第二节　汉民族方言
7	第三节　普通话的科学概念
8	第四节　北京语系的特点
10	第五节　学习普通话应注意的问题
14	第六节　音素
15	第七节　音节
18	第八节　《汉语拼音方案》
22	第二单元　辅音和声母
22	第一节　辅音和声母概说
34	第二节　声母发音训练
54	第三节　声母辅助训练
70	第三单元　元音和韵母
70	第一节　元音和韵母概说
78	第二节　单元音韵母发音训练

92	第三节　复元音韵母发音训练
105	第四节　鼻韵母发音训练

120	**第四单元　声调**
120	第一节　声调的性质
121	第二节　普通话的调值和调类
123	第三节　声调的组词训练

160	**第五单元　语流音变**
161	第一节　轻声的变读
165	第二节　儿化韵
172	第三节　上声的变读
176	第四节　去声的变读
177	第五节　"一"字的变读
178	第六节　"不"字的变读
179	第七节　"啊"字的变读
182	第八节　词的轻重格式

189	**下编　播音发声训练**
191	**第六单元　呼吸控制**
191	第一节　呼吸器官机理和胸腹联合呼吸法
202	第二节　呼吸控制训练

第七单元　口腔控制
- 221　第一节　口腔机能及咬字器官配合要领
- 226　第二节　吐字归音
- 231　第三节　口部操

第八单元　喉部控制
- 234　第一节　喉部机能
- 238　第二节　声带的保健与训练

第九单元　共鸣控制
- 246　第一节　共鸣器官机制
- 252　第二节　共鸣控制训练

254　附录一　绕口令
268　附录二　传统贯口
273　附录三　60分钟练声方案

275　**主要参考书目**

276　**后　记**

教材使用说明

　　普通话语音课程是播音与主持艺术专业的一门主干专业基础课。该课程以科学语言观为指导,以国家语言文字政策法规为依据,系统地讲授普通话语音知识,着重训练学生普通话发音的基本技能,培养和提高学生普通话口语的实际应用能力,为其将来从事播音与主持工作奠定坚实的语音基础。

　　播音发声课程是以中国传媒大学播音主持专业理论教学体系为基本纲目,结合播音主持工作的用声实际,系统讲述播音主持艺术语言所依托、所必需的发声机理及训练技巧。该课程指导学生掌握积极有效的练声、练气的方法和技巧,培养学生进行艺术语言发声的能力,使学生基本掌握并熟练地驾控气息、声音、吐字及共鸣,为语言表达和专题文体播音的学习打下坚实的基础。

　　普通话语音课程和播音发声课程在专科中一般安排在第一学年的第一学期,在本科一般安排在第一学年,本科课时安排有可能会加倍,采取大课和小课相结合的授课方式,共104课时,其中大课32课时,小课72课时。建议每周开两次课,每次课4课时,104课时会在13个教学周进行完。每一单元的大课小课的课时分配见下表。

教学进度表

	教学内容	大课课时	小课课时
普通话语音训练	第一单元　普通话语音概说	1	
	第二单元　辅音和声母	8	12
	第三单元　元音和韵母	5	16
	第四单元　声调	1	4
	第五单元　语流音变	1	4
播音发声训练	第一单元　呼吸控制	4	16
	第二单元　口腔控制	4	8
	第三单元　喉部控制	2	
	第四单元　共鸣控制	2	4
综合训练	绕口令、传统贯口、古诗词、古文训练	3	8
	60分钟练声方案	1	
合计		32	72

特别说明：古诗词、古文的训练参见《古诗词诵读（第二版）》《古文诵读（第二版）》（均由中国传媒大学出版社2018年出版）。

上编

普通话语音训练

教学目的与要求：本课程共分理论大课与实训小课两部分。理论大课用时 4 周，16 课时；实训小课用时 9 周，36 课时；总用时 13 周，52 课时。

课程重点与难点：汉语普通话语音体系的 22 个辅音、21 个声母的发音部位和发音方法及发音要领及技巧；元音舌位的分布，对韵头、韵腹、韵尾的认识，10 个单元音、13 个复元音、8 个前鼻音、8 个后鼻音的发音要领及技巧；4 个声调的调类和调值及实际发音要领技巧；轻声、儿化、上声变化，"一""不""啊"变化、轻重格式等音变规律。

主要理论教学内容：大课理论教学分 5 个单元进行：

第一单元普通话语音概说：语音导论，汉民族方言，普通话的科学概念，北京语系的特点，学习普通话应注意的问题，音素，音节，《汉语拼音方案》。1 课时。

第二单元辅音和声母：辅音和声母概说，辅音发音的三个阶段，辅音的发音特点，辅音的分类，辅音与声母的异同，零声母，双唇音、唇齿音、舌尖中音、舌根音、舌面音、舌尖后音、舌尖前音的发音原理及技巧。8 课时。

第三单元元音和韵母：元音的性质，元音的特点，元音的分类，元音和韵母，单元音韵母、复元音韵母、前鼻音韵母、后鼻音韵母的发音原理及技巧。5 课时。

第四单元声调：关于声调，调值和调类，阴阳上去四个声调的发音要领及技巧。1 课时。

第五单元语流音变：轻声的变读，儿化韵，上声的变读，去声的变读，"一"字的变读，"不"字的变读，"啊"字的变读，词的轻重格式。1 课时。

主要实训教学内容：分组小课实训共 9 周，36 课时，分 4 个单元进行。具体切分如下：辅音和声母小课训练，12 课时；元音和韵母小课训练，16 课时；声调小课训练，4 课时；语流音变小课训练，4 课时。

小课实训分专业小课组在小课教室同时进行，由专业小课教师分组带训，主讲教师统筹督导。

专业小课教师根据大课讲述的理论原理和方法，针对每个学生在普通话发音上存在的不同情况和问题实施单兵教练，以提高发音的正确性和准确性为基点，以声韵母及声调训练为领帅，辅之以大量单字、双音节词、三音节词、四音节词，着重训练学生普通话语音发音的基本技能。

第一单元 普通话语音概说

教学目的:通过本单元的讲授,使学生基本了解汉语普通话语音的基本概念,认识到作为一名播音员、主持人学习掌握普通话语音知识的重要性,能从整体上理解和把握本课程的内容和要求。

教学要求:掌握语音基本知识、现代汉语七大方言区、普通话的科学概念、北京语系的特点、学习普通话应注意的问题、音素、音节、《汉语拼音方案》等。

重点难点:音素和音节概念的确立。

课时安排:大课1课时。

第一节 语音导论

语音是什么?回答这个问题似乎并不困难。照一般的理解,语音无非就是人在说话时发出的声响。但是,倘若我们站在语音学的角度总体透视和把握人类的语音现象,去科学地揭示其本质和内涵,上述的解释就显然不够了。一旦步入语音学这方天地,你就会自觉地从不同侧面去审视"语音"这种既简单又复杂、实践性极强的文化现象和理论体系。

声音,是物质运动的一种特殊表达方式。运动着的物体振动后会产生"声";声波传入人耳引起耳膜振荡,刺激听觉神经,于是"客体"的人就"听"到了声音。

物质世界,千姿百态;物质运动,千差万别。人类社会的分分秒秒都在同各种各样的音响打交道:风声、雨声、歌声、笑声、喇叭声、喊叫声等。这些大大小小、高低强弱、品色斑杂的声音汇织成了大自然和人类社会的生命乐章。只要有运动着的物质和介质存在,就会有永恒的音响,"万籁俱寂"不过是人们的主观臆想,事实上是不存在的,何况人的听觉仅限于16~20000赫兹之间,听不到的次声波和超声波同样也是一种客观存在呢!

声音,与人类朝夕相伴、互存共生。但是上面列举的声音现象并非全都是语音。语音首先是一种物质,发声是物质运动的特殊表现形式。

语音的内涵必须同时兼顾两个方面:其一,语音是在人的发音器官各部位的联合运作下完成的,它的形成和变化势必要受到生理机能的限制;其二,语音在具体运用中反映出特定的社会内容,不能游离具体的语言环境。两者相辅相成、互为条件,不可偏颇。

人的咳嗽声,虽然也是由人的发音器官发出的,但不负载社会意义,不过是为了某种生理需要、解除喉头发痒的负担而已。汽车鸣笛声、上下课铃声、军营的熄灯号、收音机报时,还有信号灯、旗语、电码、烽火、手势语等虽然也都具备了某种意义要素,而且在特定条件下作为交际信号也能发挥特有的效果,但这些声音不是发自人的器官,所以也不便和语音相提并论,只能被视为人类运用语言的辅助手段而已。

由此我们不难得出这样的结论:语音,是由人的发音器官发出的、负载一定社会意义的声音。

第二节 汉民族方言

语言是一种具有交际职能的工具,是全民族、全社会共享的财富。作为语言表现形式的语音自然也应当为全民族、全社会所共有、共享、共同理解、共同使用。

我们祖国幅员辽阔、人口众多,在960多万平方公里的土地上有56个民族,14亿多人口,这在客观上就决定了我国必定是一个语言十分复杂的国家。仅就汉藏语系中的汉语来说,根据现已掌握的方言材料,联系其形成和发展的缘脉,国内语言学界通常将现代汉语分为七大方言区,简述如下。

一、北方方言

北方方言(北方话或叫官话):以北京话为代表,是现代汉民族共同语的基础方言。其分布地域最广、使用人口最多。它以黄河流域为中心,东北至哈尔滨,西南至昆明,直线距离约3200多公里;东起南京,西至酒泉甚至乌鲁木齐,直线距离也不下2000公里。北方方言几乎纵横大半个中国,覆盖了汉族居住区的四分之三,使用人口约占汉民族总人口的70%以上。按照方言层次理论,汉语的几大方言都可以再细分成若干个次方言。北方方言就大致可分为东北、华北次方言区(北方话),西北次方言区(西北话),西南次方言区(西南话),江淮次方言区(下江话)。

北方方言总的语音特点是：(1)古浊声母今改读为清声。(2)声调一般分阴平、阳平、上声、去声4个，少数地区有5个或6个声调；入声字消失，分别归入舒声各调，个别地区保留的入声，韵尾大多收喉塞音。(3)鼻音韵尾只有n和ng两个。(4)多数地区不分尖团音。(5)许多地区有翘舌音zh、ch、sh。(6)多数地区有儿化韵。北方方言的多数词汇进入了普通话，成为普通话语词构建的基础。

二、吴方言

吴方言(江南话或江浙话)：历史上一般以苏州话为典型代表，主要分布在上海市、江苏省的长江以南、镇江以东地区(不包括镇江)和浙江省的绝大部分地区。吴方言的使用人口约占汉民族总人口的8.4%。

吴方言的主要语音特征是：(1)比较完整地保留了成套的古浊声母，而且界线十分清楚；(2)多数地区没有翘舌声母，一律读为平舌音；(3)有短促的带喉塞音性质的入声韵尾；(4)声调一般有7到8个，上声不分阴阳。

三、湘方言

湘方言(湖南话)：以长沙话为代表，是除西北角外洞庭湖以南的湖南省大部分地区人们所使用的语言。湘方言的使用人口约占汉民族总人口的5%。

湘方言语音的主要特点是：(1)部分地区保存了成套的古浊声母；(2)在开口、合口韵前，n、l不分，"南""兰"同音；(3)在撮口、齐齿呼前，有n、ng的区别；(4)f、h不分，"灰""飞"同音；(5)多数地区入声自成一类，声调短促；(6)声调一般有6到7个。

四、赣方言

赣方言(江西话)：以南昌话为代表，通用于除江西东北沿江和南部外的江西省大部分地区，也包括湖南省东南部一角。赣方言的使用人口约占汉民族总人口的2.4%。

赣方言的语音特点是：(1)浊塞音多读为送气的清塞音；(2)有些地方保留了古入声字的韵尾；(3)有n声母而没有l声母，"南"被读作"兰"。

五、客家方言

客家方言(客家话)：所谓"客家"是对原有的当地"土著"居民而言的，以广东梅州话为代表，主要分布在今广东、广西、福建、台湾、江西等省的100多个县，其中以广东的东部和北部、福建西部、江西南部、广西东南部最为集中。台湾的新竹、苗栗一带及湖南、四川也有客家话的分支,在海外也有布传。客家方言的使用人口约占汉民族总人口的 4%。

客家话的语音特点是:(1)只有平舌音 z、c、s,没有翘舌音;(2)韵母没有撮口呼;(3)保留古韵尾 p、t、k;(4)有 6 个声调,平声、入声均分阴阳。

六、粤方言

粤方言:当地人叫"白话",分布在广东东部、西南部和广西东南部的 100 多个市县以及海外某些华侨居住地(主要是美国和南美、南太平洋等地),美国纽约"唐人街"中的汉语基本上都是粤语。同时它也是香港、澳门同胞的主要语言。粤方言的使用人口约占汉民族总人口的 5%。

粤方言是语言学上的专有名词,并非完全等同于"广东方言"或"广州话",因为粤方言的分布已越出了现今的广东省界。同时,广东境内尚有客家方言、潮汕方言等几种与粤方言相差较大的方言存在。

七、闽方言

闽方言(福建话):现代闽方言的主要分布区域跨越四省,包括除闽西客家方言区外的福建省绝大部分地区,还包括广东东部的潮汕地区、海南岛和雷州半岛的大部分地区、浙江南部的温州一带、舟山群岛和台湾省的大多数汉人居住区。闽方言的使用人口约占汉民族总人口的 4.2%。由于北方移民入闽的路线不同,闽方言内部形成了古闽语的两大支派,即闽北方言区和闽南方言区。前者以福州话为代表,后者以厦门话为代表。福建倚山面海,地处东南一隅,历史上较少与外界往来,受北方方言的影响相对少些,较多地保留了古汉语的特点。

闽北方言的主要特点是:(1)没有声母 f;(2)没有翘舌音;(3)辅音韵尾有 ng、k;(4)有 7 个声调。

闽南方言的主要特点是:(1)有鼻声母的异化现象;(2)韵母没有撮口呼;(3)辅音韵尾有 m、n、ng、p、t、k,构成多种入声调;(4)声调有 7 个。

此外还有一些无从考证的读音,所以用普通话填词的歌曲都很难用闽方言演唱。

闽方言虽然受外界语言的影响不大,可它却随着几百万华侨薪传海外,散居在南洋群岛的华侨和苗裔祖祖辈辈都把闽语奉为自己的"母语"。

类比各种方言与普通话的距离,闽方言的距离最远、差别最大;粤、吴方言次之;湘、赣方言再次;北方方言中的东北、华北次方言比较接近于普通话。

第三节　普通话的科学概念

普通话是以北京语音为标准音，以北方话为基础方言，以典范的现代白话文著作为语法规范的现代汉民族共同语。它是1955年全国文字改革会议和现代汉语规范问题学术会议确定的，1982年载入宪法，在全国范围通用的中华人民共和国的标准语言。所谓"普通"，可以理解为"普遍""通用"的意思。它是全国通用的语言，而不是仅供某一个地区或部分群众使用的方言；是在某一种地域性方言的基础上经过科学加工后形成的规范化了的语言，不是人为拟构出来的，也不是几种方言简单勉强地杂糅拼凑起来的既非此又非彼的东西。

《中华人民共和国宪法》第19条规定：国家推广全国通用的普通话。普通话是以汉语授课的各级各类学校的教学用语；是以汉语传送的各级广播电台、电视台和汉语电影、电视剧、话剧必须使用的规范用语；是我国党政机关、团体、企事业单位干部在工作中必须使用的公务用语；是不同方言区以及国内不同民族之间人们的交际用语。

2000年10月31日，第9届全国人民代表大会常务委员会第18次会议通过的《中华人民共和国国家通用语言文字法》第19条规定：凡以普通话作为工作语言的岗位，其工作人员应当具备说普通话的能力。

《中华人民共和国广播电视管理条例》第36条规定：广播电台、电视台应当使用规范的语言文字。广播电台、电视台应当推广全国通用的普通话。

国家语言文字工作委员会、国家教育委员会、广播电影电视部于1994年10月30日联合颁发了《关于开展普通话水平测试工作的决定》（国语〔1994〕43号）。其中规定：掌握和使用一定水平的普通话，是进行现代化建设的各行各业人员，特别是播音员、节目主持人、教师、影视话剧演员以及国家机关工作人员必备的职业素质。因此，有必要对上述岗位的从业人员进行普通话水平测试，并逐步实行持等级证书上岗制度。

普通话是汉民族的共同语，是规范化的现代汉语，是全国通用的语言。共同的语言和规范化的语言是不可分割的，没有一定的规范就不可能做到真正的共同。普通话的规范指的是现代汉语在语音、词汇、语法各方面的标准。普通话水平测试是推广普通话工作的重要组成部分，是使推广普通话工作逐步走向制度化、科学化、规范化的重要举措。推广普通话，促进语言规范化，是汉语发展的总趋势。普通话水平测试工作的健康开展必将对社会的语言生活产生深远的影响。

第四节　北京语系的特点

每一种语言都有自己的特点。归纳整理某种语言所有的音素和各音素之间的组合规律构成了该语言的语音系统,简称为"语系"或"音系"。北京语系是北方方言的主干,又是现代汉语语系的主脉。普通话语音特点主要体现在北京语系的特点上。

北京语音较之其他方言更为简捷、清晰,音乐性和表现力都具有十分明显的优势。

一是,北京语音比起任何方言、古音都简约易学,清晰度高、辨识度强。语音的最小单位是音素。如果不做过细的分解,北京语音的音素只有32个,其中元音音素10个,辅音音素22个,它们分别在现代汉语音节中充当声母和韵母。北京语音的基本音节约计400个,即便给每个音节冠以声调,总数也不过1300多个。

北京语音除特殊的"轻声"外,音节的声调只有阴平、阳平、上声、去声四种,不像粤、吴、闽方言那样包括入声字在内有七八种之多。音节带有声调是汉语的一大特点和魅力。如果只有400个音节而没有声调,那么,汉语中的同音语素就会成倍增加,其交际功能会大受影响;反之,有了四个声调,汉语的构词能力就大大增强了。简单地说,普通话的语词和句子无非就是这些带有声调的1300个音节不同形式的往复排列组合而已。

北京语音的音节结构形式严整、认记方便,声母和韵母以不同质的相互间隔和联结,使得音节界限清晰而又容易形成节奏明快的语流,听起来富有节律性。除了少量以元音音素起头的零声母音节,绝大多数都是以辅音音素起头的有声母音节。辅音音素除了ng外,其余的都可以充当音节的声母。元音音素可以充当韵尾的只有i和u(o)两个。北京语音的音节不存在复辅音现象,不像现代英语那样,两个以上辅音联结成的辅音群可以任意出现在元音的前后。

在英语里,元音有长短之分,能够区别词义,如:[li:v]leave(离开)和[liv]live(住,生活),意思不同;在音节组合时,有的辅音不发音。这些在北京语音的组合中都不起作用,i就是i,它的音值除了在外化形式上的特殊需要外,书写形式与实际读音完全一致。

北京语音的发音方法和发音部位都是普通的、常见的,没有特殊的难以掌握的喉塞音、鼻化音、边擦音一类的音素。北京语音还没有尖团音之分,《汉语拼音方案》只规定了舌面辅音j、q、x可与舌尖前高元音i成拼,而原则上不允许舌尖前辅音z、c、s与i成拼。所以,也可以说北京语音里只有团音,没有尖音。

听人说话,口语中元音比辅音要响亮得多,声调给人的听觉刺激则更强一些。从听觉效果来看,是声调居先,元音次之,辅音更次。而北京语音又恰恰是带有声调、以元音为主的语音体系,所以它比起其他不具备声调、辅音较多的方言、古音、少数民族语和外来语,都简明清晰、说来易学、听来易懂,也便于计算机的语言合成。

二是,北京语音富有音乐性,抑扬交替、舒展明快、朗朗上口,最响亮的元音在音节组合中成为语言链的中流砥柱,由复合元音构成的音节更具优势,乐音比例大,没有短促音。

元音,是北京语音中的主要成分。汉语的音节可以没有辅音,但不能缺少元音。汉语的音节最多有4个音素,元音音素竟可多达3个,如:liáoliàng(嘹亮)、yuánshuài(元帅)。有的音节干脆只由元音充当,如:ā(阿)、ài(爱)。在400个基本音节中,开口呼音节几乎占到全部音节的半数,其中用 a 这个最响亮、最高亢、最有色彩的音素做主要元音的音节约有160个,占全部音节的40%以上。在全部音节中,由复元音组成的音节有159个。正是由于北京语音的元音多、开口呼多,所以听起来就显得清爽、明朗、悦耳、丰满,便于吟咏和入乐。

在阴、阳、上、去四种声调中,高音成分偏多。阴平调自始至终在五度高音区盘桓,阳平调的归音可以指向五度,去声调则从五度开始,上声调也最终必须达到四度,高、扬、转、抑都有显著的区别,这些都属于语言学上的"舒声",以其舒展、晓畅、柔和、婉转著称。构词中的"双声""叠韵"和"叠字"等手法,也是对北京语音律动感和音乐美特点的充分运用,再配之以四种声调,使人听来仿佛不是在说话,而是在歌唱。比如:"心明眼亮"(阴阳上去)、"战火连天"(去上阳阴)、"三三两两"(阴阴上上)、"狼吞虎咽"(阳阴上去)。

北京语音的声母虽有清浊之分,但颤动声带的浊辅音只有 m、n、l、r 四个,b、d、g、k 都已先后转化为清音了。浊音发音要求声带颤动,脑体共鸣,这是古代语音用以区别词性、词义的手法之一。现代汉语中清声与浊声的比例为4∶1,清声的优势也从另一方面强化了音节的清越明亮(不是低沉顿挫)之感觉。

三是,北京语音口语中有明显的"轻声"和"儿化"现象,它们可以协助区分词义和词性,这又使得北京语词的界限更加清楚,表现力更加精微、细腻、丰富、生动。如:花瓣儿、饭馆儿,若读成 huābàn、fànguǎn 就失去北京话的味道了。轻声的使用概率也是其他方言所不及的。虚词、助词、词尾等轻声与重读词的配合使用,使北京语音的句势更透出轻松活泼、和谐悦耳、情感浓郁之色彩。

总之,北京语音既清越又柔美,节奏明快洒脱,韵律婉转流宕,连读起来可如流水行云、宛然入耳,亦可大气磅礴、铿锵激越。在播音、主持、朗读、演讲、台词教学或日常口头交往中,如能张扬其特色和魅力,就可以使优美的书面文字锦上添花、声文并茂、美不胜收。

第五节　学习普通话应注意的问题

学习普通话,对于方言区的人来说,重点是学习北京语音。

一、北京话不完全等于普通话

我们强调以北京语音为标准音,是就其整个语音系统而言的,这绝不等于说北京话中的任何一个语音成分都是标准的。北京话并不完全等于普通话,北京话说到底也是一种方言。

(1)北京话里有许多土音,有相当浓郁的地域特征。比如,老北京人把连词"和(hé)"说成"hàn",把"比(bǐ)"说成"pǐ",把"蝴蝶(húdié)"说成"húdiěr",把"告诉(gàosu)"说成"gàosong",等等。这些土音客观上使得其他方言区学说普通话的人一时难以接受。

(2)北京话里还有一种"异读"现象,这几百个不符合规范的异读词至今仍保留在北京人的日常口语里。这些有异读的字虽然彼此不会引发歧义,但却不合于规范,不应提倡。

从1957年开始,国家语言文字部门对北京土话的字音进行了多次审订,制定了普通话的标准读音。因此,普通话的语音标准当前应该依据国家语委普通话审音委员会1985年公布的《普通话异读词审音表》以及国务院委托中国社会科学院语言研究所编纂的1996年版的规范了异读词读音的《现代汉语词典》。

这些有异读的字多反映在声调上。举例如下:

"附近"的"附",标准音应读去声 fù,北京话读上声;
"比较"的"较",标准音应读去声 jiào,北京话读上声;
"质量"的"质",标准音应读去声 zhì,北京话读上声;
"浙江"的"浙",标准音应读去声 zhè,北京话读阳平;
"供应"的"供",标准音应读阴平 gōng,北京话读去声;
"复杂"的"复",标准音应读去声 fù,北京话读上声;
"仍然"的"仍",标准音应读阳平 réng,北京话读阴平;
"结婚"的"结",标准音应读阳平 jié,北京话读阴平;
"教室"的"室",标准音应读去声 shì,北京话读上声;
"扼要"的"扼",标准音应读去声 è,北京话读阳平;

"燕山"的"燕",标准音应读阴平 yān,北京话读去声;
"脂肪"的"脂",标准音应读阴平 zhī,北京话读上声;
"几乎"的"几",标准音应读阴平 jī,北京话读上声;
"处理"的"处",标准音应读上声 chǔ,北京话读去声;
"乘客"的"乘",标准音应读阳平 chéng,北京话读去声;
"曲折"的"曲",标准音应读阴平 qū,北京话读上声;
"纤维"的"维",标准音应读阳平 wéi,北京话读阴平;
"虽然"的"虽",标准音应读阴平 suī,北京话读阳平;
"暂时"的"暂",标准音应读去声 zàn,北京话读翘舌的上声;
"因为"的"为",标准音应读去声 wèi,北京话读阳平;
"打扮"的"打",标准音应读上声 dǎ,北京话读阳平;
"档次"的"档",标准音应读去声 dàng,北京话读上声;
"冠心病"的"冠",标准音应读阴平 guān,北京话读去声;
"左邻右舍"的"舍",标准音应读去声 shè,北京话读上声;
"细菌"的"菌",标准音应读阴平 jūn,北京话读上声;
"侵略"的"侵",标准音应读阴平 qīn,北京话读上声;
"塑料""雕塑"中的"塑",标准音应读 sù,北京话读 suò;
"允许"的"允",标准音应读 yǔn,北京话读 rǔn;
"按摩"的"摩",标准音应读 mó,北京话读 mō;
"恶劣"的"劣",标准音应读 liè,北京话读 lüè;
"气馁"的"馁",标准音应读 něi,北京话读 nuǐ;
"告诉"的"诉",标准音应读 su,北京话读 song;
"波浪"的"波",标准音应读 bō,北京话读 pō;
"果脯"的"脯",标准音应读 fǔ,北京话读 pǔ;
"称职"的"称",标准音应读 chèn,北京话读 chèng;
"逮住"的"逮",标准音应读 dǎi,北京话读 dēi;等等。

(3)就词汇标准来说,北京话作为北京地区的方言,也不可避免地要夹带一些土得掉渣儿的老语词。老北京话中就有"睒睒""老爷儿""撒丫子""颠儿了""填巴肚子""格涩""奘"等。近年来,北京青年口中的"份儿""份儿大""拔份儿""关的""撮一顿儿""栽了""铁着呢""侃大山""盖帽儿了""官盖了""大款儿""款儿姐""分分钟""渗"等新俚语,切口不固定,常有变异,不具备典型性,也同样不能作为"标准"推广。

(4)在现代北京话中,"儿化"和"轻声"失之过多,尤其突出表现在一些女青年口中。不起区别词性、词义作用和语法作用的儿化和轻声,只能造成音节界限和音值音量的弱化和流走,语流快且柔和,使口语含混不清,这些都是语言学家已经察觉并且关注了的现象。

我们认为,以上这些琐细的语音区别和不成规律的声音形式以及言语习惯,只能局限在北京地区使用。北京语音作为全国的标准音,有必要对北京语系进行认真分析,严格甄别,仔细筛选,依据一定的标准取舍,摒弃淘汰特殊的土音土语,以保持普通话语音的纯洁性。

二、学习普通话,还须注意对汉语词汇的综合运用

在词汇方面,普通话以北方方言为基础。但是,北方方言区地广人多,北方词汇都进入普通话是不现实的。和语音相比,北方方言的词汇淘汰比率更高一些。

北方方言使用范围最大,占全国地域的四分之三,使用人口占70%以上。其中,东北、华北次方言区就包括东北三省、河北、北京、天津、山东、河南等省市及内蒙古的一部分;西北次方言区包括山西、陕西、甘肃等省份及青海、宁夏、新疆、内蒙古的一部分;西南次方言区包括四川、云南、贵州等省份及湖北的大部、广西西北部和湖南西北角等地;江淮次方言区包括安徽、江苏两省的长江以北地区及镇江以东的长江南岸沿江一带。这种复杂的地理格局使得北方方言的复杂程度超过了世界上任何一种语言。且不说各个次方言区的分歧,就是县与县、乡与乡之间在发音、用词上也不尽相同。正所谓"三里不同俗,十里不同音"。陕西称"妻子"为"婆姨",四川称"妻子"为"堂客";华北的"馄饨",四川叫"抄手";河南的"锅魁",是山东的"壮馍";山东的"盖体",辽宁以"被罗儿"称;哈尔滨的"老疙瘩""白话""邪乎""埋汰",江淮人是难以听得明白的;北京的"老爷儿""闷兜儿蜜"更难为云贵川人所猜中。类似这些地方色彩极浓的语词,只能在狭小的圈域里使用。因此,在确定普通话词汇时遵循的一般原则是:择取生命力强、使用范围广、有代表性、比较通用的词作为标准,摒弃那些土俗生僻的词汇。对于同一事物各个地区的不同称谓,哪一个有资格进入普通话,也要经过比较、甄选后确定取舍。

例如:北方话中的"玉米""玉麦""玉菱""棒子""苞米""苞谷""老玉米""珍珠米"等都是指可供食用或制成淀粉的一年生草本植物,普通话只取"玉米"一词代而表之,其余的则作为方言词存在。

北方话中,对于一种地下块茎肥大,可供食用的一年生草本植物,不同地区分别用"马铃薯""土豆""地蛋""洋芋""山药蛋"等称呼,普通话中收用了"土豆"和"马铃薯"两个词,前者用于口语,后者系学名。

普通话的词汇主要是以北方方言为基础的,但也不排除吸收其他语言(包括方言)的精华通用部分,来充实丰富自己的语库。

普通话词汇的来源主要有以下几个渠道:(1)如"搞""垃圾""尴尬""晓得""名堂"

"噱头"等源于南方方言;(2)如"阁下""夫人""诞辰""逝世"等源于古语词;(3)如"沙发""咖啡""科学""民主""蒙太奇""马赛克"等源于外来词;(4)如"哈达""阿訇"等源于少数民族语。不过,在外来词中有些音译词已逐步地被意译所取代,像"梵阿铃"被"小提琴"取代,"麦克风"被"话筒"取代,"德律风"被"电话"取代。普通话所选择的词汇,一般都是流行较广而且早就用于书面的词语。近年来,国家语委正在组织编写《现代汉语规范词典》,将对普通话词汇进一步作出规范。

三、学习普通话要注意语法方面的规范化要求

学习普通话固然要重点学习北京语音,使用标准的词语,同时也不能忽略语法方面的规范化要求。普通话是以典范的现代白话文著作为语法规范的。所谓"典范的现代白话文著作"指的是具有广泛代表性、在遣词造句行文方面堪称楷模的、可以师法的、与口语基本相合的书面形式作品。如:《宪法》、中央文件、《人民日报》社论等。所谓"现代白话文",要求既是"白话"的又是"现代"的,在这个概念里应当排除"五四"以前的早期白话文。语言是在不断发展的,每个时代的作品都会不同程度地烙下自己的印记。早期的白话文著作,如《红楼梦》等,尽管是千秋不朽之作,但有不少地方显然早已无法合于现代的语法标准和当今社会言语习惯了,今人读《红楼梦》觉得费解或者别扭,这与语法方面的距离不无干系。讲到语法规范,还必须是典范的一般用例,即最有普遍性的用例。扬弃特殊的和某些不健康的用例,也当成为语法规范化的一条原则。典型的古代文法、欧式语法以及方言语法都是不可取的。

典范的现代白话文著作都是用普通话即现代汉民族的共同语写就的书面形式,是经语言巨匠们精心加工提炼出来的书面语言,所以,它与"以北方话为基础"的原则并无矛盾,只是进一步明确了规范,提出了易于掌握的标准罢了。

近一二十年来在影视或戏剧舞台上,在某些小说家的笔下,泛起一些以乡音土语为时髦的现象,有些僻陋、粗俗、下流、村野的词汇堂而皇之地登上了大雅之堂,有的人讲话以夹带文言为荣耀,也有的人以操港台话为开明。这样一来普通话就不"普通"了,即使掌握了北京语音,如果仍然使用方言词语或古词语,不注意现代汉语语法的规范性,也是断然学不好普通话的。

我们知道,任何一种语言的构成都离不开语音、词汇和语法三个要素,普通话也是这三位一体的高度结合。不要一提及普通话就把自己框限在北京语音的圈子里,而忽视对词汇和语法的学习。事实已经证明而且还将继续证明,语音的标准和周正只是迈出了普通话学习的第一步,若是仅仅匡正了语音,仍旧用方言词汇来遣词造句,用普通话的语音生拼地方的僻字土语,反而更会给人半生不熟的感觉,这种简单的"嫁接"也是无法将普通话学得地道的。因此在学习普通话时,语音、词汇、语法要三者兼顾,不可偏颇。

第六节 音素

日常生活里,人们说出的每句话都是由若干个音节按照一定的结构方式组合而成的。但是,音节毕竟不是发音时最终的动作单位,语音研究者通过进一步观察又发现并证实了音节是若干个更细小的语音动作的联合体。语音学上把这种从音节中分析得到的最小的语音动作元素称为"音素"。譬如:"香"这个音节,用汉语拼音标写的形式是:xiāng,我们依据已有的知识又可以把它进一步析出 x、i、a、ng 四个音素。"普通话"是三个基本的意义单位,用汉语拼音标写为 pǔ—tōng—huà。如果再继续划分下去,还可以得到 p、u、t、o、ng、h、u、a 八个有特色的动作单位,每个动作单位就是一个音素。

汉语普通话的音素共有 32 个。依据其内在特性可分为元音音素和辅音音素两个大类。

元音发音时,从肺部呼出的较平缓的气流和音波通过喉部时使声带随之颤动,在咽腔和口腔不受任何阻碍。普通话里的 10 个元音音素是:a、o、e、i、u、ü、ê、er、-i(前)、-i(后)。

辅音发音时,从肺部呼出的强气流在口腔会受到不同部位、不同方式、不同程度的阻碍,必须排除阻碍才能发出口外。普通话的 22 个辅音音素根据成阻部位从口腔前部往后依次排列是:b、p、m、f、z、c、s、d、t、n、l、zh、ch、sh、r、j、q、x、g、k、h、ng。

音素,是从语音四要素中"音色"的角度划分得到的。在这里无须顾及它的音高、音强、音长如何,汉语中"衣"和"椅"的发音显然不同(除了音高外,音强和音长也不尽相同),但它们的声音本质却是相差无几的,都是由单元音 i 构成的。

音素和字母的关系:音素是音节分解到不能再分了的实体单位,是内容和实质;字母则是书面符号,是表象和形式。尽管字母从某种程度上可以反映出音素的性质,但二者毕竟不是一个概念。有时候,音素由一个字母单独标示,如:f、e、x 等;有时候一个音素由几个字母集合起来标示,如:zh、ch、sh、ng、er。前者叫单字母音素,后者叫双字母音素。不论单字母音素还是双字母音素,发音时口腔内自始至终只允许有一个动作,一旦发生了动作的变形和延续,那就不止一个音素了,很可能是两个音素甚至 3 个或 4 个,这是汉语音素的一个极为重要的特点。英语有 48 个音素,元音音素中除了 12 个单元音,还有 8 个双元音音素。汉语理论不认为双元音也是音素,因为双元音是两个元音发音动作的集合体,每个双元音里都有两个音素,它们还可以继续划分下去。这种双元音现象汉语中也有,如 ai、ei、ao、ou、ia、ie、ua、uo、üe 九个二合元音,我们称它们为"复合元音",与英语里的双元音是有区别的。

音素,如同一块块砖石,是语音的基本建构材料。任何一个汉字都是由一个或若干个音素组成的,若想把每一个字音发得准确有力,使之符合艺术语言的要求,就要把组成它的每一个音素发得瓷实。从某种意义上说,学习普通话就是训练这32个音素的吐字归音技巧,掌握它们之间各种不同的结构规律。有理由认为,音素基本功是叩开语言艺术大门的第一块敲门砖,经过千锤百炼,过了音素关,才有资格进入下一阶段字、词、句的训练。在朗读、播音主持工作中,处理好句子固然重要,但是,语句的完整性是建立在语音清晰、发音准确的基础上的,舍此,任何创作都无从谈起。由此可见,音素训练是语言学习的先导,锤炼和夯实每一个元音和辅音的掌握情况是一切字、词、语句乃至篇章准确发音的最根本的保证。任何因音素训练单调枯燥而轻视或放弃者,都根源于视野的盲区,也无望进入艺术语言创作的最高境界。

第七节 音节

说话,音从口出。生活中我们要完整地表达一个意思,都是以具体的语句为单位的;语句又都是由若干个词按一定的语法规则排列组合起来的。词在声音方面包含了许多由一群群音素结缀成的语音片段,这种人们自然感觉到的一小组一小组的语音片段,就是"音节",或者叫"音段""音缀"。

音素是语言学界为了研究的需要,从音色角度划分出来的最小的语音单位,而不是人们听觉的直接感应。音节才是人们平时接触得最多、最自然的语音结构单位,几乎所有的人都能感觉出它们一个个的分立存在。就汉语而言,音节的形成都是处在音节起始位置的音素肌肉紧、气流强;处在末尾的音素肌肉松弛、气流弱;夹于中间位置的元音音素开口度最大、洪亮度和听感点最高。譬如:"包 bāo"字,发起头的辅音 b 时,肌肉紧张、气息强;待过渡到中间的元音 a 时肌肉稍微松弛,气息平和稳定,响度渐强;发结尾的元音 o(u)时,气息和音量都必须弱下去,肌肉趋于放松。另外,"晚安(wǎn'ān)""西安(xī'ān)""雨夜(yǔyè)""就要(jiùyào)",这四个词我们之所以没把它们念成一个音节(wǎn)、(xiān)、(yuè)、(jiào),也同样是因为前者是两个音节,发音时肌肉紧张增强了两次,后者是一个音节,发音时肌肉只紧张增强了一次。普通话中的每个音节都是这样由紧肌肉、强气流、大音量开始,到松肌肉、缓气流、小音量结束的,包括结构最简单的由单元音音素构成的零声母音节。据此,我们可以这样界定音节的概念:音节的界限就在前一个音素的紧张衰减、后一个音素的紧张增强之间。

汉语普通话的音节,实际上经常运用的大约有400个(声调的差别未计算在内)。

它们是由 21 个声母与 39 个韵母按一定的规律拼合后得到的结果。

汉语的音节结构比较简单。按汉语音韵学的传统习惯，一般都将一个音节分为声母、韵母和声调三部分。这三部分是一个音节的整体，离开了任何一部分都无法形成完整的字音。有的语音学家又把韵母进一步分为韵头、韵腹和韵尾三个支干，并分别喻之为"颈""腹""尾"。加上声母（被喻为"头"）和声调（被喻为"神"），这样一个音节就有了"头""颈""腹""尾""神"五部分。形象化的比喻有助于初学者对音节各部分职能特点的深入了解和掌握。

声母是一个音节起头的辅音音素。在 22 个辅音中除了 ng 只作韵尾外，其余 21 个都能在音节中充当声母。声母虽然不是音节的必备成分，但绝大多数音节都以它起头，它对于一个音节的清晰、完整，出字的正确有力起着"引领"和"审理"的作用。

韵头，就是通常说的"介音"。它介于声母和韵腹之间，表示声母除阻后紧跟着韵母舌位的启动，从而将肌肉紧张的声母的发音动作引介到主要元音的发音动作上，在中间过渡环节中充当具有中介作用的桥梁。韵头只由高元音 i、u、ü 担任，发音状态短而紧，舌位动程由此开始。如："监管员 jiānguǎnyuán"中的 i、u、ü 都是韵头。

韵腹，又叫"主要元音"，是音节中必不可少的，听感上最响亮、最显著的主体部分。10 个单元音一般都可做韵腹。如："高兴 gāoxìng"两个音节，由 ɑ 和 i 分别充当韵腹。元音 ê 做韵腹时，须在前面加上高元音 i 或 ü 组成 ie 或 üe 式的复合韵母使用。如："解决 jiějué"。

韵尾，也叫"字尾"，是一个音节的收束部分，发音短弱，肌肉松弛，听感模糊。韵尾只由元音 i、o(u) 和辅音 n、ng 充当。i、u 叫元音韵尾，n、ng 叫辅音韵尾。韵尾也不是音节的必备成分，像"血液 xuèyè"两个音节就没有韵尾，而由韵腹兼任。这样的开尾音节在汉语里不多见。

声调，又称"字调"，指的是音节高低升降、曲直长短的变化形式。普通话的音节有阴平调(55)、阳平调(35)、上声调(214)、去声调(51)四种。除了"轻声"外，任何一个音节都有声调。音节有声调的变化是汉语的一大特点，英语就没有声调，只有重音和语调。

一个标准音节应该是同时具备声母、韵母和声调三个部分的。换言之，由声母、韵头、韵腹、韵尾、声调共同构成的音节才算标准音节。但这并不等于说每个音节非要由这五部分构成不可，事实上，在 400 个基本音节中，"五脏"俱全的不过才 50 来个，占 10% 多一点，其余绝大多数音节则不是缺"头"就是无"尾"，有的干脆连声母都没有。最简单的音节只有一个音素，有的 2～3 个，最多不超过 4 个。

一个音素独立构成音节时，这个音素一定是单元音音素，司韵腹职能。这样的单元音音节有：ɑ、o、e、i、u、ü、er 七个。

两个音素构成音节时，有三种情况：(1)由两个元音组成，即二合元音，有以下 8 种形式：ai、ao、ou、ia、ie、ua、uo、üe。(2)一个辅音声母，后加一个元音做韵母，没有韵头和韵尾。普通话里约有70多个这样的音节,如:ba、ji、zhu等。(3)一个元音做韵腹,后加一个辅音(n、ng)做韵尾,有an、ang、en、in、ing、ün六种音节形式。

由三个音素构成的音节,情况最复杂。(1)由三个单元音组成,即三响复合元音或叫中响复合元音,有uai、uei、iao、iou四种形式。(2)两个辅音中间夹着一个元音,大约有一百零几个这样的音节,如:jin、zhan、hang等。(3)两个元音后面加一个辅音韵尾,有8种音节形式,它们是uen、uang、ian、iang、uan、üan、ueng、iong。(4)一个辅音音素后加两个元音音素,大约有90多个这样的音节,如:hai、guo、shou等。

四个音素组成的音节有两种情况:(1)两个辅音音素中间夹着两个元音音素,这样的音节形式约有40多个,如:chuang、qiong、bian等。(2)一个辅音音素后加3个元音音素,如:biao、guai、xiao等,这类形式的音节不超过20个。

假如我们将音节的声调设定为阴平,有声母的用h充当,韵腹都用a来充当,韵尾用n充当,那么,就可以将普通话音节的结构方式列表如下(见表1):

表1 普通话音节结构表

例字	声母	韵母			附注
		韵头	韵腹	韵尾	
啊			a		缺声母、韵头、韵尾
哈	h		a		缺韵头、韵尾
挖		u	a		缺声母、韵尾
花	h	u	a		缺韵尾
安			a	n	缺声母、韵头
弯		u	a	n	缺声母
酣	h		a	n	缺韵头
欢	h	u	a	n	齐全

从以上音节结构的分解情况,我们不难归纳出汉语音节建构的基本特点:(1)单元音韵母(除舌尖元音韵母外)、复元音韵母和带鼻音的韵母都可以自成音节,这类音节没有声母,叫"零声母音节"。(2)韵腹和声调是音节必不可少的成分,有的音节没有声母,也没有韵头和韵尾,但必须有韵腹。(3)汉语的音节都是由音素构成的,多达4个,少则一个,这些音素可以完全是元音,也可以是元音加辅音构成,但却没有仅仅靠辅音描写的音节。(4)音节中可以没有辅音,却绝不能缺少元音,三个元音排列时,分别充当韵母的头、腹、尾。(5)有辅音的音节,辅音只在开头或字尾出现,没有两个辅音连排的复辅音现象。

汉语的音节比较容易辨析。一般的划分标准是:一个汉字书写起来就是一个音节。如:"我们学习普通话"七个汉字,用汉语拼音文字写来就是wǒmen xuéxí pǔtōnghuà七个音节。

但是,在语言的具体运用中,有时也会遇到困难。

困难之一，过去曾有过两个音节用一个汉字表示的情况，如：qiānwǎ（瓩）、hǎilǐ（浬）、yīngcùn（吋）等。类似这样的汉字今已淘汰，因为它与汉语"一个音节一个汉字"的原则不符，代之被启用的是"千瓦""海里""英寸"。不过这些已被弃置的汉字至今仍存留在一些人的书写习惯里。

困难之二，由于普通话语音中"儿化"现象的存在，也有两个汉字表示一个音节的情况。如："花儿—huār""尖儿—jiānr""猫儿—māor"等。从实际发音观察，发这些词时，整个词的发音器官只紧张了一次，"r"只是表示元音的卷舌动作符号，代表不了一个音素或音节，稍稍具备语音知识的人是不会将卷舌符号 r 与辅音音素 r 混为一谈的。另外，r 作为辅音充当声母时也只在音节的开头出现，后面必须配以韵母，而作为卷舌符号它只依附在音节的末尾，根本不会出现在音节的开头位置，二者似乎又不难区别。

还有一点应当要注意，那就是音节在快速连续语流中的变异现象。如"我们"一词，原汉语拼音形式是 wǒmen，说快了就变成了 wǒm，"什么"读快了，shénme 就成了 shénm；北京口语中的"言语"读快了就成了 yáni 了。这种因快速、连读而不自觉地把第二个音节的韵母或韵尾读丢了，把声母归并到第一个音节上去的现象有其存在的合理性。对于这种"音变"现象从理论上还有待于进一步的认识和研究。

第八节 《汉语拼音方案》

《汉语拼音方案》是中华人民共和国的法定拼音方案。1955—1957 年由中国文字改革委员会汉语拼音方案委员会研究制定，1957 年 11 月 1 日国务院全体会议第 60 次会议通过，1958 年 2 月 11 日第一次全国人民代表大会第五次会议批准公布，1982 年国际标准化组织承认为拼写汉语的国际标准。

1949 年成立的"中国文字改革协会"、1952 年成立的"中国文字改革研究委员会"，就在讨论民族形式的拼音方案。1954 年 12 月国务院成立"中国文字改革委员会"，1955 年组织"拼音方案委员会"，由吴玉章、胡愈之任正副主任，黎锦熙、罗常培、丁西林、王力、吕叔湘、周有光等为委员，研究确定拼音方案采用拉丁字母。1956 年 2 月，拉丁字母的《汉语拼音方案》第一个草案发表，使用了 6 个新字母。经过征求全国意见和国务院"汉语拼音方案审订委员会"的审订，1957 年 10 月拼音方案委员会又提出完全采用拉丁字母的修正草案，也就是今天的《汉语拼音方案》。

《汉语拼音方案》是给汉字注音和拼写普通话语音的方案。该方案采用拉丁字母，并用附加符号表示声调，是帮助学习汉字和推广普通话的工具。从 1958 年秋季开始在全国小学教学。小学生入学先学汉语拼音字母，然后用拼音字母帮助识字。同时在推广普通话和外国人学习汉语方面,采用汉语拼音字母作为学习的工具。

现在拼音字母已经普遍用于字典、词典的注音,用于各种产品的型号标记,用于辞书和百科全书的条目排列顺序,用于书刊的索引,用于视觉通信和无线电报,用于聋人的手指字母。1977年联合国地名标准化会议采用拼音字母作为拼写中国地名的国际标准。1982年国际标准化组织采用拼音字母作为拼写汉语的国际标准。中国对外书报文件和出国护照中的汉语人名地名一律用汉语拼音字母书写。

实行汉语拼音的目的有三:一是为汉字注音;二是推广普通话;三是进行拼音文字的试验工作。

《汉语拼音方案》的特点:(1)只用国际通用的26个字母,不增加新字母;(2)尽量不用附加符号(只用了两个附加符号);(3)尽量不用变读;(4)采用 y、w 和隔音符号"'"来隔音;(5)采用四个双字母 zh、ch、sh、ng;(6)采用四个声调符号来表示阴平、阳平、上声、去声四个调类;(7)采用拉丁字母通用的字母表顺序,并确定了汉语拼音字母的名称。

《汉语拼音方案》包括五个部分:字母表、声母表、韵母表、声调符号、隔音符号。

附:汉语拼音方案

一、字母表

字母	名称	字母	名称
Aa	ㄚ	Nn	ㄋㄝ
Bb	ㄅㄝ	Oo	ㄛ
Cc	ㄘㄝ	Pp	ㄆㄝ
Dd	ㄉㄝ	Qq	ㄑㄧㄡ
Ee	ㄜ	Rr	ㄚㄦ
Ff	ㄝㄈ	Ss	ㄝㄙ
Gg	ㄍㄝ	Tt	ㄊㄝ
Hh	ㄏㄚ	Uu	ㄨ
Ii	ㄧ	Vv	ㄪㄝ
Jj	ㄐㄧㄝ	Ww	ㄨㄚ
Kk	ㄎㄝ	Xx	ㄒㄧ
Ll	ㄝㄌ	Yy	ㄧㄚ
Mm	ㄝㄇ	Zz	ㄗㄝ

v 只用来拼写外来语、少数民族语言和方言。

字母的手写体依照拉丁字母的一般书写习惯。

二、声母表

b	p	m	f	d	t	n	l
ㄅ玻	ㄆ坡	ㄇ摸	ㄈ佛	ㄉ得	ㄊ特	ㄋ讷	ㄌ勒
g	k	h	j	q	x		
ㄍ哥	ㄎ科	ㄏ喝	ㄐ基	ㄑ欺	ㄒ希		
zh	ch	sh	r	z	c	s	
ㄓ知	ㄔ蚩	ㄕ诗	ㄖ日	ㄗ资	ㄘ雌	ㄙ思	

在给汉字注音的时候,为了使拼式简短,zh ch sh 可以省作 ẑ ĉ ŝ。

三、韵母表

	i ㄧ 衣	u ㄨ 乌	ü ㄩ 迂
a ㄚ 啊	ia ㄧㄚ 呀	ua ㄨㄚ 蛙	
o ㄛ 喔		uo ㄨㄛ 窝	
e ㄜ 鹅	ie ㄧㄝ 耶		üe ㄩㄝ 约
ai ㄞ 哀		uai ㄨㄞ 歪	
ei ㄟ 欸		uei ㄨㄟ 威	
ao ㄠ 熬	iao ㄧㄠ 腰		
ou ㄡ 欧	iou ㄧㄡ 忧		
an ㄢ 安	ian ㄧㄢ 烟	uan ㄨㄢ 弯	üan ㄩㄢ 冤
en ㄣ 恩	in ㄧㄣ 因	uen ㄨㄣ 温	ün ㄩㄣ 晕
ang ㄤ 昂	iang ㄧㄤ 央	uang ㄨㄤ 汪	
eng ㄥ 亨的韵母	ing ㄧㄥ 英	ueng ㄨㄥ 翁	
ong (ㄨㄥ) 轰的韵母	iong ㄩㄥ 雍		

(1)"知、蚩、诗、日、资、雌、思"等七个音节的韵母用 i,即:知、蚩、诗、日、资、雌、思等字拼作 zhi,chi,shi,ri,zi,ci,si。

(2)韵母儿写成 er,用作韵尾的时候写成 r。例如:"儿童"拼作 ertong,"花儿"拼作 huar。

(3)韵母ㄝ单用的时候写成 ê。

(4)i 行的韵母,前面没有声母的时候,写成 yi(衣),ya(呀),ye(耶),yao(腰),you(忧),yan(烟),yin(因),yang(央),ying(英),yong(雍)。

u 行的韵母,前面没有声母的时候,写成 wu(乌),wa(蛙),wo(窝),wai(歪),wei(威),wan(弯),wen(温),wang(汪),weng(翁)。

ü 行的韵母,前面没有声母的时候,写成 yu(迂),yue(约),yuan(冤),yun(晕);ü 上两点省略。

ü 行的韵母跟声母 j,q,x 拼的时候,写成 ju(居),qu(区),xu(虚),ü 上两点也省略;但是跟声母 n,l 拼的时候,仍然写成 nü(女),lü(吕)。

(5)iou、uei、uen 前面加声母的时候,写成 iu、ui、un,例如:niu(牛),gui(归),lun(论)。

(6)在给汉字注音的时候,为了使拼式简短,ng 可以省作 ŋ。

四、声调符号

阴平	阳平	上声	去声
ˉ	ˊ	ˇ	ˋ

声调符号标在音节的主要母音上。轻声不标。例如:

妈 mā	麻 má	马 mǎ	骂 mà	吗 ma
阴平	阳平	上声	去声	轻声

五、隔音符号

a,o,e 开头的音节连接在其他音节后面的时候,如果音节的界限发生混淆,用隔音符号"'"隔开,例如 pí'ǎo(皮袄)。

思考与复习

1.什么叫语音?语音概念的形成必须兼顾哪两个方面?

2.汉语有几大方言区?各自以什么地方的语言为代表?

3.什么叫普通话?

4.学习普通话应注意哪些问题?

5.什么叫音素?普通话共有多少个音素?元音音素和辅音音素各有多少?

6.什么叫音节?音节是怎样形成的?

7.什么是《汉语拼音方案》?实行《汉语拼音方案》的目的是什么?《汉语拼音方案》包括几方面的内容?

第二单元 辅音和声母

教学目的： 通过本单元的讲授，首先使学生准确地理解辅音和声母的概念，熟练掌握每个声母的发音部位和发音方法，提高辨音能力，然后通过艰苦、科学、系统的训练，能准确、规范地发好每个辅音声母，达到艺术语言发声所要求的标准。

教学要求： 每个声母均包括纯粹音的发音和呼读音的发音两部分，要求学生以掌握纯粹音为主，对每个声母从发音部位、发音方法、送气的多少、是否"带音"四个方面去理解和捕捉，既能给声母科学系统地归类，又能单纯准确地发音。

重点难点： 辅音（声母）的性质、发音特点、分类（发音部位、发音方法、送气与否、声带颤动与否）、21个声母的发音要领和技巧。

课时安排： 大课8课时，小课12课时。

第一节　辅音和声母概说

一、辅音的性质

辅音，又叫"子音"，是发音时自肺部呼出的气流在口腔受到不同部位、不同方法、不同程度的阻碍而构成的音素。辅音可以是口音，也可以是鼻音。

汉语普通话语音共有22个辅音，根据成阻部位从口腔自前往后次序排定如下：
b、p、m、f、z、c、s、d、t、n、l、zh、ch、sh、r、j、q、x、g、k、h、ng。

辅音音素是普通话语音中除元音音素外的另一大类，当初把它定名为"辅音"，可能多是考虑到它在音节中对元音的辅弼作用。但从发音实践来看，"辅佐"并不意味着不重要，其实它和元音在音节中只是所处的位置不同，其重要程度应该是难分伯仲，各司其职，无法相互替代。

辅音的最重要职能是在绝大多数音节中充当起头的声母，而且成为声母的唯一来源,普通话里的全部声母都是由辅音充当的。声母是吐字准确、清晰的基础和保证,一般认为,发音的准确性主要表现在声母上。另外还有两个辅音(n 和 ng)又可以充当音节的韵尾。这一头一尾的作用关系一个字音的准确、清晰、力度和完整,它在音节中的作用比起元音来毫不逊色,理应受到发音者的高度重视。若与歌唱行腔中的吐字归音相比较,辅音在语言发声中的地位就尤其重要了。

辅音发音时,口腔内有显著阻碍动作,气流受阻后无法自由顺畅地通过,必须想方设法创造克服阻碍的条件才能发出口外,而且时值短,音势弱,又容易受到干扰。单就这一点来说,辅音的发音要比元音更艰巨、更复杂。辅音发音时口腔内有阻碍,这种阻碍本身就形成了一种构音作用。受到阻碍之后必须排除阻碍,辅音才能最终完成它的使命。

二、辅音发音的三个阶段

语音学家把辅音发音的过程概括为三个阶段:

(一)成阻阶段

成阻阶段:又叫"音首期",是口腔内的某两个发音部位由静止状态到形成阻碍状态的阶段,它标志着辅音发音动作的起始。比如:双唇阻音 b,成阻时,软腭和小舌向后咽壁挺起,关死鼻腔通路,紧闭上下唇阻气,形成双唇阻气的作势。

(二)持阻阶段

持阻阶段:又叫"紧张期",是辅音发音过程的中间相持阶段。在这一阶段,口腔内发音部位的阻碍作用紧张地延续着。比如:双唇阻音 b 持阻时,仍然紧闭上下唇,从肺部源源不断呼出的气流盈满口腔后,不间断地冲击成阻的双唇,伺机突破阻碍发音。

(三)除阻阶段

除阻阶段:又叫"音尾期",是辅音由发音状态转回到静止状态、消除阻碍作用的结束阶段。从音节的拼合情况看,这一阶段的实质就是辅音与它后面的元音韵母接触拼合的一刹那间。比如:双唇阻音 b 在除阻时,双唇突然放开,与此同时气流冲破双唇的阻力爆破而出,阻碍作用消除了,发音状态结束。

原则上讲,成阻、持阻、除阻是一切辅音发音时必须历经的三个基本阶段,任何一种辅音都得在持阻或除阻阶段将自己的声音特质定型。但是由于各个辅音的性质不同,发音情况也不完全一样,有的辅音像闭塞音 b、p、d、t、g、k 在构音过程中,这三个阶段就表现得特别明显,在除阻阶段发音,声音无法延长;有些辅音在第二阶段就先期完成了第三阶段的任务,在持阻阶段便发出一种能够延续的声音,一旦进入了除阻阶段发音则告结束,像 m、f、n、l、h、ng、x、s、r、sh 就属于这一类没有除阻阶段的辅音。

三、辅音的发音特点

辅音体系比较繁复,在语言的实际使用中会不可避免地出现好多难以归纳表示的现象。有人曾经统计过,仅汉语语系中的辅音就有 80 多个,加上其他民族语言的辅音就数不胜数了。由此看来,我们汉语普通话的辅音只能说是辅音体系中的一小部分,发音的部位和方法也不算复杂。

辅音的发音特点可以概括为以下几点:

一是,发音时,气流在口腔显著地受到不同部位、不同方法、不同程度的阻碍,无法畅通无阻地前行,必须设法克服阻碍,或强行突破,或回避前面的阻碍,路转峰回,另辟蹊径取道于鼻腔。例如:双唇阻音 p 在除阻时就是气流强行突破双唇的全阻,双唇的放行是突然间打开的;唇齿阻音 f 是在持阻时气流冲过唇齿之间的半阻;舌尖中阻音 n 则是气流回避舌尖与上牙床(上齿龈)之间的阻碍,迂回至鼻腔,从鼻孔透出的。

二是,发音时,呼出的气流普遍较强。多数辅音是用呼出的强气流冲击发音部位的肌肉形成音波,又经口、鼻、咽等腔体的共鸣作用而形成的。就气流情况而言,17 个清辅音中,清塞音中的三个送气音 p、t、k 和清塞擦音中的三个送气音 q、ch、c"送气"更加明显,呼出的气流又多又强。造成这种强气流的原因,一是发辅音时口中有阻碍,"喷口"的力量强而急促;二是发音时声门没有及时关闭或关闭不紧,致使气流过多地从声门流出。例如:发 p、t、k 时,声门本来就是开启着的,气息涌入口腔较多;发 m、r 时声门关闭不紧,留有缝隙。可以这样认为,辅音就是由强急气流造成的,没有强急的气流就不会有辅音的音响。

三是,发音时,口腔里只有阻气部位肌肉异常紧张,其余非阻气部位肌肉相对松弛,口腔内形成一种肌肉局部紧张的小气候。例如:发 d 和 t 时,舌尖和上齿龈阻气,紧张的只有舌尖;发 g 和 k 时,舌根和软腭的肌肉局部紧张。

四是,在汉语的 22 个辅音中大部分是声带不颤动的"清音",只有五个"浊辅音"声带颤动。

五是,大部分辅音发音时声音不很响亮,尤其是 b、d、g、j、zh、z 六个不送气的清辅音,发纯粹的本音音值几乎难以被听到。在声母教学中,这些不很响亮的辅音往往需要在其后面加上元音来增强响度,便于呼读。m、n、l、r、ng 虽然颤动了声带,比其他清辅音的响度大些,但比起纯元音来仍然逊色得多。

六是,大部分辅音是声波颤动无规则的噪音,分不出高低长短,也不能入乐,缺乏润泽。不过,五个浊辅音倒还带有一点乐音的性质。

七是,辅音音素除了少数语气词、象声词是用辅音描写的以外(如:m 呣、n 嗯等已经元音化了,勉强可以充当音节),绝大多数辅音都不能单独构成音节。汉语音节中没有复辅音现象(噷 hm、哼 hng 是描写接近于真实的语气词,其中的 m 和 ng 已经元音化、韵母化了)。

四、辅音的分类

辅音的发音条件比元音复杂得多。根据其性质一般是按照发音部位、发音方法、声带的作用(颤动与否)和气息的强度大小("送气"与"不送气")四种方式来给辅音进行分类。

(一)按辅音发音部位分类

所谓"发音部位"指的是发音时气流在口腔受到阻碍的部位,也可以认为是发音器官为了利于气流变成声音而摆出各种姿态的地方,有的语音学者叫它"阻气的着力点"。发音器官受阻部分的主动部位和被动部位接触面的大小,接触点的每一细微的改变都会形成不同的发音部位。

普通话 22 个辅音中一共可归纳出七种发音部位,即有七种"阻",它们是:双唇阻、唇齿阻、舌尖前阻、舌尖中阻、舌尖后阻、舌面阻、舌根阻。这些"阻"都是由口腔内阻气部位的两个方面接触或接近形成的,是以发音时形成阻碍的有关部位命名的,顺序按发音部位从前往后排定。

1. 双唇阻音 b、p、m

由上唇和下唇完全闭塞阻气构成。下唇为主动器官,成阻主要是下唇的向上运动,上唇只微动接合,互相接触紧闭全阻。阻气的着力点在双唇。例如:"白布"(báibù)中处在声母位置上的 b,"瓢泼"(piáopō)中的 p,"面貌"(miànmào)中的 m 都是双唇阻音。具有半元音性质在音节中做"头母"的音素也属于双唇阻音,只是这一类音素发音时上下唇不是完全闭合阻气,而是将双唇撮起来阻气,要发生一定程度的摩擦。例如:"五岳"(wǔyuè)中的 w 和 y。

2. 唇齿阻音 f

由上齿和下唇内缘靠拢使气流受到阻碍构成。下唇为主动器官,阻气的着力点在上齿和下唇。例如:"奋发"(fènfā)中的 f 就是唇齿阻音。v 也是个唇齿阻音,与 f 同部位,只是发音时颤动了声带,是个浊辅音。普通话语音系列虽然没有这个音素,但在学习外语、少数民族语和方言时还是用得着的,上海话里"吃饭"的"饭"[vɛ]中的[v]便是这个唇齿阻的辅音。

3. 舌尖前阻音 z、c、s

由舌尖和上齿背接触或接近使气流受到阻碍构成,也可以叫它"平舌音"。发音时,阻气着力点在舌尖和上齿背。例如:"造作"(zàozuò)中的 z、"措辞"(cuòcí)中的 c、"洒扫"(sǎsǎo)中的 s 都是舌尖前阻音。

4. 舌尖中阻音 d、t、n、l

由舌尖和上门齿后面的上齿龈(上牙床)接触使气流受到阻碍构成。发音时,阻气的着力点在舌尖和上齿龈。例如:"大队"(dàduì)中的 d、"天体"(tiāntǐ)中的 t、"恼怒"(nǎonù)中的 n、"理论"(lǐlùn)中的 l 都是舌尖中阻音。

5. 舌尖后阻音 zh、ch、sh、r

由翘起的舌尖与硬腭前部(上齿龈与硬腭的接合线处)接触或接近使气流受到阻碍构成。也有人叫它"翘舌音"或"卷舌音"。发音时阻气的着力点在舌尖和硬腭前端。例如:"支柱"(zhīzhù)中的 zh、"驰骋"(chíchěng)中的 ch、"税收"(shuìshōu)中的 sh、"荏苒"(rěnrǎn)中的 r 都是舌尖后阻音。

舌尖前阻音、舌尖后阻音、舌尖中阻音可合称为舌尖音,是以舌尖为主形成阻碍的主动部位发出的一类辅音。

6. 舌面阻音 j、q、x

舌头平放,舌尖抵下齿背,由舌面前部主动与硬腭前部接触或接近使气流受到阻碍构成。发音时阻气着力点在舌面前部与前硬腭。例如:"艰巨"(jiānjù)中的 j、"乔迁"(qiáoqiān)中的 q、"学校"(xuéxiào)中的 x 都是舌面阻音。

7. 舌根阻音 g、k、h、ng

舌头后缩,由舌根主动抬起与软腭前部接触或接近使气流受到阻碍构成。发音时阻气着力点在舌根和前软腭。例如:"巩固"(gǒnggù)中的 g、"刻苦"(kèkǔ)中的 k、"欢呼"(huānhū)中的 h 都是舌根阻音。

舌面阻音和舌根阻音可统称为舌面音,是以舌面为形成阻碍的主动器官而发出的一类辅音。舌面阻音 j、q、x 又可叫"舌面前阻音",舌根阻音 g、k、h、ng 又可叫"舌面后阻音"。

另外,辅音还有齿间音、舌叶音、舌面中音、小舌音、喉音等,只是与普通话的关系不大。

(二)按辅音发音方法分类

所谓"发音方法"是指发音器官形成阻碍及克服阻碍的方法，即辅音的发音方式。

普通话的 22 个辅音音素一共可归纳为五种发音方法，它们是：塞音、擦音、塞擦音、鼻音、边音。每一种方法都反映了辅音发音时成阻、持阻、除阻的不同状态。

1. 塞音 b、p、d、t、g、k

塞音的发音特点是：成阻时，软腭和小舌向后咽壁挺起，关闭鼻腔的通路；口腔中发音部位的双方完全闭塞阻住气流（全阻），从肺部呼出的气流积蓄在阻碍部位后，不断冲击成阻的部位；在持阻阶段仍保持住这种态势；到除阻时，成阻的部位突然打开，解除阻碍，气流冲破阻碍爆破成声。b 和 p 是上下唇阻气，d 和 t 是舌尖与上齿龈阻气，g 和 k 是舌根与软腭阻气。尽管它们阻气的部位不同，但都具备了先闭后放这一塞音的共性。塞音是全阻的，有"闭塞"和"爆破"两个动作阶段，因而有人也称它为"闭塞音"、"破裂音"或"爆破音"；又因为塞音的除阻是一发即逝的，所以又有人称它"暂音"。不论称谓如何，它从一开始就在口腔内构成了塞音形成的先决条件——强有力的气流和压力，正是这种强气流和强压力才使得塞音具备了爆破的能力。普通话塞音的发出都是在除阻阶段实现的。

2. 擦音 f、s、sh、r、x、h

擦音的发音特点是：成阻时，软腭和小舌向后咽壁挺起，关闭鼻腔通路；口腔中发音部位的双方先靠拢或不是很紧地接近，中间形成一条窄窄的、适度的缝隙（半阻）；持阻阶段，气流从这条窄缝中挤放出去，摩擦成声，直至延续到除阻发音结束为止。f 是在上齿与下唇内缘之间摩擦，s 是在舌尖与上齿背之间摩擦，sh 和 r 是在舌尖与前硬腭之间摩擦，x 是在前舌面与前硬腭之间摩擦，h 是在舌根与软腭之间摩擦。唇齿阻的浊辅音 v 也是擦音，发音方法与 f 相同。擦音是语音学上"紧缩音"的一种，发音时带有相当大的摩擦成分，从肺部呼出的气流源源不断地供应口腔，可使这种摩擦音由持阻开始一直自由地延续到除阻，所以有人叫它"摩擦音"、"收敛音"或"久音"。当然，紧缩音还不止擦音一种，它还包括边音、颤音、闪音和半元音。一般来说，擦音也有成阻、持阻、除阻三个阶段，只是它的阻碍性质属于"半阻"的，发音全部表现在持阻阶段上，这一点与塞音迥然不同，也可以认为擦音的持阻阶段就是除阻阶段。擦音是摩擦出来的声音，在发清擦音 f、s、sh、x、h 时能听得出噪音性的音响。生活中每个人都有自己的言语习惯，发这一类擦音时，阻碍部位之间的摩擦缝隙可能会宽窄不一，这就需注意艺术性语言尽可能缩窄缝隙的要求，以帮助收紧肌肉、节制气流。

3. 塞擦音 z、c、zh、ch、j、q

塞擦音的发音特点是：成阻时，软腭和小舌向后咽壁挺起，关闭鼻腔通路；口腔中发音部位的双方先构成完全闭塞的态势阻住气流；在相持一个阶段后，慢慢地放松原来闭塞的部位，形成一道缝隙，让气流从这个窄缝中挤放出去，摩擦成声。z 和 c 是舌尖与上齿背先阻后擦，zh 和 ch 是舌尖与前硬腭先阻后擦，j 和 q 是前舌面与前硬腭先阻后擦。塞擦音是同一部位的"塞音"与"擦音"两种方法的有机结合，最后透出的音响是"塞"与"擦"的合成体。在前半部分的成阻和持阻阶段，它的性质与"塞音"相似，也如完全闭塞的作势；到了后半部分的除阻阶段，性质又相当于"擦音"，出现了摩擦成声的态势。

每个塞擦音的发音过程都要经历这样三个阶段：(1) 塞音的准备和作势阶段；(2) 由塞音到擦音的过渡阶段（混合性质阶段）；(3) 擦音的延续和完成阶段。值得注意的是，塞擦音绝不是一个塞音和一个擦音复合平列地相加（像复辅音那样），而是由一个复合发音动作构成的独立的音素，前半部分仅仅相当于半个塞音音素，后半部分仅仅相当于半个擦音音素。它的基本特征是先阻塞后摩擦，以阻塞开始，以摩擦结束。"塞"与"擦"两个动作天然融合得很紧，成为一体。塞擦音的摩擦成分不如一个典型擦音那么长，其中不送气的 z、zh、j 的擦音阶段就更短一些。塞擦音和擦音的主要区别在于：擦音在开始成阻时，发音部位就已经形成了缝隙，为气流的摩擦做好了准备；而塞擦音则是在成阻时发音部位完全闭塞，待到除阻阶段才由气流冲开一条缝隙，开始摩擦。

4. 鼻音 m、n、ng

鼻音的发音特点是：发音时，自然垂下软腭和小舌，活开鼻腔的通路；同时口腔中发音部位的双方完全闭塞，封锁住口腔正面的出路，形成一道口腔屏障；迫使颤动声带已经到达口腔的气流和音波迂回后转，与从肺部继续呼出的气流和声波接续合流后鱼贯冲入鼻腔，产生口腔加上鼻腔的双重共鸣（口腔共鸣不得多于鼻腔）。气流和音波一旦弃口归鼻，就形成了鼻音的色彩。由于软腭和小舌的自然下垂，铺就了口、鼻腔的联合通道；又由于鼻腔是不可变共鸣腔，声腔的变化完全取决于口腔阻碍部位的不同，因而就形成了不同的鼻辅音。

m 是双唇阻气的鼻辅音，只能做声母；n 是舌尖与上齿龈阻气的鼻辅音，既能做声母又能做韵尾，它做韵尾时叫"前鼻音"韵尾；ng 是舌根与软腭阻气的鼻辅音，它只能做韵尾，叫"后鼻音"韵尾。发这类鼻辅音时，声门闭合，从肺部呼出的气流冲过声门时使声带颤动，形成乐音性的可以延长的音波，这种音波在持阻阶段发出，到了除阻阶段放开口腔的封锁时，发音也就结束了。鼻音都是颤动声带的浊音。

5. 边音 l

边音的发音特点是:成阻时,软腭和小舌向后咽壁挺起,关闭鼻腔的通路;同时舌身后缩,舌尖稍向上卷与上齿龈接触构成阻碍(这种上卷的含义仅限于舌尖部,舌头的左右边缘不能上卷,每一边缘都得留下一条小缝隙);持阻时颤动声带的气流和音波从舌头两边窄缝里轻轻地、柔和地摩擦着滑出去,所以叫它"边音"。由于它发音时口腔中缝阻塞,舌边开通,因此又有人叫它"塞通音"。辅音音素只有舌尖中阻音 l 是边音。

边音和擦音的区别在于:(1)无论哪一种擦音,其构成的缝隙都在口腔的中部,而边音的缝隙却是在口腔的两边(舌头的两边)。从实际发音中可以观察到,边音大都是从舌头两边流出的,个别也有从舌的某一边流出的。(2)边音虽有轻微的摩擦,却不如擦音那么强,如果摩擦过强,就成了"边擦音"了,普通话里没有这种边擦音。(3)边音是颤动声带的浊音,而擦音则全是清音。边音 l 的舌尖与上齿龈接触的部位如果和同部位的 d、t、n 比较起来,应该稍后一点,因为发边音时唇角要咧开,唇角一咧势必要牵带舌位相应后移。严格地说,发 l 时,舌尖应该与硬腭的前部成阻,舌面和上腭之间要有一定的距离。边音在持阻阶段发出一种可以延长的声音,一旦进入除阻阶段,发音便告结束。由于边音的摩擦轻微,所以,语音学界有一种观点认为:边音发音时乐音成分占优势,是比较接近于元音的一种音素。

(三)按发音时声带的作用(颤动与否)分类

发音时声带颤动与否形成了声音的"清"与"浊",发音的清浊是音韵学上的术语,又有全清、次清、全浊、次浊之分。

22 个辅音音素有 17 个是音值不能延长的、音高又无法确定的噪音,这些噪音在发音时声带松弛,声门敞开,从肺部呼出的气流可以顺利地通过喉头,只是到了口腔才碰到阻碍,语音学上把这种不颤动声带发出的噪音称作"清辅音"或"清音"。清音是由气流在口腔中受到阻碍构成的,与声带无关,又不带乐音成分,因此又有人叫它"不带音"。普通话的 17 个清辅音是:双唇阻的 b、p;唇齿阻的 f;舌尖前阻的 z、c、s;舌尖中阻的 d、t;舌尖后阻的 zh、ch、sh;舌面阻的 j、q、x;舌根阻的 g、k、h。

另有 5 个辅音是音值可以延长、发音时颤动声带的混合音,它们带有乐音和噪音的双重性质。这类音素在发音时两条声带并拢,声门形成一条缝隙,透出的音波带乐音的性质,语音学上把这种混合音称作"浊辅音"或"浊音""带音"。普通话的 5 个浊辅音是:双唇阻的 m;舌尖中阻的 n、l;舌尖后阻的 r;舌根阻的 ng。从理论上讲,普通话里既然有清辅音,就应该有相同部位的浊辅音,事实上各种方言里这种情况并非整齐地两两相对,比如在普通话里,清辅音的数量几乎四倍于浊辅音,清浊辅音真正成对的只有 sh 和 r 一对。

(四)按气息的强度大小("送气"与"不送气")分类

送气与不送气:指的是发音时从口腔中呼出气流的强弱或多少,即除阻时呼气的强度大小。世界上绝大多数语言都是借助于呼气发音的,只有非洲南部的少数语言在吸气阶段发音。在汉民族的各个语言里没有任何一个音素是不用气发出的。不过在实际发声中对于气流的运用却有着明显的强弱、多少和长短的不同。辅音发音要比元音发音气流量多,辅音的特性就是由强气流造成的,没有较强的气流就不可能形成强有力的辅音。要控制好这股较强的气流必须靠一种技巧,即靠唇舌的喷弹力。不论辅音本身送不送气,都不允许毫无节制地用胸腹去冲气,这样容易"漏气",形成"气音"。

在辅音内部,气流的强弱也不是一样的。清辅音的气流强些,浊辅音的气流相对弱些;在清辅音内部,塞音和塞擦音又明显地分出六对同部位、同方法的"送气音"和"不送气音"来。语音学上把发音时呼出气流较强、较显著的清辅音称作"送气音";把呼出气流较弱、较和缓的清辅音称作"不送气音"。六个"不送气音"是:b、d、g、j、zh、z;六个"送气音"是:p、t、k、q、ch、c。

由于塞音和塞擦音的除阻阶段特别明显,所以送气音与不送气音只在塞音和塞擦音中区别,各有三对。在擦音、鼻音、边音中无所谓送不送气。

六对送气与不送气辅音的对应关系如下(见表2):

表2　送气与不送气辅音对应关系表

塞音		塞擦音	
不送气	送气	不送气	送气
b	p	j	q
d	t	z	c
g	k	zh	ch

"送气"与"不送气"只是相对而言的,"不送气"的辅音并非一点气也不出,只不过比起同部位的送气音来气流相对弱些,自然地放出,然后紧跟着接发下面的元音。尽管它们是"不送气"的,但却比元音发音时气流强。"送气音"是在除阻时紧跟着从口中有力地喷出一股强烈的气流来,然后才接发元音。发送气音时假如将一张纸片放在嘴前,纸片会明显地受到气流冲击而抖动起来。

送气与不送气,在普通话里有区别词义的作用。例如:在"肚子饱了"和"兔子跑了"两句话里,"肚"和"兔"、"饱"和"跑",两对辅音声母的发音部位和发音方法完全相同,就是因为送气程度不同才有了词义的区别。

下面是汉语普通话语音辅音表,借此将上面分述的辅音知识做个小结,以便学习者得到概括的印象(见表3)。

表3　普通话语音辅音表

发音部位		发音方法							
		塞音		擦音		塞擦音		鼻音	边音
		清音		清音	浊音	清音		浊音	浊音
		不送气	送气			不送气	送气		
双唇音	上唇下唇	b	p					m	
唇齿音	上齿下唇			f					
舌尖前音	舌尖上齿背			s		z	c		
舌尖中音	舌尖上齿龈	d	t					n	l
舌尖后音	舌尖前硬腭			sh	r	zh	ch		
舌面音	舌叶前硬腭			x		j	q		
舌根音	舌根软腭	g	k	h				ng	

五、辅音与声母的异同

方块汉字是内容和形式脱节的表意文字,因而我们无法从外部字形上分析出它的音素来。传统的字音分析法是把一个字(音节)粗略地分成前后两个部分,前半部分由辅音音素担任,后半部分由单个元音或元音加元音或元音加辅音共同承担。

于是,语音学上便把这种一个音节中起头的辅音音素叫作"声"或"声母"。声母处在音节的首位,起着审理和统领字音的作用。严格地说,普通话共有21个声母。前面讲到的22个辅音音素除了舌根阻的鼻辅音ng外,其余的都可以做声母。

声母的顺序按发音部位排定,即:b、p、m、f、d、t、n、l、g、k、h、j、q、x、zh、ch、sh、r、z、c、s。

从声音的性质来说,声母和辅音一样,前面所讲到的辅音的性质和分类法基本上也适于声母。但是,声母和辅音毕竟是两个不同的概念,辅音是一般语言学上的名词,声母则是由古汉语音韵学沿用至今的名词。语音学对语音的客观描写有时要利用各种实验方法证明语音的生理和物理现象;而古汉语音韵学则是把语音作为一个系统来观察,研究各种语音现象之间的相互联系,它总是从属于一种具体语言的,有着鲜明的民族特色。汉民族的音韵学一千多年来已经形成了自己的一套理论和研究方法。所以说声母和辅音的所指尽管大致相同,但它们所依据的原则却是完全不同的,声母是就音节而言的,它是音节里第一个辅音音素;辅音则是就音素的性质而言的,也不是全部可作为声母。声母和辅音的存在和应用角度不同,应该允许它们之间有差别。

另外,单从数量上看,辅音音素有 22 个,声母只有 21 个,声母固然全由辅音充当,但辅音除了做声母外,还能做韵尾,在使用范围上,辅音的概念大于声母。例如:"广播(guǎngbō)"两个音节,声母 g 和 b 都是辅音;"电视(diànshì)"两音节的声母 d 和 sh 也都是辅音。辅音音素 ng 不能做声母,在音节中唯一的用途就是做韵尾,如"长征(chángzhēng)""东方(dōngfāng)"四个音节的韵尾都是 ng。辅音音素 n 既能做声母,也能做韵尾,身兼双职。n 在"奶牛(nǎiniú)"两音节中做声母,在"展览(zhǎnlǎn)"两音节中就做了韵尾了。

考察到普通话声母性质,它所自然发出的本质原音都叫"本音"或"纯粹音"。辅音声母除了 5 个浊辅音外,大部分是不颤动声带的清音,它们的本音发音都不清晰、不响亮,尤其是 6 对不送气的塞音和塞擦音,纯粹的本音发音几乎是听不到的。为了拼音教学的方便,曾经有过多种设计,现在中小学校使用最普遍的是在每个声母的后面伴以不同的元音音素称读,这样就自然响亮得多了。这种以元音相伴的声母我们叫它"呼读音"。呼读音不是本音,但比较接近于本音,后面附加的又轻又短的元音是在本音发完后口型、舌位向中常状态恢复时自然趋成的一种声音。

bo、po、mo、fo——双唇阻和唇齿阻音的后面加元音 o。这个 o 已经不是典型的后半高元音了,汉语音韵学一般认为是 uo,只不过为了简化起见,写成了 o。

de、te、ne、le、ge、ke、he——舌尖中阻和舌根阻音的后面加了元音 e。舌尖由上齿龈自然放下或舌根由软腭自然放下,恢复到中央部位时,自然也就是 e 了。

ji、qi、xi——舌面阻音后面加元音 i。这个 i 也不是典型的前高元音,而是在辅音 j、q、x 发完后稍稍下降一点的位置,比典型的前高元音要低些,大约在前中的位置。

zhi、chi、shi、ri——舌尖后阻音后面加上舌尖后元音-i(后)。这个舌尖后元音就是专门为舌尖后辅音准备的。

zi、ci、si——舌尖前阻音后面加上专门为其设立的舌尖前元音-i(前)。

呼读音并非《汉语拼音方案》的规定,而是教师们在拼音教学中为了方便起见,逐渐运用起来的声母读音。呼读音既然是辅音声母后面加上了元音,读起来如同一个音节,掌握起来自然要比本音容易一些。但是,作为职业语言工作者,我们学习声母的目的主要是正确地认识、分析音节现象,以求对音节准确无误地拼读。从这一点出发,要求发音者要努力掌握好声母本音的发音,习惯于呼读音声母的人应自觉地甩掉本音后面依附的元音。在声母与韵母的拼合中,后面附加的元音是根本不存在的,声、韵之间如果夹着个元音总会觉得多了点什么不应有的东西。

六、零声母

普通话的音节绝大多数是声、韵俱全的,这些音节的声母都由辅音音素充当,这是一种普遍现象。在认识这种现象的同时我们还应注意到另外一种特殊现象,它们不是以辅音起头,而是用元音音素开头,例如:"语音"(üin)这两个音节书写时要写成"yǔyīn"、"昂扬"(angiang)在书写时要写成"ángyáng"。这就是我们下面所要讨论的"零声母"音节。也可以认为这些音节没有声母或声母等于零。零声母概念使汉藏语系大部分语言的语音结构更具有体系性和规律性,使每个音节都由"声母"和"韵母"两大部分组成。普通话里有34个零声母音节,学习和掌握这些零声母音节的结构规律和发音技巧也是声母学习中的一项重要内容。零声母音节,从形式上看,是以元音作为音节的起头音素的。元音一旦做了音节开头的音素,其性质也就多多少少地要改变一些,带有点儿摩擦或闭塞的成分。这种处于元音和辅音交界线上的带有摩擦或闭塞成分的元音,语音学上叫"半元音"。一般认为是某些高位元音的转化,发音时舌头翘起超过了元音的高度。由于这种元音常常是很快滑过去的,自己又构不成音节,所以现代语音学者一般都将其归入辅音一类,应该算半阻的紧缩音的一种。我们中小学汉语拼音教学中,有"23个声母"的说法,前面讲到的21个声母再加上y和w。y、w就是典型的半元音。

零声母音节可以分成四类。在韵母是i、u、ü或以i、u、ü起头的零声母音节里,发音带有半元音[j]、[w]、[ɥ]的性质;在以a、o、e等元音起头的音节里,发音时前面往往带有一种喉塞音[ʔ]。

具体情况如下:

(1)i自成音节或以i起头的音节。这类零声母音节有10个,它们是:i、ia、ie、iao、iou、ian、in、iang、ing、iong。这类音节中的i在发音时,舌面前部(舌叶)与前硬腭很接近,只剩下窄窄的缝隙,口腔内的通道比纯元音i[i]还窄,气流通过时不能不产生轻微的摩擦,元音的纯度就发生了改变,成为"半元音"了。语音学界用国际音标[j]来标示这个半元音。《汉语拼音方案》规定,这类音素或音素组合,如果自成音节,在书写时一律用字母"y"起头,也就是说要在前面加上y或将i改写成y。即:i要写成yi,ia要写成ya,ie要写成ye,iao要写成yao,iou要写成you,ian要写成yan,in要写成yin,iang要写成yang,ing要写成ying,iong要写成yong。

(2)u自成音节或以u起头的音节。这类零声母音节共有9个:u、ua、uo、uai、uei、uan、uen、uang、ueng。u在发音时,双唇靠拢得比纯元音u[u]更厉害些,口腔的缝隙也更窄些,气流通过时会产生轻微的摩擦。语音学界一般用国际音标[w]标示这个半元音。《汉语拼音方案》规定,这类音素或音素组合在自成音节时,书写一律用字母w起头,即在其前面加上w或将u改写成w。即u要写成wu,ua要写成wa,uo要写成wo,uai要写成wai,uei要写成wei,uan要写成wan,uen要写成wen,uang要写成wang,ueng要写成weng。

(3)ü自成音节或以ü起头的音节。这一类零声母音节共有4个,它们是:ü、üe、

üan、ün。ü 在这四个音节中的发音,舌面前部(舌叶)与前硬腭很接近,只剩下很窄的缝隙,口腔内的通道比纯元音 ü[y]要窄些,气流通过时除了舌腭之间有摩擦外,双唇也会出现些微的摩擦成分。语音学界一般用国际音标[ɥ]标示这个半元音。《汉语拼音方案》规定:这一类前面没有声母的音节,在书写时一律用 y 起头(即前面加上字母 y),ü 上的两点省略。即:ü 要写成 yu,üe 要写成 yue,üan 要写成 yuan,ün 要写成 yun。

(4) i、u、ü 以外的由元音起头的音节。这一类零声母音节共有 a、o、e、ai、ei、ao、ou、an、en、ang、eng 11 个。凡起头的音素在发音时喉部都要先关闭一下然后再打开,气流冲出,喉部有爆发成分,发的是喉音,与咳嗽前喉部的状态相似,只是它具有了辨义的作用,摩擦成分也不如半元音[j]、[w]、[ɥ]那么明显,标音时不另加符号,仍用 a、o、e 起头。如"国际奥委会"一词中的"奥"字,如果开始没有喉部的关闭,就很容易发成"国教委会"。

字母 y 和 w 是《汉语拼音方案》的特殊规定,严格地说,它们还算不上声母,叫"头母"比较合适。一方面它们是为了分隔音节,作用与隔音符号相同,表示一个音节的开端;另一方面它们不光在书写时起作用,实际发音时也有用处。y 和 w 的出现表明零声母音节的开头确实有个"字头"的存在。在生活语言里,当说话不大用力时,这个字头时隐时现,语义的表达不受多大影响。在艺术语言里,它们却是不容忽视的。零声母音节的前面由于缺少辅音的限制作用,往往不容易引起发音器官的局部紧张,如果利用好这个字头去读零声母音节,嘴上才能使上劲,才能带动字腹和字尾。从这一点上讲,"头母"y、w 还有节制气流的作用,零声母音节的前面如果没有节流的成分,气流的消耗量就会成倍地增加,给准确成字带来困难。

第二节 声母发音训练

一、双唇阻

b —— 双唇阻不送气清塞音

发音要领:双唇紧闭,阻住从肺部呼出的拥满口腔的气流;同时软腭带着小舌向后咽壁挺起,关闭鼻腔的通路,让不颤动声带的气流不停地冲击阻气的双唇;持阻时,一直保持住这种蓄气状态;除阻时,将双唇突然打开,气流自口腔门户迸裂而出,爆破成声。

b 的呼读音是 bo。标兵(biāobīng)、白布(báibù)四个音节的声母都是 b。

p —— 双唇阻送气清塞音

发音要领: p 的发音部位和发音方法与 b 基本相同,不同的只是在除阻时双唇突然打开后,从口中吐出的气流比 b 强些、多些,如同吹灭油灯那样,使劲往外喷出一口气来。

比较六个送气的辅音,p 音所呼出的气流最多。

p 的呼读音是 po。批评(pīpíng)、琵琶(pípá)四个音节的声母都是 p。

发音提示: b 和 p 是除气流因素外,发音部位和方法完全相同的清辅音,即双唇阻不颤动声带的塞音。塞音是全阻的,持阻阶段很短,除阻期的发音一发即逝。发好塞音的关键是阻气一定要有力,阻气点一定要集中在双唇的中部。气流蓄到口腔后,声门就自动关闭了,此时口腔与肺部的气流暂时断开,等到除阻结束后,口腔与肺部的气流才重新接合。可以说,造成塞音的音响全凭口中的气流,如果口中蓄气不足就不会产生必要的气压,发出的声音也必然松散无力、含混不清。因此,发好塞音应首先学会在口腔中积蓄强有力的气流压力波,即人为地制造气流的压力。清辅音的特征之一就是口腔中有强气流,不论是发哪一种清辅音,都必须自觉地蓄气、加压,塞音表现得更甚。过去戏曲演员讲究"喷口",目的就是让演员锻炼发清辅音的功夫,利用清辅音字头的力量带发整个字音。而他们练"喷口"时又往往以塞音为先导。

那么,怎样在口腔内造成强气压呢?现提供三点意见供参考。

一是,将辅音的发音部位摆准。辅音的产生与元音不同,元音是靠共鸣腔的改变和调节形成的,而辅音则靠正确无误的发音部位形成(即定位),发音部位的不同会产生不同质的辅音。上下唇阻气,会形成 b、p;舌尖和上齿龈阻气,会形成 d、t;舌根和软腭阻气会形成 g、k。有了准确的部位才会有准确的辅音。七个部位严格区别,丝毫的误差都会引起辅音的质变。

二是,将发音部位两个方面的肌肉逼紧,使口腔的容积相对缩窄,帮助造成蓄气压力,以便产生强劲的爆发力。发 b、p 时,双唇自然要绷紧。

三是,学会蓄气和节制气流。蓄气时要挺胸抬头,口腔内的空当略微缩小,使胸部吸气肌肉群的控制力量加强后与口腔配合起来发音。塞音 p、t、k 虽是送气音,但动作不宜过分,要有控制地合理使用气流,吐出的气流比同部位的 b、d、g 稍强即可,切忌一口气将肺中的气流全部泄出,造成动力仓库的虚空。动力仓库一旦虚空,单发某一个音素时问题还不明显,在语流的快速行进中再重新接换气就来不及了。

塞音的发音有两个关键环节,一个是发音部位完全闭合的"塞",另一个是发音部位突然崩开的"放"。抓住了"塞"和"放",塞音就算是基本掌握住了。

b 和 p 是塞音的两个范例,关于"塞"的问题,余下的两对 d 和 t、g 和 k 的情况与此类同,后不赘述。

b 和 p 组词训练

b — b

把柄	百般	白班	摆布	败北	败笔	斑驳	斑白	颁布	不变	帮办	板报	版本
包办	褒贬	宝贝	报表	阜鄙	背包	奔波	遍布	薄冰	摆臂	弊病	壁报	臂膀
八宝	辨别	辩驳	暴病	标榜	标本	彪炳	百宝	辩白	表白	冰雹	病变	步兵
兵变	鄙薄	不便	北边	伯伯	臂膊	半部	兵部	补白	半百	蚌埠	保镖	背部

p — p

澎湃	批判	皮袍	枇杷	匹配	偏旁	偏僻	瓢泼	拼盘	品评	破片	判赔	乒乓
评判	铺平	爬坡	批评	琵琶	铺排	偏偏	排炮	婆婆	盘片	飘萍	品牌	偏颇
翩翩	噼啪	频频	泡泡	拍片	频谱	拍拍	陪陪	攀爬	平盘	平铺	碰碰	评聘
拍品	破皮	跑偏	平叛	盼盼	凭票	泼皮	怦怦	偏胖	跑跑	炮牌	飘飘	怕胖

b — p

白皮	般配	半票	包赔	爆破	背叛	奔跑	逼迫	编排	鞭炮	豹皮	包票	扁平
表盘	兵痞	并排	补品	不怕	布匹	保票	补票	布片	帮贫	宾朋	布票	被迫
本片	被判	杯盘	不平	被骗	报批	表皮	帮派	便盆	补拍	标配	不配	比拼
摆平	标牌	变频	北平	木篇	扳平	逼平	扒皮	波谱	崩盘	薄片	别怕	宝瓶

p — b

拍板	排比	牌匾	派别	盘剥	判别	叛变	旁白	磅礴	跑步	坪坝	跑表	炮兵
赔本	配备	喷薄	蓬勃	碰壁	批驳	皮包	疲惫	漂白	批捕	陪绑	漂泊	剖白
普遍	铺板	排版	瀑布	排便	排班	偏不	旁边	谱表	排笔	陪伴	屏蔽	评比
拼搏	平板	配比	攀比	派兵	屏保	破壁	蓬布	朋辈	跑遍	盘剥	泡吧	破败

b 和 p 对比组词训练

被俘—佩服	饱了—跑了	步子—铺子	鼻子—皮子	报账—泡涨
蝙蝠—篇幅	毕竟—僻静	捕食—朴实	罢休—怕羞	白炽—排斥
白头—排头	逼视—批示	半途—叛徒	背脊—配给	备件—配件
黑白—黑牌	成败—程派	被套—配套	火爆—火炮	分贝—分配
不比—布匹	文笔—文痞	七遍—欺骗	棒子—胖子	荸荠—脾气

m —— 双唇阻浊鼻音

发音要领：软腭带着小舌自然垂下，活开鼻腔的出口；双唇紧闭，阻断气流在口腔的出口；颤动声带的气流和音波到达口腔后找不到出路，而后又折转荡回升入鼻腔，完全从鼻孔透出去，借助于口腔和鼻腔的联合共鸣完成纯粹的鼻辅音。m 在持阻阶段发声,除阻即意味着发音的结束。

m 的呼读音是 mo。面貌(miànmào)、牧民(mùmín)四个音节的声母都是 m。

发音提示: m 是双唇阻气、颤动声带的鼻音。它的发音阻气点与 b、p 一样,都要集中在双唇的中部,舌尖只平伸,不可用力。

m 与 n、l、r、ng 都是浊辅音,是既有乐音成分又不乏辅音色彩的混合音体,它们虽然不如元音那样响亮、透彻,却有着自己的共鸣腔,有其自身的响度,这种响度不是完全依靠后面的元音产生的,这一点与其他 17 个清辅音不同。从能够延长音值方面说,它们又和元音有相似之处。因此,浊辅音都可以单独唱出来,m 还可以唱得很响亮。

由于 m 在五个浊辅音中响度最大,最容易引发共鸣,所以声乐训练中常常利用它做"哼鸣"练习,不仅有扩大声腔的作用,还能够松弛喉肌。"哼鸣"中会明显地感觉到双唇酥麻、眉宇间有震颤。训练时应特别注意舌肌和喉肌的放松,将上腭尽可能地往上提,只有这样才容易引发上部共鸣,造成较大的声响效应。

"哼鸣"训练对于歌唱演员的嗓音改善有相当大的益处,但对于言语发声,"哼鸣"练得过多容易夹带浓重的鼻音,有碍于语义的表达。所以,艺术语言发声应有限度、有保留地采用 m 作为训练材料,不能生搬硬套。当然,作为辅音的练习还是应当下功夫的。

鼻音 m、n、ng 本应当属于塞音的范畴,发音时需注意使受阻部位的肌肉与塞音一样紧才行。鼻腔是一个固定的空腔,气流在鼻腔的冲击力量很弱,如果不加强气流的强度,就很容易先泄出一部分清鼻音,然后再形成乐音性的浊音声波。所以,发 m 等浊鼻音时,也必须紧闭阻气部位,在口腔中人为地制造压力。另外,发 m 时,气流虽然是由鼻孔透出的,但它的形成却是在口鼻联合震颤中实现的,不能因为 m 是鼻音就一味地追求鼻腔共鸣的效果,用软腭和小舌堵死口腔,这样发出的囔鼻音非但不美,还会给人单调、空泛、娇滴滴的感觉。在艺术语言中,如果不是为了"造型"的需要而使用这种鼻音,会大大影响人物和语言的一致性。经验告诉我们,发鼻音时,口腔和鼻腔的震颤比大致应保持 2∶3 较为合适。

m 的组词训练

妈妈 骂名 埋没 买卖 麦苗 卖命 满面 满目 谩骂 民盟 麦苗 面目 盲目
眉毛 眉目 美满 美貌 美妙 美名 门面 茂密 猫咪 门楣 蒙面 蒙昧 妹妹
梦寐 弥漫 迷茫 谜面 米面 秘密 密码 密谋 绵绵 面貌 名门 每每 棉麻
苗木 描摹 渺茫 泯灭 明末 名目 明码 面膜 明媚 命脉 命名 磨灭 每秒

二、唇齿阻

f —— 唇齿阻清擦音

发音要领: 软腭带着小舌向后咽壁挺起,关闭鼻腔的通路;舌头自然平放,上齿轻轻地与下唇内缘接近,留下一条很窄的缝隙,让不颤动声带的气流,径直从唇齿间的缝隙中均匀地挤放出去,摩擦成声。

f的呼读音是 fo。反复(fǎnfù)、发奋(fāfèn)四个音节的声母都是f。

发音提示:按辅音的发音部位排列,f是六个擦音中的第一个。擦音的发音主要应当掌握两点:第一,要构成缝隙;第二,要使气流摩擦而出。所谓"构成缝隙",是说发音部位不是接触而是接近,在一开始就构成一条气流的通道;所谓"摩擦而出"是说气流要从这条通道中平缓地持续挤放出去,声音带有摩擦的性质。

f的阻碍部位是上齿和下唇内缘,形成的通道也是六个擦音中最短最窄的。但这并不等于说要使阻碍形成后再去迫使它摩擦,那样会使f的性质变成塞擦音。一定要在一开始就形成通道,上齿和下唇放松,自然而又平缓地承受气流在唇齿间的摩擦。不要用力过猛,也不能咬得太死,以免造成声音的僵浊、漏气过多。

f及其他五个擦音都是可以延长音值的辅音,在其持续的过程中需要有气流源源不断供应支撑。只有学会了对气流的控制才能延长呼气的使用时限,保证擦音的最终完成。所以这里我们应当特别强调节制和调控气流。发音时如果漫不经心地不加任何控制,无端地消耗气流,字音的清晰度就会受到损失。节制气流的方法是缩窄气流的通道,引起舌与腭肌的局部紧张,制造口中的压力,集中气流的冲击力量。

由于擦音是频率相当高的延续音,在语流中很容易暴露出来,通过电声设备直播或录制发送的语言,擦音表现得尤为显著,稍不小心就会出现"嚓嚓"的噪音,影响到语音的清澈干净。因此,为了保证字音的清晰,就要求在用擦音声母同韵母拼合时,适当考虑相对地缩短擦音声母的长度,起码不使其超过韵母的长度。生活中每个人都有自己的言语习惯,发擦音时,阻碍部位之间的摩擦缝隙可能会宽窄不一,因此,还需注意艺术语言尽可能缩窄缝隙的要求,以帮助收紧肌肉、节制气流。

f的组词训练

发放　发愤　发疯　发福　反复　方法　防风　仿佛　芳菲　繁复　粪肥　饭费　放飞
非凡　分封　分发　分赴　芬芳　吩咐　反腐　奋发　丰富　狒狒　发肤　风范　蜂房
夫妇　伏法　福分　复方　肺腑　放风　防范　反方　负分　奋飞　非分　分飞　防腐
风帆　反讽　犯法　非法　复发　纷纷　份饭　翻飞　付费　翻番　纷飞　纷繁　愤愤

三、舌尖中阻

d —— 舌尖中阻不送气清塞音

发音要领:双唇微开,软腭带动小舌向后咽壁挺起,关闭鼻腔的通路;舌尖抵住上齿龈(上牙床),阻塞口中不颤动声带的气流;持阻时,仍然保持住这种状态,紧紧地蓄住气;除阻时,舌尖突然用力从上齿龈弹开,让气流从口中迸裂而出,爆破成声。

d 的呼读音是 de。电灯(diàndēng)、当代(dāngdài)四个音节的声母都是 d。

发音提示:d 是普通话中容易发得响亮、有力的一个声母。d 音质量的优劣一方面取决于口中压力的强弱,另一方面要看舌尖在除阻(跳离上齿龈)时弹动力量的大小。"塞"的部位即舌尖和上齿龈一定要塞紧,因为舌尖的弹动有力还会有效地弥补口中压力的不足。克服舌尖无力的弱点,可以多做 d 的本音练习,学会将力量集中到舌尖上,增强舌尖的弹动力和灵活性。

t —— 舌尖中阻送气清塞音

发音要领:t 的发音部位和发音方法与 d 基本相似,所不同的只是在除阻(舌尖跳离上齿龈)时从口中吐出的气流比 d 要强些、多些,就像用力去吹灭油灯那样,要喷出一口气来。

t 的呼读音是 te。探讨(tàntǎo)、团体(tuántǐ)四个音节的声母都是 t。

d 和 t 组词训练

d — d

搭档 达到 答对 打赌 大地 大豆 大队 歹毒 带动 短打 洞顶 倒挡 单独
单调 担当 当地 导弹 道德 等待 低档 敌对 打断 低地 调档 抵挡 地点
地道 颠倒 点滴 奠定 掉队 调动 定夺 打的 怠惰 担待 丢掉 动荡 抖动
独到 短笛 断代 对待 夺得 蹲点 捣蛋 大调 单碟 单打 对打 打点 得到

t — t

塔台 抬头 贪图 痰桶 谈吐 坦途 唐突 滔天 滩涂 甜头 脱兔 推头 逃脱
淘汰 疼痛 梯田 体坛 体贴 通途 头疼 图腾 甜筒 吐痰 填土 推脱 挑剔
跳台 铁蹄 颓唐 退堂 脱胎 妥帖 体统 天梯 拖堂 提桶 屯田 调停 天体
拖沓 团体 头套 吞吐 体态 天坛 台套 涂炭 天堂 听筒 探听 饕餮 偷逃

d — t

打铁 大厅 打听 带头 代替 丹田 党团 当天 倒台 动土 灯台 大堂 倒塌
导体 倒退 得体 灯塔 登台 等同 低头 敌特 歹徒 谛听 短腿 地图 点题
电梯 电台 顶替 冬天 动听 洞庭 赌徒 搭台 蛋汤 多胎 短途 对头 动态
打胎 单挑 遁逃 地铁 大腿 点头 多头 打挺 东突 殿堂 答题 地毯 大头

t — d

塔吊 台灯 泰斗 态度 坦荡 糖弹 甜度 逃遁 替代 投毒 偷电 腿肚 特点
梯队 剃刀 天地 跳动 挑逗 铁道 停顿 同等 拖带 挺对 铜鼎 偷盗 头顶
投递 图钉 秃顶 屠刀 徒弟 土豆 推动 通达 推断 跳荡 妥当 偷渡 太多
添堵 棠棣 听懂 土地 听到 提到 退单 陶都 团队 通道 太大 特定 谈到

d 和 t 对比组词训练

大兵—踏冰	颠覆—天赋	调动—跳动	河道—河套	盗取—套曲
毒谋—图谋	怠慢—太慢	担心—贪心	瓶胆—平坦	淡忘—探望
动机—痛击	兑换—退换	氮肥—碳肥	旦夕—叹息	刀枪—掏枪
底细—体系	对话—蜕化	东风—通风	敌视—提示	敌意—提议
抵制—体制	地带—替代	赌注—土著	鼎立—挺立	吊车—跳车

n —— 舌尖中阻浊鼻音

发音要领： 软腭带着小舌自然垂下，活开鼻腔的通路；舌尖抵上齿龈阻住口腔的出口；颤动声带的气流和音波到达口腔后找不到出路，又回荡上升到鼻腔，完全从鼻腔透出，发纯粹的鼻音。

n 的呼读音是 ne。男女(nánnǚ)、能耐(néngnài)四个音节的声母都是 n。

发音提示： n 既能做声母又能做韵尾。做声母时它是舌尖中阻音；做韵尾时它与后鼻音 ng 相别叫"前鼻音韵尾"。不论是做声母还是做韵尾都要求舌尖与上齿龈全面充分地接触，把气流和音波坚决堵死在口腔，不允许一点从阻气部位透出去。它们都是在持阻阶段持续发声，没有除阻期。一旦除阻，就意味着不是韵母发音的开始，便是整个字音发音的结束。

发 n 时，口形不能开得过大，上下唇稍离即可，上唇要轻轻地掩住上齿。

n 是颤动声带的鼻音，由于舌尖上抬与上齿龈成阻，相对缩小了口腔的容积，它的口、鼻腔共鸣震颤比应是 1∶3，以鼻腔为主，鼻腔成分比 m 声母的发音要大些，能够很明显地感觉到上部共鸣。与承担韵尾的辅音 ng 相比，n 的鼻音色彩略微逊色，不如 ng 那么典型和浓厚。

l —— 舌尖中阻浊边音

发音要领： 软腭带着小舌向后咽壁挺起，关闭鼻腔；舌尖卷起抵住上齿龈成阻(部位比 d、t 稍后)，舌尖中部紧张收缩，舌两边放松，各留下一条缝隙，咧开嘴角，让颤动声带的气流和音波分别从舌头的两边流出口外。

l 的呼读音是 le。流利(liúlì)、理论(lǐlùn)四个音节的声母都是 l。

发音提示： l 是舌尖中阻颤动声带的边音。舌尖中阻音从理论上讲要求舌尖与上齿龈成阻，可是 l 却稍有例外。发 l 音时，舌头要适当后缩，舌面中部下凹，舌尖是与上齿龈往后一点与硬腭的交界线接触的。唯其如此，舌的两边才会呈现出一定的空间，气流通过时也才不至于受到阻碍，进而产生摩擦。所谓"边音"的意思就是气流和音波必须从舌头的两边流出，从外观上看是从两个嘴角流出来的。

边音 l 的舌尖与上齿龈接触的部位如果和同部位的 d、t、n 比较起来，应该稍后一点,因为发边音时唇角要咧开,唇角一咧势必要牵带舌位相应后移。严格地说,发 l 时,舌尖应该与硬腭的前部成阻,舌面和上腭之间要有一定的距离。

鼻音 n 和边音 l 都是舌尖抵住上齿龈阻气,呼出的气流经过喉头时都会引起声带的颤动,在形成的过程中确实有着一定的共性因素。但综观两者的全部性质,其存在的不同质就在于发音方法的不同。n 是鼻音,软腭和小舌要放下来,通开鼻腔,让气流和音波从鼻腔流出;l 是口音,是口音中的边音类型,软腭要带着小舌挺起顶住后咽壁,关死鼻腔,让气流和音波只从口腔的舌两边流出。

区分 n 和 l,关键在于学会人为地控制软腭和小舌的升降。训练时,可以用"堵鼻孔"的方法加以区别,即用双指捏住鼻孔后,如果发音困难,耳膜有鸣声,就证明所发的是鼻音 n;反之,如果舌尖上卷的分寸掌握得好的话,就有可能是 l。

克服 n、l 不分的办法可将舌尖紧紧抵住上齿龈与硬腭的接合界线,用力往外喷气。舌尖的用力容易带动软腭和小舌的挺起,鼻腔闸门一经锁死,气流和音波就只好走口腔一路了。为了练习方便,有人主张在发 l 音时将舌尖再后移一些,甚至可以卷到与前硬腭接触的位置,同时把嘴角咧得大一些。开始训练时这样夸张地"扳"一下是有好处的,初学者不妨一试。

n 和 l 组词训练

n — n

拿捏 哪能 奶娘 奶牛 男女 能耐 泥泞 牛奶 忸怩 你娘 闹闹 扭捏 农奴
南宁 难弄 袅娜 呶呶 呢喃 恼怒 讷讷 女奴 弄弄 牛腩 奶奶 你能 年内
那年 年年 你呢 浓浓 袅袅 喃喃 娘娘 暖暖 念念 囡囡 挠挠 捏捏 您呢
泥淖 哪年

l — l

拉力 拉练 拉拢 来历 来临 拦路 牢笼 劳碌 老练 勒令 理疗 立论 磊落
冷落 里弄 力量 历来 利率 莅临 连累 连理 联络 兰陵 来路 流落 缭乱
嘹亮 淋漓 邻里 琳琅 凛冽 伶俐 玲珑 凌厉 陆离 辘轳 领略 老路 料理
浏览 流浪 流连 留恋 琉璃 笼络 罗列 烂梨 褴褛 履历 绿篱 轮流 裸露

n — l

哪里 纳凉 奶酪 耐劳 脑力 内乱 嫩绿 能量 能力 尼龙 女垒 脑颅 逆流
年历 年龄 凝练 农林 努力 奴隶 女郎 暖流 内陆 牛栏 拈来 年轮 女篮
男篮 脑瘤 农历 内力 鸟笼 难料 内涝 南楼 呢料 瑙鲁 奶类 弄乱 娘俩
内联 奈良 那里 拿来 耐力 内敛 鸟类 泥路 年利 浓烈 年老 弄来 哪俩

l — n

来年 烂泥 老农 老牛 老娘 累年 冷暖 历年 林农 列宁 犁牛 旅鸟 羚牛

留念　流脑　落难　辽宁　两年　理念　老年　连年　靓女　笼内　陇南　两难　岭南
流年　路南　利尿　顾内　罹难　流脓　老衲　鲁南　乱弄　连弩　烈女　粮农　龙年
留难　拉尿　留鸟　凌虐　遛鸟　两年　楼内　冷凝　辽南　来拿　量能　栏内　颅脑

n 和 l 对比组词练习

女客—旅客　　难住—拦住　　恼怒—老路　　留念—留恋　　大娘—大梁
年夜—连夜　　水牛—水流　　河南—荷兰　　三年—三联　　脑子—老子
男女—褴褛　　旖旎—迤逦　　泥巴—篱笆　　泥浆—漓江　　逆行—厉行
年节—联结　　年谱—脸谱　　蜗牛—涡流　　牛黄—硫黄　　无奈—无赖
千年—牵连　　晚年—挽联　　小农—小龙　　南下—篮下　　青年—清廉
益脑—佚老　　油泥—游离　　滑腻—华丽　　学年—学联　　分蘖—分裂

四、舌根阻

g —— 舌根阻不送气清塞音

发音要领：口腔前部张开,上下齿间留出约食指宽的距离;成阻时,软腭带着小舌向后咽壁挺起,关闭鼻腔;同时,舌根部上抬抵住软腭,阻住不颤动声带的气流;持阻时,保持住这种态势;除阻时,舌根突然从软腭弹开,让气流从口中迸裂而出,爆破成声。

g 的呼读音是 ge。巩固(gǒnggù)、改革(gǎigé)四个音节的声母都是 g。

k —— 舌根阻送气清塞音

发音要领：k 的发音部位和发音方法与 g 基本相同,不同点只在于除阻(舌根跳离软腭)时从口中呼出的气流比 g 多些、强些,用力喷出一口气来。

k 的呼读音是 ke。刻苦(kèkǔ)、开阔(kāikuò)四个音节的声母都是 k。

发音提示：舌根阻的辅音,有的语音学者称之为"舌面后音",也许更精确一些,因为它们的阻气部位在舌面的后半部分,而不是真正的"舌根"。这就要求在发音时注意成阻的部位不能太靠后了,否则容易引起舌根紧张和小舌颤动,形成与规范不合的"卡痰音"。

g 和 k 组词训练

g — g
干戈　感官　钢管　钢轨　杠杆　高贵　更改　梗概　公告　攻关　光棍　公馆　高管
古怪　骨干　骨骼　故宫　瓜葛　拐棍　观光　灌溉　孤寡　光顾　广告　规格　鬼怪
桂冠　国歌　果敢　挂钩　故国　尴尬　共管　高歌　公共　巩固　雇工　公关　搞鬼

国格 高阁 高个 干股 供稿 功过 归公 各国 贵国 归国 改革 改观 干果

k — k

开垦 开矿 坎坷 慷慨 苛刻 可靠 空旷 空阔 苦口 困苦 坑口 宽阔 旷课
亏空 夸口 可控 开课 开阔 克扣 刻苦 可口 快开 口渴 开口 看客 开阔
可可 侃侃 空口 空阔 矿坑 框框 扣款 瞌睡 空壳 科考 空客 看看 苦苦
可看 款款 开考 快看 狂砍 颗颗 卡口

g — k

干枯 概括 甘苦 赶快 感慨 港口 高亢 高空 工科 功课 贯口 谷糠 关口
公开 公款 孤苦 顾客 骨科 观看 攻克 归口 广阔 锅盔 公筷 国库 过客
改口 挂靠 搞垮 概况 管窥 贵客 光控 感喟 谷壳 港客 钢盔 高考 更快
过快 各科 隔开 贵刊 各款 干渴 够快 工卡 沟坎 管控 割开 工矿 更宽

k — g

开关 开工 凯歌 看管 看官 考古 客观 可观 矿工 旷古 叩关 控购 控告
口供 枯槁 苦瓜 恐高 宽广 肯干 苦功 胯骨 苦果 可耕 开杆 苦干 旷工
跨国 考官 可贵 开锅 开国 开光 刻骨 快感 揩干 砍光 空格 髋骨 看过
可供 控股 开弓 口感 跨过 烤干 快攻 狂歌 枯干 课改 空港 口干 控管

g 和 k 对比组词训练

天公—天空　　个人—客人　　骨干—苦干　　关心—宽心　　顽固—纨绔
官渡—宽度　　调光—条筐　　挂上—跨上　　感伤—砍伤　　钢锭—康定
河谷—何苦　　古色—苦涩　　各自—刻字　　工友—空有　　攻坚—空间
攻占—空战　　深耕—深坑　　供需—空虚　　鼓励—苦力　　代管—贷款
烛光—竹筐　　龟甲—盔甲　　儿歌—儿科　　工匠—空降　　关于—宽余

h —— 舌根阻清擦音

发音要领：软腭带着小舌向后咽壁挺起,关闭鼻腔;舌根上抬与软腭接近,形成一条缝隙,让不颤动声带的气流径直从这条缝隙中挤出去,摩擦成声。

h 的呼读音是 he。欢呼(huānhū)、辉煌(huīhuáng)四个音节的声母都是 h。

发音提示：h 是舌根擦音,阻气的部位在口腔后部,本来就不是很容易收紧,口腔如果开得过大,舌根就更不容易使上劲。所以缩窄口腔缝隙的目的是节制气流,应尽量把声音往前推。

有人常常把 h 的呼读音与 f 混为一谈,其实,h 与 f 尽管发音方法基本相同,而发音部位却是一前一后,f 的发音部位最靠前,h 的部位最靠后。f 是唇齿擦音,是上齿与下唇内缘成阻的;h 是舌根与软腭阻气的擦音。只要稍加注意,分辨起来并不是很难。

发 f 和 h 时，注意要让气流轻轻地摩擦出去，切忌用力过猛、咬得太死。关于 f、h 的辨音训练见本章第三节声母辅助训练。

h 的组词训练

h — h

海河	海涵	憨厚	含糊	航海	豪华	好汉	行货	浩瀚	花环	淮河	呼喊	互惠
行话	火红	和缓	合欢	合伙	荷花	黑话	横祸	黑户	汇合	挥霍	红花	鸿鹄
会话	后患	欢呼	恍惚	后悔	呼号	呼唤	惶惑	后会	诨号	互换	胡话	护航
花卉	化合	怀恨	淮海	辉煌	黄昏	和好	火化	会徽	缓和	皇后	谎话	海货

h 和 g、k 组词训练

h — g

海港	回归	海沟	海关	函购	韩国	涵盖	河谷	喝干	红汞	函告	好感	祸根
焊工	行规	壕沟	合格	合股	换购	好过	海归	活该	河工	后宫	悔过	惠顾
河沟	黑管	黑锅	横亘	横贯	轰赶	宏观	火攻	海狗	华贵	鸿沟	火罐	回顾
回锅	弧光	湖广	花鼓	欢歌	火光	花冠	海龟	华工	化工	会馆	滑竿	画稿

g — h

改行	高寒	搞活	光环	公害	改悔	鬼话	钙化	干旱	更换	桂花	国号	关怀
国花	感化	干活	勾画	肝火	赶海	国货	钢花	高喊	光华	隔阂	过后	高呼
鬼魂	光滑	高胡	膏肓	搞好	歌喉	隔行	过户	鬼火	干号	工会	公海	光辉
公函	干货	过火	改换	恭贺	干花	国画	沟壑	古话	公会	恭候	共和	挂号

h — k

海口	会客	海况	汗孔	航空	花开	好看	好客	河口	毫克	豁开	何况	好酷
合口	何苦	贺卡	户口	火坑	虎口	宏阔	糊口	花魁	横跨	喉科	欢快	惶恐
很酷	回空	回扣	汇款	会考	会客	活扣	还口	豁口	横空	活口	火烤	壶口
货款	回馈	汉口	还款	很亏	画刊	划开	很快	会刊	黑客	烘烤	合刊	划款

k — h

开怀	矿坑	快活	口号	开花	空话	考核	刻画	可贺	空号	开火	刊号	客户
恐慌	恐吓	括号	开航	宽厚	开化	空耗	卡号	开荤	科幻	跨河	看护	抗旱
抗衡	开荒	扛活	可汗	狂呼	跨海	可恨	垦荒	坑害	考号	空喊	苦海	看好
空怀	口红	开会	枯黄	宽宏	狂欢	亏耗	抗寒	狂轰	葵花	困惑	括弧	抗洪

五、舌面阻

j —— 舌面阻不送气清塞擦音

发音要领：成阻时，双唇微张，上下齿微合；软腭带着小舌向后咽壁挺起，关闭鼻腔；同时舌尖轻抵下齿背，舌面前部向上前方抬起贴紧前硬腭，完全阻塞住口腔的出口；持阻时，蓄气保持住这种态势；除阻时，阻气部位在不颤动声带的气流的不断冲击下先慢慢地放松，让出一条窄窄的缝隙；然后再放其从窄缝中挤出口外，摩擦成声。

j 的呼读音是 ji。进军(jìnjūn)、坚决(jiānjué)四个音节的声母都是 j。

q —— 舌面阻送气清塞擦音

发音要领：q 的发音部位和发音方法与 j 基本相同，不同点只是在除阻时(放松阻碍部位，"塞"的部分结束)，从口中吐出的气流较多、较强一些，用力从口中吐出一口气来。

q 的呼读音是 qi。气球(qìqiú)、确切(quèqiè)四个音节的声母都是 q。

发音提示：j、q 是"塞擦音"的首次"亮相"。

塞擦音，古称"破裂摩擦音"，发音的注意事项前面已有交代。这里只着重强调一点，在发音时，舌尖下垂十分要紧，应当将舌尖抵住下齿背，始终不能离开，这样才能确保 j、q 的准确性。舌尖一旦上抬与上齿背接触了，那就容易发成"尖音"zi 或 ci 了，这种 z、c 与前高元音相拼的现象，普通话里是没有的。

塞擦音和擦音的主要区别在于：擦音在开始成阻时，发音部位就已经形成了缝隙，为气流的摩擦做好了准备；而塞擦音则是在成阻时发音部位完全闭塞，待到除阻阶段才由气流冲开一条缝隙，开始摩擦。

x —— 舌面阻清擦音

发音要领：双唇微张，上下唇齿微开；软腭带着小舌向后咽壁挺起，关闭鼻腔；同时，舌尖轻抵下齿背，舌面前部向前上方抬起，与前硬腭接近，形成一条缝隙；然后让不颤动声带的气流径直从这条缝隙中挤放出去，摩擦成声。

x 的呼读音是 xi。学校(xuéxiào)、细心(xìxīn)四个音节的声母都是 x。

舌面音组词训练

j — j

激进　积聚　基建　拘谨　集锦　即将　家具　佳节　嘉奖　近景　家教　拒交　歼击
艰巨　简捷　检举　间接　见解　奖金　讲解　焦急　拒绝　旧交　借据　健将　矫健
阶级　接见　节俭　结局　拮据　结晶　捷径　解救　击剑　惊厥　借鉴　紧急　金橘
京剧　精简　交际　经济　井架　佳境　警句　犄角　进击　境界　竞技　纠结　酒精

q — q
凄切 奇巧 恰巧 全勤 强求 窃取 崎岖 牵强 情趣 凄清 求签 亲切 请求
乞求 前期 秦腔 秋千 全球 漆器 求全 缺欠 清欠 取钱 娶妻 奇缺 娶亲
轻骑 氢气 求亲 缺勤 弃权 气枪 齐全 乔迁 前驱 取齐 蹊跷 求情 清秋
鹊桥 轻取 权且 千秋 欠缺 亲戚 圈起 驱遣 取巧 球权 确切 清泉 全权

x — x
笑星 休闲 相信 小心 休息 寻衅 下旬 湘绣 肖像 信息 斜线 虚心 下乡
嬉笑 现行 详细 信心 宣泄 嬉戏 鲜血 想象 兴修 信箱 学兄 习性 纤细
心胸 喜讯 消息 欣喜 行星 选修 小型 显现 新鲜 形象 县乡 新戏 新校
小雪 新兴 雄心 选项 小溪 血型 校训 遐想 细心 狭小 先行 小鞋 消协

j — q
机枪 急切 假期 尽情 警犬 坚强 脚气 交钱 接洽 进取 较全 九泉 价钱
技巧 减轻 节气 禁区 奖券 汲取 健全 结亲 景气 渐强 捡球 剧情 捐躯
吉庆 加强 截取 旌旗 紧俏 金钱 结清 家禽 京腔 交情 金曲 酒气 近亲
举旗 锦旗 精确 峻峭 就寝 军区 机器 假钱 极其 金秋 节庆 娇妻 郊区

q — j
期间 起居 气节 千斤 迁就 前进 全军 枪决 前景 巧计 奇迹 抢救 全局
区间 强健 抢劫 抢救 侨居 切记 亲近 勤俭 清洁 全景 千金 清静 求教
起劲 情景 情节 请柬 请假 亲家 秋季 请教 求救 屈驾 曲解 取经 拳击
劝解 起价 契机 器具 球技 起降 千机 契机 迄今 切忌 全奖 旗舰 情结

j — x
迹象 继续 讥笑 吉祥 急需 机械 集训 极限 即兴 简析 记叙 精选 举行
家乡 艰辛 假象 坚信 间隙 简讯 匠心 见习 讲学 教训 金线 交响 驾校
揭晓 界限 今昔 经销 景象 尽兴 警校 居心 局限 精细 践行 竞选 军训
觉醒 教学 记性 进修 加息 今宵 架线 讲习 降雪 技校 检修 接线 军校

x — j
希冀 席卷 细节 细菌 袭击 洗劫 下降 夏季 仙境 乡间 现金 星级 叙旧
闲居 献技 陷阱 香蕉 详尽 消极 橡胶 小结 孝敬 谢绝 新居 信教 续集
心计 信笺 小姐 兴建 行进 相加 行军 雄健 修剪 嗅觉 县级 洗脚 巡警
酗酒 宣讲 选举 许久 新疆 想家 鲜姜 现价 喜剧 休假 刑警 先机 相聚

q — x
期限 齐心 器械 牵线 气象 前夕 强县 奇想 弃学 谦虚 奇效 汽修 取现
浅显 谦逊 潜心 强行 抢修 侨乡 侵袭 清洗 清秀 抢戏 清香 抢先 球鞋

倾泻 清闲 情绪 求学 去向 屈膝 取消 亲信 权限 缺席 缺陷 倾销 骑行
确信 区县 前线 驱邪 全线 求贤 全选 清晰 情形 全新 轻信 枪械 潜行

x — q

吸取 习气 喜庆 兴趣 雪橇 先驱 掀起 学期 汛期 嫌弃 刑期 修桥 险情
限期 寻求 镶嵌 乡亲 喜鹊 相亲 详情 星球 相求 象棋 消遣 学区 凶器
小气 校庆 省亲 泄气 心情 星期 兴起 羞怯 现钱 西芹 选区 雪情 小憩
县区 殉情 小巧 需求 想起 响起 香气 小区 腥气 希求 向前 湘黔 想去

j 和 q 对比组词训练

激励—凄厉	手脚—手巧	阶段—切断	精华—清华	公鸡—工期
经常—清偿	迹象—气象	基础—凄楚	积压—欺压	集市—歧视
经典—清点	戒尺—切齿	棘手—骑手	集权—齐全	集中—其中
鸡西—栖息	季节—气节	建议—歉意	技工—气功	监制—牵制
角度—巧渡	界河—切合	借据—窃据	简陋—浅陋	界石—切实
金笔—亲笔	金属—亲属	旌旗—轻骑	精诚—倾城	籍贯—畦灌
经营—轻盈	经理—清理	井架—请假	纠纷—秋分	居室—趋势
吉普—棋谱	举目—曲目	咀嚼—取决	及时—其实	急雨—旗语

六、舌尖后阻

zh —— 舌尖后阻不送气清塞擦音

发音要领：成阻时，上下唇微开；软腭带着小舌向后咽壁挺起，关闭鼻腔；同时，舌身后缩，舌尖翘起轻轻抵在上齿龈与硬腭的接合线上，完全阻住气流在口腔的出口。持阻阶段继续保持这种态势；当不颤动声带的气流到达口腔后不断地冲击成阻部位时，舌尖先放松并稍向前移，让出一条缝隙，然后放气流从这条缝隙中摩擦出去。

zh 的呼读音是 zhi。真正(zhēnzhèng)、庄重(zhuāngzhòng)四个音节的声母都是 zh。

ch —— 舌尖后阻送气清塞擦音

发音要领：ch 的发音部位和发音方法与 zh 基本相同，不同点只是除阻时从口中吐出的气流比 zh 较多、较强些。

ch 的呼读音是 chi。长城(chángchéng)、出差(chūchāi)四个音节的声母都是 ch。

sh —— 舌尖后阻清擦音

发音要领：成阻时，上下齿微开；软腭带着小舌挺起与后咽壁接触，关闭鼻腔；同时,舌身后缩,舌尖翘起,与上齿龈和硬腭的接合线形成一条缝隙通道;除阻时,让不颤动声带的气流平缓地径直从这条缝隙中摩擦出去。

sh 的呼读音是 shi。山水(shānshuǐ)、上升(shàngshēng)四个音节的声母都是 sh。

r —— 舌尖后阻浊擦音

发音要领:r 的实际发音部位和发音方法与 sh 大致相似,不同的只是发音时要颤动声带,即从肺部呼出的气流和音波经过喉头时已经"带"了音,加上气流和音波对阻气点的激动,口腔振动产生共鸣而成声。

r 和 sh 是普通话里唯一的一对清、浊相配的音素,r 浊 sh 清。

r 的呼读音是 ri。柔软(róuruǎn)、忍让(rěnràng)四个音节的声母都是 r。

发音提示:舌尖后阻音 zh、ch、sh、r 俗称"翘舌音",也有人叫它"卷舌音"。顾名思义,这四个声母在发音过程中都是将舌尖"翘"或"卷"起来发出的。舌尖的运动趋向是上齿龈和硬腭的交界线,有的是先阻后擦,有的则是直接摩擦。狭义的翘舌音仅指这四个辅音音素;广义地讲,凡以辅音音素 zh、ch、sh、r 起头的音节(字)均属之,它们都是由声母的发音部位决定的。发翘舌音,应本着"后音前发"的原则,不能将舌尖卷得太厉害。舌位如果太偏后,大多会影响到字音的清晰度,所以,力量应放在舌尖上。另外还要防止将双唇外翻得过分,这样也会导致声音的松散、"嗲"气,缺乏美感,男声更应力戒。

发 zh 和 ch 时遵循塞擦音的一般发音原则。发 sh 时,呼气力量不能过强,防止产生爆破性的声音。嘴角切忌咧得太大,防止气息从舌头的两边流出去,形成"哨鸣音"。

舌尖后音组词训练

zh — zh

战争 针织 征战 执政 纸张 专政 指正 忠贞 助长 转正 智障 正职 郑州
制止 壮志 住址 珍珠 真挚 斟酌 驻扎 助战 专职 主战 转账 转战 转折
长者 招展 专著 专制 装置 装帧 招致 诊治 蒸煮 指证 征兆 争执 挣扎
整治 债主 正直 症状 支柱 执照 州长 卓著 指针 蜘蛛 中止 着装 重镇

ch — ch

插翅 拆除 铲除 长春 查处 长处 超常 超产 产出 超出 怵场 出车 车窗
长城 成虫 惩处 驰骋 赤诚 充斥 成串 初查 出差 抽查 出产 串场 初春
臭虫 橱窗 出厂 车床 出丑 撑船 宠臣 除尘 戳穿 穿插 铲车 冲茶 查车
传唱 船厂 馋虫 传承 乘船 吃穿 春潮 春茶 长虫 叉车 查抄 出处 抽出

sh — sh

杀伤 闪烁 膳食 伤势 赏识 上身 烧伤 史实 上山 少数 闪失 书社 省市

水手	设施	射手	深山	伸手	身世	声势	生疏	省时	少睡	时蔬	事实	实施
瘦身	施舍	时事	史诗	史书	沙石	收拾	誓师	烧水	手势	善事	省属	舍身
手术	受伤	舒适	少帅	上市	树梢	述说	生手	顺水	甩手	税收	硕士	说书

r — r

冉冉	嚷嚷	扰攘	人人	忍让	荏苒	仍然	容忍	仁人	容人	荣任	人乳	融融
荣辱	柔软	如若	软弱	忍辱	柔韧	濡染	闰日	融入	荏弱	扰人	认人	让人
惹人	如人	人肉	柔润	熔融	热熔							

zh — ch

展翅	战场	章程	侦察	征尘	正常	震颤	轴承	展出	涨潮	榨出	真诚	主场
照常	征程	争吵	专程	支撑	支持	支出	枝权	职称	咫尺	痔疮	转乘	装船
智齿	忠臣	忠诚	终场	仲春	重创	主持	直尺	找车	蛀虫	著称	专长	职场
专车	专场	撞车	追查	竹床	中超	直肠	争宠	主唱	转呈	砖茶	主创	摘除

zh — sh

招收	肇事	招生	扎实	照射	招手	震慑	直率	终身	重视	众生	驻守	扎伤
注射	装饰	展示	战胜	指示	直爽	准时	证实	忠实	证书	掌勺	支书	追授
专售	珍视	招商	战术	中暑	掌声	长势	中伤	主帅	致使	制胜	指数	中枢
重伤	主食	注释	祝寿	斩杀	正视	转述	装束	重赏	置身	展室	智商	战士

zh — r

沾染	丈人	招惹	招认	昭然	哲人	阵容	整容	证人	值日	主任	炸肉	扎人
峥嵘	骤然	诸如	重任	注入	赘肉	终日	助燃	转让	照人	逐日	追认	卓然
灼热	指认	主人	正如	专人	转入	长肉	周日	纸人	真热	真人	之日	装入
中日	招人	准入	侏儒	整日	植入	制热	专任	猪肉	助人	坠入	炙热	住人

ch — zh

产值	长征	唱针	超重	超支	车站	车轴	撤职	春种	出账	沉重	出站	厂址
称重	沉滞	沉着	称职	成长	诚挚	城镇	惩治	承重	超值	醇正	城址	池沼
冲撞	初战	初中	垂直	出众	初诊	出征	车闸	处置	穿着	传真	船闸	船长
船只	创制	春装	纯正	朝政	纯种	沉渣	纯真	拆装	吃住	茶桌	朝政	持证

ch — sh

插手	茶水	查收	查哨	差事	产生	阐述	昌盛	尝试	创税	常识	超市	串烧
厂史	常胜	长寿	厂商	超声	茶室	朝圣	潮湿	抽纱	窗式	潮水	沉睡	趋势
陈设	陈述	衬衫	成熟	城市	纯熟	承受	抄收	吹哨	充实	冲刷	崇尚	车身
重申	抽水	仇视	出生	初试	出售	厨师	船上	处世	窗纱	创伤	传授	常设

ch — r

插入	缠绕	孱弱	馋人	常任	怅然	超人	超然	吵嚷	成人	潮热	吹入	承认
耻辱	炽热	充任	愁容	仇人	出入	传染	怆然	蠢人	出任	痴人	出让	传人
冲入	春日	传入	常人	吃肉	沉入	诚如	闯入	诚然	掺入	趁热	吃人	传热
炒热	差人

sh — zh

山楂	手指	上涨	师长	树种	摄制	时装	深重	伸张	神志	收账	石寨	神州
慎重	省长	设置	时政	生殖	胜仗	市长	上装	甚至	手抓	书摘	失主	施展
市政	实战	试制	石柱	时针	使者	始终	收支	实职	赊账	手掌	上阵	手镯
梳妆	舒展	省直	述职	水准	失职	纱帐	砂纸	适中	烧灼	失真	水煮	首战

sh — ch

沙场	纱窗	杀虫	刹车	山茶	山城	擅长	商船	上乘	书橱	失察	奢侈	上车
射程	深长	深仇	申斥	审查	生产	牲畜	盛产	师承	数尺	市场	世传	首场
失常	时差	时常	时辰	视察	试车	师传	收成	睡床	瘦长	首创	寿辰	受潮
受宠	舒畅	双重	水车	生抽	顺差	水产	顺畅	说唱	售车	商朝	书城	生茶

sh — r

杀人	潸然	商人	砂仁	上任	深入	渗入	胜任	圣人	生日	蛇肉	湿软	湿润
诗人	时日	世人	释然	收入	收容	手软	受辱	瘦弱	禅让	受热	输入	食肉
熟人	熟稔	暑热	衰弱	沙瓤	生人	时任	数日	水热	使人	摄入	使然	烧热
首任	双刃	瘦肉	瘦人	伤人	殊荣	双人	生肉	傻人	首日	实然	杀入	神人

r — zh

染指	热衷	热战	热症	仁政	人证	任职	人中	热招	染织	人种	肉猪	认真
认账	认证	任重	日志	熔铸	戎装	乳汁	入账	软脂	人质	儒者	乳脂	认知
人治	日照	入住	忍住	弱者	入主	如注	乳猪	稔知	人主	绕着	睿智	肉质
弱智	认准	热轧	人渣	仁者	锐志	乳罩	如织	肉汁	溶质

r — ch

攘除	热潮	热忱	热诚	热炒	人称	日常	入春	榕城	日产	肉畜	热车	如常
入场	乳齿	褥疮	认出	日出	人潮	入朝	软床	肉肠	日程	染成	让出
人畜	如初	蠕虫	入城	扔出	冗长	热茶	惹出	绕城	蓉城	如春	日场	如出
仁川	入厂	揉成	柔肠	绕场

r — sh

| 燃烧 | 饶舌 | 饶恕 | 惹事 | 热水 | 人身 | 忍受 | 人参 | 人生 | 认识 | 溶蚀 | 日式 | 润湿 |
| 认输 | 入世 | 妊娠 | 日食 | 人手 | 容身 | 柔顺 | 肉食 | 濡湿 | 稔熟 | 蚺蛇 | 儒生 | 如实 |

儒术 如数 入时 入神 入世 入手 入睡 若使 人士 人数 认生 榕树 荣升 仍是 瑞士 热身 弱势 染上 人少 日商 润饰 入声 弱视 如霜 热食 儒商

zh 和 ch 对比组词训练

扎针—插针　　忠实—充实　　农庄—脓疮　　重压—冲压　　扎手—插手
编织—鞭笞　　斋戒—折借　　宅门—柴门　　展出—产出　　张狂—猖狂
朝露—抄录　　眼珠—演出　　真怪—嗔怪　　征尘—称臣　　阵势—趁势
支柱—吃住　　织锦—吃紧　　休止—羞耻　　知情—痴情　　直到—迟到
脂油—蚩尤　　治水—赤水　　至诚—赤诚　　蜘蛛—支出　　置身—赤身
中锋—冲锋　　中幅—冲服　　忠诚—冲程　　珠玑—出击　　岂止—启齿
市长—市场　　注释—处室　　助长—处长　　专一—穿衣　　壮丽—创立
脚趾—角尺　　追溯—吹塑　　招集—超级　　直至—迟滞　　珠海—出海
主治—处置　　乡镇—相称　　伫立—畜力　　注脚—触角　　手杖—首倡

sh 和 r 对比组词训练

射程—热诚　　事迹—日际　　神志—人质　　熟食—如实　　视差—日差
视野—日野　　服饰—福日　　署名—乳名　　美式—每日　　漱口—入口
世纪—日记　　硕士—弱视　　税利—锐利　　肥瘦—肥肉　　闪失—染湿

七、舌尖前阻

z —— 舌尖前阻不送气清塞擦音

发音要领：成阻时，双唇微开；软腭带着小舌向后咽壁挺起，关闭鼻腔的通路；同时，舌尖向前平伸轻轻抵住上齿背阻住气流；持阻时，保持这种蓄气态势；当不颤动声带的气流到达前口腔，不断冲击成阻部位时，舌尖逐渐放松，让出一条缝隙，放气流从这个缝隙中摩擦而出。

z 的呼读音是 zi。自尊（zìzūn）、总则（zǒngzé）四个音节的声母都是 z。

c —— 舌尖前阻送气清塞擦音

发音要领：c 的发音部位和发音方法与 z 基本相同，只是在除阻（放松阻气部位，"塞"的阶段结束）时从口中吐出的气流较多、较强一些。

c 的呼读音是 ci。从此（cóngcǐ）、仓促（cāngcù）四个音节的声母都是 c。

s —— 舌尖前阻清擦音

发音要领：双唇微开，软腭带着小舌向后咽壁挺起，关闭鼻腔；同时，舌尖向前平伸，与上齿背接近，形成一条窄窄的缝隙，让不颤动声带的气流稳劲而均匀地从这条缝隙中挤出去,摩擦成声。

s 的呼读音是 si。色素(sèsù)、思索(sīsuǒ)四个音节的声母都是 s。

发音提示:舌尖前音,俗称"平舌音",是将舌头放平了发出的音,是与"翘舌音"相对应而称读的。狭义的平舌音仅指辅音音素 z、c、s;而广义地说,凡以辅音音素 z、c、s 起头的音节(字)均属之,它们都是由音节中声母的发音部位决定的。

语音理论上一般认为:发舌尖前音时,舌尖要抵住上齿背,即舌尖与上齿背成阻。在发音实践中人们发现,发 z、c、s 时,与其将舌尖抵住上齿背,倒不如将舌尖抵住下齿背,让舌叶部位与上齿龈成阻更容易发得圆润饱满些。理由是:将舌尖抵住上齿背,有的人因为"触位"不好会产生不必要的杂音使字音的纯度受到损害。当然这也只能代表发音理论上的一种新说,发音时还需视发音者口腔操作的状况而定,以将字音发得准确、清晰、圆润、饱满为原则。但需注意,在选择舌尖与下齿背成阻法时,不要将舌尖伸出齿外。

练习平舌音,为了增加声音的响度和美感,在不影响字音清晰度的前提下,可本着"前音后发"的发声原则,尽量把声音位置从感觉上往后推,寻找一种"适中"的状态,意在求"圆",避免声音偏"尖"偏"嗲"。

舌尖音,大致分为舌尖前音、舌尖中音和舌尖后音。它们都是舌尖起主导作用完成发音过程的。舌尖音之所以有前、中、后的划分,并非是要将舌尖分为前、中、后三段,而是指与舌尖相对应形成阻碍的那个部位在口腔的前、中、后位置。舌尖前音 z、c、s 是舌尖对着上齿背(理论上讲)成阻的;舌尖中音 d、t、n、l 是舌尖对着上齿龈成阻的;舌尖后音 zh、ch、sh、r 是舌尖对着硬腭与上齿龈的接合线成阻的。上齿背在前,上齿龈居中,硬腭与上齿龈的接合线在后。

舌尖前音组词训练

Z — Z

最早 总则 栽赃 藏族 自尊 宗族 走卒 罪责 祖宗 租子 造作 在座 造字
凿子 自在 粽子 做贼 遭罪 走嘴 自造 卒子 咋做 做作 遭灾 咂嘴 啧啧
再造 自责 醉枣 早在 总在 坐姿 再则 最脏 再走 脏字 曾祖 最糟 凿凿

C — C

参差 苍翠 草丛 猜测 粗糙 从此 仓促 蚕蔟 层次 催促 村村 错词 匆匆
璀璨 残存 措辞 寸草 匆促 摧残 淙淙 曹操 此次 层层 磁材 擦擦 猜猜
彩瓷 猜错 草草 葱翠 错层

S — S

搜索 松散 送伞 洒扫 缫丝 瑟缩 色素 思索 诉讼 琐碎 素色 嫂嫂 送丧
速算 送死 四散 羧酸 僧俗 三思 飒飒 散碎 瑟瑟

Z — C、S
总裁　棕色　姿色　资材　走私　足色　紫菜　杂色　杂凑　再三　自残　杂草　再次
柞蚕　座次　作词　赞颂　早操　砸碎　杂碎　葬送　造词　作死　柞丝　造次　子孙
自私　祖孙　作祟　遵从　赠送　自诉　总算　字词　恣肆　自裁

C — Z、S
才思　彩色　操纵　踩死　菜色　厕所　粗俗　存在　错字　草酸　搓澡　矬子　惨死
蚕丝　词素　沧桑　辞岁　错综　操作　参赞　才子　菜籽　丛葬　次子　词组　擦澡
辞藻　采桑　嘈杂　槽子　辞色　从速　刺字

S — Z、C
塞擦　桑梓　色彩　思忖　酥脆　塑造　丧葬　随从　酸菜　素材　三座　私自　素菜
塞责　死罪　四则　蓑草　酸枣　嗓子　所在　送葬　色泽　三藏　素餐　宋词　随葬

Z 和 C 对比组词训练

清早—青草　　子弟—此地　　遵守—皴手　　座位—错位　　再版—菜板
插座—差错　　在场—菜场　　质子—至此　　造字—造次　　焦作—交错
承载—盛菜　　水藻—水草

八、零声母

零声母音节组词训练

i 类—i 类

压抑　牙龈　烟叶　沿用　演义　盐业　洋溢　扬言　野游　耀眼　咬牙　徭役　仰泳
谣言　夜莺　液压　摇曳　妖艳　一样　医药　意义　益友　义勇　译音　拥有　应邀
营养　疑义　阴影　吟咏　引诱　营业　用意　优雅　优异　悠扬　油印　游弋　诱掖
友谊　有用　游泳

ü 类—ü 类

余韵　愉悦　语源　预约　渊源　鼋鱼　元月　越狱　月晕　孕育　月圆　圆月　源于
冤狱　愿与　缘于　余元　豫园　圆圆　蛐蛐　韵语　鼋鱼　粤语　逾越

i 类—ü 类

押韵　演员　养鱼　遥远　业余　医院　异域　养育　由于　影院　盈余　忧郁　隐约
永远　姻缘　悠远　音乐　抑郁　应允　意愿　优越　勇于　艺苑　游园　有缘　鱿鱼

ü类—i类

余音 鱼鹰 渔业 羽翼 月夜 乐音 寓言 予以 月牙 园艺 原野 预演 远洋
云烟 运营 语义 缘由 原因 雨衣 愿意 怨言 鸳鸯 原油 鱼油 郁悒 援引

u类—u类

外文 威望 唯物 玩味 外侮 忘我 五味 慰问 文物 妄为 威武 无畏 委婉
违误 帷幄 围网 周闻 武王 温网 问我 为我 外围 往外 万物 文武 屋外

a, o, e类—i, u, ü类

哀怨 暗影 昂扬 遨游 哀乐 恩怨 厄运 安稳 而已 额外 耳语 儿艺 鳄鱼
暗语 恶意 欧阳 扼要 熬夜 安逸 讹误 二仪

第三节 声母辅助训练

一、塞音声母组词训练

b — d

变调 编队 爆肚 抱定 必答 背地 半岛 表达 病毒 部队 波动 扁豆 报端
必定 扳动 绊倒 被动 拨打 半道 补丁 弊端 本店 编订 北大 百度 绷带
拜读 摆渡 被盗 标的 棒打 宝鼎 被打 摆动 博得 剥夺 便道 巴顿 编导
宝岛 拜倒 扳倒 笨蛋 报答 宝典 遍地 贬低 半吨 贝雕 冰冻 博大 保单

b — t

宝塔 奔头 变态 报亭 表态 半天 白天 摆脱 扁桃 杯托 标题 鞭挞 吧台
补贴 本土 拜托 碑帖 拨通 奔腾 笔谈 暴跳 悲痛 本体 鼻涕 本田 白糖
别提 版图 兵团 病痛 病态 波涛 变通 包头 办妥 本题 比特 摆摊 冰糖
补铁 报童 被套 崩塌 半途 百态 白头 布条 煲汤 被踢 笔挺 白塔 碑亭

b — g

八卦 报关 笔杆 宾馆 冰柜 白鹤 报告 办公 变更 笔供 表格 变革 不过
包裹 保管 被告 并购 本国 宝贵 倍感 把关 悲观 爆缸 蹦高 班规 芭谷
饼干 本该 白宫 宝钢 背光 罢工 表哥 标杆 曝光 闭关 败给 白骨 冰糕
表功 别国 北国 本港 补钙 拔高 报国 拔罐 帮规 包干 百官 病故 秉公

b — k

包括 本科 补考 博客 补课 背靠 碧空 补款 秕糠 焙烤 板块 避开 剥壳

崩溃 报刊 变宽 版刻 播控 边框 别看 拨款 宾客 被困 鼻孔 宝库 备考
贝壳 必看 补扣 冰块 备课 拨开 半空 别克 被控 半块 白开 帮困 冰库
摆阔 暴扣 被砍 百科 布控 掰开 闭口 悲苦 扒开 碑刻 罢课 被捆 剥开

p — d
跑调 频道 品德 判断 庞大 平等 排队 判定 跑肚 瓶胆 偏低 爬动 骗贷
平淡 片段 浦东 佩戴 铺垫 颇多 派对 跑电 疲顿 飘荡 攀登 皮带 炮弹
平地 盘点 配对 跑道 胖墩 跑掉 排毒 拍打 跑动 盆地 佩带 碰倒 炮打
坡度 配电 叛党 评点 匹敌 拍档 偏多 飘动 排定 批斗 品读 扑打 飘带

p — t
乒坛 配套 片头 喷涂 跑堂 平头 排他 平添 普陀 破题 劈腿 妍头 炮艇
派头 跑腿 拼图 盘头 拍拖 喷吐 平坦 跑题 培土 扑腾 偏瘫 攀谈 抛投
叛逃 胚胎 盼头 跑跳 盘腿 旁听 评弹 平躺 破土 炮台 陪同 喷嚏 烹调
碰头 疲沓 皮糖 怕疼 批条 泡汤 品题 皮艇 劈头 偏袒 排坛 普通 炮膛

p — g
票根 苹果 爬高 铺盖 评估 碰过 屁股 偏高 皮革 品格 盘亘 盼归 飘过
抛光 排骨 拍过 膀胱 跑过 骗过 配股 瓶盖 爬过 评功 炮格 颇高 颇感
旁观 批改 盘古 破格 攀高 判官 培根 披挂 刨根 排灌 叛国 判给 铺轨
偏贵 普高 派给 喷灌 攀钢 平菇 捧哏 皮辊 跑官 批给 跑光 骗购 平锅

p — k
撒开 贫困 片刻 抛开 凭空 跑开 铺开 扑克 赔款 贫苦 普考 盘库 嫖客
频宽 帕克 劈开 剖开 瓶口 皮卡 排空 排开 陪客 盘扣 疲困 派克 破口
票款 炮口 扑空 泡开 抛空 喷口 排课 偏科 贫矿 拍客 皮裤 盘亏 劈砍
破壳 怕苦 普快 皮壳 陪考

d — b
待编 打扮 代办 刀背 代表 对比 东北 底部 东部 地板 吊臂 搭帮 打败
躲避 担保 地步 顶部 蛋白 赌博 多半 队部 单帮 打包 达标 带兵 带班
盗版 逮捕 对白 倒闭 大巴 搭伴 大病 多变 颠簸 蛋饼 单边 底板 独白
多部 淡薄 单兵 待办 盗宝 队标 单薄 督办 答辩 当兵 多边 调拨 地标

d — p
灯泡 陡坡 搭配 打破 大盘 大批 大片 店铺 点评 地盘 点炮 多屏 底盘
毒品 跌破 短片 打拼 打牌 低频 肚皮 大炮 登攀 定评 盾牌 调配 短跑
碟片 刀片 单凭 底片 短篇 大棚 订票 多篇 打谱 待聘 电喷 斗篷 党派
地皮 电瓶 顶棚 读盘 得票 胆魄 钉耙 垫片 打平 点破 当铺 调派 单篇

d — g

大纲	打嗝	大鼓	大褂	多寡	大概	德国	大哥	打工	电灌	逗哏	度过	灯光
订购	大国	单个	帝国	蛋糕	动感	待购	冬灌	递给	夺冠	渡过	嘀咕	道轨
顶光	低估	大关	电工	低谷	动工	定格	耽搁	当官	单过	顶岗	典故	定购
担纲	导管	代购	赌棍	导购	胆敢	冬瓜	灯管	多国	稻谷	盗割	镀铬	大观

d — k

打垮	大款	代课	打款	动口	打开	贷款	对抗	端口	代扣	抵抗	豆蔻	单孔
雕刻	躲开	地块	洞口	断开	倒扣	党刊	短裤	对口	到款	弹壳	代考	弹孔
单靠	多亏	大块	渡口	单科	道口	待客	洞库	打孔	对开	单块	蹲坑	弹坑
低空	刀口	蛋壳	洞窟	敌寇	大楷	多孔	当口	刀客	大考	大课	地矿	打捆

t — b

特别	图标	同步	头部	通报	逃避	台北	同伴	填补	停表	同比	同胞	台标
投标	替补	臀部	图表	淘宝	徒步	填报	投保	腿部	题壁	碳棒	天边	提拔
坦白	突变	通病	蜕变	投奔	挺拔	停泊	踏板	题匾	陶吧	贴吧	体表	同班
吞并	填表	铁板	跳板	退步	挑拨	台币	替班	汤杯	提笔	铜板	涂布	提包

t — p

突破	头皮	拓片	特批	体魄	托盘	统派	调皮	投拍	通票	推平	捅破	太平
摊派	贴片	套牌	踏破	听牌	脱贫	贴谱	通盘	逃跑	蹄髈	停盘	套票	特派
通篇	投票	嚏喷	天棚	甜品	天平	调配	铜盆	蜕皮	停牌	调频	铜牌	听评
统配	偷拍	躺平	逃票	头牌	偷跑	透辟	土炮	特聘	铁片	土坯	图片	汤盆

t — g

提高	跳高	通过	脱岗	提供	推广	透过	贴膏	特贵	听过	泰国	通告	团购
抬高	糖果	跳过	托管	投稿	通关	套购	甜果	听歌	调高	贪官	特工	体格
铁杆	脱骨	提纲	停工	痛感	涂改	透光	同感	铁轨	统共	套管	头骨	脱轨
脱钩	铁锅	铜管	铁棍	塘沽	碳钢	抬杠	探戈	同工	天公	统管	童工	田埂

t — k

太空	太快	坦克	痛快	痛苦	天空	条款	调控	推开	拓宽	通考	特酷	调侃
听课	头盔	痛哭	偷看	退款	瞳孔	偷窥	投靠	统考	糖块	团课	摊开	停靠
腾空	填空	特困	逃课	题库	图库	特快	铁矿	退卡	掏空	啼哭	铜矿	条块
逃开	挺快	踢开	脱口	脱困	停课	吐口	屯垦	特刊	拖垮	提款	筒裤	探矿

g — b

| 改变 | 干部 | 告别 | 胳膊 | 公布 | 广播 | 广博 | 贵宾 | 根本 | 关闭 | 干杯 | 锅饼 | 个别 |
| 改编 | 隔壁 | 规避 | 官兵 | 改版 | 钢板 | 根部 | 股本 | 港币 | 古板 | 改扮 | 各部 | 国标 |

钢笔 告白 光标 过半 诟病 古巴 国宝 盖布 公报 瑰宝 公办 锅巴 诡辩
肝病 跟班 古堡 戈壁 丐帮 购并 国币 桧柏 跪拜 棍棒 隔板 古柏 国办

g — p

股票 光盘 公平 挂牌 高频 古朴 攻破 购票 古朴 各派 公判 怪坡 果品
孤僻 公仆 光谱 果皮 公婆 骨盆 告破 贡品 改判 拐跑 古谱 广谱 怪癖
割破 高配 顾盼 赶跑 更怕 供品 股评 挂盘 官派 钙片 工棚 刮破 瓜棚
高炮 公派 果盘 钢瓶 拐骗 硅片 孤品 广辟 钢坯 高攀 跟拍 干品 骨牌

g — d

感动 高低 古代 钢锭 古都 国都 规定 感到 寡淡 骨朵 高度 格斗 古董
观点 高达 固定 赶到 高档 过电 高端 更大 股东 孤独 根雕 工段 勾兑
过度 管道 供电 搞定 过渡 改动 拐带 隔代 轨道 孤单 古典 故道 广岛
滚动 关掉 糕点 高大 工地 功底 钢都 光导 国度 高等 国道 功德 公道

g — t

钢铁 个体 沟通 感叹 骨头 柜台 国土 个头 跟帖 古体 镐头 固体 岗亭
宫廷 过头 改天 构图 港台 贯通 歌坛 光头 鬼胎 滚梯 罐头 甘甜 过堂
更替 关头 高台 跟头 滚筒 歌厅 瓜田 共同 挂图 关停 归途 怪题 挂毯
告退 滚烫 高汤 高塔 工头 耕田 干透 锅台 光秃 高铁 苟同 寡头 跟团

k — b

挎包 课表 亏本 恐怖 空白 口碑 开办 拷贝 捆绑 看病 糠秕 磕巴 课本
快板 可比 狂奔 快办 可变 快步 可鄙 溃兵 看报 狂飙 口杯 靠泊 刊播
狂暴 开播 快报 开班 靠背 刻薄 口鼻 跬步 抗爆 刻板 阔别 溃败 坤包
扩版 抗病 开闭 靠边 溃坝 考妣 看表 可悲 跨步 开本 开埠 抗暴 烤饼

k — p

开盘 看片 考聘 靠谱 可怕 开屏 刻盘 开炮 磕碰 开票 快评 狂喷 客票
开瓶 苛评 坑骗 恐怕 控盘 开跑 渴盼 空瓶 酷评 宽屏 可判 开辟 快拍
宽频 狂跑 诓骗 鲲鹏 扩频 卡片 可拍 空泡 烤盘 快跑 开篇 卡盘 看牌
可配 空盘 考评 开铺 看破

k — d

空荡 宽度 看待 开刀 科大 苦读 开灯 看到 考点 肯定 课多 烤电 跨度
快递 扩大 快点 刊登 宽带 口袋 空当 看碟 溃堤 刻毒 可达 夸大 空挡
开店 开冻 空地 宽大 空洞 可读 扣掉 裤裆 苦斗 坑底 看跌 裤兜 开单
看点 开端 看懂 开动 柯达 开打 抗冻 苦胆 砍掉 刻度 客队 蝌蚪 克敌

k — t

课题 卡通 空调 楷体 开庭 看题 快艇 刊头 抗体 可调 卡特 看摊 矿体
靠天 开拓 看透 垮塌 客厅 恳谈 枯藤 喟叹 块头 空投 裤腿 酷图 客体
看帖 砍头 开脱 客套 咳痰 狂吐 看头 空头 快退 狂跳 扣题 口条 开头
看台 炕头 考题 可叹 课堂 可体 磕头 开膛 开通 空谈 看图 开坛 狂态

二、擦音声母组词训练

f — x

发现 方向 分校 佛像 佛学 复习 腐朽 分析 访学 分享 风险 放心 服刑
发行 飞行 奉献 发泄 浮现 飞翔 发型 反响 发笑 复信 防线 反省 附小
复兴 缝隙 分销 放学 奉行 腹泻 发小 法学 方形 废墟 福星 飞絮 抚恤
翻新 放行 芳心 费心 繁星 锋线 返销 发信 仿效 风雪 防汛 父兄 浮想

f — sh

发烧 发生 丰硕 复试 方式 凡是 分手 分数 防守 服饰 翻晒 辐射 防身
法师 发售 防水 风扇 反射 放手 发誓 翻身 焚尸 法术 腐蚀 粉刷 风霜
附属 丰收 封杀 风水 防晒 焚烧 飞驶 风尚 俯视 富士 废水 发梢 扶手
放射 放水 服侍 费时 富商 复式 风沙 俯身 复审 逢时 复述 负伤 负数

f — r

夫人 放入 否认 繁荣 发热 法人 妇人 芙蓉 犯人 放任 忿然 富人 肥肉
放人 发软 愤然 纷扰 飞入 烦人 丰润 缝纫 仿若 幡然 访日 逢人 奋然
赴日 服人 烦扰 富饶 斐然 风热 妇孺 芳容 繁缛 飞人 赴任 凡人 丰乳
腐乳 丰饶 发轫 非人 锋刃 腐肉 复燃 防人 发乳 肺热 服软 烦冗 防热

f — s

发送 奉送 粉色 封锁 佛寺 烦死 放松 分散 反思 发涩 纺丝 泛酸 反锁
复苏 粉碎 讽诵 肤色 发酸 粉丝 风俗 仿宋 风速 飞梭 发骚 烦琐 发丝
附送 奉祀 放肆 飞速 风骚 发散 放送 分所 发色 赴死 封死 发散 飞散
分送 扶桑 复赛 凡俗 反诉

h — x

好像 火星 或许 互相 核心 获悉 呼吸 和谐 航校 幻想 回乡 弧形 海蟹
藿香 麾下 海峡 环形 海啸 回旋 化学 后续 很像 活性 横向 花蟹 喊醒
好些 欢喜 海鲜 华夏 唤醒 航线 好笑 河虾 好心 欢笑 混淆 害羞 诙谐
呼啸 花香 含蓄 户型 弧线 花心 航行 后巷 憨笑 回信 回响 候选 好戏

第二单元 辅音和声母

h — sh

寒食	好使	护士	胡说	黄沙	婚纱	合适	火蛇	荤食	函数	沪市	获释	换帅
会使	回收	何时	好事	浑身	忽视	黑瘦	换肾	海上	海事	后事	函授	火势
核实	汗水	回升	和尚	海水	呼声	狠刹	花神	坏事	获胜	护身	荒山	华沙
喝水	挥手	化身	河水	洪水	花生	湖水	横尸	贺寿	厚实	回首	黄山	后世

h — r

忽然	环绕	好人	赫然	火热	黑人	害人	汇入	轰然	换人	忽如	骆绒	混入
汉人	红润	很热	何人	恍然	很弱	坏人	划入	浑然	互溶	哄人	红人	骇然
红日	怀柔	恍若	豁然	恍如	活人	哗然	花蕊	恨人	互让	毁容	浩然	何如
骇人	何日	花容	滑入	好惹	很软	唬人	横肉	怀仁	霍然	寒热	胡人	悍然

h — s

好酸	合诵	核算	黑色	婚俗	红色	横扫	好似	耗死	还算	猢狲	黄色	护送
会所	回缩	褐色	活塞	害死	花色	火速	后缩	划算	货损	后嗣	好色	换算
挥洒	坏死	货色	贺岁	涣散	毁损	寒酸	恨死	很涩	合算	核酸	欢送	耗损
回溯	晦涩	航速	荤素	灰色	害臊	还俗	焊丝	换色	混色	很酸	很俗	昏死

x — f

戏法	兴奋	幸福	学费	消费	西方	修复	相反	下方	心房	学法	巡防	校风
先锋	消防	宪法	细分	下发	媳妇	新房	信封	学阀	相符	稀饭	驯服	信佛
旋风	校方	刑法	相逢	效仿	学分	秀发	削藩	信奉	西服	小腹	县府	洗发
心烦	刑罚	下放	信访	信服	心扉	相扶	凶犯	戏份	小费	悬浮	学风	协防

x — h

喜欢	协会	学会	循环	先后	相互	信号	型号	消耗	蓄洪	下滑	泻火	校花
笑话	消化	幸好	鲜花	喜好	细化	现货	向后	鲜活	信函	悬乎	雪花	新华
胸怀	西湖	写好	修好	学好	销毁	邂逅	序号	杏黄	形骸	祥和	虚汗	献花
选好	雄厚	吓坏	虚幻	讯号	巡回	细活	新婚	陷害	先河	相会	仙鹤	寻呼

x — sh

相声	小时	孝顺	欣赏	兴衰	学生	学术	销售	享受	心术	仙逝	洗刷	兴盛
显示	形式	现实	消失	吸收	形势	协商	牺牲	夏收	校史	新手	选手	悬赏
行驶	携手	叙述	下属	行使	笑声	新生	修史	蓄水	相识	消逝	稀少	县属
小事	现身	薪水	心事	修饰	香水	想说	行商	先师	凶手	校舍	宣誓	吸吮

x — r

| 虾仁 | 夏日 | 显然 | 笑容 | 陷入 | 新人 | 信任 | 形容 | 行人 | 旋绕 | 血刃 | 写入 | 渲染 |
| 削弱 | 昔日 | 虚弱 | 现任 | 小人 | 吸入 | 新任 | 羞辱 | 仙人 | 续任 | 新锐 | 血肉 | 线人 |

欣然	虚荣	先人	纤弱	闲人	相扰	喜人	喧嚷	心软	相容	血染	熏染	选人
杏仁	消融	旭日	选入	雪融	洗染	熏肉	袭人	寻人	相认	卸任	虾肉	相让

x — s

血色	迅速	相似	心思	线索	像素	潇洒	习俗	相思	羞涩	效死	遐思	逊色
心酸	心碎	消散	相随	辛酸	形似	血丝	寻思	细碎	小寺	杏色	想死	限速
相送	选送	雪松	橡塑	闲散	硝酸	系所	细丝	辛巳	鲜笋	遐思	萧瑟	寻死
秀色	惺忪	稀松	香酥	喜色	显色	熏死	乡思	心锁	细算	徇私	羞死	虚岁

sh — f

山峰	十分	是否	书房	收费	说法	首付	释放	手法	师傅	束发	示范	首飞
水分	是非	说服	首发	设法	省份	书法	胜负	师父	帅府	首犯	税费	收发
抒发	时分	首府	上浮	少妇	税法	傻福	施肥	深翻	升幅	守法	收复	食府
师范	施放	商贩	适逢	首富	始发	税负	双飞	水费	睡房	失分	试飞	生父

sh — h

社会	深海	生还	省会	生活	受贿	适合	时候	实惠	鼠害	书画	市话	首航
说话	商户	上海	珊瑚	审核	收获	身后	深化	收回	书海	事后	神话	税后
守护	盛会	升华	深厚	舒缓	售后	伤痕	守候	上货	石化	术后	失衡	商号
稍后	生化	商会	疏忽	双核	奢华	水货	书号	沙化	嗜好	受害	实话	善后

sh — x

上学	首相	刷新	实现	首先	实行	熟悉	刷洗	手续	受训	生锈	史学	守信
属性	事先	率先	事项	顺序	视线	首选	数学	身心	时兴	声效	设想	首席
实习	手下	涉嫌	书写	山西	少许	生效	施行	瘦削	筛选	上限	水乡	烧香
双向	声响	时下	失效	师兄	神仙	身形	麝香	上行	盛行	手心	时限	寿星

r — f

人发	如风	若非	日方	热风	如飞	染发	润肤	热敷	燃放	人贩	乳房	人防
人犯	润肺	润发	日服	热饭	如焚	柔风	染坊	人夫	软饭	认罚	入伏	染房

r — h

然后	柔和	如何	任何	融合	人和	荣获	融化	仍会	润滑	燃耗	润喉	软化
弱化	入户	如花	入会	溶化	人话	如海	如火	熔化	人寰	软话	融汇	日化
柔滑	入海	热火	人海	日货	如画	荣华	仁和	软和	绒花	染红	惹火	融会
入伙	糅合	日后	入行	惹祸	柔化	热乎	扔回	染黄	入画	如虎	热河	仁厚

r — x

如下	入邪	热线	人选	入选	人性	入学	热心	如需	热销	衽席	溶血	热血
任性	荣幸	人心	仍需	人像	若想	扔下	仁兄	任选	软席	乳臭	容许	韧性

日系 柔性 忍心 弱小 瑞雪 儒学 乳腺 让先 绕膝 软性 绕行 弱项 染血
入校 入学 仍须 若需 入心 肉馅 燃香 容限 入戏 日下 如许 肉香 让行

s — f
司法 散发 算法 三分 四方 随风 三方 所发 缩放 私服 诵法 酸腐 随访
私房 送饭 死法 送风 私分 随附 送分 丧父 碎粉 私愤 丧服 色粉 碎发
三伏 算分 素服 丧夫 肃反 四伏

s — h
撒谎 四好 松花 似乎 随后 损坏 丝毫 损害 所含 扫黑 私货 死后 所绘
送货 三好 损耗 送回 赛后 四海 速滑 死灰 私活 岁寒 死海 四害 死活
搜狐 散户 死耗 所获 损毁 送花 三环 绥化 散花 随和 缩回 速回 嘶喊
散货 四环 俗话 撕毁 所好 撒欢 所绘 嘶吼 腮红 赛会 碎花 扫黄 厮混

s — x
思想 所需 苏洵 速写 酥胸 随想 松香 死穴 所向 酸洗 扫兴 碎屑 洒向
所系 三鲜 遂行 缩小 三星 思绪 搜寻 思乡 索性 撒下 送信 所学 私下
所想 松下 缩写 酸性 四项 死刑 所选 苏醒 私心 丝线 三峡 松懈 所辖
所幸 色相 四星 随心 塑像 随行 死讯 速效 送行 送修 四乡 散心 死心

三、塞擦音声母组词训练

j — zh
记者 家长 价值 竞争 精致 就职 酒盅 集中 加征 假肢 机制 精湛 精制
敬重 机智 借债 节制 激战 教主 居中 紧张 建筑 禁止 简直 借助 进展
记住 纠正 机织 卷纸 居住 局长 加重 兼职 见证 戒指 救助 击中 假装
校正 旧宅 极致 进驻 救治 就诊 精准 截止 角逐 举止 决战 晋职 监制

j — ch
机场 鸡翅 基础 坚持 经常 检查 接触 进程 建成 警察 劫持 静场 集成
解除 轿车 继承 教程 交叉 进出 简称 纠缠 京城 角尺 鸡雏 驾车 进场
杰出 交出 进城 监察 警车 救出 降尘 竭诚 剧场 机车 寄出 据称 机床
奖惩 加长 惊诧 减产 痔疮 缉查 揭穿 矜持 建厂 僵持 检察 家产 捐出

j — z
建造 茧子 健在 祭祖 金子 救灾 君子 家族 间杂 噘嘴 节奏 记载 减灾
讲座 尽早 加载 捐赠 机座 焦躁 抉择 叫座 杰作 及早 教子 舰载 剧组
机组 劫走 俱在 较早 巨资 佳作 间奏 集资 激增 饺子 今早 静坐 夹杂
积攒 急躁 剧增 骄纵 近作 巨作 捐资 酒醉 橘子 巨子 降噪 径自 净增

j — c

聚餐 检测 监测 精彩 俊才 加醋 教材 决策 就此 敬辞 叫餐 基层 架次
举措 阶层 建材 据此 剪裁 加菜 今次 仅此 窖藏 晋祠 交错 紧凑 节操
就餐 仅存 急促 进餐 集萃 寄存 剪彩 进村 夹层 纠错 结存 加餐 局促
韭菜 机舱 竞猜 计策 渐次 聚财 积层 借此 坚辞 家财 精粹 介词 酱菜

q — zh

群众 气质 前者 强制 庆祝 求助 求职 签证 旗帜 强者 穷追 清浊 曲折
确诊 轻重 欺诈 抢占 强壮 侵占 权重 前瞻 茄汁 其中 取证 牵制 前兆
求证 全职 倾注 潜质 驱逐 全镇 敲诈 缺阵 亲征 请战 卡住 期中 枪支
墙纸 轻者 千兆 轻质 区长 曲终 强震 求知 器重 迁至 轻装 确证 清真

q — ch

起床 清茶 汽车 清楚 清查 清除 青春 全程 取出 去除 欠产 汽锤 清晨
全场 起初 球场 清澈 清朝 骑车 切除 清纯 驱车 秋蝉 倾巢 前程 全长
全城 虔诚 去处 前场 启程 全称 牵扯 全车 曲尺 谦称 清偿 气喘 驱除
祛除 倾城 砌成 情仇 起程 群臣 请出 清唱 裙钗 翘楚 情场 迁出 全厂

q — z

妻子 亲自 求子 签字 潜在 谴责 曲子 裙子 圈子 抢走 起赃 轻载 劝阻
取自 前奏 亲子 取走 全资 茄子 求租 轻则 清早 侨资 犬子 权责 窃贼
前座 青紫 千载 全总 嵌在 钳子 千字 青藏 起租 请坐 迁走 请罪 确凿
全组 屈尊 羌族 强作 起早 卡子 迁葬 欠资 弃子 气足 铅字 齐奏 前足

q — c

器材 七彩 谦辞 奇才 其次 青瓷 起草 钱财 憔悴 求才 强村 切磋 遣词
青草 屈才 清脆 全村 青菜 凄惨 情操 屈从 七寸 取材 清仓 芹菜 潜藏
前次 青翠 浅层 全才 切菜 请辞 青葱 龟兹 求财 全错 去磁 清册 球操
轻擦 气粗 前舱 全册 秋草 前侧 青骢 枪刺 凄恻 强磁 前村 倾侧 秋菜

zh — j

涨价 召集 着急 直接 至今 逐渐 抓紧 抓阄 专家 之间 中继 主见 中间
转嫁 浙江 主机 证据 主角 专辑 占据 直径 追缴 撞见 证件 震惊 政绩
拯救 追究 终究 中介 征集 中将 执教 终结 照旧 直击 战绩 中级 之家
直觉 撞击 整洁 知己 章节 招架 主教 支架 追击 指甲 致敬 政界 重奖

zh — q

追求 之前 正确 争取 准确 赚钱 周期 中期 真情 专区 智取 战旗 征求
政权 真巧 衷情 证券 整齐 挣钱 赚取 债券 职权 蒸汽 中秋 真切 债权

酌情　主权　知情　展区　站起　争抢　周全　正气　仲秋　转晴　值钱　正巧　抓取
沼气　致歉　掌权　种群　知青　珍禽　重拳　支取　转圈　志气　知趣　朝气　战区

ch — j

超级　成绩　重建　春节　创建　厂家　冲击　差距　场景　成就　丑剧　茶经　常见
出具　成交　承接　插件　初级　长江　长久　处境　出击　插脚　拆建　车间　持久
沉静　憧憬　吃惊　趁机　吵架　春季　触及　察觉　纯洁　纯净　差价　承建　出嫁
乘机　筹建　沉寂　筹集　出价　出境　抽奖　床具　陈酒　长假　出局　陈旧　撤军

ch — q

长期　出去　纯情　重庆　窗前　初期　超强　传奇　城区　产权　出勤　车圈　超前
澄清　出奇　吹气　春秋　厂区　除去　重启　拆迁　城墙　衬裙　茶器　传球　抽取
出钱　查清　成全　撑起　痴情　抽签　插曲　产区　充气　啜泣　差遣　铲球　称奇
喘气　唱腔　成群　岔气　出勤　持枪　抽泣　垂青　长青　畜群　场区　吃请　呈请

z — j

在家　增加　自救　足尖　走进　最近　灶具　作家　租借　杂交　作假　钻戒　早间
资金　自荐　最佳　杂记　增建　总结　坐轿　组建　自觉　造假　在建　组件　宗教
嘴角　总监　自家　租金　增进　走近　左肩　尊敬　阻击　足见　造就　足迹　紫荆
总价　总局　阻截　再见　在京　总计　造价　自居　醉酒　左脚　踪迹　作践　暂居

z — q

灾区　增强　自强　足球　早期　再去　最强　走去　挣钱　走强　尊亲　最穷　作曲
早起　暂且　族群　坐骑　脏器　座前　灾情　自取　再起　左权　早秋　坐起　做强
走俏　最轻　纵情　攒钱　造桥　早去　租期　择取　藏青　走棋　藏区　赠券　宗亲
左倾　组曲　最亲　奏请　最缺　奏起　择期　紫青　最全　紫气　自欺　自谦　左起

c — j

裁军　参加　刺激　曾经　促进　此举　采集　参见　裁决　错觉　草鸡　采金　残疾
惨叫　财经　餐具　此间　词句　村级　才将　层级　裁剪　惨景　从紧　裁减　凑近
参军　赐教　惨剧　猜忌　葱姜　从军　餐巾　残卷　侧记　仓颉　侧击　彩卷　丛集
蚕茧　采掘　藏家　苍劲　此君　从句　村居　残迹　从教　擦净　餐酒　此景　残局

c — q

采取　此前　采区　从前　辞去　存取　瓷器　萃取　苍穹　残缺　裁切　餐前　擦去
存钱　粗气　粗浅　词曲　从轻　凑巧　才情　操起　凑齐　餐券　残棋　才气　彩旗
财气　采气　菜畦　此情　此去　蹙起　彩球　促其　操琴　侧墙　财权　藏起　凑钱
猜拳　草签　彩券　篡权

四、鼻音声母组词训练

m — n

美女 明年 每年 模拟 没能 迷你 磨难 母女 默念 没你 牤牛 满拧 末年
门内 骂你 魔女 卖弄 闽南 猛男 玛瑙 美男 木讷 买牛 漠南 毛囊 蒙牛
猫腻 牦牛 没拿 母牛 骂娘 某年 泌尿 莫能 美妞 买鸟 某女 某男 庙内
暮年 蒙难 民女 母奶 棉农 满脑 马年 煤泥 马奶 莫奈 牧牛 莫逆 盲女

n — m

纳闷 年末 那么 你们 难免 呢帽 农民 纳米 内幕 匿名 酿蜜 黏米 柠檬
男模 耐磨 南面 南美 南门 牛虻 难买 农忙 脑门 浓墨 凝眉 能买 难民
糯米 年满 黏膜 脑膜 浓密 难觅 娘们 怒骂 嫩苗 奶名 鸟鸣 牛马 奶妈
农牧 年迈 怒目 内膜 浓眉 内贸 难买 牛毛 南明 农贸 难眠 楠木 难卖

五、m 和 f 组词训练

m — f

麻烦 没法 萌发 眯缝 免费 模仿 魔法 密封 买房 莫非 靡费 马蜂 模范
每逢 面粉 埋伏 米饭 买方 毛发 秘方 满分 卖方 麻纺 抹粉 蜜蜂 美方
民法 每份 冒犯 民房 民风 美发 米粉 满腹 鸣放 麦粉 门缝 卖房 美分
名分 妙法 谋反 妹夫 吗啡 妙方 免付 镁粉 棉纺 魔方 马蜂 门阀 毛纺

f — m

方面 粉末 父母 发明 分泌 封面 分明 负面 房门 繁忙 方木 翻毛 丰满
风靡 风貌 蜂蜜 抚摸 阀门 放慢 贩卖 坟墓 奉命 粉煤 封门 反面 分娩
富民 砝码 锋芒 赴美 佛门 发麻 放牧 烦闷 非命 奋勉 覆灭 发霉 仿冒
发毛 愤懑 繁茂 反目 放满 防霉 肥美 发蒙 奋袂 分母 驸马 伐木 芳名

六、h 和 f 辨音训练

f — h

发挥 发昏 番号 繁华 反悔 返回 返航 饭盒 防护 匪祸 复核 肥厚 防洪
妨害 放火 飞蝗 绯红 废话 分洪 分化 粉红 愤恨 俘获 丰厚 风寒 烽火
凤凰 腐化 符号 符合 负荷 附会 发还 负号 浮华 发话 富豪 复合 复活
分红 分号 缝合 孵化 汾河 发汗 奉还 封河 风化 反话 飞花 分毫 焚毁

h — f

海防 豪放 合法 何妨 合肥 和服 鹤发 横幅 洪峰 盒饭 话锋 洪福 后方
护法 化肥 花费 花粉 华发 划分 画舫 活佛 会费 换房 和风 焕发 荒废
皇甫 黄蜂 恢复 挥发 回访 会费 混纺 伙夫 毫发 河防 伙房 换发 汇费
黄发 红发 幻法 护符 护发 换防 号服 韩非 航帆 浩繁 耗费 后福 回复

f和h对比组词训练

开方—开荒　干饭—干旱　开发—开花　黑发—黑话　初犯—出汗
伏案—湖岸　公费—工会　范式—憾事　反话—喊话　符合—糊盒
防盗—航道　墙缝—强横　绯红—黑红　粉肠—很长　幅度—弧度
肩负—监护　富丽—互利　缝合—恒河　繁复—函复　繁育—韩愈
反省—喊醒　防化—行话　饭前—焊钳　粉尘—很沉　防空—航空
扉页—黑夜　飞溅—黑键　飞天—黑天　复句—沪剧　赴会—互惠

七、平翘舌辨音训练

平翘舌音组词训练

z — zh

组织 杂志 座钟 作战 赞助 尊重 载重 增值 罪状 宗旨 做主 增重 自传
栽植 诅咒 滋长 造纸 阻止 遵照 佐证 杂质 栽种 自知 罪证 在职 资助
自治 自主 紫竹 总之 组长 作证 自重 作者 杂种 怎知 左传 总支 辎重
再战 枣庄 最终 做账 增长 资质 组装 仔猪 自制 总站 租住 自招 阻滞

z — ch

在场 赞成 早场 总场 自创 责成 增产 资产 自称 足赤 租出 自筹 祖传
组成 钻床 嘴唇 最初 尊称 尊崇 坐车 做成 自产 总长 贼船 坐船 早产
砸车 最臭 早晨 总称 座充 嘴馋 造船 赃车 租船 仔畜 早朝 最长 做出
走出 栽插 杂处 造车 早茶 早出 再查 自持 在朝 杂陈 造成 最丑 总产

z — sh

杂税 杂耍 宰杀 再生 在世 暂时 赞赏 遭受 早上 枣树 自伤 总社 早熟
早市 增生 姿势 纵使 自杀 早衰 杂食 自身 钻饰 砸伤 总署 综述 增设
总数 纵深 走失 钻石 遵守 左手 做寿 宗室 走兽 早说 杂说 噪声 栽树
奏疏 自首 做事 资深 总说 走势 在售 尊师 宗师 组诗 再说 赠书 滋生

z — r

杂糅 做人 早日 责任 姿容 滋润 自然 尊荣 揍人 自如 纵然 再燃 嘴软

走人	纵容	罪人	自扰	载入	尊容	砸人	昨日	走入	自燃	栽绒	自认	最热
阻燃	在任	载人	宰人	再如	钻入	燥热	醉人	凿枘	阻扰	棕壤	择日	最弱
贼人	增容	滋扰	藏人	自若								

c — zh

裁纸	财政	才智	财主	采摘	采制	猜中	菜种	参战	丛冢	粗重	财长	参照
参政	餐桌	参酌	残渣	惨重	草纸	侧重	瓷砖	辞章	翠竹	彩照	辞职	此致
粗壮	促织	村庄	村镇	存折	挫折	从政	磁针	村寨	从众	曹植	彩珠	从中
材质	参展	村长	沧州	词缀	参展	厕纸	彩纸	菜汁	残障	彩妆	残照	惨状

c — ch

裁处	财产	采茶	彩绸	餐车	残喘	仓储	操场	草创	磁场	擦出	搓成	辞呈
刺穿	促成	存查	擦车	蚕虫	痤疮	操持	错车	草场	瓷厂	催产	猜出	存储
存车	菜场	窜出	擦除	猜斥	凑成	彩超	裁撤	裁成	蹿出	彩车	错处	

c — sh

擦拭	财神	菜市	参数	蚕食	残杀	苍生	藏身	草绳	搓手	藏书	操守	次生
参事	草书	草率	侧视	瓷实	刺史	测试	慈善	踩伤	擦身	此时	辞书	采石
次数	刺杀	刺参	从事	丛书	凑手	脆生	磋商	刺身	菜蔬	措施	促使	丛生
挫伤	粗疏	凑数	催熟	此事	财商	才识	曾说	存上	曾是	此生	催收	从属

c — r

残忍	惨然	猝然	脆弱	雌蕊	粲然	词人	从容	辞让	从戎	苍然	此人	曾任
次日	才人	存入	刺入	搓揉	窜入	粗人	错认	催乳	仓容	草人	藏人	踩人
辞任	村容	簇绒	窜扰									

s — zh

三只	散装	丧钟	扫帚	四肢	丝织	死战	四周	松脂	送终	司职	苏制	私宅
苏州	素质	算账	松竹	苏浙	三张	所著	松枝	碎纸	私章	三中	随着	苏辙
所致	随之	死者	所占	所指	所长	锁住	岁至	碎砖	司长	索知	诉状	诉诸
锁着	赛制	丝质	塞住	寺中	梭织	笙崞	素斋	僧众	丝竹	丝状	四折	色织

s — ch

赛车	三春	散场	扫除	色差	思潮	私产	四处	松弛	宋朝	锁厂	死沉	搜查
俗称	速成	宿仇	酸楚	算尺	随处	岁除	丝绸	私车	速查	死撑	赛场	四川
送出	所处	所称	赛程	算出	搜出	所创	塞车	酸臭	私闯	撕扯	随车	三产
死缠	隋朝	思春	俗称	私仇								

s — sh

| 飒爽 | 丧失 | 扫射 | 私塾 | 四书 | 死尸 | 死伤 | 松鼠 | 搜身 | 宿舍 | 所杀 | 算式 | 松树 |

唆使	诉说	素食	琐事	速胜	算术	损失	岁数	随时	四射	厮守	撒手	散失
丧事	桑葚	私事	死守	死水	松手	虽说	燧石	所剩	扫视	岁首	损伤	缩水
所属	散射	苏轼	三十	四十	所说	随手	塑身	送水	赛事	送上	随顺	所示

s — r

散热	骚扰	私人	丝绒	死人	松软	飒然	松仁	送人	酥软	速溶	骚人	素日
肃然	酸软	虽然	损人	索然	僧人	送入	俗人	悚然	酸乳	塞入	碎肉	

zh — z

沼泽	振作	正宗	知足	指责	治罪	制造	种族	捉贼	著作	骤增	诸子	铸造
壮族	转载	追踪	猪崽	准则	猪鬃	主宰	职责	渣滓	抓贼	逐字	寨子	毡子
渣子	张嘴	长子	罩子	榛子	枝子	侄子	制作	住嘴	整组	质子	种子	竹子
装载	装作	锥子	追赃	坠子	镯子	拙作	站姿	猪嘴	庄子	状子	站在	转租

zh — c

择菜	榨菜	斩草	遮藏	珍藏	针刺	政策	值此	制裁	致辞	主餐	真惨	中层
仲裁	助词	注册	贮存	贮藏	祝词	中册	中餐	贞操	肢残	整存	直刺	这次
重彩	至此	主次	正餐	致残	证词	种菜	中彩	驻村	知错	只此	逐层	种草
找错	转存	主从	主菜	专才	竹材	逐次	账册	终裁	长草	主材	招财	主载

zh — s

长孙	折算	真损	真酸	诊所	正色	治丧	致死	周岁	珠算	重税	诈死	蛛丝
竹笋	至死	住宿	炸死	注塑	住所	转送	转速	装蒜	撞死	重色	追溯	战死
追随	着色	正色	宙斯	装死	真丝	这厮	整死	正赛	中色	中速	整肃	追思
折损	找死	专司	主诉	主色								

ch — z

插足	插嘴	茶座	权子	掺杂	插座	铲子	长足	厂子	超载	吵嘴	沉醉	趁早
赤字	斥责	充足	虫灾	赤子	重奏	抄走	橙子	绸子	出租	窗子	创作	创造
吹奏	锤子	出走	查字	承租	车组	车子	重组	出自	尺子	炒作	乘坐	场子
冲澡	出资	承载	称赞	迟早	常在	筹资	池子	车载	产自	斥资	赤足	重做

ch — c

场次	唱词	炒菜	陈醋	成才	尺寸	除草	储藏	揣测	出操	莼菜	晁错	船舱
纯粹	蠢材	冲刺	差错	车次	吃醋	穿刺	储存	川菜	潮菜	虫草	长存	筹措
出舱	楚辞	初次	出错	除此	出彩	插槽	查错	长辞	晨操	陈词	趁此	春蚕
出仓	春草	长策	柴草	吃草	串词	冲厕	吃菜	成册	抽测	抄错	锄草	传菜

ch — s

| 茶色 | 拆散 | 蟾酥 | 场所 | 沉思 | 称颂 | 成色 | 吃素 | 充塞 | 重孙 | 茶肆 | 出丧 | 抽穗 |

出色　处死　处所　穿梭　传颂　垂死　春色　馋死　车速　重赛　愁死　出塞　橙色
重塑　呈送　初三　抄送　初赛　赤色　吹散　春笋　车锁　撤诉　撑死　初四　超速
纯色　冲散　禅寺　撑伞　吹塑　抽丝　车损　尘俗

sh — z

傻子　沙子　筛子　擅自　扇子　上座　勺子　蛇足　深造　婶子　生卒　少佐　涉足
肾脏　生字　绳子　师资　狮子　失足　失踪　识字　实在　赦罪　十足　始祖　恕罪
诗作　氏族　手足　受灾　受罪　数字　赎罪　刷子　身姿　睡足　水藻　水族　色子
顺嘴　水藻　圣祖　水灾　受阻　深紫　寿字　十字　稍作　守则　师祖　首座　收走

sh — c

赏赐　上策　上层　深藏　身材　神采　生词　生存　生财　失策　身残　收操　食槽
失措　诗词　侍从　誓词　收藏　食材　手册　受挫　蔬菜　生凑　树丛　数词　熟菜
水草　水彩　顺从　鼠窜　双层　首次　上次　数次　圣餐　上操　山村　说错　帅才
尚存　深层　伤残　实测　师从　失聪　守财　衰草　识才　烧菜　上册　说辞　上菜

sh — s

哨所　深思　深邃　申诉　伸缩　神速　神似　声色　殊死　绳索　手酸　顺遂　摔碎
石锁　石笋　时速　食宿　誓死　守岁　疏散　输送　收缩　睡死　慎思　上司　上溯
上算　声速　胜诉　生死　生丝　失算　射速　世孙　失散　失色　疏松　熟思　受损
神色　深色　圣桑　杀死　设色　上诉　山色　失所　神髓　世俗　胜算　双色　寿司

r — z

让座　绕嘴　绕组　人造　认字　认罪　日子　冗杂　孺子　日资　入藏　褥子　软枣
润泽　仍在　人在　融资　入住　入座　人字　日增　认作　如醉　认栽　软座　肉粽
润资　枘凿

r — c

人次　仁慈　认错　揉搓　如此　人才　如厕　人丛　入仓　揉擦　肉刺　若此　容错
热刺

r — s

染色　鞣酸　肉色　肉松　润色　乳酸　弱酸　如斯　肉丝　如丝　柔丝　软塑　人算
揉碎　熔丝　如梭　任随　热死　热缩　如松　热塑　入寺

平翘舌音组词对比训练

自立—智力　　大字—大致　　综合—中和　　栽花—摘花　　残联—蝉联
粗糙—出操　　暂时—战时　　祠堂—池塘　　曾经—成精　　上诉—上述
总差—种差　　增值—争执　　酥油—输油　　自愿—志愿　　赠品—正品
钻营—专营　　钻台—转台　　蚕眠—缠绵　　赞歌—战歌　　早稻—找到

三头—山头	一层—议程	凑齐—臭棋	惨淡—产蛋	四十—事实
三哥—山歌	俗语—熟语	散光—闪光	四尺—市尺	残余—单于
撒网—纱网	宗旨—终止	冲刺—充斥	丧事—伤势	组织—主枝
曾祖—蒸煮	操纵—超重	木材—木柴	电阻—店主	粗布—初步
阻止—主旨	造就—照旧	新村—新春	姿势—知识	擦手—插手
私人—诗人	宗室—中式	杂技—札记	打伞—打闪	桑叶—商业
肃立—树立	搜集—收集	自负—致富	粗重—出众	资源—支援
杂草—铡草	十四—时势	推辞—推迟	自动—制动	增收—征收
五岁—午睡	死命—使命	三栋—煽动	色调—射掉	恣肆—志士
粗纺—出访	三洋—山羊	散布—苫布	森林—身临	僧侣—生铝
字迹—制剂	从来—重来	思索—失所	司徒—师徒	丝绵—失眠
死寂—史记	资助—支柱	词序—持续	四季—试剂	

平翘舌音四字词组混编训练

寸草春晖	三寸之舌	志大才疏	与世长辞	一字之师	制裁措施	手足无措
暂时中止	出生入死	山长水远	尸位素餐	飞沙走石	真才实学	砸伤致残
急中生智	无所适从	不治之症	见出知入	文从字顺	尺短寸长	参照执行
自知之明	残茶剩饭	水涨船高	灭此朝食	只争朝夕	生死存亡	四字词组
有志之士	势如破竹	踌躇满志	基层组织	英姿飒爽	茁壮成长	增产增收
水落石出	只字片纸	水滴石穿	仗义疏财	出口成章	老成持重	杂草丛生
师直为壮	自作自受	众志成城	再衰三竭	出奇制胜	杀身成仁	损失惨重
自始至终	众所周知	壮志未酬	如坐针毡	花枝招展	折戟沉沙	仓促上阵
赤膊上阵	身先士卒	坐吃山空	张皇失措	虚张声势	跋山涉水	职业操守
走村串乡	掺杂使假	色素沉着	生产厂商	财产损失	草率从事	蔬菜生产
速查手册	首次上场	制造厂商				

思考与复习

1. 什么叫辅音？普通话共有多少个辅音音素？

2. 概述辅音发音过程的三个阶段。

3. 辅音发音有哪些主要特点？

4. 辅音的发音部位指的是什么？普通话的辅音有哪几种发音部位？

5. 辅音的发音方法指的是什么？普通话的辅音有哪几种发音方法？

6. 清音和浊音是根据什么划分的？普通话里的浊辅音有哪些？清辅音有哪些？

7. 普通话里送气音有哪几个？不送气音有哪几个？它们在哪两类辅音里相区别？

8. 什么叫声母？它的职能是什么？普通话里共有哪些声母？

9. 声母和辅音有什么不同？

第三单元 元音和韵母

教学目的：通过本单元的讲授，首先使学生掌握元音和韵母的概念、元音的分类、韵母的分类、元音和辅音的区别，能辨析相近元音的发音，提高辨音能力，然后通过艰苦、科学、系统的训练，能准确、规范地发好每个元音和韵母。

教学要求：元音和韵母的大课教学，以概念讲解为主，引入"舌位"的概念，按照高元音、半高元音、中元音、半低元音、低元音、前元音、央元音、后元音、开齐合撮、辅音尾和元音尾的特点划分声母和韵母，有助于培养学生认识问题的条理性，也为接下来的元音和韵母的实际发音技巧教学做理论上的准备和铺垫。

重点难点：元音的特点，舌位的情况，元音和辅音的区别，10个单元音的发音要领及在音节中的运用，13个复元音的发音要领及舌位和唇形渐变性的过渡与滑动，8个前鼻音韵母的发音要领及舌尖与上齿龈接触后的—n的正确发音部位的寻找和归音，8个后鼻音韵母的发音要领及舌根与软腭接触后—ng的正确发音部位的寻找和归音。

课时安排：大课5课时，小课16课时。

第一节　元音和韵母概说

一、元音的性质

元音最基本的特征是：发音时，从肺部呼出的气流在咽头、口腔（上声道）等各个部位不受任何阻碍，只需利用口腔的不同作形的调节就可以发出色彩各异的音素来。

从物理学方面看，元音都是和谐的乐音性声波（耳语的元音除外）。乐音是通过不同形状共鸣器的调节而产生的音色，它决定着每个元音的具体性质。

从生理学方面看,元音的性质主要是由口腔作形决定的,而口腔的作形又取决于下颚、舌头和双唇的各种不同的作势。下颚可以上下移动,控制着口腔内部空间区域的大小。下颚上移,与上颚的距离缩短,口腔的容积就变小;反之,下颚下移,口腔容积就会增大。舌头附着在下颚上,随下颚的上下移动可以相应地升高或降低,它的前伸后缩、凸起凹落在一定程度上决定着口腔容积的大小和元音舌位的前后高低。双唇可以向两边展开,呈扁平状;也可以向前凸起,收敛拢圆;还可以不扁不圆呈自然状。此外,软颚和小舌的活动状态也是构成不同共鸣腔体的一个重要因素。

发一般元音时,软颚要带着小舌向后咽壁挺起,锁死气流和音波通往鼻腔的闸口,只利用口腔共鸣器调节出纯粹的口音。这是普通话元音发音的一条最基本的原则。如果软腭和小舌放松下垂,活开这道闸门,气流和音波就会自咽头一分为二,从口腔和鼻腔同时流出,这样就构成了一种由口、鼻两个腔体交织共鸣形成的元音,语音学称这种元音为"鼻化元音",这在普通话里理论上是不允许存在的。可以说,每一个元音的发出都是由以上这四个发音部位联合动作的结果,而每个发音部位的任何一种变动都直接关联着口腔形状的改变,都会形成不同质的元音。

二、元音发音的三个阶段

元音(仅指单元音)的发音过程也可以分成三个阶段:

紧张阶段,由静止状态到发音状态,即元音的启动;

持续阶段,元音在某一种发音状态下的延续和伸展;

缓和阶段,由持续发音的状态转回到静止状态的收束动作。

由于元音是可以延长音值的乐音,所以在这些阶段中最有意义的是持续状态的操作和把握。可以这样讲,如果没有相当一段时间的持续,就不会有元音的存在,发好元音的关键在于学会"延长"并"保持"元音音值的技巧。

三、元音的发音特点

普通话里所有的元音都是纯粹的口音,不像辅音那样既有口音又有鼻音。这就要求发音者不论唇形和舌位如何变动,都务必将软腭和小舌后举抵住咽壁,锁闭鼻腔。

与辅音比较起来,元音的发出有以下几个显著特点:

一是,元音发音时气流和音波在口腔不受任何阻碍就能顺利地通过各个关口,舌头和唇形的变化只起调节、限制作用;而辅音发音时气流(浊音带音波)会受到不同部位、不同方法和不同程度的阻碍,必须排除阻碍才能通过。

二是,元音发音时,除声带以外的发音器官各个部位呈现出均衡紧张的态势,满口用力,甚至胸部以上都参与了活动;而辅音发音时只有阻碍气流的部位肌肉特别紧张,其余均无明显的紧张迹象。

三是,元音发音时,声门紧闭,呼出的气流和音波冲破声带的闭锁,从声门的狭缝中均匀地、有节奏地施放,必定使声带颤动,都是"带音";而发辅音时,大多数清音都不颤动声带(耳语时所有的音都不带音,元音也不例外)。

四是,元音发音时,声带的颤动减缓了气流和音波呼出时的流速和强度,因而发出的声音比较和缓平舒;而辅音发音气流又冲又强,清辅音的气流比浊辅音强,送气的清辅音更强,有时像受阻后奔泻的河水一样急促。

五是,元音的响度大,清晰、明亮;辅音响度小,只有浊辅音的响度稍大一些。

六是,元音都是音波颤动有规则的乐音,色彩明朗,可以入乐;辅音中大多数是噪音,只有几个浊辅音能唱。

七是,有的元音可以自成音节,独立地表达一个完整的意思,如:à(啊)、è(饿)等。在这一点上辅音是望尘莫及的。

元音是一个音节的必备成分,我们从"广播电台"(guǎngbōdiàntái)四个音节中可以明显地感受到元音的存在。元音是音节的骨干和精华,一个音节的响亮度如何,色彩感如何,关键就看其中的元音音素发得质量高低。所以,在吐字发声训练中,元音的发音向来备受重视和青睐,歌唱发声也常用六个主要元音(母音)做训练材料。

元音的发音主要由声带颤动造成音波。声带是元音的发音体,口腔是元音的共鸣器,元音经过口腔的美化和扩大才能放出光彩。至于说每个元音音色的不同,则是由舌位和唇形给它们做了更细致的划分。

四、元音的分类

元音的不同,主要是由不同的口腔作形造成的,舌头的升降伸缩、唇形的平展圆敛都会形成不同质的元音音色。根据元音的性质,我们可以按发音器官的状态确定元音(单元音)分类的三项标准:口腔的开合度(舌位的高低);舌位的前后;唇形的圆展。

(一)按口腔的开合分类

口腔的开合指的是发音时口腔内空间的宽窄。口腔的开合程度与舌位的高低成反比例关系。"舌位"是指舌面隆起部分与上腭最近的一点,即舌头的最高点,又叫"舌高点"。舌位高,口腔的开度小;舌位低,口腔的开度大。舌位的高低在元音的发音过程中很关键,舌位不同,共鸣点就不同,所产生的元音音色也就不一样。

为了表述方便,我们拟把舌头的位置分成高、半高、半低和低四度。这样就可以划分出舌面元音的四个基本类型。

(1)高元音(闭元音):发音时口腔开度极小(基本上处于闭合状态),舌面与上腭的距离很近,但却不构成任何摩擦。普通话里的 i、u、ü 都属于这种高闭元音类型。

(2)半高元音(半闭元音):发音时口腔开度比起高闭元音稍大一点(口腔半闭),舌位略低一些。普通话里的 o、e 属于这种半高半闭的类型。

(3)半低元音(半开元音):发音时口腔开度比半高半闭元音更大一些(口腔半开),舌位也更低一些。普通话里只有一个元音 ê[ɛ]属之。这个 ê[ɛ]即"越野"(yuèyě)中的韵腹部分,与半高元音 e 截然不同。

(4)低元音(开元音):发音时口腔开度最大,舌面也降到了最低点,几乎平铺在口腔的底部。普通话里的 a 就是这样的低开元音。

除了以上四个基本类型,还有中元音,口腔开度和舌位正好在口腔的中部。普通话轻声字"的"(de)中的韵母 e 即属于中元音。另外还有口腔开度和舌面高度都介乎于两个元音之间的中介元音,只是这种中介元音大多出现在方言和外来语里。

(二)按舌位的前后分类

指发音时舌头的隆起点(舌高点)或者说发音时舌头节制气流位置在口腔的前后。按舌高点的前后,可以将七个舌面元音分为前列、中列、后列三种类型。

(1)前列元音:发音时舌头前伸,抵住下齿背,舌面前部隆起对着硬腭的前部而发出的一类元音。发音的作用点在口腔的前半部分,前声腔小,后声腔大。普通话里的 i、ü、ê[ɛ]就是前元音。另外,ian 和 üan 中的 a 实际上也是前元音。在三个前元音中,i 和 ü 的舌位大致相同,ê 的舌位比 i 和 ü 要稍后一些。

(2)中列元音(央元音):发音时,舌高点居口腔中部,大致是舌面中部对着软、硬腭接合线的地方,整个发音的作用点在口腔的中部,前后声腔一般大小。普通话里只有 a 属于这种典型的央元音。如果细分起来,轻声字"的"(de)中的 e 也应属于央元音。

(3)后列元音:发音时舌身后缩,舌尖离开下齿背,舌根部对着软腭,发音作用点在口腔后部,前声腔大,后声腔小。普通话里的 o、e、u 都属于后元音。áng(昂)中的 a 也属之。在 o、e、u 三个后元音中,u 的舌位最靠后,o 和 e 的舌位基本相同,比 u 稍前一些,叫它俩"中后元音"也许更合适些。

以上我们介绍的高、半高、半低、低元音和前、中、后列元音都是就"舌面元音"而言的,也有人叫它们"基本元音"。所谓"舌面元音"就是指在发音时由舌面(主要是舌高点)与上腭的某一点发生作用的。普通话里的 a、o、e、i、u、ü、ê 都是这种舌面元音,也可以叫它们一般元音。

此外还有三个特殊元音也是单元音,其中两个是以舌尖节制气流而构成的舌尖元音(一个是舌尖前元音,一个是舌尖后元音),再一个是卷舌元音。

舌尖前元音:发音时舌尖向前伸,靠近上齿龈的前部,不允许摩擦,它也是高元音的一种,只是发音时舌尖起主导作用。普通话里的 zī(资)、cī(疵)、sī(思)中做韵母的元音-i(前)就是这类舌尖前元音。

舌尖后元音:发音时舌尖向上翘起,靠近硬腭的前部,不允许有摩擦,它也属于高元音的一种,发音时舌尖起主导作用。普通话里的 zhī(知)、chī(吃)、shī(师)、rì(日)中做韵母的-i(后)就是这类舌尖后元音。

卷舌元音:在发舌面元音的同时把舌尖翘起对着硬腭前部,使舌面和舌尖同时起作用,形成一种特殊的音色。普通话里的 er 就是卷舌元音。如"花儿"(huār)中的卷舌部分。

(三)按唇形的圆展分类

指发音时双唇的拢圆、中常和展开三种状态。依此可以将七个舌面元音分为圆唇元音、中常元音和展唇元音三种类型。

(1)圆唇元音:发音时双唇拢圆发出的元音。普通话单元音中的 ü、u、o 都属于圆唇性质的元音。ü、u、o 尽管都叫圆唇元音,但是它们的唇形圆度却是有区别的。ü 和 u 最圆,上下唇收敛起来聚在一块,中间只剩下一个小小的圆孔;o 是次圆的,上下唇只是稍做收拢,大致像个圆形而已,因此将 o 称作"中圆元音"也未尝不可。

(2)中常元音:发音时,唇形不圆不扁,呈自然状态的元音。普通话中只有 a 属于这类中常元音。

(3)展唇元音:发音时,双唇舒展开来,呈扁平状。单元音 i、e、ê 都属于展唇类型。展唇元音唇形的展度也不是一致的。呈扁平状、嘴角咧开的有 i 和 ê;i 的嘴角咧得最厉害;唇形比较自然些的是 e。口腔的开合度(舌位的高低)、舌位的前后以及唇形的圆展都不是绝对不变的,实际运用起来或多或少会发生一些变化。但在同一种语系里,在同一个人的发音过程中大致还是基本稳定的。

以上我们给元音音素做了比较详尽的划分之后,就可以勾画出元音发音四边形舌位图(见图 1)和发音动作要领表(见表 4)。直观图表能够使我们获得对元音的分类更全面、更综合的印象。

在这张四边形舌位图上,标出了舌面的活动范围。图的左、右、上、下边线分别表示口腔的前方、后方、上方和下方。由图可以看出,它前宽后窄,正好说明舌面前部的活动范围大,前口腔的开合度也大;舌面后部(舌根部)的活动范围小,受到口腔生理构成的限制。在实际发音中,绝不仅仅是线上的那几个点,可以说,线上步步都有不同元音的存在,但汉语普通话的元音,只占其中的一小部分。

由图的竖斜线可以看出舌位的前、央、后。由图的横线可以看出舌位的高、半高、半低、低四个等级,同时也兼示口腔的闭、半闭、半开、开。写在竖斜线左方的元音表示展唇元音,写在右方的表示圆唇元音。图中央的直线划出了两个长三角形,表示的是

"央元音区",左边是"前元音区",右边是"后元音区"。上边线三等分。

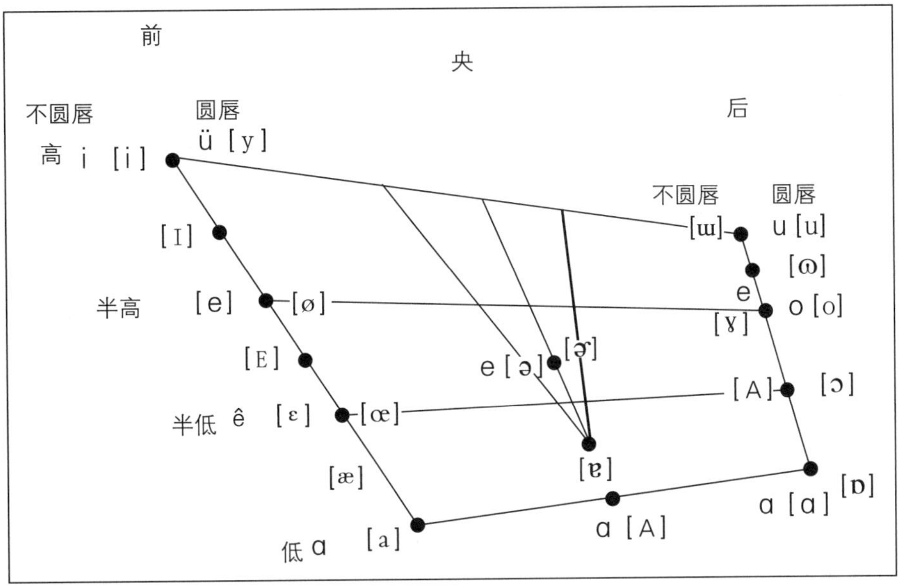

图 1　元音发音四边形舌位图

左边的斜线由上往下逐渐向后斜移,这说明口腔越开,舌位就越低,舌头就越往后缩。左边的斜线比右边的斜线长,说明舌头在前口腔活动的范围大;上边的斜线长,下边的斜线短,说明口腔的上部活动范围大,下部活动范围小。

表 4　元音发音动作要领表

	舌面元音					舌尖元音		卷舌元音
	前		央	后		前	后	
	展唇	圆唇	中常	展唇	圆唇			
高(闭)	i	ü			u	-i(前)	-i(后)	
半高(半闭)				e	o			
中位			[ə]					er
半低(半开)	ê							
低(开)			a					

五、元音和韵母

普通话的韵母一共有 39 个,其中 10 个单元音韵母,13 个复元音韵母,16 个鼻韵母。它们是:

ɑ、o、e、i、u、ü、ê、er、-i(前)、-i(后)

ai、ei、ɑo、ou、iɑ、ie、uɑ、uo、üe、iɑo、iou、uɑi、uei

an、ian、uan、üan、en、in、uen、ün

ang、iang、uang、eng、ing、ueng、ong、iong

韵母是汉语音节中除声母外所剩下的部分。一个音节如果有声母,那么声母后面的就是韵母;如果没有声母,那么整个音节就是由韵母构成的"零声母"音节。

韵母是传统汉语音韵学上的概念,元音是现代语音学上的概念。虽然组成韵母的音素绝大多数是元音,但两者不能等同。它们的区别主要有两点:(1)角度不同,元音是就音素本身的性质来说的,韵母是就汉语的音节结构而言的。(2)范围不同,韵母的范围显然要大于元音,韵母中除了单元音韵母外,还有复元音韵母和鼻韵母,它们都是几个元音或元音加上辅音的组合。

普通话韵母的分类标准一般有三个:按内部结构特点分;以介音(韵头)作标准分;以韵尾作标准分。

(一)按内部结构特点来划分

(1)单元音韵母。以单元音构成的韵母,又叫单韵母。在 a、o、e、i、u、ü、ê、er、-i(前)、-i(后)中,除两个舌尖元音和 ê 外,其余的 7 个都可以自成音节。单元音韵母全都是由单元音充当的,它具备了单元音发音的所有特点,除了气流和音波在口腔不受显著阻碍、发音器官均衡紧张、声带颤动外,在发音过程中还要求舌位、唇形始终如一,不允许有动程。

(2)复元音韵母。由两个或三个元音组成的韵母,又叫复韵母。

在 13 个复韵母中,由两个元音组成的叫二合元音韵母,它又进一步分为前响元音韵母和后响元音韵母。前响韵母有 ai、ei、ao、ou 四个,后响韵母有 ia、ie、ua、uo、üe 五个。三合元音韵母是由三个元音组成的韵母,又叫中响元音韵母,有 iao、iou、uai、uei 四个。复元音韵母体现了复合元音的特点。复合元音的整个音组是在几个元音音素舌位和唇形的连续移动中形成的,舌位的这种移动过程叫"动程"。比较而言,二合元音韵母舌位移动的轨迹基本上是直线形的,三合元音韵母舌位移动轨迹大致是呈曲线形的。

(3)鼻韵母。由单元音或复合元音带上鼻辅音(n 或 ng)做韵尾构成的韵母,叫鼻韵母。普通话的 16 个鼻韵母又分成两类,由元音加辅音尾 n 组成的叫前鼻音韵母,一共有 8 个;由元音加上辅音尾 ng 组成的韵母叫后鼻音韵母,也有 8 个。

(二)以介音(韵头)作标准来划分

以介音(韵头)作标准来划分,可分为开口呼韵母、齐齿呼韵母、合口呼韵母和撮口呼韵母,称为"四呼"。按现代汉语分类,"四呼"的定义应当是这样的:

开口呼指的是没有韵头,主要元音不是 i、u、ü 的韵母。普通话里有 15 个开口呼韵母,它们是:a、o、e、ê、er、-i(前)、-i(后)、ai、ei、ao、ou、an、en、ang、eng。

齐齿呼是指主要元音或韵头为 i 的韵母。普通话里有 9 个齐齿呼韵母,它们是:i、ia、ie、iao、iou、ian、in、iang、ing。

合口呼是主要元音或韵头为 u 的韵母。普通话里有 10 个合口呼韵母,它们是:u、ua、uo、uai、uan、uei、uang、uen、ueng、ong。韵母 ong 中的 o 实际发音介于 o 和 u 之间,舌位比 u 略低,接近 u 的发音,所以将韵母 ong 归入合口呼。

撮口呼指的是主要元音或韵头为 ü 的韵母。普通话里有 5 个撮口呼韵母,它们是:ü、üe、üan、ün、iong。韵母 iong 的发音,带有唇形撮起的动作,所以将其归入撮口呼。

(三)以韵尾作标准来划分

以韵尾作标准可分为:开尾韵母、元音尾韵母、鼻音尾韵母、卷舌韵母四类。

(1)开尾韵母。以单元音或后响复合元音作韵母的,如:a、ie 等。严格地讲,这类以韵腹结尾的韵母,在吐字归音理论中是不将其做韵尾处理的。

(2)元音尾韵母。以前响或中响复合元音作韵母的,只有 i、u(o) 两个,如 ou、uai 等。按语音理论,以元音结尾的音节都叫"开音节",它应当包括开尾音节和元音尾音节两种。

(3)鼻音尾韵母。以辅音 n 或 ng 收尾的韵母,如 ün、eng 等。按语音理论,以鼻辅音收尾的和以塞音收尾的音节叫"闭音节"。只是普通话里已没有以塞音结尾的现象了。

(4)卷舌韵母。包括 er 或儿化韵。严格地讲,这一类韵母以卷舌动作结束。

根据上述韵母分类的三个标准,我们就可以将普通话的 39 个韵母列表如下(见表 5):

表 5　韵母总表

	-i(前)、-i(后)	i	u	ü	
单元音韵母	a	ia	ua		开尾韵母
	o		uo		
	e				
	ê	ie		üe	
	er				卷舌韵母
复元音韵母	ai		uai		元音尾韵母
	ei		uei		
	ao	iao			
	ou	iou			
鼻韵母	an	ian	uan	üan	鼻音尾韵母
	en	in	uen	ün	
	ang	iang	uang		
	eng	ing	ueng		
			ong	iong	

第二节　单元音韵母发音训练

一、单元音韵母发音方法和技巧

a —— 舌面、央、低、中常唇元音

发音要领： 软腭带着小舌向后咽壁挺起，关闭鼻腔；口腔大开（尤其是后声腔要充分打开，像半打呵欠的样子），整个舌身平铺在口腔的下部；舌尖稍向前移轻抵下齿背，舌面中部微微隆起与上腭共同形成发音的作用点；双唇自然放松（既不圆也不咧的状态），呈中常状，上下门齿微露；气流和音波颤动声带后一马平川地自口腔流出。

发音提示： 关于 a 的命名，目前的语音学界尚有争议。有人认为单元音 a 属于后元音，发音时舌高点在舌面的后部与硬腭后部相对。这种观点确实反映了 a 在实际运用中的某一种状态，但是更多的意见则认为在给它命名时还是应该以最典型、最有代表性的状态为依据。因此我们把 a 称作"央元音"或"中 a"。

元音 a 是普通话中使用频率最高、最响亮、最容易"出彩儿"的一个，占有举足轻重的地位。在 39 个韵母中，以 a 做主要元音的就有 14 个，在 400 个基本音节中以 a 做主要元音的有 160 个左右，占 40% 以上。正是因为这个开口度最大的低元音做主要元音的机会较多，普通话语音方才显得如此响亮、悦耳。元音 a 使用的频率如此之高，由此暴露出来的问题也最多。a 音偏前，声音发"嗲"，男声女气，女声娇气，听来小气、拘谨、欠庄重；a 音发得偏后，压舌根、喉音重，吐字不真，声音苍老；口腔开度过大，气流不易控制，声音松散；开度过小，声音塌扁，立不起来；a 音鼻化，听来声音不健康；等等。所以在发 a 音时，口腔开度、舌位情况都要因人而异，严格限定，要结合气息的运用，矫正好发音。

发好 a 音原则上应注意这样两点：

第一，后声腔一定要打开。后声腔打开了才能使声音圆润、饱满。打开后声腔就意味着舌根部分要往下压，从前往后看去，舌头应该平铺在口腔的底部，可以直接看见小舌。口腔的内膛大，外面还要有所控制，不能一味地张大嘴或只开前声腔，而是应当在压舌根的同时撑开后槽牙以利于声音的旋共振。正确的感觉是，好像用一根线把集中成声束的 a 从肚子里捞出来一般。

第二，唇形要适当展开。当然"展"也要有个限度，不能像 i 那样咧开。a 的唇形是最自然的、中常状的。歌唱中的 a 一般是将双唇拢圆的，前声腔拉长后容易引起泛音共鸣。艺术语言的发音没有这个必要。要是也用这种状态发声,声音是动听了,可咬字却相对变得含混了,这是艺术语言发音最忌讳的。

在实际发音中,还会遇到 a 音值联音变化的情况。除了典型音品"央 a"外,还有其他四个变体,如前 a、前半低 a、后 a 和央半低 a。

典型音品 a,即"央 a":(1)单独使用(自成音节),主要做字腹,同时也兼字头和字尾,如"啊"(a)。(2)单独出现在辅音声母后面充当韵母,如"发"(fā)、"达"(dá)。(3)与前面的介音(韵头)i 或 u 构成后响复合元音韵母 ia 或 ua,如"牙"(yá)、"刷"(shuā)。央 a 的舌位在舌头的中部。

四个变体 a:

(1)前 a:与后面的高元音 i 或前鼻辅音 n 结合,构成复合元音韵母 ai 或前鼻辅音韵母 an 时,舌位要前移,如"安"(ān)、"排"(pái)。

(2)前半低 a:夹在做介音的高元音 i 和前鼻辅音 n 中间,构成带介音的前鼻音韵母 ian 时,发这个前半低的 a。如"田"(tián)、"间"(jiān)。

(3)后 a:与后面的元音 o 结合成复合元音韵母 ao 或与后鼻辅音构成后鼻音韵母 ang(包括 iang)时,舌位要后移。如"考"(kǎo)、"场"(chǎng)。

(4)央半低 a:(1)处在卷舌动作符号 r 的前面时,这个变体 a 应发成中央、半低的 a,如"把儿"(bàr)、"花儿"(huār)。(2)夹在做介音的高元音 ü 和前鼻辅音 n 中间,构成带介音的韵母 üan 时,变体 a 也是中央、半低的 a,如"源"(yuán)、"泉"(quán)。

以上这些受到前后音素影响产生的联音变体都属于正常现象。它们的读音比较接近,彼此又不对立,所以在称读和拼写时可以只用一个 a 字母来表示。但在实际发音中,a 韵母受前后音节的影响或受发音者口腔开度影响而产生的变化,就是人为造成的错误了,这种错误对职业音声工作者来说是应当避免和克服的。

a 属于央、低、中常唇的元音,自成音节,单独使用的机会很多,一个"啊"字就足以抒发各种不同的心态和情采。另外,它出现在辅音声母后面的情况也不少,如"马大哈""巴拿马"等,因此必须首先确立 a 的"中央"地位,给予足够的重视,训练的时长和强度都应加大加强。a 的标准舌位是"央低",这一点不能动摇。如果将它发成了前 a 或后 a,加上口腔控制力的欠缺,在快速语流行进中就必然会出现"吃字"现象。为了一味地追求亲切,故意把 a 发得又前又窄,形成了"嗲"音也是不可取的。人为的、不合规范的变化都会不同程度地影响到语义的表达。单发这些错误的音往往会使听者不知所云,只能从连贯的语境中自己去重新组织意思;若是这种情况出现在句子的重音上,就必然使整个句子发生混乱。尤其是发一些开尾韵母 a 时,要自觉地变随意为有序,从自由无规则的错误发音中,回到有规则的变化中来。舌位是不能随意移动的。

a 的组词训练

吧嗒 疤瘌 爸爸 奔拉 靸靿 打靶 打岔 打发 大妈 大厦 蚂蚱 马扎 大卡

达卡 发达 发蜡 法拉 砝码 嘎巴 搭茬 蛤蟆 哈达 拉萨 妈妈 咔嚓 拉杂
喇叭 腊八 喇嘛 马达 趿拉 挞伐 划拉 眨巴 麻辣 阿爸 打杂 哪怕 啪啦
沙发 刹把 旮旯 遢遢 哗啦 打杈 打卡 阿妈 爸妈 打杀 大傻 沙拉 咋啦
拉沙 拉闸 扒拉 巴拿马 加拿大 雅加达 察哈尔 亚细亚 萨其马 哈萨克
达喀尔 马自达 哈巴狗 打哈哈 大踏步 大麻子 那达慕 卡拉扬 大傻瓜
马大哈 喀秋莎 马那瓜 撒哈拉 大沙漠 阿拉伯 哈瓦那 巴哈马 坎大哈
帕萨特 卡塔尔 澳大利亚 阿拉斯加 尼加拉瓜 尼亚加拉 亚美尼亚
爱沙尼亚 马达加斯加 塔克拉玛干 沙特阿拉伯

o —— 舌面、后、半高、圆唇元音

发音要领：软腭带着小舌向后咽壁挺起，关闭鼻腔；口腔半开，舌身后缩，舌尖离开下齿背，舌面后部向软腭隆起至半高程度，舌头的两边微微卷起，舌中部凹进，双唇略收敛前撮，拢成中圆状；上下唇之间的距离约一食指宽；上齿只露齿尖，下齿隐没；整个口腔呈圆柱状；满口用力；气流和音波颤动声带后一起自口腔流出。

发音提示：元音 o 的名称叫"后半高圆唇元音"。其实，o 的唇形应该是半圆唇性质的，也可以说是次圆唇的。发音时唇角只是稍稍向里拢合就行了，不能将双唇拢得太小、太圆，这样就有可能与另一个后元音 u 相似了。练习发音时应该掌握好唇形的分寸，发音过程中唇形要自始至终固定在一个位置上，只要一动不是变成复元音 uo，就是变成 ou 了。据调查，一些中小学校在拼音教学时把 o 教成复元音 uo，学生都念 α、uo、e，这是应当引起重视并纠正的。o 是单元音，唇形和舌位都不允许有半点动程。

这个 o 单独使用的概率很小，不容易发得很准，单发如果困难可试着先从"多"(duō)音节中把 o 带出来，将"多"字拖得长一些，停止发音时唇形和舌位均保持着发音时的状态，然后再重新换气，重新组织发音，这样就能得到准确的 o 了。

o 的舌位虽然也属"半高"之列，但比起同舌位的 e 来，由于要将双唇拢一下，抻长了声腔，舌位也要牵连得略微下降一点，但还不至于降到"半低"位置。有的语音学者叫它"后中圆唇元音"也有其道理。

o 的组词训练

饽饽 薄膜 伯伯 磨破 默默 泼墨 婆婆 脉脉 磨墨 剥落 菠萝 薄弱 摸索
摩托 摩挲 莫若 没落 婆娑 陂陀 笸箩 剥夺 破获 破落 说破 萝卜 落魄
唾沫 落寞 夺魄 琢磨 着墨 捉摸 戳破 所迫

e —— 舌面、后、半高、不圆唇元音

发音要领：软腭带着小舌向后咽壁挺起，关闭鼻腔；口腔半开，舌身后缩，舌尖离开下齿背；舌面后部向软腭隆起至半高程度，舌头中部凹进，两边稍稍卷起；嘴角向左右微微展开，上下齿之间约有一食指宽，上齿尖可露，下齿隐没；满口用力；气流和音波颤动声带后一起自口腔流出。

发音提示：元音 o 与 e 的区别有两点：

（1）e 的舌位比 o 略高些，因为 o 是半圆唇性质的，双唇一拢，前声腔加长了，舌位就要受牵连而略有下降。e 才是典型的半高舌位。不过，在发音中这个小小的舌位变动从听感上是不易察觉的，所以，我们一般还是把 e 和 o 统称为"后半高"的元音。

（2）e 和 o 的显著区别在于唇形，e 是展唇的，o 基本上是属圆唇性质的。如果 e 发不好，可以由 o 引发到 e，先发 o 音，把它拖长，在连贯性气流的支撑下，逐渐把收敛的双唇放开，嘴角向两边一展就可以得到 e 了。面带微笑有助于展唇。发音时不必过多地考虑舌位的问题，只要将双唇一咧，舌位就自然会向上浮动一些。也可以用另外一种方法去寻找 e：先发好舌根摩擦辅音 h 的本音，在其持续的过程中，将嗓子用力，振动声带，展开嘴角。只是 e 的舌根部位比 h 的舌根部位要宽松一些。

e 音位里有四个音品是普通话里能用到的。由于它们在音节中的不同场合出现，所以发音时会受到前后音素的影响而发生些微变异。

典型音品：(1) 自成音节时，在后半高的位置，如"饿"（è）、"鹅"（é）；(2) 独立出现在辅音声母后面做单韵母，如"隔"（gé）、"热"（rè）。

央 e：(1) 处在轻声音节里，是中央位置的 e，如"的"（de）、"了"（le）；(2) 在 en、eng 等复合韵母里做韵腹的，如"人"（rén）、"生"（shēng）。

前半高 e：在复合元音 ei 里，基本上成了前半高的元音。因为发音时要迁就前元音 i，在它形成伊始舌位就须前移，如"蓓"（bèi）、"蕾"（lěi）。

前半低 e：在复合元音 ie、üe 里，e 变成了前半低的了，也可用 ê 表示，如"越"（yuè）、"野"（yě）。

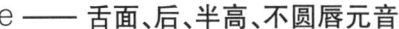

e 的组词训练

车辙　割舍　隔阂　各个　歌德　隔热　呵责　核热　合格　各色　格勒　合辙　赫哲
苛刻　可可　哥哥　客车　菏泽　热合　塞责　瑟瑟　舍得　格格　乐得　特色　特赦
乐和　咋舌　折合　热河　特设　色泽　折射　这个　可乐　社科

i —— 舌面、前、高、展唇元音

发音要领：软腭带着小舌向后咽壁挺起，关闭鼻腔；口腔开度极小，近于闭合；舌尖前伸下垂，紧紧抵住下齿背，舌叶部位隆起接近前硬腭，形成窄扁狭长的缝隙供气流和

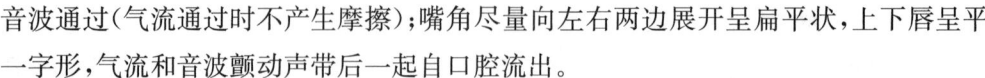

音波通过(气流通过时不产生摩擦);嘴角尽量向左右两边展开呈扁平状,上下唇呈平一字形,气流和音波颤动声带后一起自口腔流出。

发音提示:i 是普通话里舌位最高的一个元音,因而有人将它称作"窄元音"。如果把它与英语中的长元音[iː]做一番比较的话,它的舌位比[iː]还要高。正是这个高舌位、窄通道的缘故使得过去戏曲界很多男演员都怕发这个"一七辙"的音。其实,i 并没有想象中那么难发,它尽管不如宽元音 a、o、e 容易发得响亮,但是只要找到了发音的窍门,就不至于在 i 面前一筹莫展了。

掌握住以下两点规律当是发好元音 i 的关键所在:

其一,舌尖一定要抵在下齿背上,让舌叶去与前硬腭做适当调节,这是将 i 发得准确无误的第一前提。如果将舌尖上抬去碰上齿背的话,那么随之产生带有摩擦性质的噪音是不可避免的,这样带上了辅音色彩的元音听起来就有"咬舌"的感觉了。

其二,唇形一定要展开、拉平。在 10 个单元音中,i 的嘴角向两侧咧开的幅度是最大的,语音训练时甚至有必要将双唇拉成"一"字形。前面讲过,i 做韵腹或韵头时叫"齐齿呼",既然给它冠以"齐齿"的称谓,那么,齿齐了,唇自然也就是又扁又平的了。

元音 i 音位有三个音品,除了这里讲到的舌面前高展唇元音外,还有两个舌尖元音,一个是舌尖前元音,另一个是舌尖后元音。这三个音品中,舌面元音 i 的使用频率最高、最有代表性,是典型音品,其余两个舌尖元音都是 i 的变体。

i 的组词训练

比例　笔记　裨益　薛荔　低级　底细　地基　机密　积极　激励　比拟　奇迹　吉利
集体　记忆　厘米　离奇　立即　利息　立体　里脊　谜底　地契　底气　米粒　披靡
霹雳　皮衣　歧义　棋迷　绮丽　启迪　提议　体积　遗弃　体系　西医　洗涤　细腻
乙烯　疑义　遗迹　仪器　屹立　异己　意义　棋艺　以及　议题　力气　离异　利益

u ── 舌面、后、高、圆唇元音

发音要领:软腭带着小舌向后咽壁挺起,关闭鼻腔;口腔近乎闭拢;舌身后缩离开下齿背,舌面后部上升与软、硬腭的交界线处相对,舌位在后口腔;双唇收缩成圆形向前凸出(动作如噘嘴);中间只留一小圆孔,其圆度比前元音 ü 还要圆些,气流和音波颤动声带后一起自口腔流出。

发音提示:u 是普通话中舌位较高的一个后元音。其实,它的舌位不如前元音 i 和 ü 那么高,这一点从元音舌位图上可以看出。尽管如此,舌面后部与软腭的距离也是很小的,只有一条窄窄的通道,如果发音不讲究,发成带有摩擦性质的辅音是极有可能的,而且一旦有了阻碍,处在后声腔的声音就很容易被"卡"死,这一点是发音过程中应注意避免的。元音 u 同样也是不允许带有摩擦的。

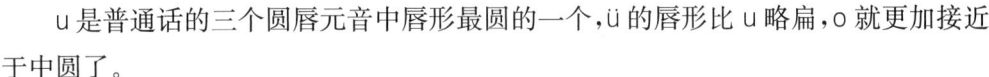

u 是普通话的三个圆唇元音中唇形最圆的一个，ü 的唇形比 u 略扁，o 就更加接近于中圆了。

u 的组词训练

补助　部署　布谷　初步　粗鲁　督促　读物　读书　独幕　幅度　赌徒　入土　俘虏
腐竹　富足　父母　付出　轱辘　故都　辜负　孤独　诸如　鼓舞　古朴　目录　服务
谷物　户主　酷暑　路途　露珠　目睹　朴素　入股　互补　疏忽　束缚　数目　土著
图书　徒步　吐露　侮辱　无辜　武术　祝福　树木　姑父　逐步　注目　故土　复苏

ü —— 舌面、前、高、圆唇元音

发音要领：软腭带着小舌向后咽壁挺起，关闭鼻腔；口腔近乎闭合；舌尖前伸下垂，紧紧抵住下齿背，让舌叶部位隆起接近硬腭的前部，形成窄扁狭长的缝隙；双唇收拢成圆状；气流和音波颤动声带后一起自口腔流出。

发音提示：元音 ü 和 i 的情况与 o 和 e 类似，显著的差别就在于唇形的不同。ü 是圆唇的，i 是展唇的，而且要将唇角咧开。从舌高点上来看，ü 的舌位比 i 略低一些，这也是因为双唇的拢圆相对地拉长了前声腔，导致了舌位的下降。

ü 和 u 都是正宗的圆唇元音，虽然它们的唇形圆度也稍有差异，u 比 ü 似乎更圆些，但并不明显，不注意是不易察觉的，这种差异若与另一个元音 o 相比就不足挂齿了。

ü 和 u 是发音方法和性质完全不同的两个元音。《汉语拼音方案》用 u 上加两点来标示这个 ü，并规定 ü 在做韵头或韵腹前拼舌面辅音 j、q、x 时，ü 上的两点可以省略。这样做，即便写成 ju、qu、xu 也不至于与 u 发生冲突，因为普通话的音节拼合还有另外的规定，声母 j、q、x 不与开口呼、合口呼的韵母组拼，没有 ja、qe、xo 的现象，而只与齐齿呼或撮口呼相拼，所以即使遇上了"序曲"（xùqǔ）、"绝句"（juéjù）等音节也不会把其中的 u 误当作合口呼的 u。

但是，ü 在做韵头或韵腹时，前面的声母如果是 l 或 n，这 ü 上的两点则不能省。l 和 n 不仅能与撮口呼 ü 成拼，还能与合口呼的 u 成拼。如："毛驴"本该拼成 máolǘ，ü 上两点省去后若拼写成 máolú，就势必会被认为是"茅庐"。这词义上的纠纷就是由 ü 上的两点引发的。

ü 的组词训练

龃龉　律吕　女婿　区域　旅居　屈居　曲剧　吕剧　须臾　曲率　玉女　滤去　序曲
絮语　聚居　居于　渔具　栩栩　寓居　语序　雨具　豫剧　渔区　伛偻　踽踽　语句
徐徐　玉宇　趋于　局域

i 和 ü 组词训练

i — ü

碧玉 必需 抵御 地区 机遇 积蓄 觊觎 西域 喜雨 谜语 异趣 利欲 碧绿
地狱 礼遇 俚语 体恤 移居 易于 比喻 婢女 给予 立于 李煜 纪律 寄语
理屈 例句 体育 疑虑 器宇 批语 皮具 其余 妓女 七律 奇遇 旗语 义女
提取 义举 意趣 依据 抑郁 异域 呓语 喜剧 疫区 急于 基于 寄予 际遇

ü — i

拘役 绿地 拘泥 居里 举例 律己 具体 寓意 雨衣 蓄意 鱼皮 雨滴 距离
取缔 玉玺 余地 玉器 语气 余力 御笔 与其 雨季 绿意 玉帝 渔利 履历
绿篱 躯体 曲艺 预计 预期 预习 续集 逾期 取义 余悸 羽翼 据悉 予以
屈膝 淤泥 虚拟 聚集 氯气 淤积 鱼鳍 娱记 遇敌 欲滴 绿衣 虞姬 语系

i 和 ü 对比组词训练

一块—愉快　　一米—玉米　　白银—白云　　分期—分区　　名义—名誉
际会—聚会　　掀纸—宣纸　　切实—确实　　千斤—千钧　　茄子—瘸子
异议—寓意　　期限—区县　　启齿—龋齿　　前面—全面　　气象—去向
系列—序列　　卸任—血刃　　议会—与会　　寄读—剧毒　　经纪—京剧
金鸡—军机　　七折—曲折　　起义—曲艺　　祭祖—剧组　　日期—日趋

ê —— 舌面、前、半低、展唇元音

发音要领：软腭带着小舌向后咽壁挺起，关闭鼻腔；口腔半开，上下门齿的距离大约相当于自己拇指的宽度（或口腔最大限度的三分之一）；双唇展开，舌尖前伸抵住下门齿背，舌面前部升到半低位置（有语音学者认为是前中舌位，亦可），舌高点在口腔的前部与硬腭前部相对；气流和音波颤动声带后一起自口腔流出。

在普通话里，元音 ê 单独使用的机会极少，只有做叹词时才能用到这个 ê，用汉字写出来就是"欸"。绝大多数情况下都是与元音 i 或 ü 结合成复合元音韵母 ie 或 üe 使用的。在 ie 或 üe 里，可以省去上面的小人字形符号，因为这个人字形符号本来就是为了与后半高元音 e 相区别而专门为它设计的，又因为后半高元音 e 永远也不会出现在 i 或 ü 的后面，即便是省去了这个符号也不至于被误解为是 e。但是在单独使用时还是有必要戴上它的，要写成 ê。另外在 üe 里，ü 上的两点也可省去，后高元音 u 永远不与 e 组拼，不必担心发生混淆。

ê 虽然也是独立的元音，但它却不能直接与声母相拼，只有在先与 i 或 ü 组合成复元音 ie 或 üe 时才能前拼声母，它本身所具有的依附性决定了如果没有 i 或 ü 做中介

把它引荐给声母,那么它在音节中几乎就失去了存在的价值。

发音提示:北方人多数不会单发这个音,只会发 ie 或 üe。不妨就利用 ie 或 üe 将其引带出来,方法如同由 uo 导引出 o。把 ie 或 üe 音拉长,取其尾音部分便是。

发 ê 音,有两点是应注意的:(1)要有足够的口腔开度。发音者如果口腔开得不够,上下齿间只能容一小指头,所带来的后果将是整个音节的发"嗲"。(2)保持住单元音特性。发音过程中自始至终唇形和舌位都不能有动程,尤其是起音时要注意口腔的作形,防止将本属于单元音的 ê 发成复元音 ie。

在普通话的音节拼合中,ê 只与前面的 i 或 ü 组拼成复元音韵母 ie 或 üe,自己充当韵腹,别无他用。只要能发好复元音韵母 ie 或 üe 也就可以了。

er —— 卷舌、央、中、展唇元音

发音要领:软腭带着小舌向后咽壁挺起,关闭鼻腔;口腔处于半开半闭状态,先将舌面平放,中央部位稍稍隆起,这个位置大致可以理解为舌位居中,一般用国际音标[ər]标示这个位置,但也并非就是纯粹的[ər],据实际观察应该比[ər]还要稍前一点。在发这个偏前[ər]的同时,轻轻地将舌尖往上一卷,舌尖接近硬腭前部。对镜观察,应当能够看到舌尖卷起后的舌背。发这个音时,双唇同样要展开,气流和音波颤动声带后一起自口腔流出。

er 是用两个字母表示的单元音音素。其中的 e 表示发音时的舌位,r 表示一个卷舌动作,仅仅是个形容性的符号,绝不是辅音声母 r,它们尽管写法相同,内涵却完全不一样。

er 只能自成音节,单独使用,不能与任何一个声母组拼,又不能与任何一个元音结合。以 er 作为音节形式的字总共才有"二""而""儿""耳""洱""尔""饵""迩"等二十几个。

关于"儿化韵"的知识,将在第五单元"语流音变"中讨论。

发音提示:er 是北京话及汉语某些方言特有的元音,北方人发 er 没有多大问题,南方地区的人发这个音时障碍较大,口腔操作比较费劲。在南方普通话里,由于 er 发不好以至于影响到一系列儿化韵的字都发不好,生理上的障碍当是一个重要方面。发好 er 元音也可采用夸张的"引渡"方法,先发好 e,然后接发 r,第二遍、第三遍可将卷舌动作 r 逐渐弱化,一点点地缩短 e 与 r 的距离,直到使 e 与 r 紧紧融为一体。过程如下:e→r;e→r;er。

er 的组词训练

儿童 儿女 儿科 儿戏 儿歌 儿孙 儿子 儿郎 儿男 而今 而且 而后 而立 而已 而是 耳朵 耳环 耳福 耳垢 耳鼓 耳光 耳鸣 耳膜 耳热 耳塞 耳生

耳熟 耳顺 耳闻 耳语 耳坠 耳目 耳聋 耳麦 耳根 耳背 耳边 耳垂 耳旁
耳畔 洱海 饵料 尔后 婴儿 男儿 健儿 乳儿 孩儿 女儿 小儿 幼儿 从而
反而 因而 忽而 继而 然而 进而 偶尔 海尔 木耳 入耳 牛耳 中耳 护耳
刺耳 侧耳 逆耳 顺耳 悦耳 银耳 焦耳 震耳 聂耳 鱼饵 毒饵 诱饵 钓饵

-i（前）—— 舌尖、前、高、展唇元音

发音要领：软腭带着小舌向后咽壁挺起，关闭鼻腔，舌尖前伸接近上齿背，很像辅音 s 的浊音[z]，但弱化了；舌叶部位上升至上齿背附近，但不能太接近，更不能接触，比发 s 稍远一点；双唇展开的幅度与 i 差不多，只是不像 i 左右嘴角咧得那么厉害而已；气流和音波颤动声带后一起自口腔流出。

发音提示：舌尖元音-i(前)的发音不像前面的几个元音那么好发，它根本就没有单独使用的机会，不能自成音节，必须与辅音声母 z、c、s 完成组拼后才能体现出音素意义，所以往往不为人们注意和重视，锻炼的机会也不很多。一般的拼音教学无须把它抽离出来加以过细的研究，但在职业语言工作者的语音教学和训练中对它做认真的剖析、精确的训练，对于提高诸如 zi、ci、si 一类音节发音的准确性是大有裨益的。

舌尖元音-i(前)不能单独自成音节，只跟在声母 z、c、s 的后面做单韵母，实际上等于一个"附属元音"，也就是说除此之外它再不能与任何元音或辅音组拼了，它的全部功能就是依附于声母 z、c、s。

舌尖元音-i(前)的书面表示法，《汉语拼音方案》用 i 来兼代，并不会导致混乱。舌面元音 i[i]是不能够直接与舌尖声母 z、c、s 组拼的，那么出现在 z、c、s 后面的 i 只能是舌尖前元音-i(前)。-i(前)和 i[i]出现的环境不同，各有其特定的拼音条件，一般的语音书上在列举舌尖元音时，在未标国际音标的情况下为了表示区别，多在舌尖元音 i 的前面加上一道短横线，作为临时性的符号。

单独发舌尖元音-i(前)的难度很大，训练时亦可采用"引渡"的方法。先将"资"字拉长，在保持住原口腔作形的基础上，换一口气再接发它的后半部分。在实际发音中，-i(前)的口腔开度比辅音 s 的本音发音口形还要略宽一些，舌位略低一些，不允许有摩擦。练习发-i(前)的目的在于更准确地发好 zi、ci、si 一类的音节，要防止脱离音节的练习。

-i（前）的组词训练

私自 刺死 四次 子嗣 恣肆 赐死 自私 刺字 字词 自此 此次 孜孜 字字
次子 次次

-i（后）—— 舌尖、后、高、展唇元音

发音要领：软腭带着小舌向后咽壁挺起，关闭鼻腔；舌头后缩，舌尖向上翘起对着硬腭前部，舌的收紧点比舌尖前元音-i 要偏后一些，很像浊辅音 r 的发音，只是弱化了，舌尖和硬腭之间不发生摩擦；双唇开度也比舌尖前元音-i 大；气流和音波颤动声带后一起自口腔流出。

发音提示：习惯了浊辅音声母 r 的发音，不太容易掌握住这个舌尖后元音。它们的舌位和唇形都相差不大，区别在于浊辅音 r 的发音在颤动声带时，音波中有很明显的噪音摩擦成分；而元音-i(后)的音质却十分纯净，不发生摩擦，口腔的开度也略微大一些。

-i(后)也是附属元音，不能独立形成音节，只能依附于舌尖后声母 zh、ch、sh、r 才能在音节中发挥作用，也不会与其他任何元、辅音结合使用。如果不能单独发好这个元音，会发整体音节 zhi、chi、shi、ri 也可以。

舌尖后元音的书面表示法也是采用字母 i 前面加一短横线兼代，即-i 的形式。它与舌尖前元音的书面标示方法相同，实际读音却不同。为了表明这两个舌尖元音的区别，在标写时一般要标出它们各自的国际音标，本教程为了印刷上的方便和学习上的简便一律用"前"和"后"标示。

-i(后)的组词训练

吃食 实质 日志 迟滞 时日 矢志 日食 失实 失事 实施 知耻 使之 食指
志士 失职 史诗 世事 市制 实事 试制 事实 时势 指斥 时值 适值 誓师
适时 知识 支持 实职 致使 直视 直至 试试 石质 制式 指使 摭拾 指示
智齿 制止 值日 只是 咫尺 迟滞 实时 直指 市尺 史志 市直 逝世 时至

二、单元音韵母的训练提示

元音是普通话语音的一大基本类别。元音的发音与辅音比较起来，表面上看，无非就是口形和舌位的变来变去。其实不然，不少发音者在实践中已经深感元音的发音并非那么容易。一个 a 音，生活中谁都会发，但倘若讲究一下发音的艺术性，把它发得又准又亮又美，就不是每个人轻而易举能做到的了。有的职业语言工作者练这个 a 音练了十几年、几十年仍然没有解决好。看来这里不光有个理论问题，主要还有技巧上的原因。元音的发音讲究的是分寸和火候，每个元音的口腔操作即口腔开合大小、舌位高低前后以及唇形圆展都要恰到好处，不温不火，方能做到方寸不乱，合于规范。为此，这里特提出几点建议，仅供参考。

(一)元音须定型

上面讲到的元音都是单元音,单元音的出字和收字都讲究定位。锻炼时要严格发音标准,要求自始至终口腔内的舌位和外部唇形都要相对稳定,谨防产生动程发成复元音。口腔内的半点差池都会导致元音的变异、扭曲或串味儿。o的发音尤应注意。

(二)气控元音

气息与任何一个音素的发音都有关联。如果同辅音比较,从实质上看气息与元音的关系更为密切。因为元音都是可以延长的乐音,持阻阶段覆盖着除阻,如果没有足够的气息供应就很难获得音值的延续,也就没有元音的存在了。若要使元音发得集中、鲜亮、富于情采,就必须结合气息的调控练习,音量由小到大,音高保持一致。六个主要母音(a、o、e、i、u、ü)连续转换练习时,气息要平缓、贯通、匀实,音素转换时只做口形和舌位的调整,稳住气息。

(三)以练好a音为先导

a音是元音之魂,是多数音节的核心。一个a音发不好会直接影响与它组拼的一系列音节的质量,要牵连到ia、ua、ao、ai、an、ang、ian、uan、üan、iang、hua、zhang、jia、lian等,使之变得闷暗、呆滞。所以,元音练习强调的是以a为龙头,以点带面,用a来带动其他元音的发出。a这个开口度最大、最容易发散的元音发好了,元音的发音就解决一半了。

(四)适当增大开口度

艺术语言一般都要求声音要有响度,即要有"亮点"。声音的响度与共鸣腔体的大小有直接的关系。仔细观察就会发现,大凡说话音量大的人,在发音时口腔的开度总是较大一些。因此,我们提倡发音时把口腔适当撑大,即把舌头相对压低一些,让音波在口腔获得充分的激荡后再发出体外,以求获得每个元音的最大的共鸣量。

但是,这里所说的扩大口腔,并不是要求单纯把双唇张得过大,而主要是撑开后槽牙,扩张后口腔。还要注意将双唇略展,将软腭提起,舌面下降,使咽腔和口腔联合形成喇叭口形。从X光机上看,元音a的声腔形状正好像个喇叭口,前腔稍大,后腔稍小,这就是为什么我们在发a时感到既省力又响亮。元音i的发音后声腔要比前声腔宽得多,大头在咽腔部分,像个倒喇叭体,所以i音就断然不会像a那样容易发得响亮。

人类口腔内部的自然构造因人而异。有的人上腭宽深,口腔容积先天就大;有的人上腭窄平,口腔容积先天就小。不论自然条件如何,都需加以严格训练方能符合艺术语言的发声要求,只是先天条件较差的人在锻炼时更需下一番功夫。

注意:元音的特性是由声腔形态造成的,声腔状态一改变,元音的性质就会随之受到影响,所以,扩大口腔又应有个"度",只能在每个元音允许的范围内适度调节。如果使得元音变得面目全非,就背离了扩大口腔的初衷了。

(五)前音后发、后音前发

声音的偏前或偏后主要表现在元音上。元音的偏前或偏后往往会动摇辅音的发音位置,进而影响到整个音节发音的准确程度。据观察,发音实践中,声音偏后的现象比较多见,可能是单纯追求声音响度和厚度的结果。我们不反对艺术语言的发声位置应该比生活语言的发声位置略微靠后些,这是以不影响字音清晰度和声音与角色的配合为前提的。不顾字音而片面地增加声音的响度、任意将声音后移,就会背离艺术语言的规律,导致有音无字的后果。

普通话语音系统的元音位置基本上属于中位,既不靠前也不偏后。因此有人提出了"前音后发,后音前发"的主张,这基本上是符合汉语的发声特点的。这种"折中"的办法其目的在于把各种前后位置不同的元音统统拉到口腔的中部,从而克服前音偏薄、偏尖,后音偏死、偏沉的弊端,以适应艺术语言快速表达的要求。提倡"中位发音",不论是前元音还是后元音听起来都应仿佛是从口腔中部的某一定位发出来的,这样的声音才是饱满的、集中的、殷实的,听起来也才会使人感到庄重、稳健、扎实、可信。当然,艺术语言还有个语言造型的问题,为了适应各种角色的不同要求,能够学会变换声腔,随心所欲地发出偏前或偏后的声音,那则是更高层次的要求了。

(六)窄音宽发、宽音窄发

这个问题的提出是由于宽元音在发音时不存在摩擦,而窄元音又极易产生摩擦,严重时还可能改变元音的性质,变成频率极高的摩擦音。这里我们侧重于要求窄元音的宽发,因为绝大多数男性和一部分女性在发窄元音时都程度不同地存在着困难。如果再加上声音高度的要求,发音就更加困难了。过去戏曲演员怕发"一七辙"和"姑苏辙"的原因也就在这里。

窄元音的宽发,就是要想办法寻找窄元音在口腔内的最大共鸣。当声音往上走时,口腔应随着声音的拔高而渐渐放宽,舌位有所降低,这个时候即便是略微超出一些本音的范围也是允许的。这样做不仅增加了窄元音的响度,还可以减轻嗓子的负担,容易找到上部共鸣。窄元音的这种宽发会使声音更加圆润、更加适中、更加柔美。

在窄元音中,i 是最为典型的,难度比较大。但最难发的还是两个舌尖元音,生活语言里它们简直就是与前面的声母 z、c、s、zh、ch、sh、r 的混合体,几乎分不清元音和辅音的界限。像这一类的元音如果不宽发的话是很难体现出元音的特性的。所以,无论哪一种类型的窄元音,由于气流的通道比较窄,在实际发声中都有个宽发的问题。

至于宽元音,有人主张也可宽发,这倒是应当具体对待的。如果说像 e、ê 这样的宽元音尚可宽发的话,那么,像 a 这样开口度最大的宽元音还是适当地收敛一点为好,一味地宽发势必会将 a 发到散得不可收拾的地步。

(七)讲究圆唇元音的读法

普通话的圆唇元音有三个,o 属于半圆唇性质的,读起来并无多大的困难,重点应注意掌握 u 和 ü 两个。

u 和 ü 同时又是窄元音,平时听来总不如同部位的展唇元音响亮。圆唇元音的前声腔长,等于在唇外又另加上了一个套筒,为了兼顾声音响度和唇形的美观,在发音时不要随意拉长前声腔,唇形也不要撮得太圆。具体地讲就是,发 ü 时除了坚持窄元音宽发的原则外,还要格外注意口腔的容积要比 i 大些,唇形呈扁圆状。这样发出来才有力度。发 u 时,双唇也不能主动前撮,要用双唇中部撮敛的力量带动嘴角微向前移,唇孔尽量要开一些,口腔和双唇的肌肉要相应地放松。

三、单元音韵母字词综合训练

双音节词的训练

a — o、e、i、u、ü、-i(前)、-i(后)

阿婆 阿姨 拉车 八股 巴黎 罢黜 拔丝 跋扈 跋涉 把持 大旗 獭兔 巴西
靶子 罢课 茶具 插曲 答复 打击 大使 发布 发迹 扎破 打磨 法律 法则
垃圾 蜡纸 蜡烛 蜡笔 抹布 麻痹 马路 蚂蚁 打气 踏破 爬犁 沙漠 踏实
喀什 马匹 咋呼 麻布 马蹄 霸气 八旗 杀戮 傻气 耙子 怕事 马步 纱布

o — a、e、i、u、ü、-i(前)、-i(后)

播发 博古 波折 玻璃 博士 剥蚀 博大 波及 伯父 驳斥 破题 磨砂 薄荷
摸底 泼妇 磨砺 蘑菇 摩擦 魔术 模糊 模式 抹杀 婆媳 冒顿 末日 模拟
墨迹 墨汁 默许 坡度 泼辣 叵测 破除 破例 磨合 魔力 迫使 魄力 末路
莫测 模特 佛寺 博取 磨具 茉莉 搏击 破土 般若 魔窟 磨制 钵盂 摸鱼

e — a、o、i、u、ü、-i(前)、-i(后)

侧记 车皮 撤离 彻底 歌剧 歌词 歌舞 隔壁 搁置 革除 刻字 射击 格局
格式 个体 各自 合计 合适 河谷 合璧 和气 社区 哲理 合资 贺词 颗粒
科举 客机 可耻 刻薄 克制 课余 客气 乐意 可知 车马 舍弃 社稷 设立
慑服 特务 折磨 特殊 课时 得意 克制 车技 可比 特急 得法 特技 可吃

i — a、o、e、u、ü、-i(前)、-i(后)

鄙视 比值 闭幕 庇护 避暑 堤坝 低洼 抵触 肌肤 饥饿 期末 起搏 疾苦
几何 基督 急促 极致 寂寞 计策 基数 记者 辑录 凄苦 旗鼓 礼物 荔枝
立足 启发 气度 汽车 剔除 梯次 体格 昔日 西域 机组 锡箔 媳妇 遗书
贻误 益处 啼哭 疾呼 稽查 闭路 譬如 气魄 锡纸 极大 集合 皮具 鸡脯

u — a、o、e、i、ü、-i(前)、-i(后)

初级 处罚 储蓄 都市 督察 妒忌 毒蛇 读者 堵塞 赌博 舞者 吐絮 夫妻
扶持 福利 富裕 敷设 伏笔 副食 覆没 姑息 故里 无锡 都市 古籍 谷雨
故址 忽视 湖泊 护理 苦涩 录取 陆续 暮色 误区 渎职 沐浴 附和 牧歌
刍议 谷子 物资 首蓿 杜诗 不急 毒气 舞弊 如期 扑食 舞剧 目击 独子

ü — a、o、e、i、u、-i(前)、-i(后)

局部 拘束 居住 居室 举止 剧目 聚合 巨大 趣事 女娃 巨著 惧怕 句法
锯齿 锯末 旅社 屡次 律师 绿茶 滤色 趋时 祛除 取自 巨石 驱使 曲折
曲艺 去世 须知 虚词 虚无 许可 畜牧 淤塞 巨资 驱驰 迂腐 娱乐 余额
浴池 渔歌 雨露 巨制 曲尺 局势 虚职 绿色 橘汁 女仆 剧务 叙事 曲子

-i(前) — a、o、e、i、u、ü

瓷器 刺激 辞赋 词句 此刻 次序 赐予 思路 司机 思绪 自己 死期 私立
司法 四季 司马 似乎 资历 私欲 资格 四驱 自拔 私企 字母 滋补 子弟
自习 字幕 恣意 自发 撕破 自负 梓里 訾议 死机 字句 刺客 字库 伺机
自古 字迹 私蓄 司仪 自给 死去 字符 自乐 次席 仔细 字据 自取 磁极

-i(后) — a、o、e、i、u、ü

事务 志趣 驰誉 尺牍 迟暮 日野 赤膊 斥骂 湿度 世纪 知己 诗歌 师父
世故 实物 识破 织女 石墨 拾取 植物 肢体 石刻 直达 市局 食谱 师法
食欲 诗集 市区 事例 仕途 拾遗 日夜 适合 稚气 势必 芝麻 止步 事理
指路 吃客 诗句 止渴 尸骨 直击 师徒 直播 试读 实录 日趋 制革 尺码

三音节词的训练

阿拉伯 比例尺 比基尼 玻璃纸 布拉格 布依族 侧视图 马尼拉 车轱辘
处女地 尼泊尔 雌激素 打把式 比利时 打字机 大拇指 大气压 大苏打
土耳其 大踏步 独幕剧 发脾气 发语词 墨西哥 腐蚀剂 复合词 古体诗
哈萨克 核武器 基础课 吉普车 几何体 计时器 喀布尔 大师傅 科举制
离合器 摩擦力 利比亚 那达慕 奴隶主 皮肤科 起诉书 热处理

四音节词的训练

如饥似渴 扎西德勒 可可西里 支吾其词 阿尔及尔 可歌可泣 格鲁吉亚

嗤之以鼻　大书特书　西伯利亚　蛛丝马迹　地大物博　知己知彼　各个击破
势如破竹　夜以继日　巴伐利亚　顾此失彼　呼之欲出　举世瞩目　利比里亚
立足之地　颐指气使　纳米比亚　奇耻大辱　屈指可数　尼日利亚　适可而止
熟视无睹　无济于事　无可置疑　亦步亦趋　适时实施

五音节词的训练

毛里塔尼亚　阿尔及利亚　哥斯达黎加　印度尼西亚　斯德哥尔摩
哈萨克斯坦　阿尔巴尼亚　布基纳法索　埃塞俄比亚　厄立特里亚

第三节　复元音韵母发音训练

普通话的复元音韵母，是复合音的一种。它是由一连串音素复合、音素间相互影响发生质变而形成的一种新的声音组合。普通话里的这种复合音是由一串"带音"连续发音而成的，复合的结果或是发出几个元音组合，或是在元音之后带上一个鼻辅音(n 或 ng)做尾巴。它们并不是简单的、平列的罗织相加，或是剪刀加糨糊式的阐述式的堆砌，而是一种默契的、有机的糅合，是有高有低、有长有短、有中心有陪衬的，在普通话里已经构成了固定的音组，既有一定的数目，也有固定的名称和发声规则，几乎可以把它们看作一个个独立的音段整体。其中比较短弱的次要元音一般总由最高元音 i、u、ü 担任，尽管在这些位置上的最高元音实际读音不一定达到最高程度。

普通话的复元音韵母共有 13 个，他们分别是：ai、ei、ao、ou、ia、ie、ua、uo、üe、iao、iou、uai、uei。复元音韵母又分为二合元音韵母和三合元音韵母两种。二合元音韵母由二合元音担任，即由两个元音组成。二合元音韵母又分为四个前响元音韵母 ai、ei、ao、ou 和五个后响元音韵母 ia、ie、ua、uo、üe。三合元音韵母由三合元音担任，即由三个元音组成。三合元音韵母又叫"中响元音韵母"，有 iao、iou、uai、uei 四个。

一、复元音韵母发音方法和技巧

（一）前响元音韵母

前响元音韵母 ai、ei、ao、ou 是二合元音韵母，前一个音素做韵腹，叫"首音"或"起点元音"；后一个音素做韵尾，叫"尾音"。前响元音韵母口腔运作的一般原则是：口腔由开到闭，舌位由低到高；做韵腹的首音 a、o、e 要发得响亮、清晰、稍长一些，做尾音的 i、u(o)要短些、轻些甚至可以模糊含混一些,音值也不大固定,只表示舌位滑动的大致趋向;两个元音的过渡趋向是直线型的滑动,而不是跳动的,不能拐弯;首音和尾音之间虽有一些过渡音,但中气不断,前后连贯,相互衔接,两音素间没有明显的界线,粘连成一个不可分割的整体。

ai

发音要领:ai 由两个前元音音素复合而成。发音时首音 a 受韵尾 i 的影响,处于比较偏前的位置,口腔较央 a 小一点,我们称这个音品为"前 a"。发音开始,在关闭鼻腔的同时,舌尖顶在下齿背上不动,舌位逐渐滑动上升、口腔渐闭,到 i 时止(实际上 i 也同时受 a 的影响,舌位略低,口腔比单发时稍大,也到不了单元音 i 的位置,大致相当于次高的元音位置),动程比较宽;做韵腹的首音 a 响而长,尾音 i 弱而短,只表示舌位的运动趋向。

"哀、矮、艾"都是这个复合音,可以自成音节;"开、来、太"等音节的韵母也是 ai;调号标在 a 上。

发音提示:有的发音者把末尾的 i 发得特别强而长,简直就像个单元音的 i,听起来显得生硬、格楞;也有人把 ai 习惯性发成了像英语单元音[æ]或[ɛ],舌位抬高或迁移,省略韵尾,全不见动程;还有人将 ai 里的 a 发成了"后 a",口腔的动程加长了一截,在快速语流里常常"拌蒜"。以上的这四种发音倾向在训练时应着重加以克服。

ai 的组词训练

爱戴 白菜 彩带 彩排 采摘 代卖 盖菜 海菜 开采 买菜 泰来 开牌 买卖
拍卖 择菜 债台 灾害 开斋 再来 采买 摆开 掰开 开宰 爱财 折台 拆开
卖菜 还来 还在 开来 开赛 晒台 带来 才来 爱海 开拍 买来 买奶 爱才
抬来 海外 择开 挨宰 哀哉 太白

ei

发音要领:ei 由两个前元音音素复合而成。发音时,首音 e 受韵尾 i 的影响,比中央部位的 e[ə]稍前稍高一点,由这个"前半高 e"开始发音。在关闭鼻腔的同时,舌尖抵住下齿背下面的下齿龈上,随着动程的行进,舌位渐升,口腔渐闭,到 i 时动程结束。整个动程很窄。尾音 i 因受 e 的影响舌位也有所降低,不如单发时那么高,大致停在次高位置。做韵腹的首音 e 响而长,做韵尾的 i 弱而短,只表示舌位的运动趋向。

"飞、煤、雷"等音节的韵母都是这个复合音;不能自成音节;调号标在 e 上。

ei 的组词训练

贝类 北美 蓓蕾 肥美 黑霉 配备 培肥 非得 赔给 煤黑 北非 狒狒 背煤 飞贼 黑妹 背飞 北碚 黑贝

ao

发音要领：ao 由两个后元音音素复合而成。首音 a 因受韵尾 o 的影响要发成"后 a"。发音开始，在关闭鼻腔的同时，舌尖离开下齿，舌身后缩，舌位逐渐上升，唇形逐渐收敛、拢圆，动程到 o 为止。尾音 o 在 ao 里的舌位比单元音的 o 略高，接近于 u 的位置，又比 u 略低。做韵腹的首音 a 响而长，做韵尾的 o[u]弱而短，只表示舌位的运动趋向。

"凹、翱、傲"就是这个复合音，可以自成音节；"报、饶、烧"等音节的韵母也是 ao；调号标在 a 上。

发音提示：(1) ao 是复合音，发音过程中口腔内应自始至终有动作行进的轨迹，唇形也有由开到合的变化。

(2) ao 中的 a 属于"后 a"，注意将单元音 a 的位置往后推，发音感觉上的"侉"味儿就是这个 a 的定位有误所致。

(3) 韵尾 o[u]的音值一发即收，抻得过长会减弱韵腹的色彩。

(4)《汉语拼音方案》之所以规定将 ao 的尾音写作 o，而不是 u，一是为了避免手写体在形状上与前鼻音 an 的混淆；二是为了增加 o 的使用频率，因为在普通话中，o 的使用机会实在是太少了。

ao 的组词训练

懊恼 包抄 报导 毛糙 讨饶 报告 毛桃 叨扰 报到 报考 暴躁 报道 操劳
糟糕 老少 高考 照抄 早操 骚扰 套牢 宝岛 烧烤 掏包 祷告 草包 草稿
草帽 吵闹 稻草 高傲 倒找 毛躁 高潮 高超 告饶 牢骚 牢靠 劳保 唠叨
号啕 毫毛 号召 犒劳 高烧 茅草 冒号 绕道 宝刀 抛锚 跑道 逃跑 讨好

ou

发音要领：ou 由两个后元音音素复合而成。发音开始时，在关闭鼻腔的同时，舌位由比 o 略高略前的位置逐渐上升后移，唇形逐渐收敛、拢圆，到 u 为止。在所有的复合元音里，比较起来，ou 的动程最短，从后半高位始发，后舌面往上轻轻一掀即可到位。做韵腹的首音 o 稍响而长些，做韵尾的 u 稍弱而短些。

"欧、呕、沤"都是这个复合音，可以自成音节；"周、口、猴"等音节的韵腹也是 ou；

调号标在 o 上。

发音提示：(1)ou 是个复合元音,与单元音 o 的外部区别在于唇形的蠕动,发音过程中双唇要稍稍收拢;内部区别是舌位的升高和后移。

(2)有的语音理论书上讲,ou 中的 o 应发成"央 e",整个复元音成为[əu],这样似乎与英语字母 o 的发音差不多了,汉语的味道也就丧失了。其实,如果单从发音的实用性方面来讲,为了防止将 ou"噎"在后口腔里,把 ou 中的 o 发得稍稍偏前一点也是允许的,但却不必要求非得发成"央 e"不可。

<h3 style="text-align:center">ou 的组词训练</h3>

抽斗 绸缪 丑陋 凑手 兜售 抖搂 筹谋 抖擞 豆蔻 狗肉 收受 走后 后楼
够受 喉头 后轴 后周 口臭 寇仇 口头 叩头 漏斗 后头 露头 收购 守候
手头 偷漏 猴头 走狗 走漏 走兽 欧洲 后手 狗头 扣肉 叩首 口授 眍䁖
抠搜 后走 佝偻 勾手 瘦肉 后肘 投手 瘦猴 售后

(二)后响元音韵母

后响元音韵母 ia、ie、ua、uo、üe 的发音特点可以归纳为：口腔由闭到开,舌位由高到低,做韵头的首音轻短,只表示舌位从此启动;做韵腹的尾音音值较长、清晰、响亮,声音由含混逐渐变得清亮,终点确定,两个元音之间的动程趋向于直线型的过渡,不能拐弯。

ia

发音要领：ia 由前元音 i 和央元音 a 复合而成。发音时,在关闭鼻腔的同时,舌位由高元音 i 的位置渐降后移,趋向中央,到央 a 为止(应比单发的"央 a"舌位稍高一点),动程较宽。做韵头的首音 i 又紧又短,做韵腹的尾音 a 又响又长。

"牙、雅、亚"都是这个复合音,可以自成音节;在"俩、家、下"等音节中做韵母的也是 ia;调号标在 a 上。

发音提示：做这个复合韵母的练习应以单元音 a 的典型音品"央 a"为主导,归音一定要归到中央位置的 a 上,归位的偏前或偏后都有导致整个音节发散或闷暗的可能。

<h3 style="text-align:center">ia 的组词训练</h3>

加压 压价 假牙 恰恰 下压 加价 下嫁 下牙 家家 下家 下架 压下

ie

发音要领: ie 由两个前元音音素复合而成。发音时,在关闭鼻腔的同时,舌位由 i 渐降,稍向后移,唇形变得更加自然一些,到 ê 为止,动程较窄。做韵头的首音 i 又紧又短,做韵腹的尾音 e 又响又长。

"椰、爷、也"都是这个复合音,可以自成音节;"谢、茄、姐"等音节的韵母也是 ie;调号标在 e 上。

发音提示: 发好 ie 的关键在于韵腹 ê。练好单韵母 ê 的发音是第一步。个别方音将 ie 发成了 iai,以至于以 ie 做韵腹的字都受到了影响。

ie 的组词训练

结业 姐姐 趔趄 乜斜 贴切 铁屑 谢谢 爷爷 揭帖 节烈 猎猎 接界 铁鞋 蹀躞 爹爹 切切 斜街 借鞋 喋喋

ua

发音要领: ua 由一个后元音和一个央元音复合而成。发音时,在关闭鼻腔的同时,舌位由后高位置逐渐前移下降,趋向中央,到央 a 为止;唇形渐开,动程较宽。首音 u 因受尾音 a 的影响,舌位比单元音的 u 略前略低;央 a 也比单发时的舌位稍高一点,唇稍圆些。做韵头的首音 u 紧而短,做韵腹的尾音 a 响而长。

"挖、瓦、袜"都是这个复合音,可以自成音节;在"瓜、刷、画"等音节中做韵母的也是 ua;调号标在 a 上。

ua 的组词训练

挂花 花袜 画画 花褂 耍滑 娃娃 挂瓦 哇哇 挂画

uo

发音要领: uo 由两个后高元音复合而成。发音时,在关闭鼻腔的同时,舌位从 u 开始渐降前移,口形稍开,动程相当短。做韵头的首音 u 紧而短,做韵腹的尾音 o 响而长。

"窝、我、握"都是这个复合音,可以自成音节;"多、火、阔"等音节中的韵母也是 uo;调号标在 o 上。

发音提示: (1)uo 的动程与前响复合元音 ou 的动程几乎一样短,只是 uo 的舌位在下降并稍向前移;ou 的舌位在上升并稍向后移。尽管如此,发音时也应反映出舌位动程的轨迹。

(2)构成 uo 的两个元音都在后口腔,由于发音者口腔操作的不慎很有可能将整个音节"嚄"死在口里吐不出来,因此解决的办法只有将 uo 中的尾音 o 的舌位往下拉,比单发时低一些,使口腔张得大些,以便获得充分的共鸣效应。

uo 的组词训练

蹉跎 错落 哆嗦 堕落 过错 过火 国货 活捉 火锅 阔绰 做过 夺过 啰唆 罗锅 落果 骆驼 硕果 脱落 陀螺 龌龊 着落 我国 落座 过多 错过 活络 说过 坐落 懦弱 做作 所作

üe

发音要领:üe 由两个前元音复合而成。发音时,在关闭鼻腔的同时,舌位逐渐后移下降,唇形也由此变得自然,到 ê 为止,动程较窄。做韵头的首音 ü 又紧又短,做韵腹的尾音 ê 又响又长。

"约、越、跃"都是这个复合音,可以自成音节;"靴、雀、略"等音节中的韵母也是 üe;调号标在 e 上。üe 在前拼声母时,ü 上的两点省略。

üe 的组词训练

雀跃 雪月 约略 绝学 月缺 跃跃 略略

(三)中响元音韵母

中响元音韵母由三个元音组成。可以认为是在前响二合元音之前再加上一段由 i 或 u 开始的舌位动程,原来的前响元音仍旧保持着自己的特色。最响亮的元音居中,因此叫"中响"。

中响元音韵母,发音时口腔由闭到开再到闭,共鸣由小到大再到小,舌位由高到低再到高。前面的首音轻短,中间的"中音"清晰、响亮、丰满、扎实,后面的尾音也含混轻短,只表示舌位运动的趋向。中响元音韵母的舌位运作呈曲线形轨迹,更强调音素之间转换的"滑动"感。

中响元音的音势是由弱到强,再由强到弱的过程,没有强弱强型的三合元音。所以,所谓的"三合元音"或叫"中响复合元音"都是结合得相当紧密的同一个音节的语音组合。如果两头强、中间弱,就会构成两个或三个音节,像 aia 这样的声音,若不是"阿姨啊"三个音节,至少也是"啊呀"或"爱啊"两个音节。

iao

发音要领:iao 在 ao 的基础上,前面增加了一段由 i 到 a 的发音过程。在关闭鼻腔的同时,舌位从前高元音 i 开始启动,舌面先降后升,由前到后呈大曲折形状。幅度虽大,角度却不大。口形也由展唇状态经自然唇最后向圆唇 o 发展。短而紧的首音 i 做韵头,舒而弱的尾音 o[u]做韵尾,响而长的中音 a 做韵腹。

"腰、摇、咬"都是这个复合音,可以自成音节;"交、桥、笑"等音节中的韵母也是 iao;调号标在 a 上。

发音提示: (1)iao 中的 a 应该是中央位置偏后一点的 a,由于它处在"中音"位置,前要受到 i 的影响,后要受到 o 的制约,因此只能保持在中段位;又因在由 a 向 o 的进程中,舌位要相对抬高,双唇要拢圆,这就逼迫央位的 a 向后位移,在央 a 发过去以后就要立刻向 o 靠拢。

(2)o 的实际发音位置是[u],这也是出于增加 o 的使用概率的考虑。

iao 的组词训练

吊销 小苗 吊桥 脚镣 小桥 教条 娇小 叫嚣 疗效 苗条 秒表 渺小 小瞧
飘摇 缥缈 巧妙 调教 挑脚 小咬 逍遥 萧条 小脚 咬掉 小巧 窈窕 小调
调笑 小料 消掉 笑料 调料 交角 小教 小鸟 小条 敲掉 小票 小跳 小庙

iou

发音要领: iou 在 ou 的基础上,前面增加了一段由 i 到 o 的发音动程。在关闭鼻腔的同时,舌位从前元音 i 开始启动,由前到后,舌面先降后升,幅度不大,角度不小,唇形由展到中圆最后归到圆唇。短而紧的首音 i 做韵头,舒而弱的尾音 u 做韵尾,做韵腹的中音 o 又响又长。

"优、油、友"都是这个复合音,可以自成音节;"刘、牛、秀"等音节中的韵母也是 iou。

iou 在自成音节时,要写成 you 的形式,调号标在 o 上;在前拼声母时,o 可省去,韵母部分要写成 iu,如:jiǔ(九)、liú(流)等,调号改标在末尾的 u 上。

发音提示: (1)声调对它的影响。声调本来对任何一个元音的发出都会产生或多或少的影响,比如:阴平、阳平字的高音效应会使元音的舌位相对抬高,口形稍合;上声、去声的低音效应可使舌位稍降,口形稍开。这在一般元音、复合音里不太显著,而在这个 iou 上却反映得比较充分。受声调的支配,它不论自成音节还是前拼声母,如果是阴平、阳平字,中音 o 接近于消失。因为 o 到 u 的动程很小,禁不住一点影响,它直接前拼声母还好,若是在它前面又加上一个有相当间距的前元音 i,动程一下子扯大,角度也随之扩大了,成了接近平直的大钝角,进一步减弱了它向下的活动幅度。o 作为主要元音,受影响最大的当然就是它了。这也是它在前拼声母时的书写形式中消失的直接导因。

(2)作为中音的韵腹 o 受到冲击之后减弱,在前拼声母的书写时可以忽略不计,这是出于简便易学的考虑,但在实际发音时却必须充分重视这个 o 的客观存在以及它所发挥的作用。有的发音者注意不到 o 的名亡实存,误以为应以 u 做韵腹,于是就由 i 直接归口于 u,倒是省事,但听起来却是梗涩、僵直,缺乏中响元音诸音素间曲线过渡的律动美感。究其实质,o 尽管是减弱了,还不至于完全消失,减弱后的 o 仍是整个韵母的"魂灵",有了它,整个韵母乃至音节才能动听、丰盈,才合于听觉习惯。

iou 的组词训练

酒友　九幽　久留　旧友　琉球　流油　悠悠　犹有　刘秀　牛油　又有　呦呦　求救
绣球　优秀　悠久　有救　修旧　油流　舅舅　救球　旧有　九流　妞妞　遛遛　九流

uai

发音要领: uai 在 ai 的基础上,前面增加了一段由 u 到 a 的发音动程。在关闭鼻腔的同时,舌位从后高元音 u 启动,由后到央再到前,舌面先降后升,呈大曲折形状,幅度大而曲折角度不大,唇形先由圆形变得自然,继而又咧开呈"一字形"。短而紧的首音 u 做韵头,舒而弱的尾音 i 做韵尾,做韵腹的中音 a 又响又长。

"歪、崴、外"都是这个复合音,可以自成音节;"快、帅、怪"等音节中的韵母也是 uai;调号标在 a 上。uai 自成音节时,要写成 wai 的形式,首音 u 要改换成头母 w。

发音提示: w 是个半元音,发音时允许有一定的摩擦,但这种摩擦不是在上齿与下齿之间,而是双唇之间的摩擦。相当一部分发音者将 w 发成了唇齿音 v 了,这是不合于规范的。当然,若是把 w 发得完完全全,也不见得就多么可听。高明的办法是将头母发得在 w 与 v 的似与不似之间,既不是 w 也不似 v。uei 自成音节时,头母的发音与之同理。

uai 的组词训练

怀揣　拽坏　摔坏　外快　乖乖　外踝　踹坏

uei

发音要领: uei —— 在 ei 的基础上,前面增加了一段由 u 到 e 的发音动程。在关闭鼻腔的同时,舌位从后高元音 u 启动,由后及前,舌面先降后升呈小曲折形状,幅度不大,曲折角度不小。唇形先由圆变为接近自然的 e 继而又咧成"一字形"。短而紧的首音 u 做韵头,舒而弱的尾音 i 做韵尾,又响又长的中音 e 做韵腹。

"微、委、位"都是这个复合音,可以自成音节;"堆、轨、汇"等音节中的韵母也是 uei。

uei 在自成音节时,要写成 wei 的形式,首音 u 改换成头母 w,调号标在 e 上;在前拼声母时，e 可以省去不写，韵母部分可直接写成 ui，如：zuì（最）、huì（惠）等，调号改标在末尾的 i 上。

发音提示：（1）uei 这个复合音在自成音节或前拼声母时因受声母和声调的影响，发音时会有一点不引人注意的变化。自成音节时，如果声调是阴平或阳平时，当中的 e 减弱，近于消失；上声、去声声调仍旧保持不变。前拼的声母如果是"舌尖阻"的，像是 z、c、s、zh、ch、sh、r，再加上阴、阳声调，其中的 e 衰减得就更厉害，基本上消失殆尽；如果前拼的声母是"舌根阻"的 g、k、h 时，加上阴、阳声调，其中的 e 也会有一定程度的衰减。

（2）声调对 uei 的影响和对 iou 的影响差不多，只是 ei 的动程比 ou 宽些，e 的衰减程度不及 o 强。

（3）声母对 uei 的影响比 iou 要复杂一些，舌尖阻的声母与 uei 结合之际，舌的部位必须先自前向后移动，再由后移向前，这种往返的大动程便无形中消磨掉了一部分构成 e 的本来就极易消失的不稳定音素，使动程曲折度受损；舌根阻的声母本身发音部位就在口腔后部，当然也就不如舌尖阻的声母那么显著了。

（4）与 iou 同样，uei 在有声母的拼合发音过程中，也应当注意中音 e 的存在，谨防读丢。

uei 的组词训练

吹灰　垂危　摧毁　崔嵬　归队　归罪　汇兑　灰堆　回味　队徽　吹吹　回归　悔罪
荟萃　魁伟　水位　推诿　退位　愧对　尾随　巍巍　未遂　水毁　追尾　追悔　坠毁
醉鬼　嘴碎　罪魁　追回　追喂　卫队　畏罪　归位　会徽　娓娓　翠微　退回　溃退
微微

二、复元音韵母的训练提示

一是，复元音韵母的发音，口腔内有动程，表现出两个或三个元音之间的音色渐变，发音过程中允许舌位移动，但不能走样儿，要注意复元音的整体性，动作不得机械地分解，音素过渡讲究自然、平滑、连贯。

二是，复元音中几乎每个元音的音质都与其作为典型单元音时的音位不同，这种变形是正常的，掌握这些在复元音中的特殊音品是准确发音的极为重要的环节。

三是，以发音准确为前提，口腔内舌位的运动幅度不可过大，有可能时要尽量往一起归，如 iao，幅度太大就会导致声音的散浊。

四是，主要元音要发得响、放得开；首音讲究的是定位准确；尾音讲究趋向鲜明且收得住。

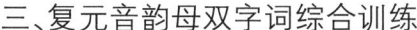

三、复元音韵母双字词综合训练

ai — uai
败坏 开怀 徘徊 塞外 外债 海外 快来 排外 财会 歪才 外来 台槐 在外
怪才 外在 怀胎 快哉 外采 怪胎 爱搲 外财

ei — uei
北纬 卑微 北魏 玫瑰 背会 类推 被围 飞归 废水 翡翠 退赔 配对 累赘
煤灰 美味 追肥 傀儡 颓废 委培 贵妃 汇费

ao — iao
奥妙 报销 报表 报晓 草药 包销 报效 钞票 嘲笑 高调 妖娆 碉堡 膏药
号角 号叫 咆哮 扫描 捎脚 芍药 讨教 造谣 缭绕 腰包 招标 招摇 照耀
高校 跳高 骄傲 效劳 侨胞

ou — iou
周游 走秀 逗留 都有 扣留 漏油 谋求 周六 肉瘤 豆油 守旧 流寇 求购
臭油 走留 手球 头油 丢丑 秋收 留守 纽扣 九州 瘦溜 稠油 偶有 瓯绣
收油 瘦牛 后有 勾留 抽球 啁啾

ie — üe
雪夜 节约 解决 竭蹶 孑孓 解约 谐谑 协约 谢绝 借阅 越野 血液 劫掠
月夜 决裂 学业 学界 学姐

ai —
白昼 爱国 白桦 百货 摆脱 拜会 猜度 裁决 采掘 台阶 灾祸 哀愁 材料
才貌 采购 采撷 菜刀 柴扉 财贸 代表 海豹 开导 排列 派别 开水 来回
埋头 脉络 耐久 哀求 爱闹 白毛 爱巢 百鸟 白袍 拜寿 白药 柏油 拜谢
白雪 百越 爱吹 麦收 白首 百兽 摆手

ei —
配套 卑怯 碑帖 背后 贝雕 被告 飞跃 肥料 费解 黑陶 羸弱 内胎 磊落
垒球 泪水 擂台 肋条 煤耗 眉睫 媒介 梅花 配角 配料 陪聊

ao —
遨游 拗口 包裹 包罗 宝贵 保留 保卫 报酬 报废 暴烈 帽徽 道轨 草鞋
抄写 超过 朝代 潮流 巢穴 炒货 刀口 盗窃 道谢 照旧 少陪 稿费 告别
耗费 浩劫 考究 拷贝 劳政 劳驾 涝灾 烙铁 陶冶 讨价 冒火 哨卡 少尉
逃学 造就 昭雪

ou —

抽水 筹备 酬谢 凑巧 陡峭 篝火 勾结 苟且 购买 候鸟 投标 周岁 头孢
厚道 后退 口罩 口袋 楼台 漏税 谋害 沤肥 剖白 柔媚 兽类 搜刮 收买
售货 守备 首届 瘦削 寿桃 受累 牛肉 手雷 抽血 投保

ia —

加倍 夹被 枷锁 甲胄 钾肥 假冒 假说 假条 恰好 狭窄 芽接 瞎说 下落
夏收 下水 压缩 押解 牙刷 雅座 下载

ie —

蹩脚 别扭 谍报 跌跤 接收 街道 洁白 结构 截获 节拍 邂逅 野兽 捷报
杰作 界说 解说 介绍 界碑 解差 烈火 猎手 灭茬 写作 泄漏 怯懦 鞋油
携带 协会 协调 卸货

ua —

挂彩 花朵 瓦刀 袜套 花蕾 滑头 化学 滑雪 华北 花被 华夏 话别 画眉
话梅 画报 花苞 垮台 挎包 跨越 刷牙 耍笑 挖掘 瓦解

uo —

左右 辍学 绰约 错觉 挫败 多亏 夺标 躲债 舵手 国界 裹胁 座位 过道
活跃 火柴 获救 螺号 落脚 卓越 佐料 落潮 梭镖 索道 琐屑 所谓 脱销
拖累 鸵鸟 驼背 拖鞋 唾液 窝头 蜗牛 倭寇 握手 拙劣

üe —

学位 矍铄 乐队 爵位 决斗 学派 决赛 绝对 越位 绝招 镢头 掠夺 血债
略微 缺口 确凿 学报 雪糕 血脉 越轨 月票 穴位

iao —

标价 表决 表率 凋落 雕琢 雕花 交代 校友 要隘 交流 郊游 娇贵 焦灼
狡诈 绞索 搅和 角落 教改 教诲 叫卖 辽阔 了解 小说 药材 苗头 描绘
翘首 荞麦 桥牌 憔悴 条约 调解 窑帚 笑话 小费 销毁

iou —

酒会 幼教 游说 油菜 久违 由来 厩肥 右拐 救火 油料 右脑 邮戳 诱导
优待 邮费 有过 邮购 有鬼 油锅 流派 优惠 有货 留学 牛排 友好 纠结
有愧 秋毫 球拍 右手 油水 邮差 油表 优劣 羞愧 邮包 优化 修改 幼苗
诱惑 休假 油耗 油滑 袖标 优美 球赛 幽州 忧愁 有害 优美

uai —

揣度 外接 拐肘 乖巧 怀抱 外销 快报 外交 衰微 帅位 摔跤 外校 歪斜
外调 外贸 快慰 外国 外教 崴脚 外流 外运 外罩 外招 外漏 外貌 外脑

外袍 外扫 外表 外钞 歪倒 外号 外汇 外界

uei —

吹牛 吹奏 垂柳 催芽 淬火 对号 队列 归结 瑰宝 龟甲 追求 最后 诡谲
桂花 回收 回来 洄游 毁灭 汇报 溃败 水稻 畏怯 罪过 水果 水饺 味道
慰劳 推导 推敲 蜕化 威胁 微笑 伪造 委派 猥琐 未来

四、单韵母与复韵母组词综合训练

单韵母与复韵母双字词组词训练

a — ai

拔菜 靶台 打牌 打败 发呆 麻袋 沙袋 杀害 煞白 大麦 打来 马赛 榨菜
马仔 大灾 拉开 大赛 搭载 扒开 罢赛 达赖

ai — a

白搭 白发 采伐 呆傻 海拔 害怕 开拔 开发 奶茶 奶妈 拍打 白砂 拍发
排筏 赛马 宰杀 白拿 拍马 排查 白马 排他 白塔 派发

u — ao

补考 布告 初稿 除号 粗暴 毒草 渡槽 浮躁 斧凿 助跑 土豪 诬告 富饶
腹稿 讣告 父老 孤傲 鼓噪 谷草 胡闹 护照 俗套 五保 枯槁 炉灶 牧草
怒潮 蒲包 普照 疏导 书报 徒劳

ao — u

傲骨 抱负 芭谷 宝库 保护 报复 报务 暴徒 爆竹 草图 造福 照顾 抄录
倒伏 道路 捣鼓 高度 高炉 告诉 烤炉 牢固 劳苦 少数 套路 毛竹 茅庐
跑肚 宝珠

u — ou

步骤 出头 出口 赌咒 毒谋 独奏 粗陋 堵漏 渡口 扶手 诸侯 足够 斧头
俯首 复仇 鼓楼 骨肉 苦头 幕后 木头 木偶 怒吼 五洲 腐臭 梳头 疏漏
徒手 污垢 武斗 午后 物候

ou — u

愁苦 豆腐 构图 厚度 候补 口福 扣除 陋俗 呕吐 首富 周五 投入 首都
受苦 头颅 透露 走路 首付 蝼蛄 守墓 后主 抠出 构筑 购书 筹募 收录
手鼓 守护 后熟 首部 口述 勾出 收复 钩住 后福 仇富 后厨 扣住 首府
某处 手炉 够数 寿木 首户 口服

e — ie、üe

策略 彻夜 割裂 隔绝 歌诀 隔夜 个别 和谐 河蟹 荷叶 色觉 特绝 合页
和解 和约 科学 蛇蝎 涉猎 特别 特约 哲学 特缺 热血 择业 热切 隔月
各界 割接 蛤蚧 可解 科协 咳血 可学 合写 车接 热解 喝血 折页 车业
特写 车界

ie、üe — e

结合 界河 劫车 解渴 角色 决策 列车 切合 切割 缺德 鞋盒 学社 缺额
协和 邪恶 斜射 卸车 谢客 学科 皆可 学舌 学者 血色 捷克 接着 接车
觉得 结社 绝的 结舌 解热 劫色 绝热 噘着 血河 学车 接客 抉择 绝色
茄科 缺课 雀舌 写歌 蟹壳 歇着 学哥 血热 觉着

单韵母与复韵母双字词对比训练

a — ai

拔菜—白菜　马路—买鹿　爬楼—牌楼　把头—摆头　霸业—拜谒
大树—代数　差异—差役　茶壶—柴胡　大半—代办　大队—带队
纳新—耐心　大号—代号　大麦—代卖　纳凉—奈良　大校—戴孝
大暑—袋鼠　马术—买树

u — ao

肚子—稻子　注射—照射　祝贺—兆赫　株守—招手　逐级—着急
杜撰—倒转　著名—照明　屠苏—桃酥　徒然—陶然　儒术—饶恕
铺位—炮位　打赌—打倒　孤傲—高傲　骨头—镐头　顾及—告急

u — ou

高炉—高楼　猪油—周游　祖师—走失　助燃—骤然　突击—偷鸡
护理—厚礼　图板—头版　图腾—头疼　输入—收入　抒发—收发
书信—收信　骨肉—狗肉　扑面—剖面　炉台—楼台　苦行—口形
护卫—后卫

单韵母与复韵母四字词组混编训练

白璧无瑕　百废待举　百折不挠　报仇雪恨　背道而驰　必由之路　投机倒把
博学多才　不骄不躁　不拘小节　初出茅庐　出乎意料　摧枯拉朽　随波逐流
蹉跎岁月　大刀阔斧　独树一帜　多此一举　多事之秋　飞沙走石　铁树开花
扶老携幼　顾此失彼　海底捞月　后顾之忧　呼之欲出　胡作非为　四海为家
华而不实　豁达大度　急起直追　家喻户晓　交头接耳　矫揉造作　死去活来
嗟来之食　竭泽而渔　借题发挥　就地取材　可歌可泣　口诛笔伐　水落石出

老马识途　力透纸背　立足之地　历历在目　路不拾遗　屡教不改　熟视无睹
落花流水　莫逆之交　怒不可遏　否极泰来　恰到好处　锲而不舍　束手无策
窃窃私语　如胶似漆　时不我待　守株待兔

第四节　鼻韵母发音训练

普通话的韵母,除了单韵母和复韵母外,还有一种以鼻辅音 n 或 ng 结尾的韵母形式,我们称它们为"鼻韵母"。

鼻韵母一共有 16 个,其中 8 个是以 n 结尾的,叫前鼻音韵母,即 an、ian、uan、üan、en、in、uen、ün;另外 8 个以 ng 结尾的叫后鼻音韵母,即 ang、iang、uang、eng、ing、ueng、ong、iong。

归纳起来,鼻韵母有这样几个共同的特点:

一是,鼻韵母均由元音加鼻辅音构成,是由元音的发音状态逐渐向鼻音发音状态的过渡,即由口音向鼻音的转换。这种过渡转换是个渐变的过程,音素之间过渡要求自然、平滑,切忌生硬、机械地把它们组拼在一起。

二是,鼻韵母中的元音开始时不能鼻化,尽管在元音和鼻韵尾之间存在着过渡性质的"半鼻音",但却相当短暂,不必介意它。发音伊始,软腭要带着小舌积极地向后咽壁挺起,关闭鼻腔的通路,只发纯口音;待元音充分展开后再放松软腭,逐步地将舌的前部或后部抬起与上腭的某一部位成阻,让气流改从鼻腔透出,发纯鼻音。

三是,鼻韵尾 n 虽是辅音,但由于它在韵母中所处的地位,与做声母时的状态显然不同了。首先,它是一个弱辅音。一般来说,辅音的气流本强于元音,但在这里却减弱了;辅音发音本来是局部紧张的,在这里却变得比较松弛,以至于与元音接近了许多,因此,它才有可能与元音组拼到一起。其次,作为声母的鼻辅音必须要除阻,然后才能与韵母相拼合;做韵尾时却无须除阻,而是以发音的渐弱来结束这个音。另外,做声母的鼻辅音的音量走向是前弱后强,鼻韵尾则是前强后弱。

四是,鼻韵母中的元音和鼻韵尾都要由声带颤动后形成声音,发音时一口气呼出去,声带一直处于颤动状态,听感上是连续的、一体化的。

一、前鼻音韵母发音方法和技巧

所谓"前鼻音韵母"指的是由一个或两个元音在其后面带上做韵尾的鼻辅音 n 构成的韵母。n 和 ng 比较,n 的发音部位在前,因而叫它们"前鼻音韵母",或简称"前鼻音";又因为 n 是舌尖音,发音时舌尖抵在上齿龈上起作用,所以又可叫它们"舌尖鼻音"。

普通话里的前鼻音大致可分为两类:

一类是由一个元音后面加上鼻尾组成的,像 an、en、in、ün 四个,发音时它们都是先发一个完整的元音,紧接着软腭和小舌放松垂下,鼻音色彩逐渐加强,舌尖往上齿龈的方向移动,最后抵在上齿龈上,构成鼻辅音 n 的态势。口腔动程轨迹是直线型发展的。

另一类是由两个元音后面加上鼻尾 n 组成的,像 ian、uan、üan、uen 四个,发音时先从前面轻短的元音滑向中间响亮的主要元音,紧接着将软腭和小舌降下来,鼻腔通路活开,舌尖抵住上齿龈构成 n 的态势。口腔内的动程轨迹是曲线型发展的。

an

发音要领:an 由"前 a"启动,软腭带着小舌向后咽壁挺起,关闭鼻腔;舌尖先抵在下齿背上,随着"前 a"的结束,舌面稍升,舌尖直奔上齿龈而去;与此同时,软腭和小舌迅速垂下放松,活开鼻腔通路,待舌尖顶住上齿龈,完成口腔通路的封闭后,气流和音波改从鼻腔流出,以纯粹的不除阻的鼻音 n 结束发音全程。

"安、俺、暗"都是这个鼻韵母自成音节的形式;"沾、胆、善"等音节中的韵母也是 an;调号标在 a 上。

发音提示:作为韵尾,音值又短又弱,严格地说就是到位即止,不会给人以深刻的印象。但是,舌位的运作趋向却必须十分鲜明,最终舌尖只有抵在上齿龈上,方可证明韵母 an 的发音圆满完成。

an 的组词训练

安然 案板 暗淡 暗探 斑斓 参赞 惨淡 惨案 灿烂 单干 难办 甘蓝 胆敢
翻案 反感 泛滥 干饭 肝胆 感染 汗衫 寒蝉 勘探 犯案 篮板 烂漫 懒汉
阑珊 栏杆 蛮干 漫谈 攀谈 盘缠 蹒跚 散漫 帆板 产蛋 舢板 潸然 贪婪
摊贩 坦然 赞叹 展览 战犯 感叹 办案 懒散 安澜 淡然 难堪 寒战 湛蓝

ian

发音要领:ian 由 i 启动,发音伊始,软腭带着小舌向后咽壁挺起,关闭鼻腔的通路;舌尖先由前高位的 i 逐渐下降,降到前半低位的 a[ε],拉开立起,口腔也随之撑开,待 a 充分展开后,舌高点逐渐前移抬高,直奔上齿龈方向而去,口腔又趋于闭合;与此同时,软腭和小舌迅速放松垂下,活开鼻腔的通路,最终将舌尖抵在上齿龈上,以纯粹的不除阻的鼻尾 n 结束发音全程。

"烟、岩、眼"都是这个鼻韵母自成音节的形式，自成音节时 i 要改写成头母 y；"天、联、线"等音节中的韵母也是 ian；调号标在 a 上。

发音提示：单从音节的拼写形式上看，这个复合音的发音本来可以描写为在 an 的前面加上一段由 i 到 a（前 a）的舌位动程。小学汉语拼音教学简单地把 ian 教成 i＋an 似乎也是可以的。但是如果严格准确地讲究起来，ian 中的 a，由于前面加了个 i 的缘故，它已经绝非是 an 中的"前 a"了，它在 ian 中的实际发音位置要比"前 a"更前更高一些，接近于[ε]的位置。因为 ian 的全部动程是一个相当大的迂回动作，它由前高元音 i 一直降到前低元音 a，然后还要将舌头回升，使舌尖抵在上齿龈上发 n。n 虽然是舌尖的活动，可是也要牵连舌面及下颚的向上移动，而且口形也要相应闭合，在语言的快速行进中须做大迂回往返动作的低、开元音是适应不了的，打折扣是肯定的。在这种情况下，如果硬要去不折不扣地发 ian，是费力又不讨好的，反倒不如把 a 的舌位稍抬一点，即将舌位降到[ε]就赶快回头，紧接着闭口，这样周折小了，无论语流怎么快都不至于措口不及。这也是北京语音的一个特殊的变化。写法上依旧是 ian，只是实际发音时有以上的变化。

ian 的组词训练

便宴　变脸　变迁　电线　垫肩　惦念　减免　见面　检点　沿边　年前　简便　连绵
脸面　棉田　绵延　免检　面前　变线　演变　年鉴　偏见　片面　牵连　年限　简练
天堑　田间　显眼　先天　面见　棉线　天仙　前年　现年　眼帘　连线　电键　眼线
艰险　连篇　延边　连线　盐碱　盐田　沿线　渐变　连天　边沿　变天　年间　片言
牵线　前边　便笺　前面　前天　前沿　浅见　浅显　天边　鲜艳　显现　现钱　眼前

uan

发音要领：uan 以 an 为基础，在 an 的前面增加一段由 u 舌位开始的轻短的发音动程。软腭带着小舌向后咽壁挺起，关闭鼻腔的通路；动程从后高舌位的圆唇 u 启动，随着动程的行进，舌位向前降移，口腔撑开，到最大限度的 a 后，舌位又随着口腔的渐闭继续向前抬移，舌尖直奔上齿龈而去；与此同时，软腭和小舌迅速放松垂下，活开鼻腔通路，最终以舌尖抵住上齿龈形成不除阻的鼻尾 n 的态势结束发音全程。

"弯、晚、万"都是这个鼻韵母自成音节的形式，自成音节时，u 要改写成头母 w；"端、蒜、换"等音节中的韵母也是 uan；调号标在 a 上。

发音提示：(1)观察 uan 的发音动程，由 u 到 a 再到 n，可以说是幅度不小，曲折角度不大，呈一个大的钝角形，舌位在由后至前的移动中始终处于并不促迫的环境中，因而发音不受什么影响，只是 a 的唇形由于要迁就 u，或者说是由圆唇 u 带发的，因而比单发时应该稍圆一些。

(2)韵头 u 的音值不能拉得过长,以防将主要元音 a 挤掉一部分。

(3)u 的发音双唇要撮敛起来,头母 w 仍是双唇音,切忌将 u 发成唇齿音 v。

uan 的组词训练

传唤　串换　贯穿　换算　宦官　酸软　婉转　万端　专款　专断　万万　还款　转换
转弯　软缎　弯管　专管　乱窜　万贯　团团　宽缓

üan

发音要领: üan 舌位从前高位的 ü 启动。软腭带着小舌向后咽壁挺起,关闭鼻腔的通路;随着动程的行进,舌位逐渐后降,唇形逐渐放开,待 a 发满后,再将舌头向前高方向移动,唇角逐渐咧开,舌尖直奔上齿龈而去;与此同时,软腭和小舌迅速放松垂下,活开鼻腔通路,待舌尖和上齿龈完成对口腔的封闭后以构成不除阻的鼻尾 n 的态势结束发音全程。

"渊、原、远"都是这个鼻韵母自成音节的形式,在自成音节时,前面要加上头母 y;"卷、权、宣"等音节中的韵母也是 üan;调号标在 a 上。

发音提示: 从拼音形式上看,本来可以把这个 üan 描写为在 an 的前面加上一个由 ü 到 a 的轻短的发音动程。但是事情并没那么简单,与 ian 差不多,üan 中的 a 在实际发声时也有变化。ian 中的 a 是向前向高移动变成类似于[ɛ]的;而 üan 中的 a 则由于前面的 ü 是撮成圆唇的,在由 ü 到 a 的进程中,它不但要对 a 的前移起限制作用,还要将 a 向后上方牵移,一直牵到比"央 a"还高出一些的位置,这一点大致相当于"央 e"[ə]的位置,同时 a 的唇形也比 ian 中的 a 略圆些。

üan 的组词训练

全权　圆圈　圆圆　源泉　渊源　轩辕　全院　全员　涓涓　源源　远远

en

发音要领: en 由"央 e"的舌位开始发音。软腭带着小舌向后咽壁挺起,关闭鼻腔的通路;先发纯口音的"央 e",随着 e 音的结束,舌尖随即前伸,直奔上齿龈而去;与此同时,软腭和小舌迅速放松,活开鼻腔通路,待舌尖抵住上齿龈完成对口腔的封闭后,气流和音波从鼻腔流出,发纯粹的不除阻的鼻音 n。由 e 到 n 的动程不大,直线运动。

"恩"就是这个鼻韵母自成音节的形式;"分、很、根"等音节中的韵母也是 en;调号标在 e 上。

发音提示: 有些人发不好这个 en 音,不是发成[ɛn]就是发成了[en],或者从 e 就开始鼻化,关键是没能掌握"央 e"的位置。"央 e"就是汉语的"的""得"的韵母,在这个位置上只要把舌尖轻轻往上一挑,抵住上齿龈就是了,动作幅度不大,也用不着使太大的力气。

en 的组词训练

本分 苯酚 本身 岑参 沉闷 分身 分神 愤恨 根本 门诊 分针 本真 人参
认真 妊娠 身份 深沉 审慎 愤懑 粉尘 深圳 门神 真沉 称身 根深 振奋
人们 真人 瘆人 很沉 本人 人身 神人 珍本 很深 恨人 神针 真神 跟人

in

发音要领:in 由前高元音 i 的舌位开始。软腭带着小舌向后咽壁挺起,关闭鼻腔的通路;舌尖先抵住下齿背发纯口音 i;随着 i 的结束,软腭和小舌迅速放松垂下,活开鼻腔通路;与此同时,舌尖猛地上翻顶住上齿龈,完成对口腔的封闭之后,气流和音波流入鼻腔,以纯粹的不除阻的鼻尾 n 结束发音全程。

"因、银、引"都是这个鼻韵母自成音节的形式,自成音节时,前面加上头母 y;"民、林、进"等音节中的韵母也是 in;调号标在 i 上。

发音提示:(1)在发音过程中,上下齿始终接近于闭合状态,口形基本保持不动,只有舌尖自下向上翻转动作,舌身不可向后移动。

(2)在 8 个前鼻音中,in 的动程最短,舌尖只向上一抬即可,不要将由 i 到 n 的动程抻得过长。更不能将 in 读成 i+en,在 i 和 n 之间是根本就不存在 e 的,i 是韵腹。

(3)i 不能鼻化。

in 的组词训练

濒临 金银 今音 紧邻 近邻 尽心 近亲 临近 民心 新进 亲临 心劲 拼音
贫民 亲信 亲近 勤谨 辛勤 薪金 音频 信心 引进 音品 殷勤 新近 音信
林荫 民进 心音

uen

发音要领:uen 由 en 前面加上一段 u 的舌位开始发音。发音开始,软腭带着小舌向后咽壁挺起,关闭鼻腔的通路;发 u 后,舌面逐渐向前低位降移,唇形渐开,到"央 e"时舌位又向前向上伸移,舌尖直奔上齿龈而去;与此同时,软腭和小舌迅速放松垂下,活开鼻腔通路;待舌尖和上齿龈完成对口腔的封闭后,以纯粹的不除阻的鼻尾 n 结束发音全程。

"温、稳、问"都是这个鼻韵母自成音节的形式,自成音节时,u 要改写成头母 w。

在读法上应避免将 u 发成唇齿音 v,调号标在 e 上;前拼声母时,为了缩短拼式,整个韵母可写成 un，中间的 e 可省略，如 chūn(春)等，调号改标在 u 上；但在拼读时仍应以 e 为韵腹。"尊、笋"等音节中的韵母也是 uen。

发音提示：实际发音时，受声调及声母的影响，音值会有变化，具体情况与复元音韵母 uei 的变化相同。

uen 的组词训练

昆仑　混沌　馄饨　伦敦　春瘟　困顿　温润　温顺　春笋　论文　珲春　滚轮　温存
滚滚　谆谆

ün

发音要领：ün 由前高圆唇元音 ü 舌位开始。软腭带着小舌向后咽壁挺起，关闭鼻腔的通路；舌尖先抵住下齿背发圆唇的元音 ü；随着 ü 的结束，软腭和小舌迅速放松垂下，活开鼻腔通路；与此同时，舌尖猛然上翻，向上齿龈运动；待舌尖和上齿龈完成对口腔的封闭之后，气流和音波从鼻腔流出，以纯粹的不除阻的鼻尾 n 结束发音全程。

"晕、云、蕴"都是这个鼻韵母自成音节的形式；"军、群、勋"等音节中的韵母也是 ün。

发音提示：(1)ün 的发音与 in 相似，只是唇形的变化不同，ün 是由 ü 的收敛到 n 时的展放过程，而 in 在发音过程中唇形自始至终保持不动。同样也不能将 ün 发成 ü+en，中间不存在元音 e，由 ü 直接到 n，ü 是韵腹。

(2)自成音节时，在写法上 ün 的前面就应加上头母 y；不论是自成音节(前面须加上 y)还是前拼声母，ü 上两点均可省略，调号标在 ü 上，如 yún(云)、xùn(训)等。

ün 的组词训练

军裙　军训　均匀　逡巡　芸芸　循循　菌群　群运　云云

前鼻音双字词综合训练

an — ian

案件　版面　扮演　参见　蚕茧　便饭　蝉联　谗言　弹片　点燃　战线　店面　残联
典范　电焊　翻脸　反面　饭店　安眠　缠绵　电扇　繁衍　显然　言谈　肝炎　甘甜
干练　干线　罕见　汉奸　旱烟　汗颜　旱田　艰难　闲谈　延安　键盘　难免　盘点
浅滩　蔓延　遣返　欠产　三弦　山涧　闪电　探险　闲散　展现

an — uan

暗算　帆船　反串　饭碗　旱船　宽泛　患难　涣散　换班　关山　弹丸　专断　观瞻
观战　惯犯　短暂　断然　传单　漫灌　难关　盘算　判官　转盘　钻探　叛乱　瘫痪

晚安 晚班 万般 算盘 碳酸 暂缓 宛然

an — üan

半圆 婵娟 产权 单元 甘愿 寒暄 含冤 满员 漫卷 攀缘 绚烂 元旦 全然 圈占 安源 宣判 悬案 圆满 原判

ian — üan

边缘 边远 垫圈 店员 减员 健全 泉眼 劝勉 全天 全面 原先 远见 权限 圈点 捐献 卷烟 眷恋 原盐 怨言 卷帘 前院 田园 原棉 元件 演员 线圈 宣言 悬念 厌倦 掩卷 原件

en — uen

本文 春分 沉沦 纯真 蠢笨 分寸 昏沉 浑身 瘟神 文身 沉稳 人文 人伦 神魂 审问 屯垦 文人 真浑 珍闻 恩准

en — in

本金 缤纷 呻吟 沉吟 分心 狠心 金门 今晨 金粉 谨慎 深信 枕芯 临汾 临阵 扪心 喷淋 亲人 勤奋 人品 人民 身心 阴森 珍品 枕巾 银根 饮恨 引申 真心 真金

in — ün

进军 禁运 军民 军心 嶙峋 民运 寻衅 因循 音讯 阴云 氤氲 音韵

二、后鼻音韵母发音方法和技巧

后鼻音韵母是鼻韵母的另一种类型，是与前鼻音韵母相对而言的，它指的是由一个或两个元音后面带上做韵尾的鼻辅音 ng[ŋ] 所形成的韵母。ng 与 n 比较起来，发音部位在口腔后部，所以凡带 ng 尾的韵母均被称作"后鼻音韵母"，或简称为"后鼻音"；又因为 ng 是舌根音，也可以叫它"舌根鼻音"。

普通话里共有 8 个后鼻音韵母，他们是：ang、iang、uang、eng、ing、ueng、ong、iong。

后鼻音韵母分为两类：

一类是由一个可以做韵腹的元音与鼻韵尾 ng 构成的，如 ang、eng、ing、ong。这一类的鼻韵母在发音时，都是先发一个单纯的主要元音，紧接着口腔缩小，舌根抬起来与软腭接触，构成舌根阻的态势，最后以具有浓郁鼻音色彩的 ng 结束发音全程。

另一类是由二合元音（复元音）与鼻韵尾 ng 构成的，如 iang、uang、ueng、iong。前面的韵头部分又轻又短，只表示舌位从此启动，紧接着发主要元音，待主要元音充分展开后，将口腔缩小，舌根抬起向软腭部位移动，直到最后贴紧软腭，以具有浓郁鼻音色彩的 ng 结束发音全程。

这一类由两个元音与 ng 结合的鼻韵母,其主要元音 a、e、o 与韵头的关系相比之下不如与韵尾的关系那么密切。可以用两拼法来组织发音,即先将主要元音与 ng 尾拼合起来,使之成为一类独立的后鼻韵母,然后再以此作为一个整体去与韵头 i 或 u 相拼,这样音素之间的界限更加鲜明,发音的准确性也会随之提高。反之,如果先将两个元音拼合起来,再去同 ng 尾结合,那么,由于两个元音在相互结合的过程中都可能发生损失以至引起质变,效果往往不佳。

前后鼻音韵母的区别在于韵尾 n 与 ng。n 与 ng 尽管都是鼻辅音音素,但 n 既能当韵尾,又能充当声母;而 ng 似乎只是为了做韵尾而安排的。n 的发音,舌头抵在上齿龈阻气(一定要抵在上齿龈上,不能放在两齿之间,更不能伸出齿外),双唇稍离,上齿掩住下齿,口腔基本属于半闭状态;ng 发音时,舌根要抵住软腭阻气,口形可以大开,鼻音气息较重,听起来比 n 要响亮一些。

后鼻音 ng 虽然在音节中只做韵尾,又常常和元音连在一起出现,从来不曾有机会单独使用,但在发音训练中却应给它以足够的重视和应有的地位,目的无非就是发好后鼻音韵母的音节。有的发音者后鼻音韵母的发音总是有偏差,也知道问题出在归音上,可却不知道 ng 是怎样发出来的,这与以往的拼音教学中对 ng 的忽视有关。若想使每个后鼻音韵母都发得准确无误又符合艺术语言的要求,必须要拿出专门的时间和精力强化 ng 韵尾的训练,ng 合于规范了,后鼻音韵母也就解决一半了。

首先,ng[ŋ]是个舌根阻的鼻音,要颤动声带,气流和音波自鼻腔流出,口腔内的阻碍点在口腔后部,由舌根和软腭两个方面共同完成。其次,ng 是个后鼻辅音,软腭与舌根成阻后,前口腔要大张,舌尖抵住下齿龈不能动弹,不能同时既把舌尖挑起来又与上齿龈成阻。再次,软腭与舌根成阻时,软腭只是稍稍降下来接应,主要是舌根主动隆起与软腭成阻,发音时,不可狠压软腭,这样会造成舌根向下压迫喉头,用这种方法发出的鼻音不但闷滞缺乏光泽,还会增加喉头的负担,影响声带的正常运动。

知道了以上几点,我们就可以将 ng 的发音要领描述如下:发音时,前口腔大张定型,舌根部主动上抬与放松下垂的软腭接触,完成对口腔的封闭;颤动了声带的气流和音波到达咽腔后,只震荡一下,随即上升到达鼻腔,在鼻、咽腔获得共鸣后,从鼻孔流出体外。

ang

发音要领:ang 发音动程自"后 a"开始。先将软腭和小舌向后咽壁挺起,关闭鼻腔的通路;同时舌身后缩,让舌肌点对着软腭,发纯口音的"后 a";待后 a 充分展开发足后,舌根部主动上抬,软腭和小舌也放松下垂,双方在口腔的后上方接合成阻,完成对口腔通路的封闭;从肺部呼出的气流和音波经咽头打了个"旋儿"后上冲灌入鼻腔,以发纯粹的不除阻的鼻尾 ng 结束全音。口形由大开向微合滑动。

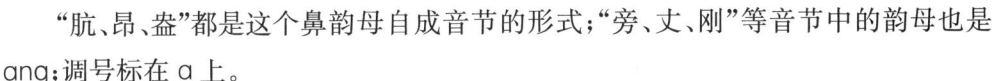

"肮、昂、盎"都是这个鼻韵母自成音节的形式;"旁、丈、刚"等音节中的韵母也是ang;调号标在 a 上。

发音提示:(1)a 的发音因为要迁就 ng 必定要后移一些,不能发成"央 a",更不是"前 a"。

(2)a 的发音不能鼻化。这个韵腹 a 是个纯粹的口音,把它发够、发足了,才开始向 ng 过渡。有人将 a 发成口鼻音(鼻化元音),原因是从一开始就把鼻腔的通路打开了,软腭和小舌自然放松,后半部的舌根无上升的动迹,这样的鼻化音听来也好像是 ang,但细究起来却是错误的。发这种口鼻音,口腔内没有动程,口形亦无变化,只是呆张着嘴。

ang 的组词训练

帮忙 仓房 沧桑 苍茫 厂商 上访 党章 放荡 肮脏 行当 晃荡 放上 浪荡
银铛 盲肠 螳螂 烫伤 长廊 商场 账房 堂房 廊坊 上岗 长方 上当 港商
厂房 当场 上苍 彷徨 方丈 钢厂 当啷 厂方 房上 方糖 上方 放浪 商行
常常 刚刚 上场 上房 上涨 掌上 账上

iang

发音要领: iang 发音动程自前高元音 i 开始。基本上可以说是在 ang 前面加上了一段由 i 到 a 的舌位动程。将软腭和小舌向后咽壁挺起,关闭鼻腔;先发又轻又短的 i,紧接着引渡到主要元音 a 上(iang 中的 a 实际上比"后 a"要稍前一点,这是受前高元音 i 的影响所致),舌尖迅速脱开下齿背,随着舌身的后缩和下降将 a 充分发足展开后,舌根主动上抬与放松下垂的软腭在口腔后上方接合成阻,切断气流和音波向口腔继续前行的通路,到咽头后直接上冲灌入鼻腔,从鼻孔泄出,以发纯粹的不除阻的鼻尾 ng 结束全音。

"阳、养、样"都是这个鼻韵母自成音节的形式;自成音节时,i 要改写为头母 y;"强、讲、象"等音节中的韵母也是 iang;调号标在 a 上。

iang 的组词训练

酱香 强将 粮饷 两厢 亮相 跟跄 强项 枪响 想象 痒痒 将相 湘江 襄阳
向阳 像样 降将 响亮 两样 良将 香江 洋相 响枪 泱泱 奖项 洋枪 两枪

uang

发音要领: uang 发音动程自后高元音 u 开始。可以认为是在 ang 的前面加上一段由 u 到 a 的舌位动程。发音开始,软腭带着小舌向后咽壁挺起,关闭鼻腔的通路;先发又轻又短的后高位置的 u；随着动程的行进，舌位渐次前降，口腔渐开，向主要元音"后 a"引渡；待"后 a"发足展开后，舌根部主动上抬，与放松下垂的软腭在口腔后上方接合成阻，切断气流和音波向口腔继续前行的通路，使之到达咽头后直接上冲灌入鼻腔，从鼻孔泄出，以发纯粹的不除阻的鼻尾 ng 结束全音。

"汪、王、望"都是这个鼻韵母自成音节的形式；自成音节时，u 要改写成头母 w；"光、黄、况"等音节中的韵母也是 uang；调号标在 a 上。

发音提示：这个鼻韵母的动程虽然也如前鼻音 ian、üan 那样直接往返，但由于后列元音 u、a 和舌根阻鼻辅音 ng 的舌位都处在口腔的后部，它的往返动程就远不及 ian、üan 那么大了，因而不会产生明显的变化，发音时只需注意在 uang 自成音节时不要将 u 发成唇齿阻的 v 就行了。

uang 的组词训练

窗框　狂妄　矿床　双簧　网状　装潢　状况　框框　往往　汪汪

eng

发音要领：eng 发音动程自"央 e"开始。先将软腭和小舌向后咽壁挺起，关闭鼻腔通路；轻轻地发好"央 e"；然后，软腭和小舌放松垂下，活开鼻腔，舌根部渐渐上抬，与软腭在口腔的后上方共同完成对口腔的封闭后，使气流和音波在咽头直接上冲灌入鼻腔，从鼻孔泄出，以纯粹的不除阻的鼻尾 ng 结束全音。外口形自始至终都是微开不变的。

只有"鞥"是这个鼻韵母自成音节的形式；"耕、生、政"等音节中的韵母就是这个鼻韵母 eng；调号标在 e 上。

eng 的组词训练

乘胜　鹏程　逞能　登程　丰盛　风泵　风声　风筝　奉承　更正　征程　整风　横生
冷锋　萌生　升腾　声称　生成　省城　争胜　蒸腾　乘风　更能　猛增　增生　灯绳
吭声　冷风　生猛　承蒙　丰登　更生　成风　鹏城

ing

发音要领：ing 动程自前高元音 i 开始。软腭先带着小舌向后咽壁挺起，关闭鼻腔通路；将口音 i 发足展开，然后将软腭和小舌放松垂下，活开鼻腔，舌尖抵住下齿背不动，舌面由前往后渐渐隆起，直至舌根与下垂的软腭在口腔的后中部接合成阻，完成对口腔的封闭后，使气流和音波在咽头直接上冲灌入鼻腔，从鼻孔泄出，以纯粹的不除阻的鼻尾 ng 结束全音。外口形自始至终微开不变。

"英、影、应"都是这个鼻韵母自成音节的形式,自成音节时,i 的前面要加上头母 y,写成 ying;"经、情、醒"等音节中的韵母也是 ing;调号标在 i 上。

发音提示:不能将 ing 看成是 i+eng,中间是不允许嵌个 e 存在的,由 i 直接到 ng。在 ing 中,i 是韵腹,ng 是韵尾。

ing 的组词训练

冰凌 并行 秉性 病情 叮咛 倾听 蜻蜓 定性 定型 精明 平定 晶莹 伶仃
另行 零星 菱形 领情 明镜 明星 英名 酩酊 命令 心境 刑警 名伶 宁静
平静 评定 清明 请命 轻盈 心静 请缨 姓名 清静 瓶颈 性命 英明 影评
荧屏 经营 性情 应景 英灵 行星 影星 明明 精英 行径 情景 灵性 明净

ueng

发音要领:ueng 发音动程自后高元音 u 开始。基本上等于在 eng 的前面加上一段由 u 到 e 的舌位动程。将软腭和小舌向后咽壁挺起,关闭鼻腔通路;先发又轻又短的后高元音 u,随着动程的行进,舌位前降,口形渐开,紧接着引渡到央 e 上来,待央 e 发足发好后,软腭和小舌放松垂下,活开鼻腔的通路;与此同时,舌根部主动向上抬起与放下来的软腭在口腔的后上方接合成阻,气流和音波径直上冲灌入鼻腔,从鼻孔泄出,以纯粹的不除阻的鼻尾 ng 结束全音。外口形由合口到微开。

"嗡、翁、瓮"都是这个鼻韵母自成音节的形式,自成音节时,u 要改写成头母 w,如 wēng(翁);调号标在 e 上。

发音提示:(1)ueng 只能自成音节,不能与任何声母直接组拼。如果要拼,就必须将它换成另一个鼻韵母 ong。

(2)在 ueng 中,u 实际上只是个"半元音"性质的头母,这个换写成的 w 代司声母的职能,e 是韵腹,ng 是韵尾。

(3)ueng 的发音要注意不要将 u(w)发成唇齿音 v。

ong

发音要领:ong 发音动程自后高元音 u 开始。先将软腭和小舌向后咽壁挺起,关闭鼻腔通路;发足发好纯口音 u;随着发音动程的行进,软腭和小舌迅速放松垂下,活开鼻腔,使本来就已经具有相当高度的舌根继续主动上抬,直到与垂下的软腭在口腔的后上方接合成阻,完成对口腔通路的封锁;气流和音波到达咽头后径直上冲灌入鼻腔,从鼻孔泄出,以纯粹的不除阻的鼻尾 ng 结束全音。口形先大后小,外面的变化不太显著,主要是内口腔的舌根和软腭的动作。

"东、红、中"等音节中的韵母都是这个鼻韵母 ong;调号标在 o 上。

发音提示：(1)ong 不能自成音节，只能做韵母前拼声母。o 是韵腹，ng 是韵尾。

(2)ong 中的 o 实际发音应是[u]。拼音形式不用 u 而用 o，这主要是为了增加 o 的使用频率，发音时是绝对不能按 o 的舌位和口形来发的。其实如果再细究起来，[u]的舌位比单元音的 u 还稍稍低一点，口形略开些，几乎是介于 o 与 u 之间的一个音。

(3)与 ong 相似可以自成音节的是 ueng。ueng 和 ong 在过去注音字母中的标音方法是一样的，从汉语语音史和现代一些方言来看，二者本是一个韵母，不论是前拼声母的还是自成音节的，在不少方言中都是同样的一个复合音。但具体到普通话里却稍有不同，《汉语拼音方案》将它分别表示为 ueng 和 ong，基本上与北京语音的实际情况相符。ong 表示的是在与声母相拼时的状态，ueng 则是它的单独发音形式。

ong 的组词训练

工种　公众　中农　中东　松动　总统　倥侗　倥偬　红松　纵容　溶洞　融通　笼统
拢总　从容　从动　充公　冲动　空洞　红汞　恐龙　通融　洪洞　红中　共同　动容
公共　动工　轰动　东宫　龙宫　空中　中空　轰隆　共通　空桶　总共　通红　瞳孔
童工　浓重　脓肿　隆重　隆冬　总工　龙钟　红铜　崆峒　从戎　红肿　洪钟　中共
冬宫　龙洞　总攻

iong

发音要领：iong 发音动程自前高元音 i 开始。基本上等于在 ong 的前面加上一段由 i 到 o 的舌位动程。先将软腭和小舌向后咽壁挺起，关闭鼻腔通路；舌尖抵住下齿背，发又轻又短的 i；随着舌位动程的行进，舌高点向后降移，口形渐开；接发 o[u]；待 o 发足展开后，软腭和小舌迅速垂下，活开鼻腔；舌根部继续主动抬高与下垂的软腭在口腔的后上方接合成阻，完成对口腔通路的封闭；气流和音波到达咽头后径直上冲灌入鼻腔，从鼻孔泄出，以纯粹的不除阻的鼻尾 ng 结束全音。

"拥、永、用"都是这个鼻韵母自成音节的形式，自成音节时，i 要改写成头母 y；"汹、穷、炯"等音节中的韵母也是 iong；调号标在 o 上。

发音提示：汉语语音史上凡 iong 韵的字都属于"撮口呼"类。为了照顾到汉语语音的历史承脉和方言的关系，有的语音教材在讲 iong 时把其中的 i 和 o 合并起来描写为 ü[y]，这样，韵母 iong 的实际发音就成了[yng]了。这也代表了汉语语音学界的一种观点。

iong 的组词训练

汹涌　炯炯　熊熊　汹汹　穷凶　臃肿　怂恿　用功　重用　中庸　用工　雍容　忠勇
董永　动用　冬泳　公用　胸中　功用　宠用　中用　共用

后鼻音双字词综合训练

ang — iang

昂扬 帮腔 榜样 长江 苍凉 徜徉 敞亮 畅想 荡漾 方向 羊肠 上将 芳香
放像 放羊 放养 刚强 钢枪 航向 疆场 奖赏 扛枪 洋房 上相 两旁 抢墙
枪伤 商量 糖浆 相当 厢房 向上 丈量 香肠 养伤 长相 洋场 上香 房梁
阳刚 放亮

ang — uang

仓皇 猖狂 苍黄 厂矿 怅惘 广场 逛荡 荒唐 慌张 慌忙 盲肠 光芒 矿藏
莽撞 彷徨 伤亡 赏光 上光 上装 双杠 爽朗 堂皇 常往 吭当 上网 张狂
铛床 张望 往常 康庄 膀胱 皇上 网上 上妆 撞伤 装上 撞上 哐啷 哐当

iang — uang

荒凉 黄粱 妄想 凉爽 强壮 霜降 双响 双向 阳光 仰光 汪洋 粮荒 光亮
装样 伴装 洋装 黄羊 黄酱 向往 两双 双桨 仰望

eng — ing

冰冷 秉承 饼铛 病症 曾经 乘兴 成型 呈请 澄清 顶峰 正名 政令 顶风
鼎盛 订正 风行 奉行 丰盈 逢迎 征兵 争鸣 奉命 蜂鸣 京城 精诚 井绳
竞争 净剩 冷清 猛醒 性能 应征 梦境 明灯 名胜 名声 屏风 平等 生平
凭证 清正 清蒸 生命 盛名 圣经 兴盛

三、前后鼻音双字词综合训练

前后鼻音双字词组词训练

an — ang

安放 安康 安葬 暗藏 班长 蚕桑 单杠 胆囊 繁忙 反常 探访 站岗 返航
肝脏 感伤 酣畅 漫长 南方 南昌 盘账 贪赃 坦荡 碳棒 毡房

ang — an

盎然 长安 长衫 畅谈 荡然 档案 上班 商谈 方案 房产 钢板 抗旱 茫然
莽汉 丧胆 伤寒 商贩 账单 藏蓝 浪漫 糖弹 伤感

ian — iang

边疆 变量 变相 掂量 点将 电量 岩浆 炎凉 坚强 健将 联想 面向 棉乡
绵羊 勉强 缅想 偏向 见谅 牵羊 钱粮 天亮 眼亮 咸阳 天象 限量 鲜亮

现象 烟枪 演讲

iang — ian
江面 讲演 两便 量变 扬言 洋钱 两边 枪眼 强辩 香甜 香烟 象眼 想念 享年 相连 项链 象限 秧田 养眼 养颜

uan — uang
软床 端庄 短装 观望 冠状 管状 钻床 卵黄

uang — uan
壮观 慌乱 双关 双管 装蒜

en — eng
奔腾 本能 尘封 晨风 纷争 门缝 门生 闷声 喷灯 深耕 文风 阵风

eng — en
成分 成本 诚恳 风尘 政论 整顿 风闻 缝纫 恒温 横亘 蒙混 能人 烹饪 捧哏 声门 省份 争论 证婚 征婚

in — ing
禁令 金陵 民兵 品行 引领 心情 品性 聘请 拼命 民警 银杏 引擎 阴平 信命 新颖

ing — in
并进 病因 鼎新 定亲 挺进 迎新 警民 灵敏 陵寝 令亲 领巾 铭心 平民 平信 评薪 清贫 听信 影印

uen — ong
纯种 春种 蠢动 滚筒 混同 昆虫 混充 轮种 论丛 稳重

ong — uen
重温 重婚 冬瘟 农村 中文 冬笋 公论 公孙 公文 恭顺 宏论 红润 耸闻 通婚 通顺 仲春

ün — iong
运用 驯熊 云涌 军用

iong —ün
拥军

前后鼻音双字词对比训练

an — ang
菜摊—菜汤 开饭—开放 胆量—挡亮 侦探—真烫 寒天—航天 谗言—肠炎 产量—敞亮

ian — iang

新鲜—新乡 前站—强占 简章—奖章 鲜花—香花 小县—小巷
虔敬—强劲 钳制—强制 延长—羊肠 坚持—僵持 接线—街巷

uan — uang

车船—车床 专员—庄园 管饭—广泛 专车—装车 万世—忘事
晚上—网上 关山—光栅 宛然—枉然

en — eng

长针—长征 真理—争理 伸张—声张 陈腐—城府 分赴—丰富
深洞—生动 门面—蒙面 三根—三更

in — ing

信服—幸福 音译—英译 前进—虔敬 银河—迎合 心细—星系
林立—凌厉 进化—净化 频繁—平凡 今昔—惊悉 钦点—清点

uen — ong

乡村—香葱 轮子—聋子 昆腔—空枪 轮替—笼屉

ün — iong

勋章—胸章 人群—人穷 运兵—用兵

思考与复习

1. 什么叫元音？普通话的元音可分为几类？
2. 元音发音一般有哪三个阶段？分别作以解释。
3. 给元音分类主要依据哪几项标准？
4. 什么叫"韵母"？普通话共有多少个韵母？依据内部结构特点可大致将其分为几类？
5. 元音和韵母有什么不同？
6. 以韵头做标准，可将普通话的韵母分为哪几类？
7. 前响复韵母的发音有什么特点？
8. 后响复韵母的发音有什么特点？
9. 中响复韵母的发音有什么特点？
10. 鼻韵母的发音有哪些特点？n 和 ng 有什么异同？

第四单元 声调

教学目的： 通过本单元的讲授，使学生掌握声调的概念，弄清调类与调值的关系。

教学要求： 在准确掌握普通话声调的发音要领和技巧的同时，能有效地克服方言声调对发音的影响。

重点难点： 普通话四个声调的发音要领和技巧及在单、多音节中的实际运用。

课时安排： 大课1课时，小课4课时。

第一节 声调的性质

声调，又称"字调"，具体到汉语里，就是每个汉字（音节）实际发音时所贯穿反映出的具有辨义作用的高低升降变化形式。它存在于某一个汉字的内部，而不是语句中由于语气和情感不同所引起的声音的高低、轻重和快慢。中国的音韵学理论历来都是只讲字调而不论及语调的。

在汉语里，同样是 keyi 两个音节，声调不同就完全可以表示两种甚至更多的意思，它既可以是"可以"，也可以是"刻意"，还可以是"可意"或"可疑"。可见声调的基本职能就是区别词义。尤其是单音节词占优势的古汉语，声、韵相同的字因其声调的差异而分别执行着不同质的语音表达结果。现代汉语的复音词虽然多了，声调的重要性较之古汉语似乎略显逊色，但由于汉语历史的脉承关系，声调至今仍然保持着特有的价值，依旧与声母、韵母一样共同构成汉语音节的三要素。也正因为汉字有了声调抑、扬、顿、挫的变化，汉语音韵美的特色才能充分地得以展现和发挥。

声调与音长也有一定的关联，一般认为汉语的声调是音高配以音长的总和，但主导方面还是音高。汉语里每一类声调都不代表固定的音高，不一定非要相当于键盘上的C调或别的什么调子。嗓音的高低常常是因时、因人而异的，一般说来，女性、儿童的声带短而紧，音调高些；男性、老人的声带长而松，音调相对低些。这与语义的表达并无妨碍,即使是同一个人说话,受情绪的影响,也非常有可能影响到嗓音的高低,但却不会由此而牵扯到声调的高低升降。声调之间高低升降的对应关系比较固定,要求几个人把声调读得同样高低,在字义的表达上是毫无意义的。只要能在自己嗓音条件允许的阈限内发出比例合适的高低音来就可以表义交流了。因此我们不可能去硬性规定声调的频率,只能客观地描写其性状和形态。

　　汉语声调构成,不仅取决于字音的高低,同时还取决于字音高低的变化。有的音节在发音过程中从头至尾都能维持高低的平衡(声音自始至终保持同样的松紧度);有的音节前后无法保持一致,不是前高后低(声带先紧后松),就是前低后高(声带先松后紧);也有的音节首尾间有曲折(声带松紧相间,有调节动作),高低维持时间的长短也不均衡,于是语言里就有了音节高、低、升、降、曲、直、长、短的配合变化。这种性质与乐谱上反映出的音高有些类似,不过,音阶的音高是绝对的,而声调的音高却是相对的。另外,乐曲中的音阶移动轨迹常常是跳进式的,由一个音阶可以立刻跳行到另一个音阶;而汉字声调高低升降的变化却是逐渐滑行的,由一点滑向另一点,其间须经无数个阶梯式的过渡点。二者有联系,又有区别;区别是主要的、显著的。

第二节　普通话的调值和调类

　　"声调",只是个概略的说法,严格来说,它的内涵应包括"调值"和"调类"两个方面。它的实用价值也综合体现在调值和调类上。

　　调值,又叫"调形",是声调高低升降的具体变化形式,更直白地说,就是一个汉字(音节)声调的实际读法。现代汉语各个方言的调值最基本的类型有平调、升调、降调、曲折调。

　　调类,是根据能区别意义的调值归纳出的声调的类别,有一定的顺序并有特定名称。它反映的是声调的分类归属情况,也有人称它"音高模式"。声调的类别依调值划分,凡调值相同的都可以归入同一类,一般来讲,有几种调值就有几个调类(连音变调除外)。对于调类名称,有沿袭古调类的,如:平、上、去、入;有按现今分化的情况在古调类基础上另行命名的,如:"阴平""阳平"等;也有舍弃旧名只用"高平""全降"等来称说的;或者干脆就叫"第一声""第二声"的。

　　调值是声调的"实",调类是声调的"名"。由于各地方言的复杂,它们很难名实相符。在不同的方言里,调类相同了,调值却不一定相同;调值相同的,不一定属于同一调类;调类和调值即使都一样,所包含的汉字又可能不同。二者相比,调值的难度更大一些。初学普通话不必在调类上过多地兜圈子,下功夫把每个汉字的调值读准更有实际意义。

普通话有四种调类,它们是阴平调、阳平调、上声调、去声调,简称阴、阳、上、去。这是四类正常的调类,另外还有"轻声"及"变调"。

阴平调,又称"高平调",调值55。发音时声带自始至终紧张,声调保持又高又平的状态,首尾差别不大。

阳平调,又称"中升调"或"高升调",调值35。调头起于中位3度,渐渐直线上升,升到最高点5度,其终点甚至比阴平的起点还高一些,声带先松后紧。

上声调,又称"降升调",是个曲折的调子,调值214。起头时比阳平的调头还低,先在2度,略微下降到低1度,然后拖长,拖到一定程度后又快速折转升高到4度,终点实际接近于阴平调的调头。上声调的前半个调子下降,拖长的部分实际上要长于后半部分,上升阶段短促,声带呈紧→松→紧的状态,全调音值最长。

上声的"上"字读 shǎng,是个特定的读法。

去声调,又称"全降调",调值51。由高5度猛然下降,一直降到低1度,声带由紧到松,调程比阴平、阳平长些。

普通话的基本调值可以简单地归纳为:一平、二升、三曲、四降。

上声的标记为214,看起来好像前半部分21段短,后半部分14长,这是受了线条地位的局限,其实应该是中间拉平的21部分长,14段很短促,声音向上一扬即止。但如按实际发音状态这么一标,太占地方不说,也不很雅观。留心实际发音就不难察觉这一点。把上声调值理解为2114似乎更加确切一些。

四声的调值,只是个粗略的标记,在实际发音过程中每个调值都不可能扯得那样直,当中存在着关系不大的起伏或误差是必然的,阴平声根本就达不到55极限,去声的起点也稍低于5。

声调符号,按《汉语拼音方案》的规定,虽然标在了主要元音上,但其高低升降变化是贯穿于整个音节的,而不仅仅是主要元音的高低。换句话说,声调与整个音节的发音是一个共时的过程。"零声母"音节,只有一个元音或几个复合音(包括以浊辅音 n 或 ng 结尾的),声带的松紧变化自然由头贯到尾了,头音和尾音也是"带音",它们共同担负着表示音高的职能;"浊辅音"声母音节,所有的音素都带音,声带的作用也头尾相衔,依附在元音和浊辅音上,只是在主要元音上表现得较为突出而已;只有"清辅音"声母音节,声调在起音时才不起作用,声带的松紧变化自韵母始,当然,在韵尾也有所寄托。

普通话声调的调类和调值可以综合为下面的表(见表6):

表 6　声调调类、调值表

调类	调值	调型	调号
阴平	55	高平	—
阳平	35	中升	/
上声	214	降升	∨
去声	51	全降	\

声调的调类和调值的概念很简单，但是真正将每个调类的调值读得准确到位，行走和延续控制得自如娴熟则必须强化训练。度数应够，幅度应满，痕迹应清晰。阴平调的 55 调值须保持得又高又平；阳平调须从中度 3 向上 5 度扬起；上声调须先由 2 度降到 1 度，然后拐升至 4 度，降要降得下来，升要升得上去，后半截儿拐升的途程比前半截要长至少一倍；去声调须由 5 度直接降到 1 度，途程比上声调稍短，但比阴平调、阳平调都长。

第三节　声调的组词训练

声调在实际运用中，读调失准或走形有以下两种表现：一是本来就不知道某个汉字应该是第几声读音，经常发生因一字之误牵带一系列字音的误串。解决的方法首先是从弄清本方言的声调类型和调值入手，然后将其与普通话比较，找出对应关系，依此类推，争取掌握大致的规律。对个别字音尚须借助工具书查读，另外还须注意"变调"的处置。二是明知某个字在普通话里应该怎么读，却因自己方言里没有那么高的调值或调值变化幅度没那么大而读不准。这就需要在教师指导下用夸张的方法训练。解决后一个问题仅靠书本上的知识是无济于事的，在声调学习中，从知道该怎样读到能够读得准、读得好，途径只有一条：勤学苦练。

声调训练可采用单音节声调的练习和多种组合方式的多音节练习。声调的练习应结合气息、声带、共鸣的控制同步进行。有句顺口溜儿："第一声，起音高平莫低昂，气势平匀不紧张；第二声，从中起音向上扬，用气弱起逐渐强；第三声，上声先降转上挑，降时气稳扬时强；第四声，高起直送向低唱，强起到弱要通畅"，基本上反映了声调与气息的关系。

对声调的控制不当多容易在上声和去声音节上出问题。比如上声，下行下不去，上行上不来，多是气息和声带的调节配合未能与调值的上、下行同步所致，弯儿没拐就直奔 4 度而去，结果如同"直上"调一般。正确的方法是在下行时放松声带，转上挑时再将其扯紧，同时小腹一收，气息一顶，声音仿佛在同一直径的管中行走，任凭高度怎样变化,宽度始终如一。去声做重音音节处理时发生的"劈"音现象,也是由于气息的放松"松"到了失控的地步,使声带配合不及的缘故。去声字音的气息虽然总体上呈下滑放松的态势,但下来时还有必要"托"着点。

利用四声的练习,尤其是夸张的上声练习,对于体会气息的运动和声带的配合是个好办法。要求:阴、阳平的音势平而柔,上声音势厉而强,去声音势清而远。

总之,声调的发音是否合度是语言标准与否的一个重要方面。发音者必须强迫自己能准确无误地掌握每个汉字在不同语境中的正确读音,这在语言表达中还只能算是最基本的要求。

但是,声调(字调)又不仅仅是音节内部的问题,一个音节的声调与前后音节的连接有密切关联。独立地进行声调训练是必要而且有效的,如果在此基础上还能关注到音节组装成词语后的不同状态,就会将词语的发音打造得更加实际和实用。其实,词调是字调和句调勾连的中间环节,很多人在句调表达上不够精密和流利,原因概出于此。下面的两字、三字、四字词及四字以上短语的练习,目的就是将声调融进具体的"活"的语流中,既可开辟声调训练的更大空间,又可在基础训练阶段就寻找和构筑词和短语内部的整体、紧致和流畅,为其后句子的表达做好铺垫和准备,从而改变目前重声调、轻句调,更轻视词调的状况。

两字词声调对比训练

前方—前程—前景—前线　　伤风—伤寒—伤感—伤害
共生—共同—共处—共事　　古书—古玩—古典—古迹
法官—法庭—法网—法律　　地心—地层—地表—地幔
感激—感情—感慨—感动　　攻关—攻读—攻取—攻陷
观瞻—观察—观赏—观看　　海疆—海峡—海港—海域
花灯—花茶—花朵—花卉　　开车—开门—开锁—开业
善心—善良—善举—善意　　下山—下台—下水—下地
阴天—阴沉—阴冷—阴暗　　礼单—礼服—礼品—礼物
产生—产值—产品—产量　　敢说—敢为—敢想—敢干
水车—水渠—水塔—水库　　演出—演员—演讲—演戏
雨衣—雨鞋—雨伞—雨具　　山冈—山峦—山岭—山脉
潮汐—潮流—潮水—潮汛　　起身—起程—起跑—起步
园丁—园林—园囿—园地　　边关—边防—边卡—边境
教师—教材—教导—教具　　平均—平衡—平等—平列
画家—画廊—画展—画院　　回家—回程—回访—回路

钟表—怀表—秒表—电表　　书本—文本—版本—副本
切除—革除—铲除—废除　　宫灯—龙灯—彩灯—汽灯
波动—浮动—响动—跳动　　边防—国防—海防—换防
收购—邮购—采购—套购　　坚守—防守—死守—镇守
雕塑—泥塑—彩塑—面塑　　区域—流域—海域—地域
风灾—虫灾—水灾—旱灾　　葱绿—油绿—草绿—碧绿
光谱—食谱—脸谱—乐谱　　军医—神医—法医—兽医
功绩—成绩—伟绩—政绩　　帮助—援助—辅助—赞助
宽阔—辽阔—广阔—壮阔　　推举—抬举—选举—壮举
出售—零售—奖售—预售　　温习—实习—演习—练习
相似—神似—好似—类似　　夸耀—荣耀—显耀—炫耀
看护—防护—守护—救护　　空话—实话—好话—废话
高炉—熔炉—火炉—壁炉　　生人—熟人—友人—巨人
衰弱—贫弱—软弱—脆弱　　通史—国史—野史—秘史
天体—主体—导体—物体　　医学—文学—法学—化学

同声韵音节四声训练

双唇音

巴拔把罢　掰白摆败　包雹保抱　崩甭绷迸　逼鼻比毕　憋别瘪别　播勃跛簸
逋醭捕不　拍排迫派　乒旁榜胖　抛庖跑炮　抨棚捧碰　批皮痞僻　偏骈谝骗
拼贫品聘　坡婆叵破　扑仆朴铺　妈麻马骂　猫毛卯帽　蒙萌猛梦　眯迷米秘
喵苗秒妙　摸磨抹墨

唇齿音

发乏法珐　翻烦反泛　方房访放　飞肥匪费　分汾粉奋　风逢讽凤　肤扶斧富

舌尖中音

搭答打大　刀捯岛到　滴敌底地　督独堵杜　多夺躲垛　胎台呔太　贪坛坦探
汤糖淌烫　涛陶讨套　梯题体剃　挑条窕跳　听停挺梃　通同统痛　突图土兔
推颓腿退　脱驼妥拓　那拿哪娜　因男赧难　孬挠脑闹　妮泥拟逆　拈年捻念
妞牛扭拗　拉觅喇腊　啷狼朗浪　捞劳老涝　勒雷磊肋　哩离里利　撩辽了料
拎林凛吝　溜留柳六　隆龙拢弄　瞜楼搂漏　撸炉鲁路　抡轮伦论　将罗裸落

舌根音

歌革葛各　根哏艮亘　聒国果过　科咳渴课　筐狂夼况　亏魁傀溃　嗨孩海亥
酣寒喊旱　薅豪好号　烘洪哄讧　齁侯吼后　忽胡唬护　欢环缓换　荒黄幌晃
挥回悔会　豁活火霍

舌面音

激急挤剂　家颊假架　交嚼脚叫　接结姐借　居局咀剧　撅觉蹶倔　期棋起弃
铅前浅欠　枪墙抢炝　敲桥巧窍　切茄且窃　亲琴寝沁　青擎请庆　区渠取去
圈权犬劝　西席洗细　先咸显县　香详想象　消淆小笑　歇鞋写泄　星形醒幸
需徐许旭　宣旋选楦　削学雪谑

舌尖后音

渣闸眨炸　摘宅窄寨　招着找照　遮折者浙　支直纸志　身轴肘咒　珠竹主驻
插茶衩杈　搀缠产颤　昌尝厂唱　撑成逞秤　痴池尺赤　充崇宠冲　抽愁丑臭
出除楚触　穿船喘钏　窗床闯创　烧芍少哨　奢蛇舍社　身神沈慎　声绳省胜
施石使试　收熟守授　书赎蜀树　嚷瓢壤让

舌尖前音

糌咱攒赞　糟凿枣造　作昨左做　猜才彩菜　参残惨灿　疵词此次　村存忖寸
搓痤脞措　虽随髓碎

双音节词组词训练

阴平—阴平

安家　八仙　芭蕉　磋商　颁发　悲观　编织　鞭笞　参加　操心　灯光　危机　插秧
撑腰　冲锋　抽风　江苏　批发　春分　粗心　西安　丁香　车厢　欧洲　东方　割接

阳平—阳平

翱翔　夺魁　白糖　才华　残余　柴油　成员　城楼　惩罚　池塘　重阳　华侨　传达
船员　丛林　独白　峨眉　鹅毛　繁荣　格言　名额　蝴蝶　吉林　协调　航行　合成

上声—上声

把守　宝塔　保险　本领　采访　产品　打扫　岛屿　典雅　短跑　总理　主导　整理
景点　反省　仿古　腐朽　辅佐　抚养　赶脚　感想　古典　走访　审美　管理　果品

去声—去声

暗示　奥秘　败落　半夜　伴奏　兑现　就业　壁画　辩证　变质　绿化　汇率　抗旱
概算　地震　倡议　赤道　试办　刺绣　创汇　缔造　电话　债券　世界　购物　恫吓

阴平—阳平

安宁　奔流　冰糖　猜疑　苍白　猖獗　超级　车轮　咨询　出席　驱逐　敦煌　新闻
周围　春游　催眠　当前　灯谜　稽查　雕琢　刁滑　端详　宽容　泡桐　发明　光临

阴平—上声

安稳　斑马　褒奖　奔走　风险　宾主　兵法　拨款　参考　苍老　商品　烧毁　青岛
接壤　充满　冲洗　粗犷　村野　当选　登载　叮嘱　颁奖　吸吮　屋脊　飞舞　封锁

阴平—去声
抽象 优惠 登记 青睐 翻阅 飞跃 分配 丰硕 刚毅 歌颂 兴旺 幽默 西藏
支票 租赁 拍卖 消费 呼啸 欢乐 机构 歼灭 焦炭 专利 香皂 封闭 精湛

阳平—阴平
搏击 财经 婵娟 营销 潮汐 曾经 前锋 房间 扶桑 浮夸 毋庸 檀香 熊猫
邮差 服装 革新 国家 寒冬 黄金 湖泊 滑冰 流通 台湾 投标 集资 杰出

阳平—上声
博览 渤海 长久 朝鲜 嘲讽 成果 城府 承揽 迟缓 垂柳 研讨 学府 廉耻
论语 淳朴 辞典 夺取 而且 存款 儿女 湖北 遴选 誊写 玩耍 拂晓 涵养

阳平—去声
别墅 泊位 裁判 查阅 传票 成立 酬谢 筹划 独奏 垂钓 溶化 时令 宁夏
提案 船坞 乏味 福建 肥沃 讹诈 寒假 国庆 函授 投奔 愚昧 核算 合作

上声—阴平
北方 笔耕 表彰 捕捉 采风 产销 处方 喘息 导师 短缺 崭新 景观 陕西
展厅 耳机 纺织 北京 鼓吹 古筝 果汁 简单 解说 枕巾 指挥 紧张 凯歌

上声—阳平
百灵 版图 北极 采撷 草莓 齿轮 海南 忖度 典型 反刍 美元 法人 古玩
满足 海拔 奖惩 解答 警察 久别 楷模 口诀 组合 饮食 指南 渴求 礼节

上声—去声
百货 宝库 笔画 秉性 采纳 举报 产业 胆略 等候 底蕴 鸟瞰 琐屑 武汉
法律 点缀 陡峭 起诉 访问 仿效 粉饰 腐烂 斧正 卡片 考试 岗位 讲座

去声—阴平
暗礁 拜托 贝雕 畅通 玷污 动机 杜鹃 废墟 复兴 构思 绣花 印刷 特区
泰山 冠军 弊端 贵宾 互相 化纤 卫星 寄托 健康 物资 细胞 晋升 竞争

去声—阳平
盎然 伴随 贝壳 布局 刺槐 蛋白 动摇 栋梁 杜绝 桂圆 信条 豁达 大连
问答 汗颜 劲敌 矿石 空白 桂林 牧童 汽油 热情 阵容 毅然 告别 上乘

去声—上声
市场 伴侣 报纸 翅膀 背景 创举 代表 篡改 贷款 淡雅 饲养 作者 候鸟
钓饵 定理 豆豉 对比 恪守 愤慨 富有 购买 跳伞 宪法 汉语 旱獭 寓所

三音节词组词训练

阴阴阴
孙中山 公积金 山楂汁 咖啡因 高中生 新加坡 精加工 军分区 私家车

阴阴阳								
深加工	出租屋	花生秧	双胞胎	抽烟机	插秧机	波斯猫	中餐厅	招标书
招商局	金丝猴	天安门	周恩来	阿根廷	新西兰	西班牙	猜灯谜	高跟鞋

阴阴上								
乒乓球	新中国	微山湖	中山陵	擦边球	尖兵连	登山节	公安局	蜂窝煤
飞机场	兴安岭	青稞酒	餐巾纸	拉丁舞	狙击手	飞天奖	张家口	交通岗

阴阴去								
通风口	天花板	姜汁藕	积分榜	青光眼	香槟酒	金三角	金鸡奖	珍珠港
中科院	都江堰	张家界	双休日	低音炮	金箍棒	清汤面	松花蛋	青歌赛
攻坚战	咖啡店	中宣部	中医药	空间站	飞机票	婚纱照	搬迁户	天仙配

阴阳阴								
休闲装	脂肪肝	新农村	三伏天	通勤车	双十佳	基围虾	消防栓	说明书
高才生	珊瑚礁	蜂王浆	安徒生	公文包	威尼斯	风油精	单人间	西洋参

阴阳阳								
天鹅湖	三门峡	酥油茶	居民楼	单元房	阿凡提	发言人	收银员	清凉油
清明节	穿名牌	安全门	开门红	金瓶梅	关节炎	飞行员	升国旗	青年团

阴阳上								
八达岭	中常委	遮阳伞	中南海	新华网	机床厂	交强险	升级版	包乘组
巴拿马	冲绳岛	天文馆	苏打水	飞毛腿	风云榜	酸牛奶	充值卡	安全岛

阴阳去								
新华社	吸尘器	加拿大	驱逐舰	生活秀	天然气	观察哨	中石化	加油站
医疗队	需求量	生活费	说明会	吃回扣	知名度	签名册	消毒柜	三明治

阴上阴								
山海关	三角洲	参考书	高尔基	吃海鲜	钟点工	歌舞厅	标准间	推土机
八宝粥	西柏坡	高尔夫	康乃馨	抓小偷	装甲车	花果山	消火栓	商品街

阴上阳								
商品房	青海湖	邀请函	开场白	污染源	穿小鞋	千岛湖	金水桥	发起人
商品粮	端午节	西子湖	观礼台	单眼皮	钟鼓楼	泼水节	宣武门	标准煤

阴上上								
公检法	兵马俑	发改委	千里眼	秋老虎	鸡尾酒	深水井	撒手锏	东北虎
包水饺	泼冷水	增长点	吹鼓手	黑手党	瓜子脸	喝喜酒	哥俩好	看守所

阴上去								
居委会	出版社	发短信	掰手腕	中转站	温饱线	拉广告	新马泰	安理会
餐洗净	村委会	空手道	差旅费	村主任	东北亚	出场费	中草药	拍马屁

阴去阴
工具书 嘉峪关 音乐厅 商业街 八路军 开绿灯 高血压 机器猫 操作间
新四军 商务车 风向标 吃夜宵 双面胶 空降兵 工作餐 机械师 针线包

阴去阳
音乐人 公务员 曲棍球 高架桥 经纪人 当事人 专利权 销售额 科技城
吃住行 生态园 观众群 双冠王 花木兰 伊甸园 酸菜鱼 方向盘 双色球

阴去上
消费者 川菜馆 宽带网 中纪委 专案组 出现场 突破口 剖腹产 真善美
优惠卡 科技馆 东道主 综治委 丢饭碗 喝醉酒 铺地板 收废品 观后感

阴去去
拉力赛 发布会 冬奥会 专卖店 身份证 军乐队 方便面 收费站 书画院
招待会 心脏病 失业率 医药费 温度计 偷漏税 催泪弹 根据地 充电器

阳阴阴
长安街 研究生 直升机 研修班 娄山关 航空兵 南瓜汤 黄金周 农工商
年租金 蒲公英 集装箱 传真机 急刹车 时装周 同期声 强心针 直播间

阳阴阳
元宵节 卢沟桥 华清池 全家福 民工潮 成交额 航天员 红花油 集中营
廉租房 菊花茶 白天鹅 黄花鱼 农家肥 常青藤 藏书楼 停机坪 文工团

阳阴上
图书馆 停车场 国宾馆 航空展 时间表 无花果 流星雨 传家宝 航空港
平方米 独生子 国资委 唐三彩 传声筒 台湾岛 长江口 神枪手 白开水

阳阴去
渔家乐 结婚证 神经病 阳关道 时装秀 学生会 银监会 常规赛 维生素
服装店 含金量 停车费 咸鸡蛋 平安夜 常青树 红烧肉 圆周率 除夕夜

阳阳阴
全明星 磨合期 俄罗斯 南极洲 民俗村 农民工 强台风 王牌军 活雷锋
吉尼斯 霓虹灯 急行军 核裁军 无人区 集团军 羊毛衫 和平鸽 节能灯

阳阳阳
毛白杨 芙蓉国 猕猴桃 蓬莱阁 摇头丸 圆明园 弹簧床 泥石流 联合国
潜台词 儿童团 同仁堂 重阳节 防寒服 粮棉油 成材林 龙抬头 浏阳河

阳阳上
核潜艇 国民党 排行榜 墙头草 巡回展 银行卡 留言板 茅台酒 人头马
牛皮癣 白毛女 及时雨 黄河口 无名火 流行语 华南虎 无名指 桥头堡

阳阳去
红楼梦　吉祥物　流行色　人民币　床头柜　学杂费　回头率　名人录　燃油税
巡洋舰　直辖市　国防部　连轴转　人行道　合格证　连环套　牛羊肉　延长线

阳上阴
红领巾　杨柳青　营养师　荣宝斋　尼古丁　啤酒杯　罚款单　娘子军　龙卷风
回马枪　童子功　团总支　纯果汁　白骨精　吉普车　潜水衣　量体温　提款机

阳上阳
鹅卵石　秦始皇　篮板球　防火墙　赔款额　迷彩服　游泳池　环保局　成品油
皮草行　阑尾炎　黄鼠狼　石拱桥　南北朝　蓝宝石　童养媳　黄赌毒　潜水员

阳上上
王府井　成长股　农产品　淘米水　圆舞曲　民主党　潜水艇　滑雪板　游泳馆
滑雪场　尝水果　流口水　原始股　华表奖　集体舞　肠梗阻　屠宰场　啤酒桶

阳上去
原子弹　核武器　房产证　食品袋　长颈鹿　评委会　啤酒肚　博览会　防腐剂
疗养院　研讨会　黄土地　连锁店　流水账　无底洞　寒暑假　常委会　牛仔裤

阳去阴
娱乐圈　红绿灯　服务生　滑旱冰　国际歌　游戏机　防弹衣　羊肉汤　责任心
文化宫　营业厅　乘用车　提示音　罗布泊　竹叶青　皮蛋粥　谈判桌　提货单

阳去阳
全聚德　国税局　植物油　服务员　防盗门　乘务员　一日游　亡命徒　查号台
植物园　防护林　评论员　隔夜茶　油气田　核弹头　邮政局　植树节　独木桥

阳去上
毛细管　房贷款　博物馆　纯净水　名利场　不动产　局域网　流浪狗　陈列馆
房地产　合订本　时刻表　防护网　执政党　防抱死　强降雨　拾废品　协奏曲

阳去去
连续剧　残奥会　华盛顿　博士后　煤气罐　斜对面　培训费　核电站　糖尿病
全运会　服务费　财政部　团拜会　劳务费　红外线　劳动力　文件柜　遥控器

上阴阴
井冈山　马拉松　铁观音　转播车　闪光灯　委托书　走钢丝　小吃街　闯关东
法西斯　老中医　枕边风　反倾销　水仙花　赏花灯　指挥家　涨工资　打官腔

上阴阳
保鲜膜　早新闻　反贪局　喜相逢　海鲜城　走私船　口香糖　解说词　北冰洋
紫砂壶　指挥员　火锅城　闯江湖　陕甘宁　小家庭　火车头　养金鱼　洗温泉

上阴上
百花奖	总经理	打工仔	水污染	百分比	主心骨	体温表	纺织品	洗衣粉
雨夹雪	老花眼	火山口	佐餐酒	掌中宝	小商品	手机卡	野生虎	早餐奶

上阴去
百家姓	五花肉	保监会	打工妹	演播室	展销会	准生证	老八路	点击率
火车票	烤鸭店	始发站	指挥部	冷餐会	小金库	洗衣店	小吃店	处方药

上阳阴
美容师	主人翁	旅游区	小时工	总投资	老红军	里程碑	美食街	北极星
舞龙狮	耳旁风	倒时差	奖学金	指南针	检察官	闯红灯	小儿科	启明星

上阳阳
羽毛球	凯旋门	产学研	口头禅	减肥茶	赶时髦	女儿国	主席台	领头羊
老顽童	北极熊	宇航员	旅游团	检查团	美食节	古城墙	小提琴	美人鱼

上阳上
奖牌榜	海南岛	里程表	马蹄表	小棉袄	数来宝	打圆场	总评榜	水族馆
老龄委	等离子	满堂彩	导盲犬	古罗马	主题曲	守活寡	打砸抢	扫雷艇

上阳去
景德镇	所得税	检察院	产权证	检查站	恳谈会	假牌照	总决赛	旅行社
五连冠	主旋律	访谈录	美容院	软着陆	老年证	管弦乐	海平面	死胡同

上上阴
宝塔山	吐鲁番	橄榄枝	饮水机	总比分	打火机	水果汁	打点滴	洗手间
小米粥	保险箱	总指挥	丑小鸭	北斗星	养老金	洗碗工	蒙古包	党组织

上上阳
普洱茶	老板娘	水煮鱼	反洗钱	晚礼服	选举权	小女孩	野百合	领奖台
眼角膜	火腿肠	甲骨文	总产值	抚养权	取暖炉	老本行	管理局	橄榄油

上上上
选举法	展览馆	跑马场	总统府	冷水澡	导火索	胆小鬼	洗脸水	果品厂
讲演稿	保险锁	表演奖	打靶场	保守党	体检表	百米跑	使领馆	手写体
好品种	党小组	老酒鬼	老首长	海产品	厂党委	米老鼠	小老板	小两口
挺勇敢	女选手	冷处理	省体委	有好转	省领导	买保险	小语种	煮水饺
甲乙丙	管理者	水火土	稳准狠	早午晚	俯仰躺	减免缓	索马里	马祖卡
卡塔尔	米老鼠	某某某	走走走	好好好				

上上去
准考证	炒股票	洗手液	脚手架	保险杠	铁老大	处理器	取暖费	打雪仗
许可证	反垄断	起跑线	打领带	买彩票	解码器	组委会	炒米饭	果品店

上去阴
企业家　九寨沟　企划书　保护区　短训班　影视圈　主力军　举报箱　保质期
省市区　首日封　起诉书　子弟兵　解放军　脑血栓　解放区　海陆空　百叶窗

上去阳
北戴河　显示屏　写字楼　产业园　港澳台　指示牌　软件园　影视迷　使用权
马戏团　挡箭牌　紫禁城　景泰蓝　胆固醇　保护神　总动员　眼镜蛇　铁路桥

上去上
好望角　鼓浪屿　洗面奶　比萨饼　审计署　笔记本　捣蛋鬼　眼药水　小剧场
履历表　保健品　宠物狗　短命鬼　保护伞　土特产　小矿井　铁饭碗　五线谱

上去去
保护费　养路费　巧克力　感冒药　脑震荡　董事会　理发店　影视剧　擀面杖
演唱会　产业链　首映式　展示会　党代会　法制办　警务室　紫外线　手电钻

去阴阴
半边天　未婚妻　外交官　豆浆机　面包车　莫高窟　冠军杯　剃须刀　贝多芬
大开发　畅销书　卫生间　腊八粥　电冰箱　破天荒　灌汤包　外包装　验钞机

去阴阳
夏威夷　大西洋　麦当劳　倒插门　旱冰鞋　立交桥　月偏食　二锅头　辣椒油
教师节　大观园　定心丸　信天游　质监局　倒春寒　运输船　试飞员　练功房

去阴上
地中海　进出口　送温暖　派出所　信息港　秘书长　避风港　绿茵场　证交所
顺风耳　奥斯卡　暴风雪　印刷厂　制高点　上甘岭　庆功酒　射击场　烫衣板

去阴去
信息量　乱收费　健身器　路边店　腊八蒜　办公会　阅兵式　快餐店　少先队
外交部　秘书处　内分泌　日光浴　候车室　必修课　地方病　汽车站　月租费

去阳阴
大熊猫　六盘山　闭门羹　忘年交　电瓶车　藏红花　自行车　大学生　判决书
少年宫　大酬宾　外来工　好奇心　内燃机　玉门关　运营商　肉食鸡　大别山

去阳阳
太平洋　洞庭湖　钓鱼台　岳阳楼　藏羚羊　未名湖　月全食　地球仪　木鱼石
大食堂　太阳能　太极拳　幼儿园　智囊团　运行图　护城河　教学楼　继承权

去阳上
贺年卡　钓鱼岛　太阳岛　万能表　矿泉水　富豪榜　互联网　报名表　混凝土
练习曲　戒毒所　大辞典　过劳死　自来水　退堂鼓　大门口　牧羊犬　调查组

第四单元 声调

去阳去
| 少林寺 | 二人转 | 四合院 | 大屏幕 | 外来妹 | 涮羊肉 | 耗油量 | 调查队 | 透明度 |
| 电磁灶 | 匿名信 | 客流量 | 万年历 | 地平线 | 半决赛 | 便民店 | 大排档 | 洽谈会 |

去上阴
| 探险家 | 密码箱 | 立体声 | 涮火锅 | 辣子鸡 | 越野车 | 下马威 | 退伍兵 | 大法官 |
| 对讲机 | 代理商 | 汉堡包 | 大管家 | 父母官 | 大礼包 | 特种兵 | 妇产科 | 落榜生 |

去上阳
| 木板房 | 电影节 | 大检查 | 二手房 | 候选人 | 代表团 | 大碗茶 | 样板房 | 做美容 |
| 烂尾楼 | 记者节 | 菜籽油 | 淡水湖 | 效果图 | 话语权 | 大理石 | 聚宝盆 | 驾驶员 |

去上上
| 共产党 | 入海口 | 数码港 | 内蒙古 | 户口本 | 血小板 | 费手脚 | 落脚点 | 射手榜 |
| 大老板 | 大使馆 | 在野党 | 电子版 | 过把瘾 | 少管所 | 热水澡 | 密码锁 | 电子眼 |

去上去
| 敬老院 | 盥洗室 | 世锦赛 | 过草地 | 样板戏 | 记者证 | 电暖气 | 灭火器 | 大满贯 |
| 奥委会 | 预选赛 | 纵火犯 | 禁酒令 | 热水器 | 电影院 | 夜总会 | 大讨论 | 大酒店 |

去去阴
| 试用期 | 志愿军 | 纪念碑 | 自助餐 | 电饭煲 | 落地窗 | 致富经 | 宴会厅 | 意向书 |
| 世界杯 | 后备箱 | 滞纳金 | 贸易区 | 复印机 | 气步枪 | 信号灯 | 救助金 | 电动车 |

去去阳
| 印度洋 | 变色龙 | 电视台 | 墓志铭 | 电热壶 | 大运河 | 特派员 | 创业园 | 自驾游 |
| 半月谈 | 训练营 | 倒计时 | 摄像头 | 售货员 | 圣诞节 | 售报亭 | 大气层 | 气象台 |

去去上
| 志愿者 | 训练馆 | 见面礼 | 信用卡 | 电热毯 | 示范点 | 世界语 | 电熨斗 | 自动挡 |
| 日内瓦 | 辩证法 | 救世主 | 性价比 | 摄制组 | 菜市场 | 肉蛋奶 | 降落伞 | 照相馆 |

去去去
| 电视剧 | 注射液 | 化验室 | 换气扇 | 大跃进 | 散热器 | 备忘录 | 运动会 | 载重量 |
| 耗电量 | 地道战 | 大药店 | 液化气 | 预备役 | 闭幕式 | 面对面 | 暂住证 | 兑换券 |

○轻○
钥匙链	里脊肉	划不来	棉花包	豆腐乳	棒棒军	对不起	消息树	麻烦事
哑巴亏	庄稼地	狮子狗	拨浪鼓	芝麻糖	狐狸精	葫芦岛	芥末油	石榴树
豆腐渣	庄稼汉

○○轻
| 大辫子 | 过日子 | 凑份子 | 臭豆腐 | 犯迷糊 | 欠收拾 | 添麻烦 | 过家家 | 使绊子 |
| 炒豆子 | 做生意 | 使性子 | 炒栗子 | 死对头 | 短打扮 | 不自在 | 耳根子 | 短头发 |

小叔子 好兆头 甭客气 胡萝卜 学手艺 干闺女 凑热闹 瞎忽悠 好利索

四字词组组词训练

阴阴阴阴
因公出差 搬迁新居 居安思危 江山多娇 息息相关 声东击西 压缩开支
乌七八糟 交通高峰 吃喝拉撒 公开招标 施工周期 公交公司 真空包装

阴阴阴阳
婚姻家庭 交通安全 商标侵权 新春佳节 空中侦察 公安分局 突击花钱
八方支援 烧香磕头 精心栽培 高温消毒 新鲜出炉 单亲家庭 公开发行

阴阴阴上
中央军委 巴基斯坦 抽烟喝酒 交通拥堵 东拉西扯 低温阴雨 添砖加瓦
私吞公款 僧多粥少 加班加点 高开低走 的哥的姐 花花公子 加工窝点

阴阴阴去
公开招聘 相关资讯 当家花旦 中心医院 今生今世 飞机失事 东拼西凑
私家侦探 终身监禁 婚姻登记 交通工具 青衣花旦 勾肩搭背 搭车收费

阴阴阳阴
东方时空 金屋藏娇 鹰击长空 今冬明春 资金流失 垃圾时间 师生员工
追加投资 周边国家 生吞活剥 增收节支 装修房屋 中心城区 东方航空

阴阴阳阳
悲欢离合 姗姗来迟 初出茅庐 丰衣足食 公私合营 生机勃勃 招之即来
蜂拥而来 空中楼阁 纷纷扬扬 招商银行 三思而行 飞机残骸 资金来源

阴阴阳上
专家学者 微机联网 开心辞典 西沙群岛 争分夺秒 舒筋活血 西装革履
交通违法 杯弓蛇影 高山流水 专家门诊 舟山群岛 公安民警 张灯结彩

阴阴阳去
天高云淡 招生培训 轻松愉快 资金投入 挥师南下 中超联赛 吃喝玩乐
天灾人祸 交通流量 乡村别墅 超期服役 拥军模范 功勋卓著 垃圾邮件

阴阴上阴
招商引资 微缩景观 交通法规 空中打击 招生简章 葱烧海参 资金短缺
安心养伤 深居简出 精心组织 新鲜果蔬 空中缆车 姑息养奸 中篇小说

阴阴上阳
接风洗尘 当家理财 高薪养廉 公开选拔 安监总局 伤兵满营 钢筋水泥
天山雪莲 通车里程 嘉宾主持 专家解读 空中走廊 资金往来 乡村旅游

阴阴上上
欢欣鼓舞　莺飞草长　翻江倒海　高瞻远瞩　金戈铁马　千疮百孔　春江水暖
彬彬有礼　杀一儆百　煽风点火　香车美女　贪赃枉法　衣冠楚楚　闺中好友

阴阴上去
参观访问　交通管制　滋生腐败　秋收起义　山珍海味　插播广告　张三李四
高歌猛进　招生考试　风吹草动　蛛丝马迹　三生有幸　当兵打仗　中央党校

阴阴去阴
东窗事发　空中客车　乡村教师　呼之欲出　山东快书　攻击目标　官方用车
公开曝光　支出过高　贴身内衣　天干地支　专家验收　发挥欠佳　交通运输

阴阴去阳
相关部门　通缉在逃　开张大吉　高风亮节　新春祝福　出师未捷　危机四伏
教书育人　先输后赢　巅峰对决　捐资助学　中西药房　专家质疑　心知肚明

阴阴去上
秋高气爽　东山再起　八仙过海　分期付款　开发贷款　激光制导　婚纱摄影
天荒地老　高山哨所　装疯卖傻　巴山夜雨　贪官落马　亲生父母　拖家带口

阴阴去去
当机立断　兴风作浪　安居乐业　称兄道弟　朝三暮四　心高气傲　标新立异
方兴未艾　根深蒂固　披星戴月　惊心动魄　参天大树　冲锋陷阵　风餐露宿

阴阳阴阴
医疗纠纷　心灵沟通　新年钟声　生存空间　金融中心　家庭医生　边防官兵
超常发挥　消毒杀菌　支援灾区　磕头作揖　春节包机　天然沙滩　推陈出新

阴阳阴阳
精神家园　欢迎光临　森林公园　安全删除　经常失眠　空巢家庭　基层官员
突然昏迷　通栏标题　安全出行　江南丝竹　精神失常　身无分文　开除公职

阴阳阴上
新年伊始　科学发展　八荣八耻　杀人凶手　交头接耳　经营风险　出行参考
新闻出版　高级宾馆　安全生产　宣传推广　东南西北　出国担保　风流潇洒

阴阳阴去
新华书店　私人侦探　金蝉脱壳　驱逐出境　出国签证　丝绸之路　攻防兼备
濒临崩溃　倾巢出动　超值优惠　生财之道　因材施教　缉拿归案　通存通兑

阴阳阳阴
新闻联播　安全行车　工农红军　八国联军　工程维修　江河湖泊　工程承包
生擒活捉　科学研究　高级职称　中华腾飞　当红明星　发达国家　新华文摘

阴阳阳阳

| 积极协调 | 家庭成员 | 中国足协 | 出国留学 | 生活原型 | 阴阳平衡 | 超群绝伦 |
| 颇为流行 | 交流平台 | 功能齐全 | 失学儿童 | 三峡移民 | 街头巡逻 | 中国国情 |

阴阳阳上

| 西湖龙井 | 江河湖海 | 飞行航母 | 新闻媒体 | 森林防火 | 忠实读者 | 星级评选 |
| 抽查结果 | 超级模仿 | 家庭伦理 | 金牌得主 | 高潮迭起 | 科学民主 | 优良传统 |

阴阳阳去

| 生活服务 | 青年才俊 | 功成名就 | 星罗棋布 | 青云直上 | 真凭实据 | 开局不利 |
| 身怀绝技 | 缉拿逃犯 | 真情回报 | 争权夺利 | 聪明能干 | 濒临绝境 | 温泉别墅 |

阴阳上阴

| 新闻主播 | 多云转阴 | 天然氧吧 | 江南水乡 | 居民小区 | 心怀鬼胎 | 心灵港湾 |
| 千年古都 | 资源短缺 | 兼而有之 | 发球抢攻 | 家庭火灾 | 英雄史诗 | 中国海关 |

阴阳上阳

| 双人组合 | 消防演习 | 多云转晴 | 资格审查 | 出行指南 | 波澜起伏 | 科学考察 |
| 开除党籍 | 缉毒警察 | 声名远扬 | 阴阳五行 | 生活水平 | 春节旅游 | 交流感情 |

阴阳上上

| 开庭审理 | 金融管理 | 非同小可 | 金盆洗手 | 开学典礼 | 心慈手软 | 医疗保险 |
| 张牙舞爪 | 天涯海角 | 街头乞讨 | 妻儿老小 | 亲朋好友 | 孤儿寡母 | 温文尔雅 |

阴阳上去

| 山明水秀 | 千锤百炼 | 中流砥柱 | 喷云吐雾 | 疯狂抢购 | 经年累月 | 春节晚会 |
| 心明眼亮 | 光明磊落 | 花红柳绿 | 风调雨顺 | 加油鼓劲 | 登门请教 | 高朋满座 |

阴阳去阴

| 签名售书 | 居民社区 | 金融大亨 | 公平竞争 | 加油助威 | 轩然大波 | 开门见山 |
| 侦察卫星 | 安全过冬 | 资格证书 | 生活变迁 | 身残志坚 | 安全畅通 | 家庭轿车 |

阴阳去阳

| 衣食住行 | 资源调查 | 京杭运河 | 焦头烂额 | 专题调研 | 推拿按摩 | 观察治疗 |
| 失足少年 | 失而复得 | 中国地图 | 医疗队员 | 精疲力竭 | 珠联璧合 | 基层挂职 |

阴阳去上

| 开国大典 | 端茶送水 | 激情上演 | 呼伦贝尔 | 劈头盖脸 | 天南地北 | 森林大火 |
| 开庭受审 | 新华字典 | 花拳绣腿 | 冬虫夏草 | 金童玉女 | 天罗地网 | 边防哨所 |

阴阳去去

| 新闻热线 | 咨询电话 | 星级饭店 | 初来乍到 | 枝繁叶茂 | 包罗万象 | 三维动画 |
| 欢迎宴会 | 激情碰撞 | 知人善任 | 风和日丽 | 家财万贯 | 出神入化 | 家常便饭 |

阴上阴阴
疏导交通	约法三章	周转资金	天网恢恢	滴水之恩	千手观音	公款吃喝
心理医生	生死攸关	司法机关	风险基金	休养生息	增长空间	增产增收

阴上阴阳
非法经营	出手伤人	薪火相传	阴转多云	天府之国	犄角旮旯	灯火通明
精彩纷呈	出版发行	心理咨询	虚假新闻	七老八十	天壤之别	吃饱喝足

阴上阴上
孙子兵法	非法生产	心理阴影	基本方法	清扫积雪	边走边打	温水冲洗
吃饱吃好	思想观点	根本宗旨	今晚揭晓	亲手挑选	东北三省	知己知彼

阴上阴去
公款消费	非法拘禁	双子星座	基本资费	专款专用	烟草专卖	司法公正
交响音乐	资产拍卖	供水供电	生产基地	发展方向	春捂秋冻	捐款捐物

阴上阳阴
山体滑坡	非法行医	风险投资	脱颖而出	辛丑条约	抓耳挠腮	机场航班
烽火连天	收紧银根	根本原因	资产评估	香港回归	出口成章	风雨同舟

阴上阳阳
高手如云	孤掌难鸣	出水芙蓉	双喜临门	空口无凭	撒手人寰	摸底排查
基本人权	金榜题名	拉网排查	基本持平	烟酒糖茶	脱产学习	锅碗瓢勺

阴上阳上
高等学府	青岛啤酒	发展瓶颈	出口食品	生产成本	优雅得体	风起云涌
基本停止	非此即彼	私有财产	依法查处	卑鄙无耻	风雨无阻	针灸疗法

阴上阳去
生死时速	单打独斗	标点符号	出土文物	餐饮娱乐	风景名胜	抓紧排练
威武雄壮	优雅时尚	非法炮制	多管齐下	光彩夺目	基本国策	君子协定

阴上上阴
沙场点兵	生猛海鲜	公检法司	专场演出	发表演说	非法武装	推理小说
诸子百家	经典老歌	风险抵押	跌打损伤	精彩演出	深海捕捞	抓紧抢修

阴上上阳
车水马龙	非法洗钱	焦点访谈	孤寡老人	安享晚年	搜索引擎	基本解除
虚拟警察	针灸理疗	发展水平	出口总额	生产总值	商品打折	高考补习

阴上上上
阴转小雨	今晚有雨	屈指可数	出口免检	出尔反尔	经典版本	颁奖典礼
身体保暖	污水处理	资产管理	高考体检	街舞表演	餐饮网点	深远影响

阴上上去
虚假广告　非法倒卖　摸底考试　亲眼所见　心里有数　高等法院　桌椅板凳
依法取缔　颁奖晚会　公款请客　疏导旅客　深有体会　坚守岗位　心狠手辣

阴上去阴
生产日期　基础设施　发展目标　风险共担　参考用书　英勇献身　心理健康
依法没收　身体欠佳　风口浪尖　公款报销　招惹是非　滴酒不沾　充满信心

阴上去阳
心想事成　冬暖夏凉　发展论坛　卑鄙下流　高考试题　天主教堂　宾馆客房
非法扣留　花好月圆　乌鲁木齐　依法治国　吃苦耐劳　精彩进球　科普大集

阴上去上
知法犯法　婚礼庆典　生死未卜　资本市场　应有尽有　三米跳板　风险代理
书法作品　颁奖盛典　撒腿就跑　悠久历史　依法逮捕　公款宴请　申请破产

阴上去去
交警大队　交友热线　资本运作　滴水未进　推广应用　冤假错案　发展概况
餐饮住宿　尊老爱幼　生产自救　车匪路霸　轻举妄动　司法鉴定　精彩剧照

阴去阴阴
中共中央　冬季征兵　开路先锋　商界精英　知遇之恩　军费开支　婚庆公司
封闭施工　曲径通幽　春夏秋冬　军用飞机　戈壁深山　恩爱夫妻　专项资金

阴去阴阳
青藏高原　公费医疗　亲切交谈　当务之急　通报批评　欧陆风情　科教兴国
三代单传　冬去春来　高速飞行　初露端倪　心律失常　多向飞碟　兴旺发达

阴去阴上
今日说法　生命危险　收费标准　专利申请　央视春晚　亲自出马　批量生产
冬季供暖　空气污染　朝令夕改　冬练三九　冰冻三尺　稀世珍宝　失物招领

阴去阴去
高速公路　优惠销售　高票通过　操作规范　发号施令　乡镇医院　珍爱生命
规划纲要　单向收费　遭遇车祸　低价出售　春运方案　抓获归案　增派兵力

阴去阳阴
花落谁家　阴盛阳衰　花样滑冰　高价回收　天下奇观　插翅难飞　天赐良机
科技园区　关注民生　家电维修　发布实施　鸦雀无声　天地良心　深入人心

阴去阳阳
金玉良缘　三代同堂　酣畅淋漓　公派留学　官复原职　监外执行　虽败犹荣
约定俗成　丧葬习俗　扑朔迷离　初步查明　出线名额　关键环节　花样年华

第四单元 声调

阴去阳上
车辆年审　监测结果　颠覆传统　冰镇啤酒　科技成果　心态调整　英汉词典
悲剧重演　收效明显　冬季防火　先进集体　消费成本　收费合理　拍案而起

阴去阳去
公办学校　侵占挪用　销售渠道　针刺麻醉　边界谈判　家务劳动　增进食欲
孤注一掷　家政服务　交换人质　医治无效　经费投入　出类拔萃　偷越国境

阴去上阴
科技领先　新建小区　单位保安　高奏凯歌　风味小吃　花样百出　边境走私
经费紧张　接近尾声　供应紧张　深入浅出　吃饭买单　精确打击　端正党风

阴去上阳
双向选择　加倍返还　专项检查　搜救演习　深刻检查　三教九流　孤陋寡闻
生态旅游　消费水平　经验总结　清热解毒　跌宕起伏　轻重缓急　机票打折

阴去上上
遵纪守法　失业保险　京剧脸谱　冬季取暖　多退少补　高干子女　专利产品
相互感染　书画展览　多快好省　分类检索　安分守己　天色已晚　公共场所

阴去上去
交付使用　公益广告　兄弟姐妹　新式武器　工作手册　工艺美术　参众两院
生日晚宴　湿地保护　销售火爆　洲际导弹　拨乱反正　根治腐败　修订草案

阴去去阴
通信设施　生日蛋糕　公共汽车　空运物资　刚正不阿　开拓创新　激烈竞争
鸦片战争　资料汇编　身价倍增　甘拜下风　通信卫星　公路运输　街道社区

阴去去阳
专业论文　夫唱妇随　黑幕调查　书面授权　宣誓就职　欢聚一堂　专业特长
商业用房　书面供词　新建住宅　抽样调查　充电电池　花季少年　高干病房

阴去去上
冬季进补　敲诈勒索　优势互补　开业庆典　公众视野　专项治理　家喻户晓
开拓市场　收费站点　京剧票友　登陆地点　音像制品　宽带上网　出事地点

阴去去去
军地共建　登记注册　监控录像　仓库重地　发射试验　封闭训练　车辆过户
军备竞赛　公共绿地　插队落户　泼墨作画　精锐部队　私设账户　参政议政

阳阴阴阴
阳光工资　房屋拆迁　人均增收　违规资金　直升飞机　乔迁新居　人间蒸发
航空公司　人工基因　职工餐厅　国家机关　值班医生　随机抓拍　神经中枢

阳阴阴阳
杭州西湖　长江漂流　独家经营　人间天堂　节衣缩食　杰出青年　重出江湖
集中消毒　平安出行　持刀杀人　人身安全　临终关怀　急需支援　元宵佳节
阳阴阴上
全新登场　传销窝点　集中供暖　农村低保　离家出走　白山黑水　集中销毁
皮肤瘙痒　人工增雨　独家专访　无中生有　提出申请　白衣天使　胡诌八扯
阳阴阴去
违章操作　迎宾车队　别开生面　国家机密　房屋租赁　人间仙境　平息骚乱
移花接木　员工通道　前车之鉴　投资兴业　结婚登记　成功发射　黄金拍档
阳阴阳阴
红军长征　黄金时间　南京条约　民间传说　愚公移山　急支糖浆　直接原因
台湾同胞　从一而终　皇亲国戚　红斑狼疮　牙膏牙刷　学生服装　行军途中
阳阴阳阳
民间文学　停薪留职　无期徒刑　皇家园林　违章查询　蓝天白云　集中学习
学生食堂　拔尖人才　临终遗言　随波逐流　节约能源　黄金白银　同班同学
阳阴阳上
集中执法　阳春白雪　南沙群岛　名烟名酒　活期存款　民间团体　独家连载
贤妻良母　年终盘点　凡夫俗子　人山人海　长篇连载　值班民警　玩忽职守
阳阴阳去
潜心研制　宏观调控　拾金不昧　原因何在　人工繁育　洪峰流量　回天无力
延安窑洞　随身携带　航班延误　集中培训　原汁原味　长江航道　如期而至
阳阴上阴
长征组歌　民间组织　房屋倒塌　民工返乡　停发奖金　胡吃海喝　长篇小说
无家可归　男尊女卑　延安整风　防灾减灾　头晕眼花　年终奖金　国家统一
阳阴上阳
勤工俭学　台湾海峡　实兵演习　年终总结　人工养殖　成功转型　持刀歹徒
围追堵截　儿孙满堂　寅吃卯粮　防空演习　投资理财　重新洗牌　时装品牌
阳阴上上
时装表演　结婚典礼　同窗好友　独生子女　投机倒把　农村养老　国家免检
沿街乞讨　鼻青脸肿　从宽处理　名花有主　直接领导　人身保险　全新改版
阳阴上去
航空母舰　浮出水面　流失海外　烛光晚会　活泼可爱　防空警报　狼吞虎咽
随心所欲　南昌起义　孪生姐妹　常规手术　流芳百世　成功举办　南征北战

阳阴去阴
阳光社区　评优创先　由高到低　回家探亲　平均气温　神经外科　轮胎气压
直接挂钩　成功对接　航空运输　如胶似漆　鸣冤叫屈　前呼后拥　结婚证书

阳阴去阳
求真务实　逢凶化吉　集资建房　奇峰异石　人均住房　成功秘诀　回归自然
田间地头　毋庸置疑　长江大桥　回家过年　人工造林　言听计从　实施细则

阳阴去上
成功卫冕　择优录取　直播现场　节约用水　时间地点　能歌善舞　年终岁尾
胡思乱想　重新上演　鸣枪示警　浑身是胆　如饥似渴　皮肤过敏　强身健体

阳阴去去
乘风破浪　洁身自好　名家荟萃　协商对话　违章占道　人多示众　梅开二度
年轻气盛　长江货运　聊斋志异　寻欢作乐　随声附和　平安降落　评估报告

阳阳阴阴
驰名商标　蚕食鲸吞　乘人之危　和盘托出　捷足先登　言为心声　临时通知
儿童专车　滑翔飞机　游园须知　红旗飘飘　豪华包间　遗传基因　扶贫开发

阳阳阴阳
和谐家庭　民俗风情　人文关怀　巡回医疗　顽强拼搏　劳民伤财　民族英雄
联合声明　全民公决　强行拆除　头条新闻　渎职侵权　长途奔袭　人格尊严

阳阳阴上
和平发展　难言之隐　防洪标准　联合军演　传神之笔　值得推广　石油开采
人才缺口　留学申请　红颜知己　流离失所　民营资本　协调发展　流行歌曲

阳阳阴去
房前屋后　联合公报　执行公务　蓬莱仙境　民族宗教　石油勘探　儿童医院
吉人天相　言传身教　联合搜救　流行音乐　文明单位　谈情说爱　平湖秋月

阳阳阳阴
游人如织　文明行车　龙门石窟　全程直播　临时停车　名牌服装　辞职回家
无偿提供　堂而皇之　查明原因　十年寒窗　联合投资　民族服装　人员名单

阳阳阳阳
牛羊成群　文如其人　名存实亡　穷极无聊　人民银行　提前完成　银行职员
华人华侨　黄河源头　民族团结　农忙时节　急于求成　名人名言　留洋求学

阳阳阳上
如鱼得水　群龙无首　逃离魔掌　戛然而止　油炸食品　人人平等　强强联手
成群结伙　闻名遐迩　行云流水　常来常往　难逃罗网　和平崛起　白头偕老

阳阳阳去
及时行乐　流年不利　豪华别墅　童言无忌　无偿援助　残留农药　擒拿格斗
云南白药　毫无疑问　防洪防汛　良辰吉日　毫无悬念　才华横溢　轮船沉没

阳阳上阴
年逾古稀　园林景观　粮棉产区　遥遥领先　同台演出　全年奖金　炎黄子孙
和平统一　燃油补贴　足球解说　能源短缺　协调统一　层层把关　豪华跑车

阳阳上阳
民俗旅游　毫无保留　排除险情　南极考察　和平解决　人人有责　长途旅行
停职检查　年年有余　轮值主席　查无此人　亡羊补牢　南辕北辙　联合演习

阳阳上上
无独有偶　模棱两可　徒劳往返　良辰美景　摇头摆尾　十拿九稳　绝无仅有
人才济济　提神醒脑　洪流滚滚　全国统考　言谈举止　楼堂馆所　由来已久

阳阳上去
铜墙铁壁　常年有效　寒潮警报　巡航导弹　文才武略　求职广告　难能可贵
石油储量　文明礼让　沉着冷静　埋头苦干　农民起义　凭栏远眺　承前启后

阳阳去阴
民族振兴　行为不端　豪华轿车　芸芸众生　石油化工　同学聚餐　和平外交
隔离措施　长途客车　全民健身　文明社区　游行示威　遨游太空　无人问津

阳阳去阳
达成共识　如临大敌　扶贫助学　盲人按摩　文明市民　联合调查　提前告辞
隔离治疗　全国政协　提前到来　人云亦云　求神拜佛　人杰地灵　协调配合

阳阳去上
明察暗访　筹集善款　银行贷款　无偿献血　胡言乱语　藏龙卧虎　疲劳驾驶
重燃战火　文房四宝　摇头晃脑　前途未卜　和平共处　从严治党　摇旗呐喊

阳阳去去
茶余饭后　陈词滥调　惩前毖后　垂头丧气　和颜悦色　回肠荡气　来龙去脉
淋漓尽致　庞然大物　回头是岸　蓬头垢面　潜移默化　同床异梦　提前预订

阳上阴阴
旗鼓相当　邻里纠纷　鱼米之乡　闲散资金　节省开支　黄土高坡　难以脱身
食品包装　人口高峰　情理之中　急火攻心　拳脚相加　年久失修　临场发挥

阳上阴阳
鱼水深情　黄土高原　连锁经营　晴转多云　魔鬼身材　情景交融　原始森林
民法通则　传统医学　情感纠葛　连锁加盟　神采飞扬　成语接龙　营养失衡

阳上阴上
国有资产　男子单打　原始积累　白雪公主　集体婚礼　平反昭雪　延缓衰老
平稳增长　同比增长　传统方法　评选揭晓　媒体专访　择偶标准　摇滚歌手

阳上阴去
明码标价　人走灯灭　黄埔军校　财产公证　传统京剧　违法操作　提起公诉
原始村落　藏品拍卖　文武之道　文笔通顺　营养搭配　强冷空气　除险加固

阳上阳阴
圆满成功　截止时间　唯我独尊　传统名吃　环保投资　情有独钟　国土防空
财产评估　群死群伤　全体员工　违法排污　完美无缺　勤俭节约　博览群书

阳上阳阳
违法行为　环保节能　集体辞职　执法人员　儿女情长　柴米油盐　投笔从戎
拿手绝活　习以为常　胡搅蛮缠　强手云集　席卷全球　侠骨柔肠　存款余额

阳上阳上
白马王子　国产航母　男女平等　重整旗鼓　评选结果　劳改农场　城管执法
无法容忍　如此而已　完好无损　徒有其表　由表及里　无法排解　集体合影

阳上阳去
传统文化　圆满结束　成本核算　合法权益　停火协议　违法违纪　团体决赛
人满为患　平起平坐　停火谈判　留有余地　停止营业　骑虎难下　来者不拒

阳上上阴
房产抵押　传统小吃　毒品走私　人仰马翻　营养早餐　防守反击　财产损失
白手起家　拳打脚踢　环保指标　职场小说　文武百官　难以摆脱　和蔼可亲

阳上上阳
传统美德　涵养水源　人口普查　纯属巧合　重返舞台　国有品牌　培养选拔
食品储藏　男女有别　国企改革　文本解读　无可挽回　难以表达　无以匹敌

阳上上上
财产保险　成果展览　沿海港口　民主选举　着手处理　国企老总　明显减少
节水产品　游泳选手　合理引导　遗产处理　全省统考　怀有好感　媒体采访

阳上上去
民主法制　传统产业　南水北调　模拟考试　难以取胜　全场起立　回首往事
违法广告　职场女性　遗产保护　由此可见　翘首以待　媒体炒作　实属罕见

阳上去阴
违者必究　截止日期　媒体曝光　别有用心　排水设施　随手乱扔　宏伟目标
成本过高　营养套餐　沿海地区　前景乐观　零打碎敲　防暑降温　无可厚非

阳上去阳
肥水外流　狂犬疫苗　遗体告别　无可奈何　营养不良　集体会员　十米跳台
重返校园　伦理道德　良好势头　填补空白　民主自由　纯属造谣　无以报答

阳上去上
前所未有　朝鲜半岛　赢取大奖　重返赛场　全体代表　提请逮捕　集体上访
排水系统　媒体记者　难以避免　无所不有　前景看好　人口大省　奇耻大辱

阳上去去
集体亮相　提起诉讼　谈虎色变　违法案件　洪水泛滥　魔鬼训练　人体炸弹
情感热线　无可奉告　违法乱纪　平稳过渡　原始社会　存款利率　圆满落幕

阳去阴阴
财政资金　慈善基金　国际公约　隆重推出　城际交通　德艺双馨　不正之风
民事纠纷　结算中心　权力交接　贫困山区　人命关天　时代先锋　强势出击

阳去阴阳
环境科学　寒气逼人　时尚生活　贫困家庭　学术争鸣　人力资源　成就非凡
执业资格　游戏规则　强制拆除　合作医疗　和气生财　刑事拘留　福利分红

阳去阴上
邮政编码　国际标准　人际交往　严重污染　国际机场　财政拨款　持续发展
原创歌曲　国际车展　城镇医保　人物专访　挪用公款　矛盾焦点　城市污水

阳去阴去
行业规范　严重干旱　培训基地　重见天日　全线封闭　隆重开业　决策失误
严密监控　刑讯逼供　文物失窃　全面开放　明确规定　活动经费　荣誉称号

阳去阳阴
国泰民安　营业时间　如意郎君　人去楼空　人面桃花　贫富悬殊　临阵磨枪
民用航空　无力回天　国力提升　实报实销　辞旧迎新　同步直播　国计民生

阳去阳阳
民事赔偿　农业银行　不善言谈　无业游民　农药残留　迷雾重重　文化名城
夺路而逃　强制执行　贫困儿童　神气十足　投诉无门　红色摇篮　良性循环

阳去阳上
城镇人口　文化遗产　庭外和解　行政罚款　群众团体　无怨无悔　投票结果
学术研讨　穷困潦倒　常住人口　的确如此　平面媒体　严厉惩处　茁壮成长

阳去阳去
行业协会　职业联赛　实力雄厚　国际舆论　营救人质　浓雾弥漫　实事求是
独立核算　时事评论　疾病防治　劳动模范　实际行动　营业执照　城市排涝

阳去上阴
国际组织　严厉打击　绝地反击　遥控指挥　男扮女装　投入产出　床位紧张
长话短说　联袂演出　华丽转身　行政法规　全力抢修　长治久安　文物走私

阳去上阳
投注总额　闲置厂房　国际友人　游刃有余　一票否决　情况紧急　农业普查
营运里程　服务指南　全面解除　如愿以偿　城市品牌　红色旅游　严厉谴责

阳去上上
财务主管　人寿保险　娱乐场所　行政管理　文件起草　红色景点　强烈反响
营业场所　图片展览　投票选举　行政领导　条件允许　名列榜首　哗众取宠

阳去上去
行政手段　福利彩票　强烈反对　刑事审判　投入使用　原料采购　门户网站
离任审计　停业整顿　国事访问　决议草案　合作伙伴　名胜古迹　文物保护

阳去去阴
人造卫星　年度冠军　农业税收　渠道畅通　全线贯通　直线上升　防汛物资
一路绿灯　铭记在心　贫富不均　神秘面纱　慈善募捐　财政税收　学历证书

阳去去阳
煤气中毒　时政要闻　合作论坛　国际象棋　学术论文　一切正常　人大政协
详细内容　来路不明　来去自由　植树造林　名誉市民　年富力强　食物中毒

阳去去上
独立自主　人大代表　持证上岗　无证驾驶　严重后果　毛细血管　投案自首
国际市场　神秘色彩　财务报表　农贸市场　人像摄影　节目现场　形象大使

阳去去去
回报社会　隆重闭幕　行政复议　实况录像　全部遇难　人物传记　活力四射
移动用户　职务犯罪　投诉热线　求救信号　答谢宴会　煤气泄漏　绝密档案

上阴阴阴
喜迁新居　指挥中心　颈椎增生　补贴资金　统一招生　惨遭封杀　浦东新区
指挥交通　普通专科　引发纠纷　短兵相接　有关专家　敞开心扉　饱经风霜

上阴阴阳
统一发行　雨天出行　草根阶层　语出惊人　普通居民　苦心经营　百家争鸣
水中蛟龙　海边礁石　野生资源　五花八门　摆脱纠缠　取消资格　海关稽查

上阴阴上
小兴安岭　补贴标准　捕风捉影　火车脱轨　久经沙场　统一销毁　以身相许
狗撕猫咬　首都机场　满心欢喜　打捞出水　组织批准　娶妻生子　走私军火

上阴阴去
有关规定　缓兵之计　海关关税　武装押运　普通高校　祖孙三代　抢抓机遇
养生之道　喜忧参半　两栖登陆　改装车辆　手机资费　午餐供应　打针吃药
上阴阳阴
北京时间　粉刷油漆　首当其冲　武装袭击　始终如一　掌灯时分　水滴石穿
首发名单　转身离开　百科全书　水泊梁山　转危为安　倒塌房屋　陕西秦腔
上阴阳阳
有期徒刑　北京猿人　老生常谈　五星红旗　解开谜团　警钟长鸣　马失前蹄
法规条文　有机结合　武装巡逻　点灯熬油　缓期执行　走出国门　委曲求全
上阴阳上
秉公执法　散兵游勇　有惊无险　养家糊口　演出团体　走私团伙　有关条款
已婚男子　反贪局长　有增无减　产生联想　武装头脑　斩钉截铁　果真如此
上阴阳去
法规文件　百花齐放　审批权限　口腔疾病　小偷行窃　崭新局面　火车提速
武装泅渡　网开一面　稳中求进　恼羞成怒　普天同庆　打黑除恶　组织营救
上阴上阴
养尊处优　北京烤鸭　早出晚归　武装走私　老夫老妻　好吃好喝　短篇小说
小区保安　百般体贴　首都北京　眼高手低　点击鼠标　稳中有升　火灾损失
上阴上阳
百家讲坛　手中有权　广东早茶　武装警察　领先水平　组织旅游　有失远迎
小康水平　百般阻挠　有机可乘　小区保洁　有章可循　子孙满堂　嘴歪眼斜
上阴上上
土生土长　火车晚点　海关总署　武松打虎　可圈可点　统一管理　网吧管理
有机整体　你追我赶　稳扎稳打　有关领导　走亲访友　假烟假酒　手工水饺
上阴上去
省吃俭用　手机短信　火灾隐患　雪山草地　武装起义　普通百姓　久经考验
取之有道　水深火热　表彰奖励　法规体系　损失惨重　缆车索道　晚婚晚育
上阴去阴
假公济私　北京故宫　母婴健康　喊冤叫屈　傻瓜相机　口腔卫生　手机套餐
减轻负担　体贴入微　养生秘方　舞刀弄枪　火山爆发　整装待发　老夫少妻
上阴去阳
北京大学　暖湿气流　感激涕零　狠抓落实　手机漫游　组织动员　乙肝病毒
美中不足　组织健全　紧张进行　口腔溃疡　酒精中毒　打工赚钱　走私贩毒

上阴去上
首屈一指　宝刀不老　首期付款　以身试法　手机号码　北京地铁　武装特警
曲高和寡　抵押贷款　海军舰艇　海滨浴场　海鲜市场　想方设法　拐弯抹角

上阴去去
广播电视　走街串巷　武装部队　警方热线　解说顾问　股东大会　稳操胜券
小区物业　赏心悦目　小康社会　瓦斯爆炸　手机信号　起身让座　挑灯夜战

上阳阴阴
检察机关　紧急通知　旅游交通　舞台灯光　小笼蒸包　解决纠纷　小型飞机
返城知青　悄然升温　省直机关　巧夺天工　版权纠纷　点头哈腰　礼仪之邦

上阳阴阳
典型发言　海洋资源　主题公园　首枚金牌　口无遮拦　手足之情　感情纠葛
以毒攻毒　赏罚分明　铁石心肠　旅游资源　有钱出钱　凯旋之时　祖国边陲

上阳阴上
友情出演　改革发展　悄然兴起　古文观止　审核批准　组合音响　小额担保
酒逢知己　转移赃款　满城风雨　奖惩标准　隐形杀手　感情基础　百年之好

上阳阴去
改革方案　野蛮装卸　老年公寓　审核登记　喜从天降　总结经验　紧急疏散
讨回公道　等闲之辈　考核依据　紧急出动　海洋监测　选民登记　饮食搭配

上阳阳阴
草原雄鹰　友情提供　坦白从宽　体坛明星　死亡原因　首航成功　鲜为人知
馆藏图书　演习成功　点石成金　以权谋私　港台明星　考核达标　美国白宫

上阳阳阳
喜结良缘　耳熟能详　久别重逢　解难答疑　引黄涵闸　美容常识　广为流传
朴实无华　耳鼻喉舌　以牙还牙　隐瞒实情　保留学籍　启程回国　紧急集合

上阳阳上
以人为本　小桥流水　主流媒体　喜结连理　老龄人口　改革重组　表决结果
反扒能手　减肥食品　两全其美　甲型流感　晚节难保　养儿防老　虎头蛇尾

上阳阳去
手足无措　史无前例　甲级联赛　百年不遇　远程遥控　走投无路　海洋渔业
口头承诺　百年华诞　涨幅回落　海洋权益　紧随其后　咬文嚼字　岗前培训

上阳上阴
奶油小生　饮食起居　旅游景区　挽回损失　久而久之　总结表彰　审查把关
保持领先　远洋捕捞　北洋水师　扫黄打非　党团组织　比学赶帮　解除武装

上阳上阳

| 整形美容 | 口头表扬 | 免除处罚 | 歹徒抢劫 | 百年好合 | 演员走穴 | 省级统筹 |
| 体格检查 | 找回感觉 | 起承转合 | 奶牛养殖 | 老人小孩 | 体坛丑闻 | 旅游指南 |

上阳上上

| 礼仪小姐 | 版权所有 | 主流产品 | 检查指导 | 领衔主演 | 忍无可忍 | 有头有脸 |
| 旅游产品 | 远程辅导 | 你来我往 | 主题演讲 | 了如指掌 | 等额选举 | 走南闯北 |

上阳上去

| 保持冷静 | 审查起诉 | 品牌广告 | 整形手术 | 海峡两岸 | 此时此刻 | 美轮美奂 |
| 远程导弹 | 小额储蓄 | 有偿使用 | 百年老店 | 有情有义 | 紧急启动 | 美容美发 |

上阳去阴

| 广而告之 | 等闲视之 | 百元大钞 | 友情链接 | 隐形战机 | 以防万一 | 导航卫星 |
| 海洋化工 | 满怀信心 | 美容护肤 | 紧急下拨 | 改革创新 | 祖传秘方 | 检查验收 |

上阳去阳

| 婉言谢绝 | 已成定局 | 乙醇汽油 | 百年诞辰 | 感情骗局 | 考察纪实 | 挽回败局 |
| 紧急动员 | 狗急跳墙 | 远程教学 | 止咳化痰 | 海洋大国 | 百折不挠 | 引黄灌渠 |

上阳去上

| 小额贷款 | 礼仪庆典 | 手提电脑 | 死缠烂打 | 旅游市场 | 手无寸铁 | 北极探险 |
| 晚节不保 | 以茶代酒 | 品牌代理 | 羽绒制品 | 与狼共舞 | 死皮赖脸 | 紧锣密鼓 |

上阳去去

| 产权确认 | 小题大做 | 旅游胜地 | 紧急迫降 | 与时俱进 | 友情客串 | 选拔任用 |
| 法庭辩论 | 改头换面 | 美元汇价 | 理直气壮 | 谨防上当 | 体能训练 | 小额账户 |

上上阴阴

| 百感交加 | 倒海翻江 | 海底捞针 | 酒水批发 | 五谷丰登 | 指点江山 | 小米稀粥 |
| 鸟语花香 | 五彩缤纷 | 洗耳恭听 | 引火烧身 | 有口皆碑 | 远走高飞 | 走马观花 |

上上阴阳

| 举手之劳 | 饮水安全 | 美好家园 | 老友新朋 | 美满姻缘 | 水乳交融 | 浅海滩涂 |
| 手脚冰凉 | 主体工程 | 有奖征文 | 百感交集 | 小本经营 | 五彩斑斓 | 小鸟依人 |

上上阴上

| 领导接访 | 女子单打 | 虎口脱险 | 喜马拉雅 | 体检标准 | 领导批准 | 主体封顶 |
| 体彩开奖 | 海底光缆 | 指导思想 | 缓缓升起 | 有所增长 | 总统官邸 | 起早贪晚 |

上上阴去

| 管理经验 | 本草纲目 | 主场失利 | 了解真相 | 总体规划 | 彼此牵挂 | 冷暖交替 |
| 影响精力 | 引起争议 | 缓解压力 | 古典音乐 | 比比皆是 | 早点供应 | 领导机构 |

上上阴阴
有眼无珠	水土流失	指点迷津	起始时间	火场逃生	数九寒冬	转守为攻
母子平安	起死回生	主宰乾坤	两小无猜	可想而知	宝岛台湾	打点行装

上上阳阳
返老还童	侃侃而谈	老马识途	脑满肠肥	整体厨房	巧取豪夺	举手投降
守口如瓶	小巧玲珑	哑口无言	引导扶持	铁杆球迷	以理服人	勇往直前

上上阳上
省委常委	土产杂品	子丑寅卯	选举结果	管理瓶颈	保守疗法	老舍茶馆
美好前景	予以惩处	尽管如此	仅此而已	领土完整	理想人选	领导集体

上上阳去
整体形象	斩首行动	管理不善	引以为鉴	有所回落	反恐行动	剪彩仪式
反恐防暴	假以时日	了解情况	管理条例	反响强烈	减免学费	古典名著

上上上阴
有法可依	小雨转阴	远海捕捞	友好省州	总统保镖	粉笔板书	改写比分
减少损失	领海领空	广场演出	美女主播	古已有之	甲乙丙丁	早起晚归

上上上阳
老有所学	老有所为	海水养殖	小雨转晴	反恐演习	保险理赔	五保老人
此起彼伏	领海主权	小品演员	有史以来	举手表决	有勇有谋	党委委员

上上上上
岂有此理	主旨演讲	引起反响	主管领导	由冷转暖	总统选举	女子选手
由紧转缓	党史展览	赶紧处理	美好理想	领导走访	养老保险	主打产品

上上上去
转手倒卖	武警总队	甲午海战	管理体系	产品种类	甩手掌柜	予以奖励
有血有肉	审理此案	火险隐患	场馆改造	反恐演练	小组讨论	有所体现

上上去阴
保暖内衣	以假乱真	打扫卫生	宠辱不惊	指导教师	女子射击	影响健康
甲午战争	整改措施	展览大厅	采取措施	首选目标	予以没收	猛虎下山

上上去阳
反腐倡廉	遣返战俘	五角大楼	走火入魔	整体配合	赶紧落实	广角镜头
产品代言	总统套房	主管部门	保守治疗	五笔字型	美好未来	有所作为

上上去上
母乳喂养	小写字母	海水浴场	倚老卖老	场场爆满	打扫战场	冷饮制品
取保候审	美好愿景	可以避免	土法上马	考古现场	指手画脚	反导系统

上上去去
产品换代　引水灌溉　引起注意　整体浴室　管理混乱　反导试验　举手示意
以点带面　采访日记　走马换将　胆小怕事　展览闭幕　走访用户　检举控告

上去阴阴
有限公司　保健医生　火箭升空　软卧车厢　水墨丹青　走漏风声　转嫁危机
启动资金　采购清单　抢占先机　铁树开花　酒气熏天　感冒发烧　两岸三通

上去阴阳
扫地出门　网络支持　酒后失言　感动中国　比例失调　冷冻虾仁　好事多磨
法律尊严　野外生存　雪域高原　感冒胶囊　比赛规则　免疫功能　美味佳肴

上去阴上
水质污染　粉墨登场　水利枢纽　马路杀手　闪亮登场　侥幸心理　有色金属
短信骚扰　理论基础　抢购商品　手段卑鄙　反复修改　使用方法　企业高管

上去阴去
广泛关注　跑冒滴漏　短信参与　处境尴尬　管制刀具　土地拍卖　感冒冲剂
百姓消费　小麦抽穗　免费发放　法律规定　马路黑洞　假戏真做　土地征用

上去阳阴
显著提高　比赛时间　险象环生　举步维艰　企业评估　恐怖袭击　主要原因
导弹袭击　铁面无私　手术成功　广种薄收　小富即安　两翼齐飞　法律文书

上去阳阳
处世哲学　腐败行为　海外华侨　礼炮齐鸣　引咎辞职　股市行情　左右逢源
转变职能　满汉全席　喜讯频传　引渡回国　与世长辞　取信于民　两岸直航

上去阳上
企业重组　检测结果　百姓疾苦　审判结果　手段残忍　宝贵遗产　准入门槛
所剩无几　党纪国法　海外媒体　保健食品　打道回府　踊跃投稿　储蓄存款

上去阳去
岗位培训　等候排队　尽快结案　火炬传递　解救人质　巧立名目　比赛结束
法律援助　久治不愈　老骥伏枥　网络游戏　管道煤气　反面形象　企业名录

上去上阴
海纳百川　水陆两栖　体育解说　法律法规　有话好说　免费午餐　两岸统一
打入冷宫　主动请缨　丑态百出　敢作敢当　岗位指标　恐怖组织　脸色铁青

上去上阳
体制改革　演唱组合　勇斗歹徒　考试指南　百岁老人　以貌取人　网络警察
妥善解决　饮用水源　理智选择　礼尚往来　腐败丑闻　企业法人　所作所为

上去上上
体育场馆　妥善处理　主要景点　企业老总　尽快扭转　网络写手　法院审理
表现手法　请勿转载　妥善保管　准确理解　比赛选手　免费保养　少量饮酒

上去上去
体育彩票　主战坦克　水陆两用　谨慎使用　打破垄断　假面舞会　企业改制
理论考试　有效改善　主要产地　假冒伪劣　统计显示　可靠保证　举世瞩目

上去去阴
解放战争　走进社区　奖励证书　酒后驾车　保外就医　与日俱增　水利设施
锁定目标　举报信箱　抢购一空　海外定居　有害健康　以旧换新　眼界大开

上去去阳
引进外援　手术治疗　改掉恶习　网络病毒　火爆异常　法院判决　诊断证明
海市蜃楼　胆大妄为　改日再来　保驾护航　久负盛名　短道速滑　五脏俱全

上去去上
保健药品　拐卖妇女　影视大奖　彩票中奖　宠物饲养　小报记者　股票市场
普遍看好　恐怖分子　有的放矢　挑战自我　谨慎驾驶　伪造现场　考试地点

上去去去
守备部队　统计数字　堵塞漏洞　法律顾问　有线电视　网络购物　写字作画
广告客户　免费赠送　准备就绪　水下世界　每况愈下　企业赞助　软件下载

去阴阴阴
妇科专家　货车司机　自掏腰包　靠山吃山　下乡知青　近期开工　卫生监督
外交争端　校车司机　竣工通车　特殊津贴　血压升高　坐吃山空　再攀高峰

去阴阴阳
政出多门　挂失声明　地方官员　再生资源　四通八达　健康咨询　社区医疗
众说纷纭　信息交流　盛衰兴亡　未婚青年　过街天桥　振兴中华　战争升级

去阴阴上
大兴安岭　异军突起　爱因斯坦　健康杀手　世说新语　露天开采　地方干扰
立身之本　健康标准　万家灯火　附庸风雅　现身说法　办公桌椅　一推双考

去阴阴去
暗箱操作　汽车专卖　进京车辆　特殊关照　社区医院　定期公布　负担加重
做工精细　爱心资助　热心观众　带薪休假　现金支付　特殊通道　最终敲定

去阴阳阴
预约维修　近亲结婚　第一时间　气温回升　夜间行车　自相残杀　最佳时机
作息时间　过冬棉衣　促膝谈心　道听途说　退休职工　技压群芳　下班回家

去阴阳阳
信息平台　器官移植　外资银行　万吨油轮　特殊人群　倒车雷达　信心十足
内心独白　下乡扶贫　退耕还林　验收合格　退休人员　最新排名　贵州茅台

去阴阳上
迄今为止　放心食品　大江南北　定期存款　健康食品　太空行走　战争遗址
各归其主　战争赔款　畅通无阻　竣工投产　物归原主　最高学府　没收财产

去阴阳去
最佳捷径　外交渠道　办公条件　热心乘客　卫生防疫　现金结算　共商国是
至高无上　降低油耗　措施得力　问心无愧　信息革命　社区服务　上班迟到

去阴上阴
健康指标　四书五经　日趋紧张　露天演出　抗灾减灾　一通百通　外出取经
贯穿始终　弃之可惜　自发组织　路边摆摊　外出打工　事出有因　扣发奖金

去阴上阳
卫星导航　物超所值　限期解决　入冬以来　便衣警察　后期剪辑　最高水平
外交舞台　不拘小节　就医指南　最佳组合　外出旅游　第一品牌　汽车导航

去阴上上
地方党委　限期整改　尽收眼底　卫生死角　赤身裸体　未经许可　目标管理
信息处理　列车晚点　不知好歹　奉公守法　大包小裹　越冬取暖　细菌感染

去阴上去
后生可畏　最高法院　信息产业　促销广告　办公软件　退休返聘　细菌武器
大失所望　旧村改造　地方保护　爱心手术　特殊奖励　大兴土木　健康讲座

去阴去阴
最低气温　候车大厅　大风降温　抗灾救灾　外出务工　大开绿灯　竣工验收
案发当天　自收自支　至今未婚　受灾地区　骗吃骗喝　自东向西　上山下乡

去阴去阳
货真价实　势均力敌　最佳阵容　大功告成　爱心助学　路灯照明　艾滋病毒
大相径庭　丧心病狂　办公大楼　万吨巨轮　最高限额　血压正常　地区霸权

去阴去上
事发地点　特区政府　竞争对手　自编自演　第一现场　自斟自饮　露天剧场
弄虚作假　特约记者　拓宽视野　社区就诊　爱心贺卡　赈灾义演　醉生梦死

去阴去去
气温骤降　沥青路面　订餐电话　爱心救助　建功立业　报销路费　最高售价
治安案件　吊销驾照　卫星电视　夜间训练　地方预算　漫天要价　不攻自破

去阳阴阴

| 布达拉宫 | 顺藤摸瓜 | 大幅攀升 | 外强中干 | 市直机关 | 闭门磋商 | 自然风光 |
| 木材加工 | 建成通车 | 自筹资金 | 另行通知 | 冠名播出 | 跨国公司 | 物流中心 |

去阳阴阳

| 载人飞船 | 现实生活 | 适龄青年 | 价格低廉 | 洞房花烛 | 大龄青年 | 扣人心弦 |
| 变频空调 | 坠楼身亡 | 阔别多年 | 个人尊严 | 视察灾情 | 货源充足 | 涉嫌侵权 |

去阳阴上

| 调查摸底 | 用人标准 | 混合双打 | 部门经理 | 造型新颖 | 桂林山水 | 病人家属 |
| 不良资产 | 巨额资产 | 道德修养 | 价格监管 | 暂时终止 | 重男轻女 | 上级拨款 |

去阳阴去

| 特别关注 | 用人单位 | 大型超市 | 治国方略 | 按时吃药 | 另谋高就 | 现房销售 |
| 大棚蔬菜 | 套牌车辆 | 纵横交错 | 判决生效 | 道德规范 | 任前公示 | 绕城高速 |

去阳阳阴

| 各族同胞 | 在职职工 | 调查研究 | 问题成堆 | 病魔缠身 | 厉行节约 | 外来投资 |
| 大牌明星 | 富国强兵 | 蔚然成风 | 自圆其说 | 上门提亲 | 涉嫌违规 | 惠及民生 |

去阳阳阳

| 少年儿童 | 调查核实 | 貌合神离 | 不同寻常 | 救援人员 | 对答如流 | 在职人员 |
| 拒绝赔偿 | 贩毒集团 | 跨国银行 | 纪实文学 | 自学成才 | 适宜人群 | 价值连城 |

去阳阳上

| 判决结果 | 自投罗网 | 巨额财产 | 不绝于耳 | 纵横驰骋 | 不同凡响 | 适得其反 |
| 拒绝毒品 | 目前为止 | 自由平等 | 运营成本 | 擅离职守 | 霸王条款 | 畅行无阻 |

去阳阳去

| 特别提示 | 论文答辩 | 柜台服务 | 社情民意 | 校园文化 | 上门服务 | 技能培训 |
| 内河航运 | 授牌仪式 | 价格昂贵 | 扣留人质 | 异常情况 | 个人决赛 | 为民除害 |

去阳上阴

| 亚麻纺织 | 住宅小区 | 住房补贴 | 暂时领先 | 个人隐私 | 就职演说 | 见钱眼开 |
| 特别点击 | 越权审批 | 重型卡车 | 少林武功 | 自然景观 | 进城打工 | 破财免灾 |

去阳上阳

| 政协委员 | 大幅反弹 | 道德法庭 | 旱情解除 | 拒绝检查 | 致人死亡 | 著名品牌 |
| 切实可行 | 必然选择 | 面无表情 | 价格涨幅 | 课程改革 | 立足本职 | 道德楷模 |

去阳上上

| 睦邻友好 | 令人鼓舞 | 病情好转 | 色情场所 | 麦田管理 | 日常保养 | 站前广场 |
| 旱情缓解 | 调查处理 | 不良影响 | 拒绝采访 | 共同理想 | 视察指导 | 落成典礼 |

去阳上去
市容整治　大洋彼岸　奥林匹克　令人瞩目　价格举报　大局已定　冒名顶替
旧城改造　滞留旅客　后勤保障　座谈讨论　教学软件　自学考试　一国两制

去阳去阴
造福一方　未来战争　教学大纲　预防措施　间谍卫星　幼儿教师　性格特征
巨额现金　避实就虚　外来务工　内柔外刚　价格下跌　市容卫生　便民措施

去阳去阳
少儿不宜　个人会员　问题少年　价格上调　睡眠不足　调查纪实　大幅上扬
配合调查　正常运行　户籍证明　望尘莫及　制毒贩毒　热门话题　尽职尽责

去阳去上
助学贷款　试行办法　巨额货款　破铜烂铁　令行禁止　外国进口　特别代表
卧床不起　复合地板　正常运转　不由自主　日常用语　大学校友　姓名地址

去阳去去
涉嫌受贿　大学毕业　预防犯罪　大型画册　个人账户　客服热线　匿名电话
抗洪大坝　大学教授　应急预案　价格大战　会员注册　调查对象　种粮大户

去上阴阴
会展中心　自主招生　现场嘉宾　患者增多　照本宣科　禁止吸烟　掉以轻心
社保基金　录取通知　现场抓拍　政府机关　大海捞针　技改资金　药品监督

去上阴阳
纪检监察　溺水身亡　政府官员　不解风情　败走江湖　自己掏钱　电子侦察
电脑编程　获此殊荣　对口支援　盗版光盘　重点工程　矿产资源　现场勘察

去上阴上
历史悠久　各显身手　靠海吃海　制假窝点　剧场音响　逆反心理　现场抽奖
定点生产　作品欣赏　硬笔书法　治理污染　市场监管　上岗标准　顾此失彼

去上阴去
定点医院　电脑黑客　重点监控　探索发现　敬请收看　舰艇编队　特种车辆
电子商务　背景音乐　试点单位　现场观众　废品收购　竞选失利　色彩搭配

去上阳阴
变法维新　大显神通　地广人稀　废品回收　调虎离山　奋起直追　告老还乡
一往情深　聚少成多　顺理成章　刻骨铭心　妙手回春　逆水行舟　弄假成真

去上阳阳
抗美援朝　一曲成名　浪子回头　力所能及　进口石油　万里长城　破解难题
系统识别　上网查询　重点扶持　力挽狂澜　现已查明　贷款余额　握手言和

去上阳上
现场模拟　上网浏览　在所难免　溺水而死　适可而止　电子媒体　自找烦恼
重点培养　饭碗难保　候补人选　定点屠宰　到此为止　进口食品　效果良好

去上阳去
重点防范　耐火材料　市场零售　电子邮件　政府调控　现场评论　善解人意
自主择业　政府决策　化解矛盾　信守承诺　进展神速　木版年画　彻底查办

去上上阴
贷款抵押　万里海疆　政府买单　退伍老兵　政府补贴　彻底解脱　自讨苦吃
各取所需　现场指挥　大有改观　若有所思　教子有方　下岗女工　市场紧缺

去上上阳
自主品牌　质检总局　获奖感言　触手可及　自古以来　市场宠儿　电子扫描
药检丑闻　共产党员　较好解决　自我感觉　判处死刑　现场解答　赡养老人

去上上上
代表选举　政府首脑　重点场所　电脑选曲　现场采访　电影导演　记者采访
具体指导　政府总理　获奖选手　自己处理　个体诊所　上网炒股　药品管理

去上上去
炙手可热　一网打尽　政府网站　市场走势　二手转让　样品检测　上场比赛
不辱使命　历史使命　尚属首次　购买踊跃　禁止使用　市场准入　焰火晚会

去上去阴
数码相机　卫冕冠军　退伍士兵　确保畅通　据理力争　日理万机　自主创新
现场办公　电子信息　市场竞争　大喜大悲　倒数第一　醉酒驾车　立党为公

去上去阳
电子地图　政府大楼　事与愿违　市场份额　纪检部门　败走麦城　物美价廉
后悔莫及　特写镜头　热点话题　现场报名　运转正常　信守诺言　部委办局

去上去上
中奖号码　不予受理　具体地址　蹑手蹑脚　记者暗访　具体部署　获奖作品
篡改历史　地铁入口　摄影记者　历史背景　亘古未有　自己动手　自导自演

去上去去
自主创业　现场策划　降水概率　电子档案　市场运作　报警电话　特种部队
避暑胜地　自我介绍　代表建议　贷款利率　政府报告　另有任用　历史记录

去去阴阴
暗送秋波　半壁江山　遍地开花　费尽心机　入木三分　怒发冲冠　万象更新
善罢甘休　半路夫妻　半夜三更　绩效工资　坐地分赃　触目惊心　利害攸关

去去阴阳
购物商城　大漠荒原　涉案金额　遇刺身亡　立案侦查　载誉归来　浪迹天涯
盛况空前　故意伤人　惯性思维　竞赛规则　路面湿滑　最后通牒　特困家庭

去去阴上
对外交往　系列专访　恶意骚扰　世界屋脊　售票窗口　幕后黑手　换位思考
购物刷卡　用电缺口　注册资本　遇难家属　寄送包裹　录用标准　重色轻友

去去阴去
对外开放　热带风暴　限量发售　正式公布　被盗车辆　最后期限　电信资费
录像监控　地震灾害　意料之外　策划方案　被迫关闭　个税申报　备受关注

去去阳阴
赛事直播　设备投资　共渡难关　振奋人心　数据传输　对外承包　泛滥成灾
电动门窗　素面朝天　岁岁平安　菜价回升　败兴而归　上市流通　欠费停机

去去阳阳
世外桃源　弱肉强食　弃暗投明　鹤发童颜　弹尽粮绝　后患无穷　背道而驰
壮志凌云　破镜重圆　暴跳如雷　富贵荣华　料事如神　暗箭难防　度日如年

去去阳上
盗窃团伙　绿色食品　弱势群体　快速浏览　暂住人口　变废为宝　被动挨打
贩卖毒品　内部调整　迅速崛起　立案查处　绿色环保　勿忘国耻　逆向行驶

去去阳去
售后服务　欲购从速　就业渠道　郑重承诺　肇事逃逸　客运流量　毕业答辩
电话投诉　适当调价　纪念邮票　课外读物　战略决策　外事活动　大雾弥漫

去去上阴
世贸组织　目瞪口呆　共进晚餐　自动手枪　漏洞百出　好大喜功　兑现奖金
致命打击　继续走低　重要指标　大势所趋　步步紧逼　自助早餐　制造厂商

去去上阳
见义勇为　入室抢劫　客串主持　政绩考核　定向委培　绿色走廊　热带雨林
塞外草原　蜜月旅行　系列访谈　圣诞老人　就地免职　度假旅游　购物指南

去去上上
换届选举　现任总统　趁热打铁　命运坎坷　幕后指使　会议请柬　迅速扭转
运动场馆　聘任厂长　注意影响　互赠礼品　部队首长　抗震抢险　毕业典礼

去去上去
外汇储备　社会保障　正式启用　妇幼保健　就地解散　户外广告　涉外酒店
恶意炒作　运载火箭　破案手段　大陆网站　恶意软件　扩建改造　重大隐患

去去去阴

代课教师	辩护律师	退役士兵	看病就医	抗旱救灾	路况信息	旧病复发
被困矿工	正式动工	特快列车	探月卫星	作案动机	抗旱物资	客货汽车

去去去阳

气象部门	犯罪事实	证据确凿	毕业论文	事故调查	社会变革	问卷调查
恋爱自由	势在必行	气候异常	住院治疗	罪大恶极	在线阅读	互动话题

去去去上

重要线索	竞聘上岗	物价上涨	货到付款	电话号码	驻外记者	事故现场
数字电影	任重道远	贸易壁垒	客运市场	越快越好	面试技巧	幸运大奖

去去去去

浴血奋战	万事俱备	蜕化变质	对症下药	议会大厦	干事创业	兑换外币
电视录像	运动健将	抗旱种麦	废物利用	自带被褥	政变未遂	背信弃义

○轻○○

知识经济	各个角落	睡不好觉	祖宗八代	密密麻麻	路上小心	合同纠纷
功夫明星	知识分子	帽子戏法	脑子进水	粮食丰收	朋友一场	指望不上
本事不大	困难群众	芝麻开门	差得很远	消息来源	面子工程	沉得住气
打个电话	舍不得走	起个大早	对付不了	漂亮女孩	来头不小	巴结领导

○○轻○

扎耳朵眼	打马虎眼	真了不起	走关系户	臭豆腐乳	吃哑巴亏	小狐狸精

○○○轻

小道消息	狗逮耗子	大老爷们	聘用合同	不给面子	十面埋伏	一场官司
异常动静	糖炒栗子	换洗衣服	令人恶心	上门女婿	冰糖葫芦	天桥把式
东北汉子	麻婆豆腐	转眼工夫	球场休息	鱼肉罐头	火烧眉毛	基础知识
挡风玻璃	不识抬举	耍嘴皮子	风水先生	难得糊涂	动手收拾	高考状元

○轻○轻

收拾东西	看着办吧	弄个明白	看不清楚	骆驼祥子	意思明白	萝卜缨子
特务头子	爸爸妈妈	姥姥姥爷	欺负人家	煎饼果子	哥们义气	耳朵底子

五字词句训练

新闻发言人	地下核试验	科学发展观	信息化战争	生活必需品	征求意见稿
国家大剧院	黄河入海口	印度尼西亚	劳动合同法	马拉松比赛	金鸡百花奖
新闻工作者	电子对撞机	铁道游击队	北京中关村	食品保鲜膜	旅游观光团
出入境人员	北京奥运会	执业许可证	卡脖子路段	民主生活会	非正式会谈
实质性成果	吉尼斯纪录	文化大革命	注册会计师	机场建设费	红色娘子军

广告代理商	导弹核潜艇	喜马拉雅山	长江入海口	游泳锦标赛	法律咨询日
防患于未然	人类基因组	国际空间站	公开训练课	城乡调查队	铁人三项赛
东西南北中	报告团成员	中华老字号	南方强降雨	地质性灾害	内蒙古高原
手机充电器	记者招待会	离土不离乡	居民身份证	城市打工族	产品说明书
郑和下西洋	争夺发球权	供需见面会	为人民服务	大学毕业生	十年磨一剑
家和万事兴	和平与发展	路遥知马力	军事分界线	人民大会堂	敦煌莫高窟
海军陆战队	拆迁钉子户	庐山真面目	高考落榜生	普通白炽灯	外向型经济
京都议定书	西部大开发	进口发动机	封闭式训练	跨国界行动	战略核潜艇
航母战斗群					

六字词句训练

世界贸易组织	市场经济地位	战略经济对话	外来务工子女	贸易保护主义
温室气体排放	世界先进水平	广播电视媒体	工业结构调整	国有大型企业
固定资产投资	国际金融危机	原子能核电站	国际红十字会	中非合作论坛
绿色采购清单	环球大气污染	国家一级演员	银行存款利率	女高音歌唱家
中国建设银行	农村金融机构	阿帕奇直升机	联合国秘书长	巾帼不让须眉
二氧化碳排放	中国军力报告	下岗失业职工	心脑血管疾病	违法不良广告
传播小道消息	三级甲等医院	石油价格上调	春节联欢晚会	喀喇昆仑山口
境外投资公司	国际市场油价	宏观经济政策	新闻综合频道	火电装机总量
陆续投入运营	全国政协委员	个税自行申报	原油供应紧张	纪检监察机关
环境保护部门	乞力马扎罗山	东亚合作论坛	大亚湾核电站	城镇廉租住房
经济发达地区	亚太经合组织	亚太开发银行	家庭困难职工	军地两用人才
国产新型战机	财政监管制度	国家承认学历	地区生产总值	主要经济指标
麻省理工学院	南水北调工程	首批试点城市	遵守交通规则	国有企业改革

七字词句训练

西部大开发战略	广西壮族自治区	政府采购话语权	农村剩余劳动力
大使级外交关系	第二次世界大战	艾滋病防治办法	经济欠发达地区
美尼尔氏综合征	朝鲜半岛无核化	石油输出国组织	住房城乡建设部
国际原子能机构	艾滋病毒携带者	公务员招聘考试	联合国粮农组织
世界自然基金会	非物质文化遗产	重要战略机遇期	计算机操作系统
肯尼迪航天中心	西部欠发达地区	污染物排放总量	中国社会科学院
农村劳动力转移	国际先驱论坛报	教育招生考试院	联合国维和行动
消费者物价指数	宁夏回族自治区	国际问题观察员	国际日期变更线

国家级重点工程	布宜诺斯艾利斯	大陆性季风气候	多米诺骨牌效应
少数民族自治区	农民人均纯收入	例行新闻发布会	中国人民解放军

八字词句训练

社会主义和谐社会	国务院新闻办公室	经济年度人物评选	农村合作医疗制度
汽车炸弹爆炸事件	领导干部离任审计	城市廉租住房制度	居民消费价格指数
疾病预防控制中心	国际绿色和平组织	煤矿瓦斯爆炸事故	喜马拉雅科学考察
联合国军事观察员	国际人道主义危机	国家一级保护文物	农田水利基本建设
医疗卫生体制改革	职工平均工资水平	劳动和社会保障部	卫星信号接收天线
世界文化遗产名录	联合国教科文组织	诺贝尔奖金获得者	战略协作伙伴关系
中国国际航空公司	国际货币基金组织	中国邮政储蓄银行	北大西洋公约组织
科技自主创新能力	和平共处五项原则	全国人民代表大会	巴勒斯坦武装组织
国际社会广泛共识	大规模杀伤性武器	中国特色军事变革	阿拉伯联合酋长国

九字词句训练

中共中央政治局常委	中共中央政治局委员	十二五社会发展规划
社会消费品零售总额	第三代中央领导集体	振兴东北老工业基地
联合国武器核查小组	自杀式炸弹爆炸事件	联合国世界卫生组织
联合国货币基金组织	诺贝尔和平奖获得者	劳动和社会保障事业
国家民族事务委员会	黎巴嫩真主党游击队	渔业合作谅解备忘录
医疗事故鉴定委员会	全面协调可持续发展	居民消费价格总水平
中国常驻联合国大使	中国互联网新闻中心	出口集装箱运输市场

十字词句训练

国家防汛抗旱总指挥部	国家劳动和社会保障部	大学毕业生供需见面会
中非合作论坛北京峰会	国务院港澳事务办公室	中国疾病预防控制中心
农民工工资保障金制度	国家发展和改革委员会	国务院台湾事务办公室
亚热带海洋性季风气候	国家出入境检验检疫局	中国人民对外友好协会

思考与复习

1. 什么是声调？它的作用是什么？
2. 调类指的是什么？普通话里有几种调类？
3. 调值指的是什么？普通话各声调的调值是多少？
4. 怎样理解绝对音高和相对音高的关系？

第五单元　语流音变

教学目的：通过本单元的讲授，使学生具体掌握轻声、儿化、上声变化、"一""不"变化、"啊"变、轻重格式等音变规律。

教学要求：要求学生能在朗读和说话时恰当地运用音变知识，将普通话说得流利、纯正、地道。

重点难点：轻声、儿化、上变、"一""不"变、"啊"变、轻重格式等音变规律及在口语表达中的熟练运用。

课时安排：大课1课时，小课4课时。

平时，人们言语交流或朗读文章、演讲、播音主持节目时，孤零零地单发一个个音素或音节的机会几乎不存在，更多的是在规定时间内快捷地将一些音（音节）组合起来连续地发出来，以句子表达语义。换句话说，我们发出或听到的音常常是以诸音结合的状态形成的语流。"结合音体"的存在致使相邻的音素之间、音节之间、声调之间彼此相互影响，使语音发生由到无或由此及彼的变化，这种变化，语音学上叫"联合音变"或"语流音变"。

一般常见的语流音变有：同化、异化、增音、弱化、脱落、换位等。

音变现象，中外语言中普遍存在，普通话也不例外，普通话的音变现象比汉语的其他各方言更为简单。只是由于这些音变现象比较细微，变化前后词义又无明显变异，不为常人所注意。但是，作为语言工作者要将普通话说得纯熟、地道，就不能不留意这些细微而又重要的变读现象，使正音实践更有效地接受理论的指导。

普通话里的语流音变，主要表现在轻声、上声、去声、"一""不"的变读上，同时也包括儿化韵、"啊"变和词的轻重格式。

第一节 轻声的变读

普通话的每一个音节原本都有声调。可是在一些词或句子里许多音节的声调却常常因为汉字的接触和连续的缘故而被语流化解掉了，变读成一种既轻又短的调子，这就是轻声。轻声在普通话里出现的概率相当大，可以说是普通话的一个突出而又特有的现象。《现代汉语词典》所列的轻声字有2160多个，占双音节词总数的6.6%以上。在文艺性作品中轻声词则更多了。轻声是普通话四声之外的一种特殊的调子，往往用于虚词以及某些双音节词的第二个音，是声调的由有到无的变读。它主要由音强的大小决定，发音时用力小、音势弱，调子既短弱又模糊，这一点与一般的声调不同，一般意义上的声调主要取决于音高。因此，轻声尚不能算作一个独立固定的调类，只是在连读过程中按词义、词性、逻辑语气的各种关系"弱化"发展而成的一种非确定性的调子。

轻声具有音位作用。在语言表达中应与阴、阳、上、去四个声调同等对待。在有些语句里轻声常常表现出语法功能和辨义作用。如："我想起来了"和"把书都弄乱了"两个句子，"起"和"都"字轻读与重读的意思大不一样。有句广告词叫"药材好，药才好"，也可说明这个道理。

一、轻声的变读形式

决定轻声的虽然主要是音强的大小，但倘若细致辨析，跟在其他声调后面的轻声，似乎依稀也带有一定的高低度。换句话说，轻声音节的音高由前一个音节的声调决定。物理实验得到的结论是：上声字后的轻声音调最高，阳平、阴平之后次之，去声字后的轻声最低。《汉语拼音方案》规定，轻声没有固定的调值，可以不标调号。

(1)阴平后面的轻声字读半低调(2度)。如：
风头 桌子 他们 巴掌 烟筒 姑娘 风筝 窗子 咋呼 闺女 勾搭 拉扯

(2)阳平后面的轻声字读中调(3度)。如：
合同 人们 茄子 笤帚 石头 头发 胡琴 黄瓜 白净 迷糊 盘算 咳嗽

(3)上声后面的轻声字读半高调(4度)。如：
斧子 牡丹 打扮 软和 舍得 口袋 痞子 躺着 笸箩 枕头 火候 恶心

(4)去声后面的轻声字读低调(1度)。如：
奔头 颤悠 晃荡 木头 霸道 闹腾 特务 炮仗 认识 困难 动静 乐和

这个规律可以这样理解：前一个字的声调起音较高的，轻声字读得低；起音较低的，轻声字读得高；声调起点居中，轻声字读得不高也不低。

在三音节词中，第二、三个音节如果都是轻读的，最后一个音节则更轻些，高低度就更不明显了。如："拉下去""剩下的"等。

二、轻声的作用

轻声在普通话里有时能够辨别词义，有时又能区分词性。这一类的轻声字大约占全部轻声字的5%。

(1)辨别词义（箭头右侧带点的字为轻声）。

东西(指方向，东边和西边)——→东西(泛指各种具体或抽象的事物)

大意(文章、故事或话语的主要意思)——→大意(指不注意、疏忽了)

买卖(买方和卖方)——→买卖(专指生意)

兄弟(哥哥和弟弟)——→兄弟(专指弟弟)

孢子(某些低等动物或植物产生的具有繁殖或休眠作用的细胞，脱离母体后形成新的个体)——→包子(用面做皮儿，菜或肉做馅儿的蒸熟的主食)

告诉(向法院申告的行为程序)——→告诉(说给人听，使人知道)

地方(各级行政区划的统称或指本地、当地)——→地方(特指某一区域)

利害(指利益与损害)——→厉害(指剧烈、凶猛或难以对付和忍受)

下水(指从陆岸进入水中)——→下水(指可食用的牲畜内脏，有时也专指肚 dǔ 子和肠子)

老娘(老母亲)——→老娘(一些方言里指外祖母)

苍鹰(鹰的称呼的一种)——→苍蝇(一种传播寄生虫病的昆虫)

(2)区分词性（箭头右侧带点的字为轻声）。

报告(名词)——→报告(动词)　　火烧(动词)——→火烧(名词)

地道(名词)——→地道(形容词)　对头(副词)——→对头(名词)

言语(名词)——→言语(动词)　　自然(名词)——→自然(形容词)

世故(名词)——→世故(形容词)　运气(动词)——→运气(名词)

三、轻声的一般规律

轻声不仅仅是一种语音的变化，大多数轻声字事实上都同语汇、语法意义有关系。其变化规律大致如下：

(1)语气词变读轻声,如:

说吧 拿着呀 为什么呢 快来啊 走哇 别急呀 加油干哪 太早啦 还没去呐

(2)助词变读轻声,如:

红的 谁的 干得不错 好好的 拼命地干 仰着睡觉 写完了 结束了
我读过 他去过

(3)方位词变读轻声,如:

桌子上 走廊里 文章中 屋檐下

(4)趋向动词变读轻声,如:

上来 下去 回来 出去 走回来 滚出去 拿下来 赶上去

(5)名词词缀"子"和"头"及表复数的"们"变读轻声,如:

兔子 椅子 砖头 骨头 小辫子 烂木头 同志们 小伙子们

(6)名词、动词重叠时,第二个音节变读轻声,如:

爷爷 奶奶 看看 走走 写写 尝尝 试试

(7)多数双音节单纯词的后一个音节变读轻声,如:

萝卜 喇叭 啰唆 伶俐 玫瑰 刺猬

(8)某些量词变读轻声,如:

三个 一些人 写封信 借本书 喝杯茶

除了以上一般规律,还有一部分词按北京人的口语习惯也应该轻读。轻声,是北京话的地方产品,南方人学说普通话,这个关口是必须要过的。掌握普通话"活"的语调变化,这部分轻声词会给以帮助。例如:

毛病 明白 棉花 脑袋 规矩 故事 事情 麻烦 盼头 跟头 高粱 芝麻 搭理
葫芦 动弹 清楚 厉害 玻璃 考究 核桃 叫唤 眼睛 耳朵 喜欢 巴掌 地方
早晨 风筝 唠叨 心思 烟筒 客气 扁担 商量 头发 动静 大夫 亮堂 光溜
应付 胳膊 忽悠 转悠

四、轻重对立词(右侧带点的字为轻声)

拉车—拉扯	本市—本事	笔试—比试	不分—部分	要事—钥匙
地下—地下	老子—老子	孙子—孙子	行礼—行李	盛夏—剩下
服气—福气	莲子—帘子	面巾—面筋	利害—厉害	来路—来路
河套—核桃	蛇头—舌头	人家—人家	地理—地里	电子—垫子
东家—东家	地方—地方	龙头—笼头	饭前—饭钱	火烧—火烧
笔画—比画	汉字—汉子	利器—力气	管自—管子	

轻声字虽然是普通话的一种特殊音变现象，但在具体运用时还是应当审慎一些，不可滥用。语言表达时的"吃字"现象，原因之一就是轻声的使用多而不当。应当明确的一个原则是：不用轻读也能说清楚的尽量不用或少用轻声，像"流氓""支援""夸张"里的末尾字还是不轻化为好；像在"起来，饥寒交迫的奴隶"这个句子里，"来"字更不能随意轻化处理。

克服"吃字"现象，第一，要弄清轻声字原来的字音结构，原来的声韵是什么就是什么。第二，慎用轻声字，轻声字少而精对普通话的味道并无太大影响，与之相反，轻声太滥倒是会使人怀疑普通话的规范性和纯洁性。第三，加强舌肌的力度，多做口部操练，争取将每个轻声音节发得清晰、利落、干净、漂亮。

普通话水平测试用必读轻声词语表

爱人 案子 巴掌 靶子 把子 爸爸 白净 班子 板子 帮手 梆子 膀子 棒槌
棒子 包袱 包涵 包子 豹子 杯子 被子 本事 本子 鼻子 比方 鞭子 扁担
辫子 别扭 饼子 拨弄 脖子 簸箕 补丁 步子 部分 裁缝 财主 苍蝇 差事
柴火 肠子 厂子 场子 车子 称呼 池子 尺子 虫子 绸子 除了 锄头 畜生
窗户 窗子 锤子 刺猬 凑合 村子 耷拉 答应 打扮 打点 打发 打量 打算
打听 大方 大爷 大夫 带子 袋子 耽搁 耽误 单子 胆子 担子 刀子 道士
稻子 灯笼 提防 笛子 底子 地道 地方 弟弟 弟兄 点心 调子 钉子 东家
东西 动静 动弹 豆腐 豆子 嘟囔 肚子 缎子 对付 对头 队伍 多么 蛾子
儿子 耳朵 贩子 房子 份子 风筝 疯子 福气 斧子 盖子 甘蔗 杆子 干事
杠子 高粱 膏药 稿子 告诉 疙瘩 哥哥 胳膊 鸽子 格子 个子 根子 跟头
工夫 弓子 公公 功夫 钩子 姑姑 姑娘 谷子 骨头 故事 寡妇 褂子 怪物
关系 官司 罐头 罐子 规矩 闺女 鬼子 柜子 棍子 锅子 果子 蛤蟆 孩子
含糊 汉子 行当 合同 和尚 核桃 盒子 红火 猴子 后头 厚道 狐狸 胡琴
糊涂 皇上 幌子 胡萝卜 活泼 火候 伙计 护士 机灵 脊梁 记号 记性
夹子 家伙 架势 架子 嫁妆 尖子 茧子 剪子 见识 毽子 将就 交情 饺子
叫唤 轿子 结实 街坊 姐夫 姐姐 戒指 金子 精神 镜子 舅舅 橘子 句子
卷子 咳嗽 客气 空子 口袋 口子 扣子 窟窿 裤子 快活 筷子 框子 困难
阔气 喇叭 喇嘛 篮子 懒得 浪头 老婆 老实 老爷 老子 姥姥 累赘 篱笆
里头 力气 厉害 利落 利索 例子 栗子 痢疾 连累 帘子 凉快 粮食 料子
林子 翎子 领子 溜达 聋子 笼子 炉子 路子 轮子 萝卜 骡子 骆驼 妈妈
麻烦 麻利 麻子 马虎 码头 买卖 麦子 馒头 忙活 冒失 帽子 眉毛 媒人
妹妹 门道 眯缝 迷糊 面子 苗条 苗头 名堂 名字 明白 蘑菇 模糊 木匠
木头 那么 奶奶 难为 脑袋 脑子 能耐 你们 念叨 念头 娘家 镊子 奴才

女婿 暖和 疟疾 拍子 牌楼 牌子 盘算 盘子 胖子 狍子 盆子 朋友 棚子
脾气 皮子 痞子 屁股 片子 便宜 骗子 票子 漂亮 瓶子 婆家 婆婆 铺盖
欺负 旗子 前头 钳子 茄子 亲戚 勤快 清楚 亲家 曲子 圈子 拳头 裙子
热闹 人家 人们 认识 日子 褥子 塞子 嗓子 嫂子 扫帚 沙子 傻子 扇子
商量 上司 上头 烧饼 勺子 少爷 哨子 舌头 身子 什么 婶子 生意 牲口
绳子 师父 师傅 虱子 狮子 石匠 石榴 石头 时候 实在 拾掇 使唤 世故
似的 事情 柿子 收成 收拾 首饰 叔叔 梳子 舒服 舒坦 疏忽 爽快 思量
算计 岁数 孙子 他们 它们 她们 台子 太太 摊子 坛子 毯子 桃子 特务
梯子 蹄子 挑剔 挑子 条子 跳蚤 铁匠 亭子 头发 头子 兔子 妥当 唾沫
挖苦 娃娃 袜子 晚上 尾巴 委屈 为了 位置 位子 蚊子 稳当 我们 屋子
稀罕 席子 媳妇 喜欢 瞎子 匣子 下巴 吓唬 先生 乡下 箱子 相声 消息
小气 小子 笑话 谢谢 心思 星星 猩猩 行李 性子 兄弟 休息 秀才 秀气
袖子 靴子 学生 学问 丫头 鸭子 衙门 哑巴 胭脂 烟筒 眼睛 燕子 秧歌
养活 样子 吆喝 妖精 钥匙 椰子 爷爷 叶子 一辈子   衣服 衣裳 椅子
意思 银子 影子 应酬 柚子 冤枉 院子 月饼 月亮 云彩 运气 在乎 咱们
早上 怎么 扎实 眨巴 栅栏 宅子 寨子 张罗 丈夫 帐篷 丈人 帐子 招呼
招牌 折腾 这个 这么 枕头 镇子 芝麻 知识 侄子 指甲 指头 种子 珠子
竹子 主意 主子 柱子 爪子 转悠 庄稼 庄子 壮实 状元 锥子 桌子 字号
自在 粽子 祖宗 嘴巴 作坊 琢磨 不由得 不在乎 小伙子 老太太 老头子
两口子

第二节　儿化韵

在第三单元里,我们曾经讲到普通话里有一个卷起舌尖发音的单韵母 er,它作为独立音节组成的"儿化字"很少,常用的只有"而""尔""迩""耳""饵""洱""儿""二""贰"等有限的十几个字。这些儿化字在十三辙里因不能自成一个韵部,是并入"一七"辙的。另外,十三辙以外还有"小人辰儿"辙,指的也是这两类韵部的儿化韵。这个卷舌韵母的音节结构比较简单,不与任何辅音相拼,只能自成音节,《汉语拼音方案》写成 er,国际音标标作[ər]。

由于汉语语言极流利的连读,在北京口语中形成了一种连音变化,即一些词(主要是名词)的后面带上了辅助成分——"儿尾","儿"与它前面的音节结合、胶着成一个音节,"儿尾"也就成了前一个音节不可分割的一部分了。这样,后缀 er 音节也就失去了独立性,只保持了一个十分短弱的卷舌动作"r",附加在它前面音节的韵母上,同时也使得它前面的韵母产生或多或少的改变,形成一个新的合体音——卷舌韵母,这个韵母就叫"儿化韵"。

儿化韵后面的"r"与卷舌元音 er 后的"r"相同,没有资格作为单独的音素,为了书写、排印的便利,用[r]替代。汉字书写时,儿化韵的表示方法是在原汉字后加上"儿"字,即用两个汉字标示,如"花儿""猫儿"等。

在老北京土话里,儿化韵的使用不但非常广泛,经常"儿"不离嘴,而且"儿"与它前面的音节是分开读的,"儿"又读作轻声,如:"纸儿"读作"zhǐ er"、"绳儿"读作"shéng er"。这种语言现象在今天北京人口语里已经消亡,只在歌唱和儿歌里尚有微存,使用机会也不多见。

总的说来,普通话里每一个韵母都有"儿化"的可能(ê 与 i、ü 组成 ie、üe 时也可以儿化,er 本身就是儿化了的)。任何一种韵母儿化后,读音也随之发生相应的改变。儿化的基本特征就是卷舌作用,如果韵母的发音动作与卷舌动作不矛盾,儿化时只要在韵尾加上卷舌动作即可;但如果韵母发音时与卷舌动作有冲突,那就势必要在卷起舌尖向硬腭挺进的同时,变更其原韵母的发音。这种韵母与"儿"的同化作用,有增音也有减音。

一、儿化韵的作用

儿化,虽然是音变现象的一种,但它不只是单纯的语音现象,它还有其他多种功能,与词汇和语法意义的表示都有密切的关系,同时还必须与语言环境联系起来加以分析和研究。

儿化的主要功能是在一些词里显示出区别词义或确定词性的作用。

(1)区别词义。有的词儿化后具有比喻意义,如:

一块(指物品的数量)——一块儿(指同一处所或一同行动,如:"在一块儿""一块儿走")

信(专指书信、函件、证明)——信儿(表示信息,如:"口信儿")

眼(人或动物的视觉器官)——眼儿(专指小洞、小窟窿)

活(生存、有生命)——活儿(指工作,如:"终于有活儿干了")

嘴(人或动物的口)——嘴儿(形状或作用类似嘴一类的东西,如"瓶嘴儿""奶嘴儿")

头(脑袋)——头儿(物体的尖端或末梢,有时也指首领或头目)

票(指印刷的作为凭证的纸片,如:"戏票""球票")——票儿(专指购物时的凭证,如:"油票儿")

尖(形容物品或声音细小、尖锐或又高又细)——→尖儿(指物品锐利的末端或细小的头儿,如:"钢笔尖儿")

笑话(耻笑,如:"别让外人笑话")——→笑话儿(能引人发笑的谈话或故事)

白面(小麦磨成的吃的面粉)——→白面儿(专指作为毒品的海洛因)

鞋里(指鞋的里面、里面的空间)——→鞋里儿(指鞋帮的里层)

水牛(我国南方耕犁水田的主要牲畜)——→水牛儿(指蜗牛儿)

火星(太阳系中接近太阳的第四颗行星)——→火星儿(指极小的火点儿)

(2)区别词性。动词、名词两用或形容词儿化后固定为名词,动词儿化后借用为量词。如:

画(动词)——→画儿(名词)　　滚(动词)——→滚儿(名词)
盖(动词)——→盖儿(名词)　　手(名词)——→手儿(量词)
管(动词)——→管儿(名词)　　堆(动词)——→堆儿(量词)
垫(动词)——→垫儿(名词)　　罩(动词)——→罩儿(名词)
挑(动词)——→挑儿(名词)　　亮(形容词)——→亮儿(名词)
个(量词)——→个儿(名词)　　破烂(形容词)——→破烂儿(名词)

(3)区分同音词。如:

拉练(指行军、野营训练)——→拉链儿(指小拉锁儿)

开伙(指开办伙食)——→开火儿(指放枪、放炮)

邮票(指邮寄物品时表明邮资付讫的凭证)——→油票儿(指购买食用油或汽油一类东西的票据)

酒厂(生产、酿制酒类的工场)——→酒场儿(喝酒的场所或场合)

一吨(公制重量单位、一千公斤)——→一墩儿(指丛生的或几棵合在一起的植物)

礼貌(言谈举止谦恭的样子)——→礼帽儿(指与礼服相配的帽子)

早茶(早晨吃的茶点)——→枣儿茶(泡枣儿的茶)

玉照(敬称对方的照片)——→浴罩儿(洗浴时的塑料罩)

(4)除了上述语法功能外,儿化韵还能起积极的修辞作用。

• 表示喜欢、亲切的感情色彩的。如:

鲜花儿 小猫儿 小狗儿 油画儿 山歌儿 好玩儿 胖乎乎儿 小哥儿俩
玻璃球儿 苹果脸儿 小女孩儿 小不点儿 小白兔儿

• 表示委婉、温和态度的。如:

你慢慢儿走 有工夫儿来玩儿 说说心里话儿

- 表示细、小、尖、短、轻性质和形状的。如：
  门缝儿 火柴棍儿 红头绳儿 一小会儿 钢笔尖儿 牙签儿 信皮儿 小瓶儿 小蜜蜂儿 小玩意儿 头发丝儿 粉末儿 铁片儿 围嘴儿 小脸蛋儿

二、儿化韵的变读规则

(1)韵腹或韵尾是元音 a、o、e、u、ê(在 ie 和 üe 里)的,儿化后读音基本不变,只在原韵母后面加上卷舌动作"r"。例如：

刀把儿(bàr)	搭茬儿(chár)	单个儿(gèr)	豆芽儿(yár)
牙刷儿(shuār)	小褂儿(guàr)	煤渣儿(zhār)	灯泡儿(pàor)
酒窝儿(wōr)	粉肚儿(dǔr)	小偷儿(tōur)	手套儿(tàor)
票友儿(yǒur)	小咬儿(yǎor)	方格儿(gér)	台阶儿(jiēr)
麻雀儿(quèr)	菜碟儿(diér)	主角儿(juér)	棉桃儿(táor)
腰包儿(bāor)	胸脯儿(púr)	支招儿(zhāor)	邮戳儿(chuōr)
戏法儿(fǎr)	飞鸽儿(gēr)	绝活儿(huór)	模特儿(tèr)
半截儿(jiér)	对过儿(guòr)		

(2)单韵母 i、ü 儿化后,在原韵母后面加上"er",就成了 ier、üer,主要元音后移改由 ê 充当,有调号的改标在 e 上。例如：

雏鸡儿(jiēr)	玩意儿(yièr)	小米儿(miěr)	饭粒儿(lièr)
蓝地儿(dièr)	摸底儿(diěr)	门鼻儿(biér)	差不离儿(liér)
包袱皮儿(piér)	小旗儿(qiér)	果皮儿(piér)	打气儿(qièr)
煤气儿(qièr)	猪蹄儿(tiér)	枣泥儿(niér)	家底儿(diěr)
不吭气儿(qièr)	书皮儿(piér)	孙女儿(nüér)	通气儿(qièr)
虾皮儿(piér)	针鼻儿(biér)	枕席儿(xiér)	小曲儿(quěr)
马驹儿(juēr)	逗趣儿(quèr)	蛐蛐儿(quer)	痰盂儿(yuér)
金鱼儿(yuér)	小戏儿(xièr)		

(3)韵尾是元音 i 或—n 的,儿化后失去原韵尾,加上卷舌动作"r"。鼻韵母 in 儿化后失去"n",加上"er",整个韵母改为 ier,调号改标在 e 上;un 和 ün 儿化后失去 n,整个韵母改为 uer 或 üer,调号改标在 e 上。例如：

小孩儿(hár)	口袋儿(dàr)	成对儿(dùr)	宝贝儿(bèr)
裤腿儿(tǔr)	摸黑儿(hēr)	瓶塞儿(sār)	汽水儿(shǔr)
滋味儿(wèr)	糖块儿(kuàr)	心眼儿(yǎr)	坎肩儿(jiār)
白干儿(gār)	纳闷儿(mèr)	刀片儿(piàr)	裂纹儿(wér)
人缘儿(yuár)	打盹儿(duěr)	雷管儿(guǎr)	顶针儿(zhēr)

被单儿(dār)　　没准儿(zhuěr)　　笔芯儿(xiēr)　　手印儿(yièr)

猴皮筋儿(jiēr)　　听信儿(xièr)　　没劲儿(jièr)　　夹心儿(xiēr)

短裙儿(quér)　　合群儿(quér)

(4)舌尖元音-i(包括前、后)做韵母时,儿化后-i整个失落,加上"er",让声母直接与儿化韵拼读,调号改标在 e 上。例如:

挑刺儿(cèr)　　松子儿(zěr)　　铁丝儿(sēr)　　挨呲儿(cēr)

写字儿(zèr)　　粉丝儿(sēr)　　棋子儿(zěr)　　绞丝儿(sēr)

鱼刺儿(cèr)　　枪子儿(zěr)　　石子儿(zěr)　　葵花子儿(zěr)

橘子汁儿(zhēr)　　记事儿(shèr)　　小事儿(shèr)　　亲侄儿(zhér)

黑市儿(shèr)　　走之儿(zhēr)　　锯齿儿(chěr)　　茶匙儿(chér)

吃食儿(shér)

(5)后鼻辅音 ng 做韵尾,儿化后鼻音加重,形成"鼻化音",加上卷舌动作"r"。例如:

没空儿(kòngr)　　肉丁儿(dīngr)　　药瓶儿(píngr)　　单帮儿(bāngr)

花样儿(yàngr)　　透亮儿(liàngr)　　酒盅儿(zhōngr)　　打鸣儿(míngr)

对象儿(xiàngr)　　小葱儿(cōngr)　　赶趟儿(tàngr)　　体形儿(xíngr)

胡同儿(tòngr)　　药方儿(fāngr)　　小名儿(míngr)　　沙瓤儿(rángr)

偏旁儿(pángr)　　时兴儿(xīngr)　　蛋黄儿(huángr)　　眼光儿(guāngr)

香肠儿(chángr)　　照样儿(yàngr)　　跑堂儿(tángr)　　茶缸儿(gāngr)

长相儿(xiàngr)　　门洞儿(dòngr)　　小嗓儿(sǎngr)　　帮忙儿(mángr)

小流氓儿(mángr)　　悄没声儿(shēngr)

三、学习儿化韵应注意的几个问题

(1)姓氏的儿化称读。称呼年轻人的姓氏,一般来说,凡准备在某人的姓氏前面加上"小"字时,大部分应将其姓氏字做"儿化"处理。如:

小马(儿)　小杨(儿)　小高(儿)　小陈(儿)　小刘(儿)　小蒋(儿)

小胡(儿)　小张(儿)　小王(儿)　小朱(儿)　小黄(儿)　小赵(儿)

小毛(儿)　小吴(儿)

这些姓氏儿化后显得活泛、随和、亲切,富于色彩和情致;若不儿化,势必给人一种板滞、生硬、僵涩之感。当然,也不是称呼所有年轻人的姓儿,前面加上"小"字后,都得儿化,像"小秦""小金""小申""小韩""小石""小谭""小于""小徐""小崔"等就不宜儿化。

(2)按北京人的习惯,某些多音节词中间的某一个字儿化了,后面还有不儿化的

字,这样的词虽为数不多,难度却不小,仍需加强训练。如:

　　　片儿医　今儿个　刺儿头　倍儿亮　底儿掉　坎儿井　馅儿饼　猫儿腻　盒儿饭
　　　片儿警　昨儿个　份儿饭　板儿带　盒儿带　板儿爷　玩儿完　片儿汤　猴儿精
　　　倒儿爷　板儿寸　蔫儿坏　瓶盖儿厂　一头儿沉　荷包儿蛋　官儿太太
　　　白眼儿狼　小人儿书　当官儿的　瓜子儿脸　病号儿饭　头头儿们　盖碗儿茶
　　　枣花儿蜜　玩儿得好　隔辈儿亲　零号儿首长　白羊肚儿毛巾

　　(3)两音节词里,有的极富于生活口语气息的,两个音节都须儿化,如:串儿摊儿。
　　(4)普通话里少数词因韵律节拍关系有了"儿尾",即汉字本身带上了"儿"字,应将其"儿"字作为一个轻声音节读出来。如:女儿的心、月儿弯弯照九州、花儿与少年、树上的鸟儿成双对、丰收的歌儿唱不完等。

普通话水平测试用儿化词语表

刀把儿　号码儿　戏法儿　在哪儿　找碴儿　打杂儿　板擦儿　名牌儿　鞋带儿
壶盖儿　小孩儿　加塞儿　快板儿　老伴儿　蒜瓣儿　脸盘儿　脸蛋儿　收摊儿
栅栏儿　包干儿　笔杆儿　门槛儿　药方儿　赶趟儿　香肠儿　瓜瓤儿　掉价儿
一下儿　豆芽儿　小辫儿　照片儿　扇面儿　差点儿　一点儿　雨点儿　聊天儿
拉链儿　冒尖儿　坎肩儿　牙签儿　露馅儿　心眼儿　鼻梁儿　透亮儿　花样儿
脑瓜儿　大褂儿　麻花儿　笑话儿　牙刷儿　一块儿　茶馆儿　饭馆儿　火罐儿
落款儿　打转儿　拐弯儿　好玩儿　大腕儿　蛋黄儿　打晃儿　天窗儿　烟卷儿
手绢儿　出圈儿　包圆儿　人缘儿　绕远儿　杂院儿　刀背儿　摸黑儿　老本儿
花盆儿　嗓门儿　把门儿　哥们儿　纳闷儿　后跟儿　别针儿　一阵儿　走神儿
大婶儿　杏仁儿　刀刃儿　钢镚儿　夹缝儿　脖颈儿　提成儿　半截儿　小鞋儿
旦角儿　主角儿　跑腿儿　一会儿　耳垂儿　墨水儿　围嘴儿　走味儿　打盹儿
胖墩儿　砂轮儿　冰棍儿　没准儿　开春儿　小瓮儿　瓜子儿　石子儿　没词儿
挑刺儿　墨汁儿　锯齿儿　记事儿　针鼻儿　垫底儿　肚脐儿　玩意儿　有劲儿
送信儿　脚印儿　花瓶儿　打鸣儿　图钉儿　门铃儿　眼镜儿　蛋清儿　火星儿
人影儿　毛驴儿　小曲儿　痰盂儿　合群儿　模特儿　逗乐儿　唱歌儿　挨个儿
打嗝儿　饭盒儿　在这儿　碎步儿　没谱儿　梨核儿　泪珠儿　有数儿　果冻儿
门洞儿　胡同儿　抽空儿　酒盅儿　小葱儿　小熊儿　红包儿　灯泡儿　半道儿
手套儿　跳高儿　叫好儿　口罩儿　绝着儿　口哨儿　蜜枣儿　鱼漂儿　火苗儿
跑调儿　面条儿　豆角儿　开窍儿　衣兜儿　老头儿　年头儿　小偷儿　门口儿
纽扣儿　线轴儿　小丑儿　加油儿　顶牛儿　抓阄儿　棉球儿　火锅儿　做活儿
大伙儿　邮戳儿　小说儿　被窝儿　耳膜儿　粉末儿　小人儿书　高跟儿鞋
儿媳妇儿

儿化韵绕口令及短文训练

(1)莲花儿灯,莲花儿灯,今儿个点了明儿个扔。

(2)好热天儿,挂竹帘儿,歪脖儿树下有个妞儿在编花篮儿。一编编了个玉花篮儿,里边儿还有栀子、茉莉、半支莲儿。

(3)有个小孩儿叫小三儿,挑个水桶上庙台儿,摔了个跟头儿拾了个钱儿。他又买醋又买盐儿,还买了一个小饭碗儿。这个小饭碗儿真好玩儿,没有边儿没有沿儿,中间儿有个小眼儿眼儿。

(4)有个小孩儿叫小兰儿,兜里装着几个钱儿。她又打醋又买盐儿,还买了个小饭碗儿。这个小饭碗儿真好玩儿,红花儿绿叶儿镶金边儿,中间儿还有个小红点儿。

(5)进了门儿,倒杯水儿,喝了两口儿运运气儿,顺手拿起了小唱本儿,我唱了一曲儿又一曲儿。练完嗓子我练嘴皮儿,绕口令儿,练字音儿,还有单弦儿牌子曲儿,小快板儿和大鼓词儿,越说越唱我越带劲儿。

(6)一个老头儿,上山头儿,光着脑瓜儿砍木头儿。砍了这头儿砍那头儿,砍完上头儿砍下头儿。对面儿来了个小丫头儿,给老头儿送了一盘儿小馒头儿,老头儿一高兴来了劲头儿,没留神儿绊着一根儿小木头儿,栽了一个小跟头儿。

(7)小妞妞儿,围兜兜儿,坐在地里看豆豆儿,地边儿来了个小水牛儿。小妞妞儿怕牛踩坏豆儿,跨过小土丘儿,跳过小水沟儿,忙把牛绳儿拉在手儿,小牛儿羞得哞儿哞儿叫,大伙儿都夸小妞妞儿。

(8)你别看这么两间儿小门脸儿,你别看这屋子不大点儿,你别看这设备也不起眼儿,代销点儿的东西可长脸儿。有取灯儿,有烟卷儿,有背心儿,有裤衩儿,有毛巾,有被面儿,还有盘子碗碟儿刀勺铲儿。只要起早儿赶个晚儿,买什么都在家跟前儿。

(9)小铁头儿,小柱头儿,学习雷锋有劲头儿。放学后,捡砖头儿,跑了东头儿跑西头儿。捡砖头儿几筐头儿,送到猪场砌墙头儿。墙头儿长,高过头,乐得他俩直点头儿,人人夸,两小头儿,集体装在心里头。

(10)解放军野营训练行军千里地儿,昨夜晚宿营住在杨家屯儿。今儿个早上,小刘儿、小陈儿扫完了院子挑了水儿,又到场院修理脱粒机和皮带轮儿,突然间草堆里飞出一只黑母鸡儿。你看它翘着翅膀张着嘴儿,哏哏嘎嘎欢蹦乱跳地回了村儿。他俩在草堆里捡了十几个大鸡子儿,这一下可给他俩出了难题儿。

(11)这回,王一生一个人过沟坎儿,别人帮不上忙儿,我就找了点儿凉水来,悄没声儿走近他,在他眼前儿一晃,他拦了一下,眼睛刀子似的看了我一下儿。一会儿才认出我来,就干干地笑了下儿。他把碗高高地端着,水纹丝儿不动,他看着碗边儿,回报了棋步儿,然后把碗缓缓地凑到嘴边儿。这时,下一局号儿又报了棋步儿,他竟把嘴定在碗边儿上,半晌儿才回报了棋步儿,这才咽了一口水下去,"咕"的一声儿,声音大得可怕,眼里有了泪花儿了。他把碗递过来,眼睛望着我,有一种说不出的东西在里边游动,苦甜苦甜的。嘴角儿缓缓地流下一滴水,把下巴和脖子上的土冲开一道沟儿……(摘自阿城《棋王》)

(12)北京的这条胡同儿,就建筑而论,并没有多少"京味儿"。要想看北京典型的四合院儿,趁早儿别上这儿来,一律没有。这胡同儿不长,也不拐弯儿,一眼就可以看到头儿。两旁是一式儿的排房儿,一样儿的门街,一样儿的院子,每个院儿一溜儿五间房子……

(13)德子四十多岁,红脸膛儿,剃光头,头顶和下巴都是尖的,颧骨挺高,整个儿脑袋像个枣核儿。大高个儿,胳膊腿儿成年累月让三轮儿给练出来了,一疙瘩一疙瘩的肉,要多瓷实有多瓷实,让太阳晒成了古铜色儿……

(14)孙桂贞这才想起吃饭的茬儿,丢开马三胜往院儿里走,一边儿走,一边儿琢磨着刚才说的那码事儿。德顺媳妇儿到底是怎么个活儿?身为街道主任,连胡同儿的人头儿都摸不清,多少有点儿"失职"的味道。

(15)马三胜,是个卖菜的主儿,人称"菜芽马儿"。菜芽马儿嘴巧,人缘儿也好,左近几条街上的居民没有不认识他的。"菜芽马儿,今儿个有什么菜?""萝卜秦椒脆黄瓜,茄子大葱嫩冬瓜,请吧您呐!"于是人们就拣好的挑,菜芽马儿也不用秤,估摸着要价儿,保准不让买主儿吃亏,当然也不让自个儿赔本儿。

(16)一进门儿,"主""仆"的身份就倒了个个儿。德子拉了一天车,累了。媳妇儿说:"上炕躺会儿吧,该伸伸腿儿了。"德子就脱了鞋,往床上一躺,这儿的人习惯把床说成"炕",其实,土炕早就被淘汰了。媳妇儿忙活起来,从碗橱里端出个花边儿小碗儿,边儿上还扣着一把瓷勺儿……

(17)德子瞅着那张票儿,心里很不是滋味儿。可黑子却伸手要接那票儿。马三胜一把摁住了他的手,"闹着玩儿的,真这么下三烂?"转脸儿又对德子媳妇儿说:"嫂子,在娘们儿里头,我还没见过您这么义气的,往后有什么用得着兄弟的,言语声儿!"

(18)那边儿,娟子他叔"嗞嗞啦啦"地又煎又炒,转眼工夫儿就端上来了,一盘儿宫爆肉丁儿,一盘儿焦熘肉片儿,一盘儿辣子鸡块儿,外加上一盘儿拍黄瓜,一盘儿芝麻酱拌粉皮儿,这桌子就摆满了。他又提溜来一瓶儿"衡水老白干儿",摆上两只小酒盅儿,带头儿"啧儿呀"地喝了起来。(12—18摘自霍达的《红尘》)

第三节 上声的变读

上声,即第三声。"上"字在这里读 shǎng,音值214,是个曲折调子。

上声变调,属于语音学上的"异化"现象,是一种由此及彼的常见的音变现象。上声的变调比较复杂,主要是因为它是个曲折迂回的调子。综观普通话的四种声调,上声音值最长,先由2度降到1度,拖平后转而升到4度,在声调的行进过程中,声带松紧周期长,变化幅度大。因此,在一串串音节连发的语流中不允许慢慢吞吞、四平八稳地把这个又长又弯的调子读好,往往是在它尚未收全之时,后面音节的声调动作已经开始了,前后这么一挤就把它挤得改变了原形,或者叫"替换"。造成这种"上变"的参照物是上声后面音节的调类,所以研究上声的变化须看后一个音节的声调。

一、双音节词的上变

双音节上声的变读主要有两途:一是只发前半部分,后尾忽略,就是所谓的"半上"或"前半上";另一个是从一开始发音就把调子扯成直升调,省去了降下去的拖平的部分,此所谓"直上"。分述如下:

(1)直上。两个上声字相连组合成一个词时,前一个上声字不降只升,变读为"直上",其升高趋势近似于阳平调(35),调值实际上为24。如:

友好 指导 理想 宝岛 海港 讲演 首脑 舞曲 党委 法理
海米 表演 稿纸 广角 剪纸 口齿 领海 起点 手法 紧锁

"直上"调的起止点是由2度到4度。曾有一种"上上相连前上变阳平"的说法。其实不过是"近似"而已。真正的阳平调调值是35,"直上"调的上升趋势虽然与阳平平行,但却不如阳平那么高,它的特点是从发音伊始就径直将调子扯成升调,省去了降下去和拖平的后半部分。还有一种直上调值为34的观点,也欠精确,由2度点到4度点并不一定非要途经3度点不可。

为了弄清直上调与阳平调的区别,试举三组词作以对比说明:

美酒——没酒 柳五——刘五 有井——油井

实际发音得出的结论是:发每组前一个变读为"直上"的字(美、柳、有)时,舌肌的紧张度要比念"没""刘""油"三字时松得多,舌肌松弛,调值和声音必然就低一些。宽元音做主要元音的音节,这种差别则是微乎其微。

(2)半上。上声字在阴平、阳平、去声前(非上声的前面)只降不升,都变读为"半上",也就是只念上声一半,保留住前半截,将后半截放弃,从2度降到1度就不再往上升了。把前头的上声读长些,调值即为211,甚至可以发成低平调21。半上的使用频率极高,一般以为未变的上声,每每都是半上。例如:

上声—阴平

海涛 短波 好听 海区 保墒 仿生 每周 跑车 股东 伪装 首先 古今 闪光
老乡 保温 尾声 反击 网吧 首发 海滨 首都 古巴 脚跟 枕巾 省心 伞兵

上声—阳平

表扬 主席 走读 品格 敢于 羽毛 企图 敏捷 起锚 悄然 偶得 漂白 引擎
总结 狡猾 斐然 海棠 友邻 法庭 赏罚 剪辑 海洋 选择 解读 远离 晚节

上声—去声

友爱 翡翠 启示 诊断 转运 呕吐 有效 忍耐 捧腹 审讯 允诺 考验 美丽
准确 母爱 主动 乞丐 扰乱 买票 胆怯 短路 法纪 喊叫 演戏 手段 语录

上声字除了"直上"和"半上"两种主要变读外，还可以归纳出其他一些规律：

(1)上声字单念，处在词语、句子的末尾或刻意强调时，要念准原调值214。如：

好！这下就看你的了！

请听诗朗诵《好》。

(2)亲属称谓中，上声字重叠，第一个上声读"半上"，后一个轻读。如：

姐姐 奶奶 婶婶 姥姥

(3)上声字的后面如果是轻声，一般有两种读法：

直上＋轻声。如：

手里 想法 把柄 老鼠 打死 小姐 打扫 管理 果品 口语 奖品 把手

半上＋轻声(包括称谓)。如：

姥姥 奶奶 板子 管子 老子 耳朵 马虎 老婆 幌子

"子"字不见得处在任何词的末尾都轻读。在"男子""女子""孔子""孟子""老子(春秋时的思想家)""甲子""转子""定子"等词里，"子"非但不能轻读，而且它前面的如果是上声字还要按规定变为"直上"。

"半上"加轻声的词比较容易掌握。"直上"加轻声的一部分词在个别操普通话人的口中有一定的难度，常听到有人将"手里""嘴里""想法""打死""把柄""老鼠""捡起""给我""比起"等词误读成"半上"加轻声。

二、三音节词的上变

三个上声字相连，一般可根据词的内部结构分出以下五种类型(A为直上，B为半上，C为本调)：

(1)如果前两个上声字语法结构为紧密式结合体(即"双单格"结构)，又是一同修饰、限制后一个上声字的(前偏后正结构)或后一个上声字是补充说明前两个上声字的，那么，将前两个上声字都变读成"直上"(24)，最后一个保持本调，即"AAC"的形式。如：

选举法 展览馆 跑马场 管理网 总统府 冷水澡 苦水井 导火索 胆小鬼
洗脸水 举手礼 果品厂 讲演稿 总领馆 蒙古语 水彩笔 虎骨酒 马奶酒

玛瑙厂 马尾藻 保险锁 表演奖 打靶场 保守党 体检表 百米跑 使领馆
整理好 了解你 早点走 本垒打 铁拐李

(2)如果后两个上声字的语法关系紧密(即为"单双格"时)或为了语意表达的需要第一个上声字处在被强调的逻辑重音时或第一个上声字修饰、限制后两个上声字时,可将第一个上声字变"半上"(211),第二个上声字变读为"直上"(24),后一个上声字保持本调,即"BAC"的形式。如:

好品种 党小组 老酒鬼 买水果 老首长 海产品 小纸篓 厂党委 女老板
纸老虎 米老鼠 买小米 有理想 小老板 土堡垒 小两口 写脚本 挺勇敢
女选手 冷处理 省体委 找旅馆 耍笔杆 打谷草 有好转 小雨雪 省领导
买保险 解小手 小语种 炒米粉 小九九

(3)如果三个上声字成"排排坐"式的并列结构,也将前两个上声变读为直上,后一个保持本调。即"AAC"式。如:

甲乙丙 软懒散 水火土 稳准狠 早午晚 俯仰躺 减免缓 短小好 某某某
走走走 好好好

(4)如果第一个上声为人的姓氏字,应尽量变为"半上"调,绝不能变"直上"。第二个上声字变直上,第三个上声保持原调。即"BAC"的形式。如:

李可染 史可法 孔乙己 柳子谷 李小姐 武导演 马厂长

这种情况仅限于三个字都是上声字的,如果只是前两个字为上声,后一个字是非上声,这样的人名和姓氏字就无法全其"半上"声调了。如:"史铁生"听起来与"石铁生"音同。当然也有姓氏上声字读音变化后,基本不至于影响到词义的情况,如:"古广明""沈法绥"等,因为古今没有姓阳平 gú 的,姓 shén 的也极为罕见,只汉代有神英,传为神农氏的后裔。

(5)前两个音节是形容词重叠时,第二个音节不论什么声调,儿化后都可以变读成阴平调,包括上声字在内。如:

好好(儿)地 早早(儿)地 短短(儿)地 远远(儿)地 满满(儿)地 饱饱(儿)地

但是,这种情况不多,只在较轻松亲切、生活气息浓郁的口语中可用。在新闻性、政论性强的文章中仍按原有的基本变调规律去拼读。如:"好好先生""远远落后""满满当当"。

三、三个以上音节的上变

三个以上音节的上变,按词汇内部的组织结构形式分段处理为宜,这种情况灵活性较大,应充分照顾到语言习惯。如:

党小组长 省体改委 访养马岛 打洗脸水 伪总统府 岂有此理 有点想法

洗海水澡　往好里想　由冷转暖　找好旅馆　老首长好　总统选举　女子选手
由紧转缓　很有想法　赶紧处理　有点勉强　两种版本　领取奖品　指指点点
领导走访　养老保险　主打产品　保守打法　免检产品　理想场所　引起反感
古朴典雅　党委领导　党史展览　老有所养　美好理想　有板有眼　请你理解
有所悔改　女子铁饼　美好远景　主管领导　写点感想　我也想走　有所影响
可以理解　想法很好　主旨演讲　引起反响　没有死角　小组组长
把手举起来　原板转散板　演讲与口才　你也可以跑　我得赶紧走
总统府广场　彼此有好感　污水处理厂　普法领导小组　养马岛跑马场
防止整党走过场　打一小会儿盹儿　金小丑奖授予点　水往哪里引好呢
改革领导管理体制　而且已经开始使用　李导演也有许多苦恼
总起来讲,你厂的民主管理搞得还可以　总感觉嗓子眼儿里痒痒
北影厂《马铁腿外传》你不找我我也得找你
省体委的"铁脚板"小李百米跑九秒九九　已打好小土井九百眼
羊口港以北的通海港口码头　我想你总可以给我找几本稿纸吧
财产管理等免缴所得税　疗养所走以所养所的路子
调节处理九百九十九起　污水处理厂积累有所减少
彻底扭转乱起土毁田的现象　依法管理好排水管网等
今晚全省有小雨转小雨雪　柳老断掉左手手指写血书
只有本厂子女可以领取补养品　舞蹈小品辅导组排演卡塔尔舞
柳厂长往种马场给我省养马岛跑马场买了两匹好母种马
请你赶紧找点草稿纸给我打草稿,好把演讲稿早点写好给你

第四节　去声的变读

去声字的变调比较简单,只是在两个去声音节相连时,将第一个去声由全降调(51)变成"半去"(53)即可。如:

愤怒　办事　必要　部队　病害　大陆　定购　就业　议价　购物　客运　内控　惠顾
债券　面议　化验　拓片　败诉　涉猎　蜜饯　现货　降落　幸会　上限　计件　费劲
故意　换届　被褥　废气

除此之外,去声在阴平、阳平、上声、轻声字前都几乎保持本调,但也不是一点未变,其实去声在任何词的前面都不能全其原调值51的特性,都无法一降到底。试辨听下面的四个词语:电灯——电瓶——电表——电扇。从听感上觉不出"电"字分别置于

阴平、阳平、上声和去声前面有多么明显的差异，从物理实验的结果来看，也不过是一个去声音节在另一个去声前面时变得更短促些而已，因此，有人以为去声在任何声调的音节前都变"半去"，不必把去去相连的变调与去声和其他声调音节相连的变调严格区别开来。不过，考虑到变调理论教学和具体训练的实际，我们认为还是应当指出"去去相连前去变半去"的规律，这样有利于增强学习者的主观意识和自觉性。

不仅去声如此，阴平字和阳平字与其他调类的字音相连时，也会出现类似的情况。双音节词里，第一个音节如果是阴平字，那么大多数都无法保持住原来又高又平的调值，而成44；如果阳平字处在双音节词的前面，有的可能变成34，有的可能变成24或25。由此看来，字与字相连，第一个字的调值总是处于不稳定状态，只是大致的平伸升降的调型没有改变而已。

第五节 "一"字的变读

"一"的本调是阴平(55)，连变过程也不复杂，由此而及彼，重点是它在变成"半去"和"阳平"后的声调。

(1)单念(作为序数)和处在词句的末尾时，"一"要保持原调。如：

大年初一 九月一日 第一 单一 万一 统一 第一届 一九九一年 传说不一
一楼十一号 九九归一 北京一中 一五一十 一一述说 一大二公 天下第一
一来二去 三来一补 二十一 三七二十一张

注意："一连"里的"一"如果表示序数时，不变调，如："一连负责掩护"；如果变调则表示"全连"，如："一连官兵全都写了决心书"。在副词"一连"中，"一"字也须变调为去声，如："他一连喝了三瓶啤酒"。另请注意："一"在与"亿""万""千""百"等量词组成系列数量词处在开头位置时，要按规律变调；词组或句子当中和结尾的"一"字一般不变调。如：

一百一十米栏 一万一千一百一十元 一百一十一点一公斤 一亿零一千一百人

(2)在阴平、阳平、上声字的前面，"一"变读为"半去"调(53)。如：

一天 一车 一方 一家 一张 一包 一声 一刀 一帮 一双 一心 一筐 一根
一堆 一只 一株 一桩 一斤 一颗 一吨 一千 一分 一般 一开 一吹 一丝
一层 一打 一壶 一行 一盒 一回 一毛 一枚 一旁 一年 一排 一碟 一瓶
一台 一人 一群 一盘 一勺 一堂 一头 一元 一团 一席 一搏 一炉 一篮
一把 一场 一首 一本 一起 一手 一尺 一朵 一股 一伙 一响 一跑 一脸
一脚 一两 一亩 一桶 一匹 一曲 一闪 一米 一嘴 一洗 一瞅 一挤 一捆

(3)在去声音节前面,"一"变成近似阳平(35)。如:
一座 一次 一件 一辆 一句 一栋 一票 一块 一列 一致 一溜 一旦 一丈
一阵 一站 一夜 一样 一下 一味 一套 一位 一岁 一通 一律 一趟 一切
(4)嵌在两个重叠动词中间,"一"读轻声。如:
拍一拍 笑一笑 说一说 躺一躺 尝一尝 聊一聊 缓一缓 治一治 修一修
看一看 查一查 推一推 品一品 议一议 静一静 整一整 闻一闻 试一试
走一走 凉一凉 敲一敲 晃一晃 闪一闪 美一美 玩一玩 跑一跑 用一用

四字词组的"一"变训练

独树一帜 沧海一粟 一模一样 一气呵成 不屑一顾 黄粱一梦 百无一失
一衣带水 三位一体 杀一儆百 一张一弛 一目十行 沆瀣一气 一丘之貉
一唱三叹 一叶知秋 一波三折 偶一为之 红极一时 一唱一和 一刻千金
一念之差 一笔勾销 九牛一毛 一本正经 一语破的 孤注一掷 一马当先
千钧一发 一触即发 功亏一篑 表里如一 略胜一筹 济济一堂 一呼百应
一面之交 挂一漏万 一息尚存 九死一生 一心一意 如出一辙 无一例外

第六节 "不"字的变读

"不"字的本调是去声(51),单念或处在词尾时按原调读音。在组词时,受其后面音节影响,也会产生由此及彼的变化,这种变读主要表现在处于去声字前面。

(1)处在去声字前面,变读成近似阳平调。如:
不必 不笨 不便 不错 不胖 不大 不但 不去 不让 不动 不论 不借 不适
不断 不对 不顾 不贵 不退 不误 不细 不换 不笑 不亮 不卖 不在 不用
不够 不困 不愧 不利 不是 不差 不受 不睡 不畏 不辣 不算 不见 不看
(2)在阴平、阳平、上声字前面都变读成"半去"(53)。如:
不高 不深 不光 不佳 不尖 不听 不争 不烧 不清 不分 不周 不沾 不该
不禁 不真 不通 不低 不知 不新 不鲜 不脏 不公 不偏 不均 不黑 不拉
不强 不灵 不甜 不流 不容 不严 不匀 不如 不粘 不熟 不馋 不妨 不服
不和 不良 不疼 不红 不离 不滑 不同 不全 不平 不赔 不薄 不俗 不含
不好 不美 不给 不想 不紧 不改 不晚 不敢 不少 不假 不挤 不走 不仅
不小 不理 不买 不打 不法 不管 不傻 不取 不讲 不忍 不狠 不齿 不请

(3)嵌在两个字中间,或肯定否定连用时,读轻声。如:

走不动 说不清 对不起 差不多 用不上 挡不住 了不起 吃不下 搬不动
很不错 写不完 跑不快 活不好 去不去 来不来 疼不疼 干不干 受不了
深不深 听不见 赶不上 进不去 伸不直 合不来 下不来 说得 甩不掉

四字词组的"不"变训练

不卑不亢 不管不问 不伦不类 不慌不乱 不三不四 不白之冤 泾渭不分
不塞不流 并行不悖 兵不血刃 苗而不秀 没齿不忘 目不识丁 桀骜不驯
锲而不舍 情不自禁 弱不禁风 少不更事 视而不见 良莠不分 见而不识
始终不渝 却之不恭 忐忑不安 恬不知耻 萎靡不振 瑕不掩瑜 敬谢不敏
惴惴不安 严惩不贷 忠贞不渝 卓尔不群 不合时宜 不胫而走 密而不雨
不假思索 踌躇不前 供不应求 放荡不羁 间不容发 兵不厌诈 不破不立

第七节 "啊"字的变读

"啊"是一个表达语气情感的基本音。"啊"(a)没有声母,只以韵腹构成音节。主要有两个用途:

第一,作为语气叹词,经常用在句子的开头单念,不受任何音素的影响,有阴平、阳平、上声、去声四种声调的不同。如:

啊(ā)!下雨了。(表示叙事)

啊(á)?你没有听清楚?(表示追问)

啊(ǎ),原来他不去?(表示惊疑)

啊(à)!怪不得。(表示允诺)

以上四种情况,只要按不同的声调念 a,即便后边不跟着补充语句,别人也能基本听懂说话人的意图。可见,"啊"字声调的变读与说话人情感的变化有密切关系。

第二,作为语尾助词,在句子的末尾出现,要受前一个音节最后一个音素收音的影响而发生"增音"变化。虽然字面上同样可以写成"啊",可实际读音却比"啊"(a)丰富得多,有时这些连音变读用"呀""哇""哪"等汉字标出。

语尾助词"啊"一般有六种变读。怎么变、变什么,完全是在实际发音过程中自然而然形成的,以便捷、经济为归宿。

(1)前一音节的末尾音素(有的是韵腹,有的是韵尾),如果是 a、o、e、ê、i、ü 时,"啊"变读作"ya",也可换写作汉字"呀"。

这种"ya"变现象内部还有两种情况,一种是因"连音同化"而"增音",即把前一个音节末尾的音素作为头母,加在 a 的前面,形成"ya"(末尾音素是 i 或 ü 的)。如"你啊!"nǐa ⟶ nǐya,"快去啊"kuàiqùa ⟶ kuàiqùya。另一种是因"连音异化"而"增音",即前面音节的末尾音素是 a、o、e、ê 的,在 a 的前面加上 y,形成一个新"ya"。这又是为什么呢?因为前一个音节的主要元音 a 与它后面的助词 a 连续发出要分隔出两个音节来,中间又不允许有停顿,增大了发音的难度,进而产生了"异化"的要求。如果发完前面的 a 后立刻楔入头母 y,使舌面上升后再降下发助词 a,将两个 a 区分开就相对容易些。o、e、ê 虽不如连发两个 a 那样困难,但习惯上也采取增音 y 的办法。如:

他学习真有办法啊!(ya)(呀)　　　原来是他啊!(ya)(呀)
这辣椒真辣啊!(ya)(呀)　　　　老马啊!(ya)(呀)
你倒是说话啊!(ya)(呀)　　　　我们有多少话要说啊!(ya)(呀)
街上的人真多啊!(ya)(呀)　　　老罗啊(ya)(呀),再不能等了!
咱们坐哪趟车啊?(ya)(呀)　　　这天儿真热啊!(ya)(呀)
第二节是什么课啊!(ya)(呀)　　你这人真傻啊!(ya)(呀)
今天的讨论好热烈啊!(ya)(呀)　多么迷人的夜啊!(ya)(呀)
态度真坚决啊!(ya)(呀)　　　　到邮局去寄啊!(ya)(呀)
这的确是一出好戏啊!(ya)(呀)　多么不容易啊!(ya)(呀)
你千万别在意啊!(ya)(呀)　　　多么好使的一支钢笔啊!(ya)(呀)
好大的雨啊!(ya)(呀)　　　　　不能违反纪律啊!(ya)(呀)
不是你干的,你干吗心虚啊?(ya)(呀)

(2)前一音节的末尾音素(没有韵尾看韵腹)是 u(包括 ao、iao 中的 o)时,产生"连音同化"的变化,"啊"变读成"wa",也可以换写成汉字"哇"。如:

你好糊涂啊!(wa)(哇)　　　　　那分明是条死路啊!(wa)(哇)
这家伙胳膊真粗啊!(wa)(哇)　　这药怎么不苦啊?(wa)(哇)
这回多亏了老赵啊!(wa)(哇)　　你跟他要啊!(wa)(哇)
抓紧时间找啊!(wa)(哇)　　　　你倒是笑一笑啊!(wa)(哇)
咱们去哪儿打球啊!(wa)(哇)　　他们个个都是硬骨头啊!(wa)(哇)
你怎么还不走啊?(wa)(哇)

(3)前一个音节的韵尾是前鼻音-n 时,产生"连音同化"的变化,"啊"变读作"na",也可换写成汉字"哪"。如:

大家正盼着你们啊!(na)(哪)　　这颜色好鲜艳啊!(na)(哪)
你快看啊!(na)(哪)　　　　　　品种好全啊!(na)(哪)
月亮真圆啊!(na)(哪)　　　　　今年的雨水好勤啊!(na)(哪)

什么时候再见上一面啊？（na）（哪） 多少钱一斤啊？（na）（哪）

有没有我的信啊？（na）（哪） 我不去怎么办啊？（na）（哪）

这儿离剧院真近啊！（na）（哪）

(4)前一个音节的韵尾是后鼻音－ng时，产生"连音同化"的变化，"啊"读作"nga"音，汉字里没有用这个音标写的字，因此只能写成"啊"。如：

那哪儿成啊！（nga） 大家一齐唱啊！（nga）

这副担子可不轻啊！（nga） 你怎么不上高中啊？（nga）

同志，请你停一停啊！（nga） 在集体里我只是普通一兵啊！（nga）

这哥俩儿长得真像啊！（nga） 河里的水真凉啊！（nga）

你快点讲啊！（nga） 那可不行啊！（nga）

(5)前一音节的韵母是舌尖前元音-i（前）时，"啊"变读成"za"。舌尖前元音在"啊"(a)前，因为是一个音节的开始，肌肉自然要稍紧一些，气流逐渐增强，于是就变成与辅音s同部位同方法的浊音[z]了。汉语里没有用这个音标写的字，只能写成"啊"。如：

多么动人的舞姿啊！（za） 就去过一次啊！（za）

这信你可不能撕啊！（za） 这家伙真自私啊！（za）

好大的一笔投资啊！（za） 学习要多思啊！（za）

你就是当年的小虎子啊！（za） 今天星期四啊？（za）

他现在可是红得发紫啊！（za） 这真是一个大胆的构思啊！（za）

(6)前一个音节的韵母是舌尖后元音-i（后）时或末尾是er（包括儿化韵）时，"啊"变读作"ra"。汉字里没有用这个音标写的字，仍写作"啊"。舌尖后元音和儿尾加在 a 前，肌肉稍紧，气流增强，-i（后）也就浊化为辅音r了。如：

小同志啊，你说是不是啊！（ra） 今天的会谁来主持啊？（ra）

这才仅仅是个开始啊！（ra） 这孩子真懂事啊！（ra）

报纸来得真及时啊！（ra） 你养的是什么花儿啊？（ra）

你也有小牙刷儿啊？（ra） 他现在在哪儿啊？（ra）

这是谁在唱歌儿啊？（ra） 快来帮个忙儿啊！（ra）

"啊"变短语及绕口令训练

(1)这帮年轻人啊，整天价就知道唱啊，跳啊，乐啊，不知道什么叫个"愁"字啊！

(2)祖国的山啊，这样雄伟；祖国的水啊，这样秀美。

(3)我的心头不禁一颤：多么可爱的小生灵啊，对人无所求，给人的却是极好的东西——蜜蜂是渺小的；蜜蜂却又多么高尚啊！

(4)这些孩子啊，真可爱啊！你看啊，他们多高兴啊，又作诗啊，又画画儿啊，又是唱啊,又是跳啊。啊,他们多幸福啊!

(5)鸡啊,鸭啊,猫啊,狗啊,一块水里游啊!牛啊,羊啊,马啊,骡啊,一块挤鸡窝啊!狼啊,虫啊,虎啊,豹啊,一块街上跑啊!兔儿啊,鹿啊,鼠儿啊,孩儿啊,一块上窗台儿啊!

(6)咍!咍!咍!谁啊?张果老啊!怎么不进来啊?怕狗咬啊!衣兜儿里装的什么啊?大酸枣啊!怎么不吃啊?怕牙倒啊!胳肢窝里夹着什么啊?破棉袄啊!怎么不穿啊?怕虱子咬啊!怎么不叫你老伴儿给拿拿啊?老伴死得早啊!得了,我把狗打死了。下酒正好啊!

第八节　词的轻重格式

普通话的"重音"代表着词的重音和语句重音两个概念。语句重音属于语言表达方面的技巧,本节讨论的只是限于汉语词内部各个音节的轻重读法。

汉语的词,可分为单音节词、双音节词、三音节词和四音节词,由5个音节组合的词很少(多为外来词)。单音节词就无所谓轻重了,因此,我们主要应掌握好双音节、三音节和四音节词的几种轻重格式的变读。

所谓"轻重格式",指的是在一个多音节词里,每个音节之间的轻重分量、强弱程度的差别等级,即"音量"强度的差别。为了学习上的方便,我们把音节的这些音量强度拟划为四个等级:重度音、中度音、次轻度音、轻度音。在实际发音时,不同的人、不同的语境对于词的轻重读并没有严格的限定,所以初学者只需了解"重""中""轻"三个等级就可以了,但是作为专业语言工作者应该要求自己能在语言的运用中将词的这些轻重读表达得更丰富、更细腻、更生动,这当然也是高一层次的追求了。

轻重读主要体现在音节的音量大小上,即声音的强弱上。重读的音节音量必然大,音量的增强不仅仅表现为声音的响亮,而且还会牵扯到主要元音,使其拉长加宽,声调的音值也随之趋向鲜明,显得略高些。比如:"石头""头发""车头"三个词里的"头"比较起来就显然是"轻""中""重"。轻声音节的音量小,音量的减弱同时也会波及声调,使声调变得模糊不清,还会影响到元音,使其变轻变短,以致"弱化""脱落",高低元音、前后元音、圆展唇元音之间都会呈"趋中"态势,大多变成"舌尖元音"了。如:"帽子"中的"子"的弱化过程可以表现为:zǐ ⟶ zi ⟶ ze ⟶ z。

轻重读在汉语词里的作用显而易见。

其一,它可以表示几个音节的密结性,表明它们是一个词或者是组合得相当紧密的有一定意义的词组。如在"这个人喜欢搬弄是非"这句话里,"是非"为重次轻格式,一个词,指口舌争吵;另外在"我们要明辨是非"这句话里,"是非"是中重格式,已经"同化"了的平行的并列词组,指正确与错误。

其二,区分一部分词的词义。如重次轻格式的"生气",指朝气、活力;中重格式的"生气",指恼怒的意思。

其三,区分一部分词的词性。如重次轻格式的"报告"是动词,中重格式的"报告"属名词。

其四,动词后的补语因轻重音的不同而能区别其性质,表示不同的意义。如在"又出去一个人"一句里,"去",轻读,是趋向补语;"从这里出得去吗?"这句话里,"去",重读,是结果补语。由此可见,汉语词内音节的轻重读,能起积极的作用,使语言表达得更加准确、更加精当。

多音节的词按轻、次轻、中、重的音量配置,其配合规律与词的结构有关,形成了多种不相同的格式。一般说来,轻声不会在词的第一个音节的位置出现。

一、双音节词的格式

双音节词的格式大致可划分为中重、重次轻、重轻三种。

(一)中重格式

周刊 环球 大会 职业 汽车 铁路 河流 土壤 海洋 钢铁 商店 科研 工厂
军队 国际 山川 交流 水平 实现 访问 自学 资料 开放 单位 歌唱 英雄
车辆 马路 高峰 数学 师资 举止 苦读 犯法 舞蹈 绘画 长江 镜框 书柜

(二)重次轻格式

记者 人类 春天 农民 形象 观点 思想 价值 高度 热点 政治 节目 教育
干部 阅历 性质 编辑 命运 厌恶 季度 义务 质量 信誉 错误 设计 智慧
业务 运动 经济 消息 读者 温度 动作 爱护 贸易 事业 跨度 风气 难点

(三)重轻格式

镜子 丈夫 稀罕 猴子 讲究 滑溜 阔气 拉扯 收拾 意思 悬乎 值得 苗头
价钱 出息 跟头 锅饼 勤快 街坊 云彩 刺猬 时候 算计 枕头 哆嗦 动静

二、三音节词的格式

三音节词的格式大致有四种:中次轻重、中轻重、中重轻、重轻轻。

(一)中次轻重格式

拖拉机 风雪衣 电风扇 疗养院 笔记本 西红柿 无线电 计算机 电视剧

自行车 体温计 井冈山 国务院 办公室 红楼梦 阳关道 酸梅汤 小提琴
体育场 讲习班 锦标赛 招待会 工程师 采油树 座右铭 传达室 大学生

(二)中轻重格式

保不住 抱不平 背着手 表个态 对不起 果不然 过得去 架不住 合不来
冷不防 生意经 架子鼓 来不及 冒失鬼 吃不消 说得来 数得着 娃娃鱼
泡泡儿糖 小不点儿 中不溜儿 拨浪鼓儿 下巴颏儿 呱嗒板儿 核桃仁儿

(三)中重轻格式

打摆子 小姑娘 腿肚子 脑瓜子 上岁数 小日子 油渣子 牙花子 老大爷
少奶奶 小伙子 打埋伏 吃官司 没工夫 打交道 套近乎 拉关系 好兆头
凑份子 出毛病 串亲戚 手指头 枪杆子 偷东西 赶浪头 脚腕子 菜篮子
耳根子 儿媳妇 小胡子 鸡爪子 狗腿子 犯迷糊 小算盘儿 气头儿上

(四)重轻轻格式

坐下来 爬出去 喝下去 上来吧 这么着 漂起来 说不得 听见了 送进去
告诉他 转悠着 比画着 侧棱着 怪不得

三、四音节词的格式

四音节词的格式大致有中重中重和中轻中重两种。

(一)中重中重格式(多为并列结构的成语)

安分守己 安居乐业 昂首阔步 半斤八两 报仇雪恨 杯水车薪 上山下乡
闭目塞听 并驾齐驱 博古通今 沧海桑田 长吁短叹 诿上欺下 五湖四海
察言观色 车载斗量 成家立业 瞠目结舌 承上启下 耳提面命 漫山遍野
飞沙走石 脱胎换骨 耳濡目染 珠圆玉润 克己奉公 精打细算 有口无心
前因后果 朝令夕改 欢天喜地 忙里忙外 哭天抢地 东成西就 山呼海啸

(二)中轻中重格式

稀里糊涂 慌里慌张 噼里啪啦 哆里哆嗦 唠里唠叨 叽里咕噜 乒乒乓乓
拉里拉杂 叽里咔嚓 叽叽喳喳 花里胡哨 死乞白赖 黑咕隆咚 腻腻歪歪
酸不溜丢 老实巴交 疯疯癫癫 说不过去 半半拉拉 黑不溜秋 拖拖拉拉
嘻嘻哈哈 紫啦吧唧 热热闹闹 漂漂亮亮 含含糊糊

语流音变短语及文章的综合训练

(1)东当铺,西当铺,东西当铺当东西。

(2)一个老僧一本经,一句一行念得清,不是老僧爱念经,不念经就当不了僧。

(3)不怕苦,不怕死,不为名,不为利。不计较工作条件好坏,不计较报酬多少,不讲分内分外,不分前方后方,一心为会战,一心为革命。

(4)有个胡子,骑着骡子,有个驼子,挑担茄子。一不小心,胡子的骡子,撞翻了驼子的茄子。挑茄子的驼子,拦住了骑骡子的胡子,要胡子赔摔在地上的茄子。胡子下了骡子,向驼子赔了个"不是",又替驼子捡起了茄子。驼子挑起了茄子,又扶胡子骑上骡子,二人一同去城里摆摊子。

(5)干什么工作都要一心一意,言行一致,表里如一,埋头苦干,踏踏实实。有了成绩不骄傲,遇到困难不失掉信心。工作不要一高一低像大海波浪式的,要始终如一,积极上进。干什么工作都要不折不扣,不讲价钱,不说怪话。

(6)也许你在工作里、生活里都遇到过困难……

在我们心里,困难就和胜利站在一起。困难是一条河,胜利就是河那边的山。过了河,就上了山,不要只看见河,看不见山;也不要只看见山,却看不见困难。

困难总是躲在你的面前,试试你的耐心,试试你的勇气和力量。你慢慢儿会发现困难喜欢交朋友,一个小困难会介绍你认识一个大困难。如果你始终也不躲开它们,那它们就会给你越来越多的知识和胆量,直到最后它们才给你让开路,把你送走。

如果你高兴,你还可以回过头来,看看这些困难朋友。向困难伸过手去吧!在生活里它是你最好的朋友。

(7)下雪了,雪下得真大,雪花儿像鹅毛一样从天上飘下来,落在山上。田野里、房子上、大树上,盖了一层,又盖上一层,全是白茫茫的了。

外边儿静悄悄的,行人很少。

雪停了,太阳出来了。太阳光照在树上,亮得耀眼。山啊、田野啊、房子啊、大树啊,全变了样儿,都穿上了白色外衣。校旁那两座小塔,都戴上了白帽子,比平常更好看了。

下课了,同学们都到院子里来了。大家滑雪、扔雪球儿、堆雪人儿。他们的脸跟鼻子尖儿都冻得红红的,可还是玩儿得那样起劲儿。

(8)月儿,玉碟似的,探出蝉翼般的云帘儿,悄悄然,闪进了古朴的南窗,跌落在倚窗的小木桌儿上。主人的小楷狼毫笔,喷着幽幽的墨香,在雕花儿的空烟斗上架着。

五只深赭色的荸荠,准确地说,四只半:有一只荸荠,主人咬了一半儿,那半只,连着蒂儿,竖在小木桌儿上,素裹着皎洁的月色,俨然似一座纤维的金字塔儿。

一小块儿人工凿成的方形汉白玉石,圣洁无瑕,犹若一方凝固的月光。石下压着一叠方格儿稿儿纸,蝇头儿小字,一丝不苟,标题是:关于《山乡春秀》(三卷)修改参考意见。(摘自邓开善的《月照南窗》)

(9)H省的地方戏"H剧",近年来日趋衰落,其情况如下:大约一百年前,这里出现了一位天才演员,艺名"香又红",唱、做、念、打,无一不精,风靡一时。香又红渐渐老了,不能上台了,人们最喜爱的演员是香又红的掌门大弟子小香又红。小香又红不仅在功艺上与香又红惟妙惟肖,而且连长相儿、嗜好、习惯,也与香又红极似:香又红是瓜子儿脸,小香又红也是瓜子儿脸;香又红抽水烟袋,小香又红也抽水烟袋;香又红左眼皮儿下有一个痦子,小香又红也在左眼皮儿下画了一个痦子;等等。小香又红老了以后,占领舞台的是小小香又红。现在呢,H剧的台柱是小小小小香又红。

按照微积分的原理,如此小小小小小下去,就趋于零了。(摘自王蒙的《小小小小小……》)

(10)村边,老槐树下杂院儿里住着两户老大娘,村里人都管她俩叫四婶儿、五婶儿。年轻时,俩妯娌曾在一个锅里捞勺子,后来分开过,现在都儿大成人,当上婆婆抱孙孙了。

老小儿老小儿,年纪大了,老姐妹俩都不知不觉染上了孩子气儿。日子宽裕,四婶儿家新买一个檀木壳儿大座钟,忙着搬到五婶儿面前去显亮显亮。五婶儿家购一台三用电唱机,明知四婶儿不欢喜嘈杂,也要叫小孙孙把开关拧足。那意思,非叫对方眼馋了,自己才高兴。后来,连头上包块尼龙丝巾,脚上蹬双平绒棉鞋,都成了老姐妹间夸口的内容。(摘自何有德的《四婶和五婶》)

(11)听说老蔫儿巴今儿个杀猪,绰号儿"一盒儿粉"的队长媳妇儿,竟没心思吃饭了。她梳洗、打扮后,便大腿压二腿盘坐炕头儿上,眼盯着大门外,专等人来请。

猪叫声过去好半天儿了,村子里静得怕人。房檐儿上的家雀儿乍撒着翅膀,悄没声儿地用嘴叨膀子根儿底下的毛儿,老黄狗趴在阴凉处耷拉着红舌头,大门口儿没有人来。她想:此刻,那肥猪在开水锅里打完了滚儿,煺了毛儿、开了膛儿,白花花的油,红鲜鲜的肉,紫微微的肝……一阵小风儿真的送来一股肉香,她再也等不得了,破门而出,直奔老蔫儿巴家。(摘自流星的《队长媳妇儿》)

(12)"一盒儿粉"皱了皱眉头,心里骂道:"好你个老蔫儿巴,还'扬蹦儿'起来了呢?你不打听打听,全屯儿二百户人家,哪家娶媳妇儿没请我喝喜酒?哪家生孩子没请我去吃喜面?前年你死了媳妇儿不是还请我去吃顿'杂货菜'吗?凭啥?老娘是队长媳妇儿!今儿个你敢闪我?小样儿,哼!"她气得发抖、咬牙,恨不能把老蔫儿巴嚼了。(摘自流星的《队长媳妇儿》)

(13)"媳妇儿,快包饺子,过年!"母亲对妻子说。于是,一家人忙起来,剁馅儿、和面……一会儿,全家就围在一起开始包饺子。这时,母亲忽然想起一件什么事儿,说:"哎呀,包个大钱儿饺子吧,谁吃了谁就有福!"

为了使母亲高兴,我同意了,而且希望母亲能吃到这个大钱儿饺子。我要真诚地祝福她,愿她多活几年。

母亲从柜里拿出个蓝布包儿,从包儿里掏出一枚道光年间的铜钱儿来,她颤抖地把这枚古钱儿放在一个面皮儿上,上面又盖了点儿馅儿,包成一个饺子。这就是大钱儿饺子了。母亲包完这个饺子,用手在边儿上偷偷捏出一个记号儿,然后若无其事地把它和别的饺子放在一起。但我已经清楚地记住了这个饺子的模样儿了。

饺子是母亲亲自煮的,饺子要熟了,像一群羊羔儿一样漂上来。我一眼就看见了那个带记号儿的大钱儿饺子。(摘自张林的《大钱饺子》)

(14)我自小儿就喜欢花草儿,爱看,也爱种。我家有一个不大的凉台,坐南向北,虽然位置不怎么理想,栽些花草儿,还是可以的。记得开始时种的是凤仙花。播下了几粒种子,于是天天浇水,天天盼望着湿漉漉的泥土里冒出水灵灵的幼苗儿来。当那些纤弱的小芽儿终于钻出泥土,在阳光下舒展开青嫩的叶瓣儿时,我竟高兴得手舞足蹈了……

和一切性急的孩子一样,我巴不得花盆儿里那些又小又细的幼芽儿一天之内就能开花结籽儿。一个天真的想法儿,便在我心里滋生了:多浇些水,多施些肥,小苗儿一定能长得快些。于是我每天浇四五趟水,早晨浇,晚上浇,中午也浇,还把自己认为可以做肥料的一切东西都往花盆里撒。结果,小苗儿非但没有长高,竟一棵棵地萎缩了,死了。我的伤心自不必说,大人们却还笑我:"你呀,真是个小戆大。你知道么,这些小花儿小草儿,也是些小生命,娇嫩着哩,乱来怎么行呢!"哦,是我的幼稚,夭折了这些娇嫩的小生命。我并没有灰心,一次次地再播种,再培育,终于盼来了开花结实。我种过蝴蝶花儿、兔子花儿、海棠花儿、兰花儿,还有月季、金橘、石榴,有过许多成功的喜悦,也有过不少失败的懊丧。可是大人们的那些话,却总是那么深刻地印在我的心里。是的,这些小花儿小草儿,真是些娇嫩的小生命!(摘自赵丽宏的《生命草》)

(15)杏儿黄,麦上场。场边儿上那几棵荷包杏儿,还在离核儿转色,队长就操持着轧好了场。

新轧好的麦场,又宽敞又豁亮,平整光洁得像面大镜子。

月光涌了上来,涌过那高高的白杨树,把清水似的光亮儿,白蒙蒙洒满大场。吃过晚饭,那些拾掇完家务活儿的婶子大娘,姑娘媳妇儿们,抱着孩子,带着随手的活儿,便陆陆续续来到这儿凑齐。

三个媳妇儿一台戏。麦场中央一平如镜的月亮地儿里,队长媳妇儿无拘无束地大说大笑,比别人显得热闹。她和身边的妇女从晚上的饭食,说到这几年的光景儿,说到眼前的丰收,七嘴八舌的。最后话题又扯到各自的丈夫身上。

媳妇儿们议论起自己的丈夫来,不管言辞、口吻和表达方式怎样不同,可那种感情却是完全一致的,就像锭子尖儿上越扯越长的棉花线,强烈而又绵长。

队长媳妇儿坐在一领白闪闪的新席上,扯着麻绳儿纳鞋底儿,小妮儿戴着红兜兜儿,在她身边的席上爬来爬去。她望着越升越高的月亮,顺手在头发上篦篦针锥,一边穿针,一边没好气儿地说:"我算服了,俺那口子简直长了双铁脚!光这大鞋,一年就得好几双!打地里麦子黄梢儿,到这儿才几天的工夫儿,一双新鞋又穿得龇牙咧嘴了!水里蹚、泥里也踩,办起工副业后,今儿个揽这个活儿,明儿个订那个合同,又不会骑车子,进城上县,一趟一趟,你不惜那股子牛劲儿,我还心疼我那鞋呢!今儿个去县上交活儿,瞧瞧咱会计,小伙子打扮得豁亮新鲜,穿着不要布票儿的裤子,从头到脚像个洋学生!俺那口子倒好,裤腿儿一绾,小褂儿一披,登上那豁牙露齿的鞋就走!要不是大娘拿出双存货,还不把人丢到县上,你说寒碜不寒碜,我的脸可往哪儿搁。这不,晌午忙完了队里分的草垫儿,抽空儿就得一针一针地给他纳!我老说,我准是哪辈子该了他的。"

队长媳妇儿身边坐着的,是慈眉善目的老丰大娘。她一边笑着听队长媳妇儿数叨,一边慢慢儿拧着沤潮了的玉米皮儿,作竹签儿编着草垫儿。

今儿个队长、会计和保管老丰大伯去县上交活儿,顺便捎点儿麦收要用的小农具。按说该是天一擦黑儿就能到家,可这都月上树梢了还没见个人影儿。

想到这儿,老丰大娘关切地说:"这伙儿人,怎么还没个动静儿,别是俺那'管得宽'又碰上什么事儿了吧?"

"还有俺那个百事揽!"刚过门儿的会计媳妇儿翠巧,细声嫩气儿地随声附和着,"好不好,是叫什么绊住腿儿了!"

翠巧是当庄儿娘家,人模样儿长得水灵儿不说,还有一手好手工活儿,是全村儿出了名儿的巧闺女儿。说起新婚的"他"来,还不免脸红耳热。她手里掐着一束银亮的大麦莛儿,指头一绾一绾,麦莛儿一闪一闪地在怀里跳。她编的果盘儿都被当成样品拿到县上展览过,现在她正在编织一个大花篮儿。

"有了栓与桩,啥还能绊住腿儿?"队长媳妇儿取笑着翠巧,又向老丰大娘说:"看人家小两口儿,才是那恩爱夫妻呢,热炭似的离不开!"

"你说得好,谁的人谁不挂挂着!"老丰大娘宽厚地笑着,瞅了瞅月光下新媳妇儿红红的脸,又抬头朝村外望望,说:"这爷儿仨儿啊,整天价忙起来没个完,今儿不定又兴出什么故事眼儿了呢。"(摘自《麦场夜话》)

思考与复习

1. 什么是语流音变?普通话的语流音变主要表现在哪几个方面?
2. 什么是轻声?阴平字、阳平字、上声字、去声字后面的轻声分别读几度?举例说明。
3. 什么是儿化韵?儿化韵的变读规则有哪几个方面?
4. 上声的变读有哪两种途径?
5. 去声的变读主要形式是什么?
6. "一"字变读的几种主要形式是什么?
7. "不"字变读的几种主要形式是什么?
8. 语尾助词"啊"的六种变读形式是什么?

下编

播音发声训练

教学目的与要求：本课程共分理论大课与实训小课两部分。理论大课用时4周,16课时;实训小课用时9周,36课时;总用时13周,52课时。

课程重点与难点：呼吸器官的机制及控制训练、口腔控制及吐字归音训练、口部操及绕口令训练。

主要理论教学内容：大课理论教学共分4个单元进行：

第一单元呼吸控制：呼吸器官机理和胸腹联合呼吸法、呼吸控制训练。4课时。

第二单元口腔控制：口腔机能及咬字器官配合要领、吐字归音、口部操。4课时。

第三单元喉部控制：喉部机能、声带的保健与训练。2课时。

第四单元共鸣控制：共鸣器官机制、共鸣控制训练。2课时。

绕口令、传统贯口、古诗词、古文训练。3课时。

60分钟练声方案,1课时。

主要实训教学内容：分组小课实训共9周,36课时,分4个单元进行。具体切分如下：呼吸控制小课训练,16课时;口腔控制及吐字归音小课训练,8课时;共鸣控制小课训练,4课时;绕口令、传统贯口、古诗词、古文训练,8课时。

小课实训分专业小课组在小课教室同时进行,由专业小课教师分组带训,主讲教师统筹督导。

专业小课教师根据大课讲述的理论原理和方法,针对每个学生在呼吸控制训练和吐字归音控制训练上的不同情况单兵教练,以提高学生用气发声的能力。

第六单元　呼吸控制

教学目的： 通过本单元的讲授，培养学生对科学用气发声的作用即"声以气为本""气动则声发"等规律有明确的认识，掌握胸腹联合呼吸的方法和偷气、补气、换气的技巧。

教学要求： 使学生了解人类肺脏、气管、横膈膜、腹肌的功能，懂得气息在发声中的意义和作用。让学生切实掌握气息的通、运、转、停、连、断、放、收等专业性技巧，通过艰苦的训练达到灵活自如、游刃有余。

重点难点： 呼吸器官的构造和机理、气息在发声中的作用、呼吸的方式、胸腹联合呼吸法分解及综合动作的掌握、运用胸腹联合呼吸应注意的问题。

课时安排： 大课 4 课时，小课 16 课时。

第一节　呼吸器官机理和胸腹联合呼吸法

人类的语音是物质的产物。语音是在人类的发音器官上"做"出来的，它的形成也必须建构在生理的基础上。对于人类发音器官生理构造及作用的认识和探究，早在公元前 2 世纪就有了精辟论述。医书《灵枢》中记载："喉咙者，气之所以上下者也。会厌者，音声之户也。口唇者，音声之扇也。舌者，音声之机也。悬雍垂者，音声之关也。"客观地讲，这段文字十分恰切地阐释了人类发音器官各部位的功能和作用，即便用今天发达的生理学、发音音响学的观点看也仍然有其科学价值。

发音器官决定着人类语音的特质；它的每一个部位哪怕是极其精微的变化都有可能导致不同音素的产生。所以，正确地认识、分析、研究语音现象就不能忽视从生理学角度对人类发音器官的构造和机理做清楚的划分和了解。

人类发音器官精细而复杂，布设于人体的呼吸通道上。它大致由以下四个子系统组成：动力系统——呼吸器官；构音系统——喉头和声带；扩音系统——共鸣腔体；成字系统——咬字器官。

一、呼吸器官的构造和机能

呼吸系统是人类声音的发动机。如果把人的整个发音器官比作一架风琴,那么,呼吸器官的作用就大体相当于"风箱"部分,是给人类发声提供动力的。主司呼吸的器官由肺脏、气管(包括支气管、小支气管、微支气管)、横膈膜(膈肌)、胸廓以及腹部肌肉共同构成(当然也包括口、鼻、咽喉),依靠这些器官吸纳或呼吐气息才能将声音发动起来(见图2)。这几部分是人类呼吸运动的联合体,单凭某一部分的力量很难形成强有力的呼吸,无法适应艺术语言的发声要求。与呼吸运动关系最为密切的当属膈肌和腹肌。

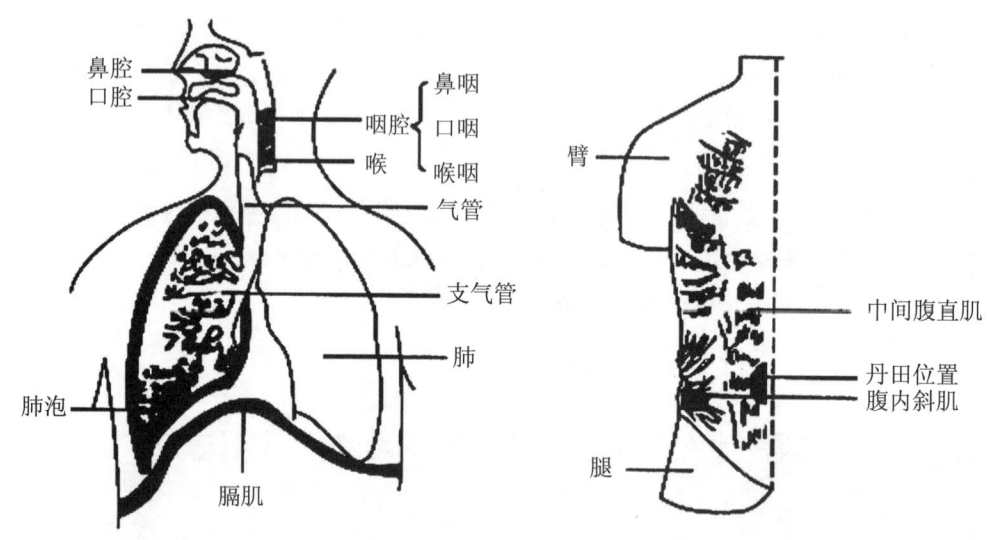

图2 呼吸器官示意图

进入肺部的气息从肺叶里被挤放出来,通过微支气管、小支气管、支气管、气管到了喉头才被认为正式进入了发音阶段。气息在喉头作用于声带,再经过口腔、咽腔、鼻腔等共鸣器官的扩大美化呼出口外,成为可以听得见的声音。

人类的呼吸大抵就是沿着下面这样一条通道行进的:(吸)口、鼻⟷咽腔(口咽、鼻咽、喉咽)⟷喉头⟷气管⟷支气管⟷小支气管⟷微支气管⟷肺泡(呼)。

(一)肺脏

肺脏是整个呼吸器官的核心,是吸入、呼出气息的总机关。

人类的肺脏分左肺、右肺,形似风袋样儿。它由无数含有弹性纤维的上皮组织构成,肺叶内的一个个小空泡儿叫肺泡儿,状若海绵,具有一定强度的伸缩性。肺的上端承接气管,通连口腔,外部框以胸廓;下面横亘着一层能够上下活动的膈膜带体。气管入肺处一分为二成两个支气管,支气管又派生出若干个小支气管,每个小支气管又蔓生出无数个微支气管,最终通入肺泡儿,布满全肺。

肺虽然有良好的弹性,但毕竟也有限度,它本身不会主动地活动,单单依靠它自己的力量还不足以显著改变其容积。人呼吸时,肺容积是随着胸腔容积的扩张或收缩而改变的。

(二)胸廓

胸内的体腔部分是胸廓,它是一个由肋骨、肋软骨、胸骨、胸椎构成的骨支架。胸廓是肺的表壳,像鸽笼一般,由十二对上下平行并列的弓状肋骨笼罩着,上面十对肋骨的前端通过软骨与胸骨接连,下面两对浮肋悬浮无着,后端均连接脊柱。各肋骨间有两层肌肉,里层的叫肋间内肌,外层的叫肋间外肌,它们是最容易察觉呼吸运动的肌肉。根据生理学上的解释,人类吸气时,肌间外肌收缩,肋骨向上向外扩张;呼气时,肋间内肌收缩,肋骨复归原位。这些肋间内、外肌是增大胸腔前后左右径的关键肌肉,它们与吸、呼气肌肉群协调配合带动整个胸腔乃至肺部的扩张和收缩。

(三)横膈膜

横膈膜又叫"膈肌"。它是一层横陈在肺的下面可以上下运动的弹性膜,边缘与肋骨缘相连,像个天花板把胸腔(肺和心脏)与腹腔(包括胃、肝、肠等)如同上下楼一般地天然隔开,是增加胸腔容积上下径的重要动力肌肉。

膈肌有两个穹隆部分,顶峰都朝着上面的肺底,像个圆顶帽儿反扣在那里。膈肌运动的作用主要是改变胸腔的上下径,扩大胸腔的容积。但膈肌属于不随意肌,它的运动主要通过腹肌的运动改变腹腔压力间接实现。

据生理学上的报告:膈肌每下降1厘米,相当于胸腔容积增大250~300毫升。人的膈肌经过训练上下浮动的最大落差可达3~4厘米。以此推算,胸腔容积能够扩大1000毫升以上。可见若想获得强有力的呼吸,唯其重视加强胸肌和膈肌的锻炼。在发音训练中人们认识到,经过改良的"狗喘气"动作对锻炼膈肌具有积极的意义,它可以将膈肌的运动锻炼得快速灵活,同时也可以扩大和加强膈肌上下运动的幅度,争取最有效的肺活量(即一次最深的吸气到最深的呼气)。

(四)腹肌

腹肌属于呼气肌,包括腹直肌、腹斜内肌、腹斜外肌等。人在日常谈话中对它没有明显的感觉,但在有控制的呼吸中它却是不容忽视的。由于膈肌的收缩,会产生一定强度的腹压,从而形成一种抗衡的力量,牵制了腹肌的运动。

二、气息在发声中的作用

古人早就注意到了气息在歌唱中的作用。晚唐段安节在《乐府杂录》一书中就曾这样写道:"善歌者,必先调其气,氤氲自脐间出。至喉乃噫其词,即分抗坠之音,既得其术,即可致遏云响谷之妙也。"宋朝人张炎在《词源》中说:"忙中取气急不乱,停声待拍慢不断,好处大取气流连,拗则少入气转换。"陈彦衡在《说谭》中说:"夫气者音之帅也。气粗则音浮,气弱则音薄,气浊则音滞,气散则音竭。"过去戏曲界的行话说:"气乃声之本""气动则声发"。这些都十分扼要又十分形象地说明了气息在发声过程中的重要作用,对今天的练气用声仍不失指导意义。

在有声语言的表达实践中,气息的作用不仅仅限于做发声的动力,它还是极其重要的表达手段,是由"情动于内"到"声发于外"的中间性过渡环节,是情与声之间转换的必经的桥梁。只有"气随情动",声音才能"活"起来,随着情感的变化而变化。"情"是内涵和依托,应取其高;"声"是形式和载体,应取其中;"气"是基础和动力,应取其深。从这个意义上理解,气息的控制和运用是"由情及声、由内及外"的贯穿性技巧。不懂得用气就不会科学地发声,也就不会正确地表达。气息的控制和运用不论对歌唱艺术还是语言艺术都是第一位的、基础性的。只有以情为主导、为领帅,坚持以情运气,以气托声,才能以声传情,及于表达。

艺术语言各行当的专业特点不同,对气息的控制也有所区别。例如播音员和主持人用气的基本特点可概括为:稳劲、持久、自如。播音员和主持人以一人或两人独立创作的机会居多,一篇社论或专稿有时要播上十几分钟或半小时,体育解说员一场足球赛下来往往要连续用声一个半小时以上,这就要求声音自始至终保持高稳定性和力度的不衰不减,从容不迫。如果不具备对气息的较强、较稳定的控制力,死拼嗓子,势必越播越弱、越播越松,到最后甚至会导致有气无力、声嘶力竭,以播音或解说的难以为继而告终。播篇幅较长的政论性文章更应具备对气息的稳劲控制力,通常的情况是越到最后越需要强有力的气息和声音,那么开始时留有余地,才能保证创作任务的完满结束。

另外,稿件的形式和内容是多样化的,表达方式和声音也要适应多样化的要求。声要变,气先变。气息的通、运、转、停、连、断、放、收都是专业性技巧,只有结合具体稿件反复训练才有可能做到灵活自如、游刃有余,进入艺术创作的自觉境地。

三、呼吸的方式

生活里的呼吸方式因个人的身体素质和习惯的不同而有多种。典型的大致有胸式呼吸法、腹式呼吸法和胸腹联合呼吸法。

(一)胸式呼吸

胸式呼吸,又称"锁骨呼吸""浅呼吸",也有人戏称为"女人呼吸法",因身体较瘦弱的女性持这种方法者偏多。胸式呼吸主要是靠肋骨呼吸运动实现的。吸气时,腹部无显著波动,横膈膜下降的幅度很小,对扩大胸腔几乎不起作用,只能动员起一部分比较软弱的胸腔肌肉,靠提起胸骨来扩大胸腔的容积。由于没有横膈膜的全力支持,肺腔也就不能得到充分的扩张,进气量很小,保证不了最大限度地将气息容入肺泡。呼气时,也只是将肌肉放松恢复到原状,吸气肌肉群在牵制呼气肌肉群上做功几乎等于零。

这种呼吸法的一个最明显的标志是抬肩。发音时不停顿的肩部紧张会导致胸腔的闷实和疲倦,使胸部产生"捆绑"的感觉,继而发展到颈部的紧张,加重喉头的负担。用这种呼吸法发出的声音缺乏坚实的根基,窄扁、轻飘,底气不足,持久力差,难以控制。

实际上,生活里纯粹用胸部呼吸的人是极少见的,只有当膈肌收缩发生障碍时才有可能出现这种情况。我们这里指的仅仅是一种以耸肩端膀、单纯扩张胸腔为特征的浅呼吸倾向。在语言造型上利用胸式呼吸来表现人物个性,则另当别论。

(二)腹式呼吸

腹式呼吸,又叫"深呼吸"。人在安静时的呼吸多为这种状态。运用这种呼吸法,吸气时,胸廓不见有明显的活动,主要依赖于膈肌的收缩与放松,膈肌上下移动时腹壁随之一瘪一突,进出气量不大。呼吸过程中,由于横膈肌的下落,迫使腹部内脏向前向下移动来扩大胸腔的上下径。与胸式呼吸比较,腹式呼吸的吸气量较大、较深沉些。吸气时腹部放松外凸是这种呼吸的显著标志。由于腹腔上部直接连着胸腔,因而当腹腔扩大时,胸腔下部也连带扩张,这完全是一种下意识的动作。一般来说,用腹式呼吸法呼吸时,胸肌没有积极地参与推动胸廓,争取不到胸部呼吸肌肉群的支持与配合,多半由横膈肌在下面单兵作战,形成的声音往往呈现出闷、暗、空的色彩,调节起来也比较困难。因而它也不是最科学、最实用的呼吸方法。

腹式呼吸在人们日常谈话中很占优势,尤其男性采用偏多。男中音、低音演员就常以这种呼吸支撑中低音的发出,用这种方式唱高音就比较吃力了,尽管腹式呼吸比胸式呼吸的气势要强一些。

以上两种呼吸方式都属于自然呼吸法。生活中谈话所用的气量不大,且可以随意切换,任何一种呼吸法都基本上能够满足表达的需要。但进行艺术语言发声时,这两种方法就无法掩饰其各自的弱点和缺失了,必须进行再加工改造,以保证嗓音的持久、高低音运用的自如。

(三)胸腹联合呼吸

经过加工改良,一种集合了以上两种方法的长处、优化了的呼吸方法——胸腹联合式呼吸法以其科学、卫生、有效而为大多数语言艺术工作者采用。它的优越性也为越来越多的实践所证明,成为一切语言艺术工作者必须掌握的基本呼吸法。

胸腹联合呼吸法,有人又叫它"胸膈呼吸法"。它是靠肋骨和横膈肌的协同动作实现的,可以认为是胸式呼吸和腹式呼吸的联合运用。发音时,胸腔借助吸气肌肉群的力量使肋骨提高、扩展,撑大了胸腔的前后径和左右径;横膈肌的收缩和下降又增大了胸容积的上下径,这就使得胸廓得以全方位地立体扩展,肺的容积也随之全面开张,气息的呼吸量最大、最强。

胸腹联合呼吸建立了胸、膈、腹三者之间的关系,三点成一面,增强了呼吸的稳健感,便于调控;同时也容易形成坚实、明亮的音色。因此是一种最为理想的呼吸方法。人在呼吸过程中有两组肌肉群在起作用,一组叫吸气肌肉群,另一组叫呼气肌肉群。呼吸控制究其实质就是这两组肌肉群相互拮抗、相互制约的结果,其外部表现为两肋与小腹的抗衡。

日常谈话时的呼吸,吸气肌肉群与呼气肌肉群各司自己吸与呼的职能,彼此联系不多;而有控制的呼吸则要求这两组肌肉群协同动作。吸气肌肉群不仅在吸气过程中起作用,在呼气过程中仍然要继续保持一定的紧张度,与呼气肌肉群形成对抗的力量,以控制呼出气流的疾徐强弱。

四、胸腹联合呼吸法分解动作讲授

(一)吸气的基本要领:"气下沉,两肋开,膈肌降,小腹收"

吸气时,随着吸气肌肉群的收缩和横膈肌的下降,胸腔容积立体扩张(前后、左右、上下全面扩张)后,胸腔内部的气压打破了静止时的平衡,变得比体外的气压小了,口、鼻同时张开,沿着口鼻──→咽──→喉头──→气管──→支气管──→肺泡的轴线,感觉到把气深深地贮存在肺的底部,即约在上衣最下面一个纽扣的位置。

所谓"气下沉"就是导引气息沉至肺的底部贮存起来。

"两肋开"说的是吸气时肩胸部在放松的状态下从容不迫地将肋骨(主要是下肋)打开。一般的感觉是左右打开的幅度明显于前后,后腰大于腹部,腰部发胀,腰带渐紧,胯下沉滞有力。

"膈肌降"是要求呼吸训练者有意识、有目的地在收腹的同时将膈肌顶下去,幅度越大越好。

"小腹收"是指小肚子的运动。趋向是腹部表层肌肉上下左右均向脐下三指处("丹田")聚结,腹壁保持不凸不凹的"站定"状态,即"气走丹田"。实际上这种"站定"也不是小腹一点都不动,应当允许它略微往里收缩。

过去戏曲艺人在喊嗓练声或上台演戏时都强调"腆胸收腹",这种方法基本上符合生理科学。腆胸,当然不是随便地把胸脯挺起来,而是借助吸气肌肉群的收缩使胸腔得以扩展,达到扩张胸腔和吸入更多、更深气息的目的。收腹,也不是要收连在胸廓下面的大腹,而是仅仅收紧小腹,因为大腹在吸气时的收缩会阻碍横膈肌的下降,把气瘪死。

我国民族声乐、戏曲艺人们强调的"丹田气"就是我们现在所说的胸腹联合呼吸法。丹田,在人的肚脐下三指处,是小腹的中心位置,即气海穴至关元穴的范围。寻找丹田气并不是指望它产生气息或扩大气息量,而是靠它起"顶气"的作用,强化丹田这部分肌肉的意识,不让它和大腹一起鼓起。只要能帮助呼气肌肉群造成压力、增强呼气的力量就达到目的了。一些演员练功或演出时在腰部系个"板儿带"就是这个道理。

提请注意的是:上面讲到的吸气的四个要领是一次吸气动作的分解,其实它们在吸气过程中几乎是同步进行的,我们要捕捉的是一种吸气时的综合感觉,这种感觉在吸气的最后一刻随着吸气量的多少而程度不同地表现出某些差异。男性胸肋部向左右扇面状打开的感觉强于女性,女性腰围紧张、躯干发胖的感觉更明显一些。吸气量愈大,这种感觉就愈明显。

做胸腹联合呼吸练习时,尤其应保持良好的精神状态和胸肩部的松弛,切忌双肩较劲。此所谓"兴奋从容两肋开,不觉吸气气自来"。

(二)呼气的基本要领:"小腹站定,两肋回缩,膈肌上升,双向对抗"

人类的声音绝大多数是在呼气过程中实现的,因此胸腹联合呼吸的精髓也主要体现在对呼气的控制上。呼气时吸气肌肉群一开始不能有所松动,小腹仍保持原来的收缩状态以维持两肋的扩张;同时,呼气肌肉群做回弹式全面收缩。当这种收缩力超过扩张力时,两肋才缓缓回缩,膈肌慢慢上升,气息自肺部透出,小腹逐渐地放松。可见胸腹联合呼吸的呼气动作是在吸气肌肉群与呼气肌肉群相互对抗中完成的。

换句话说就是:体验气息的"双向气流运动"。一种是向上向外的呼气运动,也可叫"明气";另一种是向下向内的吸气运动,可称为"暗气"。前者是人体发声中气息运动的主要走向,后者是一种内在的保持力量,是人为地慢慢下放、徐徐下沉的感觉。两种力量各自向相反的方向伸展,相互联系中求统一,在相互抗拒中求平衡,并贯穿于发声过程的始终。因为向上呼出的动力总要大于向下保持的阻力,而且保持的力量始终处于且战且退的状态,因此这两种力量较量的结果形成了科学的气息运动,即气息向上、向外有控制地均匀施放。

(三)胸腹联合呼吸机制报告

吸气开始时,吸气肌肉群收缩,横膈肌下降,小腹微收,胸腔肋骨同时向前后、左右、上下扩展,感觉到从口鼻吸入的气息沿着后背注入肺的下部,明显觉察后腰膨胀,腰带渐紧,小腹随着气息的渗入向丹田处收缩。呼气时,吸气肌肉群仍在做功,小腹仍然收紧,牵制膈肌与两肋使其不致迅速回弹,呼气肌肉群发功时形成一种向上向外的冲力,与向下向内的保持力相矛盾、相对抗,当牵拉力量支撑到不足以对抗上冲力量时,整个吸气肌肉群且战且退,加之横膈肌的回升、胸廓和肋骨的内缩,小腹逐渐放松,慢慢地使气流经进来的通道从肺泡里挤放出去。至此,一次呼吸过程方告结束。

五、播音主持语言对气息的要求:稳劲、持久、变化

气息的稳劲也可以解释为"实",即追求沉实、平实、匀实。气息的稳劲状态是通过吸、呼两大肌肉群的对抗实现的。胸腔好比一只气球,喉口好比球口。充好气后,如果突然放手,球内的空气就会毫不客气、毫无规则地一泄而光;反之,如果用手指将球口束得很小很小,排出的气息显然比较规则均匀。这还只是对气球而言。对人体来说,这种束口就无异于束紧喉头,仍不是一种理想的呼气状态。

理想的状态是在不束缚出气口的情况下也能规则地放气。对于气球来说这似乎是不可能的,但对于人体却存在着这种可能性,这就是在呼气时保持吸气的感觉,使两组肌肉群相互对抗。不妨这样去想:在丹田处仿佛有一根扯不断的猴皮筋儿,拉住上行声音弹性带的下端,防止气息无控制地空耗和流走。

当然,这种"拉住"的感觉还仅仅是一种"理念",但它在呼气过程中却有决定性的意义,如果感觉不到它的存在,控制气息也就无从谈起了。气息的稳劲与否还与喉部的控制力有关。另外,唇舌有力度,声音弹性好也会产生节制气流的作用,增强稳劲感。

持久气息的实现是与稳劲的状态相辅相成的,气息稳劲了才能持久。"持久"有两种含义:一是一口气使用的时值,二是理想呼吸状态保持的时值。从言语的发声实践看,后者更有意义,但后者必须以前者为基础。一口气呼出的时值如果达不到标准指数,在呼吸运用时仅靠频繁的偷气、换气技巧应付只能给人离碎、仓促的印象;这样的偷、换气技巧再高也不能达到要求。

锻炼快吸慢呼基本功,练得一口气能用半分钟以上,再辅之以偷气、换气技巧,才能建立起读长而复杂的句段时从容不迫的良好状态。这才是我们所要求的"持久"。

呼气能否持久,主要看对吸气肌肉群的控制能力如何。生活里的呼气,其吸气肌肉群基本上是闲而不用的;艺术语言的发声,吸气肌肉群必须处于工作状态,而且工作

强度比吸气时还要大,从这一点上讲,对吸气肌肉群的控制是呼吸训练中独具意义的一个环节。

对于气息的变化,则是一种高层次、美学意义上的追求了(稳劲、持久只能说是基本的要求)。气息稳劲持久了并不等于就一定能够随机调节,不等于就富于变化。具体到每一篇作品,气息如果不能够随内容和情感的变化做相应的调整,再稳劲持久的气息也派不上多大用场,等于做了无用功。变化的气息,究其实质就是吸、呼两组肌肉群表现出的力量差。差值越大越容易发高音和强音,反之则只能发低音和弱音。前者是强控制,后者是弱控制。气息的弱控制难度更大、更精细,需要在一定的强控制基础上去寻找和把握。

六、运用胸腹联合呼吸应注意的问题

(一)强化"情"的先导作用,坚持以情运气、情动气行

"气乃情所致"。情感虽说不是呼吸运动本身,但它却是气息达到自动化状态的枢纽。气息强弱疾徐的弹性变化源于情感的运动,情感的运动是推动气息变化的内在动力。练习胸腹联合呼吸的目的就在于使气息更好地为作品的表达服务。唯有灌注了情感的气息才是"活"的气息,才是有生命力的气息。以情感的养成和抒发为契机来调节呼吸的运动方式,当是呼吸控制的高级阶段。经过持之以恒的自觉的锻炼,把正确的感觉极熟练地变成下意识的条件反射,方能达到气随情走、情停气止的自动化境界。以情运气是呼吸训练中的首要原则。

(二)开源节流,厚积薄发

这个问题应从两方面来理解:首先是"开源",是就吸气阶段而言的,就是充分动员、挖掘、开发吸气肌肉群的潜在能力,最大限度地扩大气息的摄入量。一般来说,日常生活中的吸气量平均不过500毫升左右,经过锻炼可以平均达到1500~2000毫升,多三四倍。吸气肌肉与人体其他部位的肌肉一样,经过锻炼是完全可以长足发展变得发达起来的。横膈肌和胸肋肌肉的伸展力增强了,活动幅度加大了,胸腔的容积也自然而然会扩而大之。"节流",指呼气阶段。节流的意识应从呼吸训练伊始就自觉培养,在呼气过程中强化吸气肌肉群的"拉住"意识,小腹收紧。两大肌肉群的对抗应着重体验和感觉吸气肌肉群作用的发挥,吸气肌肉群强而有力才不至于使气流无序地过多地流失和虚掷。开源是节流的前提,节流是开源的目的,二者必须同时进行。只开源不节流,"源"再多也不够用;只节流不开源,就无"流"可节。"吸气一大片,呼气一条线"或许就是对"开源节流"这句话的最好注脚。

(三)气量的标准

吸气究竟"吸"到什么程度为好？对不同的艺术语言来说，标准也不一样。一般的朗读或播音主持发声强度变化灵活，幅度中等，加上可以随时补气，气息用量比歌唱可少些，一般吸到六七成满即可，必要时也可吸到七八成。气息太满不但会增加控制的难度，还容易导致气息和声音的僵化。吸气的从容适度也是呼吸训练的一个原则，并不是将气吸得越多越好。学会了调节和抢气、偷气技巧，吸七八成气就足够用了。

(四)小腹——控制气息的锁钥

有控制的呼吸过程中，由吸及呼小腹应始终处于工作状态。不论发高音、中音、低音都要求它保持一定的紧张度，要"站定"了。由于"丹田"处在小腹的中心位置，是整个声音弹性带的枢纽机关，因而在发声训练中小腹又被称作"气根"或"气息支点"。有了小腹控制的气息才能称得上"丹田气"。丹田有节律地收缩，气息才有根，才能产生"拉"的力量，才能使气息成为气柱。训练中必须给小腹以足够的重视，强化"气走丹田"意识的培养。

(五)切忌耸肩

"要将气吸得深，就得把气提起来"，这是一种有害的观点。胸上部的第一对肋骨是一切动力的支点。生活语言发声中它是不动的；只有在强力吸气时，由于吸气肌肉群的力量超出了通常吸气的力量，加之上颈部及脊上部肌肉群收缩的牵动，第一对肋骨才不得已略微提高，但这不是主动端肩引起的。如果吸气时有意识地将双肩上抬，那么第一对肋骨也会随之提高，这样就失去了它的支点作用，同时也限制了胸部的向外扩张，降低了吸气肌肉群的力量，吸入的气息松散无力。在训练呼吸时，两肩应始终保持自然下垂的状态，力争使之控制在一个固定的支点上。

(六)关于双向气流运动

胸腹联合呼吸实际上有外现和内存的两种气流，"明气"的运动趋向是向上、向外的推动力量；"暗气"是一种向下、向内的保持力量。气息控制的诀窍和精髓就是捕捉并稳固住这种气息运动中明、暗气的对抗感觉。在实践中这种对抗的感觉不仅存在，而且是极端重要的。其实发声中气息的运动趋向主要还是向外呼出的，而向下的保持力量仅仅是一种力量制约的感觉和体验。从"丹田"到口鼻向上、向外的气流走向与从喉头间到后腰的向下、向内的气流走向，两者是对立存在的，综合起来就是一种人为的、有控制的、悠着劲儿的、有弹性的、不断向前滚动的气息双向运动。对抗的感觉是相互有机的巧妙配合，是一种兼容并蓄式的气流紧中有松、松中有紧的内在感觉，而绝非机械生硬的肌肉运动。如果能将这种"对抗"控制适度,既灵动、协调又不僵死,就会形成运动的、变化的、有生命力的气息状态。

(七)呼吸要有"流动感",一气呵成

气息的活力在于流动。流动着的气息随着情感的运动而变化,托出强弱疾徐、从容有节、活灵鲜跳的音流。气息灵动、舒活了才能形成一气呵成的感觉。这种感觉首先源于情感的贯穿,而气息的运动也是一个不容忽视的因素。发声时,气息自始至终都要处于有控制的状态下,也就是说,胸廓要始终像个"橡皮球",不能中途"泄气";即便在作品层次间大的顿歇处也不能放松,也须仍然保持工作状态以适应情感转换的需要,气息"停而不断"才能给人"一气呵成"的感觉。

(八)气息的接续技巧

呼吸训练只是手段,其目的是尽可能多地吸入气息和尽可能长久地保持气息。一个人呼吸控制得再好也不可能一口气将通篇作品读完,这就需要及时、适时地接换气息,使气息始终处于有余力的状态。在句段行进中不露痕迹地快吸补气是一项必须具备的基本功。气息的接续主要是指补气和换气。换气是在大句段之间或某些特殊表达时普遍采用的方法,可以从容不迫地换上一口气。补气主要是抢气或叫偷气,是一种有相当难度的技巧。一句话中,意思未完但气息已用得差不多了,这就需要及时、巧妙、无声地补进一些气息,以期持久地发挥动力作用。有句话叫"巧声之人必巧气",这个"巧"字就是指补气、偷气的巧妙。补气时,先控制小腹,胸廓如同弹性橡皮球,口鼻张开产生补气的意识;然后,小腹一收,两肋同时张起,气息便自如地经口鼻得以补充,皮球则又重新鼓起,贴补中气之不足。补气的技巧一是在于补气意识的唤醒和养成,二是补气机能的训练和巩固。

(九)气息接续的一般原则

一是,句首换气。一句话结束,最好不要马上换气,依据表达需要该停顿多长就停多长,停够了待下一句段行将开始时再立刻换上一口新气;否则,急着换气,在停顿时间里也憋着气,就有碍语句间情感的转换,给人急促感。有些用声用气量大的文章在句段之间甚至可以急速无声地喘上几口气,这不仅可调节一下气息,还可镇定一下情绪,一举两得。

二是,换气、补气到位。这里有个用气效益的问题。换气、补气到不了丹田或时浅时深,效果当然就不会理想。丹田的感觉允许时大时小却不允许时有时无。

三是,换了就用。吸气后应该马上就用,换了不用无异于不换,否则体内的感觉一经消失,再重新积聚起来就不容易了(情感表达需要的例外)。

四是,留有余地。吸七到八成满即可。

五是,无声吸气。广播、电视、影视剧(片)配音都是借助电声设备完成的,话筒的灵敏度极高,稍有不慎,吸气的杂音甚至哑巴嘴的声音都会进入话筒。如非表达的特殊需要,把杂音及于受众,内容表达的质量就势必要打折扣,干净、无声地吸气应该是一种美学效应的追求。只要坚持口鼻同时进气并注意对声带和口腔的控制,无声吸气并不是不可以做到的。

第二节 呼吸控制训练

呼吸控制训练与其说是一种方法,毋宁说是一个渐成的口语实践过程。理论学习需要一定的时间,技巧的习得和正确状态的巩固更需一段相当长时间的训练。一种新习惯的建立不是一朝一夕的,需要在同旧习惯不断的撞击、冲突、抉择中渐渐地生长和巩固起来。

纯呼吸控制训练,是呼吸控制训练的最初阶段。这种训练有助于学生明确什么是正确的呼吸方法,怎样让呼吸器官适应表达的需要。一开始就结合片段训练也不是不可以,但在尚未摸索到正确的呼吸状态前大多数学生往往容易沿袭自己已有的习惯——自然状态的呼吸方法发声,注意力多容易集中于声音和语言片段上。这对建立新的呼吸机制来说弊大于利。纯呼吸练习虽然乏味,却是整个呼吸控制中所必经的第一个环节。呼吸训练的具体要求是:吸气时要吸得多,吸得快;呼气时要呼得省、呼得匀、呼得慢。呼吸肌的力量达不到规定要求就无法获得正确的呼吸控制状态。经常跑跑步、做做操,进行游泳、太极拳等体育锻炼对呼吸肌肉群力量的增长都是有益的,尤其是仰卧起坐的练习对增强腹部肌力更为有效。

一、纯呼吸控制训练

(一)慢吸慢呼

静坐3秒钟;口鼻同时进气,轻松自如地将气息吸入肺底;控制2秒钟后再将气息从容地呼出口外。然后做以下练习:

(1)5秒钟吸气,10秒钟呼气。重复4次。

(2)5秒钟吸气,15秒钟呼气。重复4次。

(3)5秒钟吸气,20秒钟呼气。重复4次。

(4) 5 秒钟吸气,25 秒钟呼气。重复 4 次。

(5) 5 秒钟吸气,30 秒钟呼气。重复 4 次。

训练提示:做以上练习时须牢记要领,深吸长呼,充分感觉、体验气息的双向运动状态和"丹田"的控制力。

(二)慢吸快呼

静坐 3 秒钟;用 5 秒钟吸气;控制 1~2 秒,似箭在弦上、引而不发的感觉;然后分别用 3 秒、2 秒、1 秒将气呼出。各重复 4 次。

(三)快吸快呼

静坐 3 秒钟;用 1 秒钟将气吸好;控制 1~2 秒,然后快速地将气呼出。重复 4 次。

(四)快吸慢呼

这是呼吸训练中最常见、最实用的方法,必须加大训练的强度和难度。静坐 3 秒钟;用 1 秒钟快速地将气吸入;控制 2 秒钟,然后分别用 15 秒、20 秒、25 秒、30 秒、35 秒、40 秒的时间将气呼出。各重复 4 次。

二、"闻花"训练

吸气训练中常借用"闻花"动作来体验气息的深入、自然、柔和。一股花香飘来,"闻"到后自然就会"兴奋从容两肋开"了。"闻花"要真"闻",首先产生愉悦的感觉,仿佛要贪婪地将花的全部精髓都吸入肺中。除了"闻花",也还可以"闻"苹果、香蕉一类的东西。

三、"吹灰"训练

这是呼气的练习。想想桌面上落满灰尘,要把它们"吹"下去又不致使尘土飞扬,就得用较轻缓、均匀、有控制的气息去吹。如果用强有力的气猛地一吹,灰自然是可以吹掉的,但却不是我们呼吸训练所要求的。除了"吹灰"还可以"吹"小空瓶儿、钢笔帽儿一类的东西,力争将其"吹"响并延长时值。

四、半打哈欠

平时人在打哈欠时胸部和喉头都是完全松弛的,嘴张得很大。这里的"半打哈欠"

要求只将嘴张得半大,进气最后一刻的感觉与运用胸腹联合呼吸法吸气最后一刻的感觉相似。

五、"抬重物"的感觉训练

"抬重物"的动作感觉与"倒拔垂杨柳"差不多,都必须把气吸得很深,憋着一股劲儿。后腰膨胀,腰带渐紧才不至于将腰肌拉伤。此时腰、腹部的感觉与胸腹联合呼吸法吸气时最后一刻的感觉相似。但这只是一种相似的体验,还代替不了吸气的专项训练,做"抬重物"训练的目的只是在于寻找并培养吸气最后一刻的感觉。

六、单纯音的呼吸训练

有了纯呼吸练习的基础,可快速将气吸好,控制1~2秒,然后分别做如下训练:
(1)si(丝)——。20、25、30、35、40秒各一次。
(2)yi(衣)——。20、25、30、35、40秒各一次。
(3)wu(乌)——。20、25、30、35、40秒各一次。
(4)yu(吁)——。20、25、30、35、40秒各一次。
(5)a(啊)——。20、25、30、35、40秒各一次。
(6)以m为素材的哼鸣训练。20、25、30、35、40秒各一次。
训练提示:做这类单纯音的呼吸练习,要求气息均匀而舒缓地自口鼻流出,呼气的时限应当逐渐延长。元音a的发音,口腔不易控制,气息流失会多一些,时间标量可酌减。

七、横膈肌弹发训练

横膈肌的上下运动直接关系到胸腔容积扩张的程度。锻炼横膈肌是呼吸训练中的又一重要环节。

膈肌锻炼最有效的方式就是所谓的"狗喘气"练习法。不过这种喘气法绝非真的像狗那样张着大嘴喘气,而是将嘴闭上,用鼻孔喘气。生理学上讲,鼻腔黏膜有丰富的血液循环,并有黏膜腺分泌黏液,吸入的气息经过鼻甲组织时温度升高并混入部分水分,既较为温暖又保持了一定的湿润度。这种人工改良了的鼻式喘气法有润喉作用,符合生理卫生。而用口喘气首先会引起舌面和口腔的干燥,使外部的冷空气直接刺激声带,降低声带的湿润度,在一定程度上会影响或降低声音的质量。

第一阶段的训练是无声的。吸好气后,用小腹的力量去怂恿、强迫横膈肌上下运动。但需注意,这种强迫的力量仅仅是小腹肌肉的联动收缩,既不是小肚子单纯的一鼓一瘪,也不是整个大肚子的收缩鼓胀,更不是箍紧喉头用喉肌控气。训练伊始由于腹肌控制的感觉尚未建立,可用手按住小腹,外部施以有节律的按压,这样容易感觉到小腹和大腹临界处膈肌的上下活动。小腹要"站定",即使要动也只能随大腹的瘪胀有限度地弹动。

第二阶段是改良后的"狗喘气"发声训练。

(1)口腔自然展开,将舌面降到最低点,呈"a"的作形,放松喉头,让膈肌向上运动形成的气息一下一下地冲击声带,一声一声地发音。这种训练容易出现的问题是膈肌不会动,只控紧喉头发声,上下不接,使锻炼膈肌的意义落空。

(2)发"嘿"(hei)音。要求与发"a"同,只是在这种短促的发声中,hei音节中几个音素的承转变化比正常的hei音节的发音要短些,口腔作形固定后几乎是不动的。这种横膈肌训练做好了,发一连串的笑声才有了"支点"的感觉。

(3)发"哈"(ha)音,要求与发"嘿"同。

(4)用小腹控制横膈肌弹动做"喊操"训练,如:"一二、一二、一二、……""一二三、一二三、一二三、一二三、……""一二三四、一二三四、一二三四……"等。

八、数"数儿"训练

数"数儿"的素材可以自创,也可以变通。提供几例供参酌:

(1)以秒为单位,每秒钟数一个数儿,从"一"开始数起。男声应数满30个,女声也不能少于20个。吐字要清晰,字音感觉要一致,气息要流贯,中间最好不换气。

训练提示:第一,从自然音高数起,即从自我感觉最舒服的状态开始,数出的字音要稳劲、有力度。数到一定程度则止,切忌数得面红颈粗、躬腰弯背。气息既已耗尽仍勉为其难,对气息的锻炼无益。

第二,数目应逐渐增加。初学乍练的人能响亮有力地数到40个数的不多,在男声达到了25个左右,女声达到了20个左右的时候,再提高1到2个数,就这样每次两个数两个数地往上提最为有效。在某个阶段尚未巩固之前,不可急于提高,否则会影响声音的宽度,气息也不易巩固。

第三,数"数儿"的速度由慢及快。慢数是为了锻炼呼气与声音配合的稳定性,在慢数能达到30个数后才可提速。用同样的时间数出加倍的数字并仍保持字音的清晰度不是一日之功,不能因为速度的加快而导致字音的拖泥带水、含混不清。

(2)12→123→1234→12345→123456→1234567→12345678→87→876→8765→87654→876543→8765432→87654321(一口气数完)。

(3)12→123→1234→12345→123456→1234567→12345678→123456789→98→

987→9876→98765→987654→9876543→98765432→987654321(一口气数完)。

(4) 12→123→1234→12345→123456→1234567→12345678→123456789→12345678910→109→1098→10987→109876→1098765→10987654→109876543→1098765432→10987654321(一口气数完)。

(5)组合：12→123→1234→12345→123456→1234567→12345678→87→876→8765→87654→876543→8765432→87654321(换气)12→123→1234→12345→123456→1234567→12345678→123456789→98→987→9876→98765→987654→9876543→98765432→987654321(换气)12→123→1234→12345→123456→1234567→12345678→123456789→12345678910→109→1098→10987→109876→1098765→10987654→109876543→1098765432→10987654321。

(6)123→223→323→423→523→623→723→823→923→1023→923→823→723→623→523→423→323→223→123(一口气数完)。

(7)1234→2234→3234→4234→5234→6234→7234→8234→9234→10234→9234→8234→7234→6234→5234→4234→3234→2234→1234(一口气数完)。

(8)12345→22345→32345→42345→52345→62345→72345→82345→92345→82345→72345→62345→52345→42345→32345→22345→12345(一口气数完)。

(9)123456→223456→323456→423456→523456→623456→723456→823456→923456→823456→723456→623456→523456→423456→323456→223456→123456(一口气数完)。

(10)1234567→2234567→3234567→4234567→5234567→6234567→7234567→8234567→7234567→6234567→5234567→4234567→3234567→2234567→1234567(一口气数完)。

(11) 12345678→22345678→32345678→42345678→52345678→62345678→72345678→82345678→72345678→62345678→52345678→42345678→32345678→22345678→12345678(一口气数完)。

(12)123→321→1234567→765→567→7654321(一口气连数四个回合)。

(13)1234→4321→1234567→7654→4567→7654321(一口气连数四个回合)。

(14)12345→54321→1234567→76543→34567→7654321(一口气连数四个回合)。

(15)123456→654321→1234567→765432→234567→7654321(一口气连数三个回合)。

(16)组合：123→321→1234567→765→567→7654321→1234→4321→1234567→7654→4567→7654321→12345→54321→1234567→76543→34567→7654321→123456→654321→1234567→765432→234567→7654321(一口气数完)。

九、数"葫芦"训练

金葫芦,银葫芦,一口气数不了二十四个葫芦:一个葫芦,两个葫芦,三个葫芦,四个葫芦……二十四个葫芦(一口气至少数二十四个葫芦)。

十、数"枣儿"训练

(1)出东门,过大桥,大桥底下一树枣儿,红的多,青的少,拿起竹竿打红枣儿:一个枣,两个枣,三个枣,四个枣,五个枣,六个枣,七个枣,八个枣,九个枣,十个枣;九个枣,八个枣,七个枣,六个枣,五个枣,四个枣,三个枣,两个枣,一个枣。这是一个绕口令,一口气绕完才算好。

(2)出东门,过大桥,大桥底下一树枣儿,红的多,青的少,拿起竹竿打红枣儿:一个枣,两个枣,三个枣,四个枣,五个枣,六个枣,七个枣,八个枣,九个枣,十个枣;九个枣,八个枣,七个枣,六个枣,五个枣,四个枣,三个枣,两个枣,一个枣;两个枣,三个枣,四个枣,五个枣,六个枣,七个枣,八个枣,九个枣,十个枣;九个枣,八个枣,七个枣,六个枣,五个枣,四个枣,三个枣,两个枣,一个枣。这是一个绕口令,一口气绕两遍才算好。

(3)出东门,过大桥,大桥底下一树枣儿,红的多,青的少,拿起竹竿打红枣儿:一个枣,两个枣,三个枣,四个枣……三十个枣(一口气数30个枣)。

十一、数"旗"训练

广场上面数红旗,看你能数多少面旗:一面旗,两面旗,三面旗,四面旗……(一口气数30面旗)。

十二、数"葫芦瓢"训练

一个葫芦两个瓢,两个葫芦四个瓢,三个葫芦六个瓢,四个葫芦八个瓢,五个葫芦十个瓢,六个葫芦十二个瓢,七个葫芦十四个瓢,八个葫芦十六个瓢,九个葫芦十八个瓢,十个葫芦二十个瓢,十一个葫芦二十二个瓢,十二个葫芦二十四个瓢,十三个葫芦二十六个瓢,十四个葫芦二十八个瓢,十五个葫芦三十个瓢,十六个葫芦三十二个瓢,十七个葫芦三十四个瓢,十八个葫芦三十六个瓢,十九个葫芦三十八个瓢,二十个葫芦四十个瓢,二十一个葫芦四十二个瓢,二十二个葫芦四十四个瓢,二十三个葫芦四十六个瓢,二十四个葫芦四十八个瓢,二十五个葫芦五十个瓢。(建议换气)五十个瓢二十五个葫芦,四十八个瓢二十四个葫芦,四十六个瓢二十三个葫芦,四十四个瓢二十二个葫芦,四十二个瓢二十一个葫芦,四十个瓢二十个葫芦,(建议换气)三十八个瓢十九个葫芦,三十六个瓢十八个葫芦,三十四个瓢十七个葫芦,三十二个瓢十六个葫芦,三十个瓢十五个葫芦,(建议换气)二十八个瓢十四个葫芦,二十六个瓢十三个葫芦,二十四个瓢十二个葫芦,二十二个瓢十一个葫芦,二十个瓢十个葫芦,(建议换气)十八个瓢九个葫芦,十六个瓢八个葫芦,十四个瓢七个葫芦,十二个瓢六个葫芦,十个瓢五个葫芦,八个瓢四个葫芦,六个瓢三个葫芦,四个瓢两个葫芦,两个瓢一个葫芦!

十三、数"玲珑塔"训练

玲珑塔,塔玲珑,玲珑宝塔第一层。一张高桌儿四条腿儿,一个和尚一本经,一副铙钹一口磬,一个木拉鱼子一盏灯,一个金钟儿整四两,西北风一刮响哗棱。

玲珑塔,塔玲珑,我隔着二层数三层。三张高桌儿十二条腿儿,三个和尚三本经,三副铙钹三口磬,三个木拉鱼子三盏灯,三个金钟儿十二两,西北风一刮响哗棱。

玲珑塔,塔玲珑,玲珑宝塔第五层。五张高桌儿二十条腿儿,五个和尚五本经,五副铙钹五口磬,五个木拉鱼子五盏灯,五个金钟儿二十两,西北风一刮响哗棱。

玲珑塔,塔玲珑,玲珑宝塔第七层。七张高桌儿二十八条腿儿,七个和尚七本经,七副铙钹七口磬,七个木拉鱼子七盏灯,七个金钟儿二十八两,西北风一刮响哗棱。

玲珑塔,塔玲珑,玲珑宝塔第九层。九张高桌儿三十六条腿儿,九个和尚九本经,九副铙钹九口磬,九个木拉鱼子九盏灯,九个金钟儿三十六两,西北风一刮响哗棱。

玲珑塔,塔玲珑,玲珑宝塔十一层。十一张高桌儿四十四条腿儿,十一个和尚十一本经,十一副铙钹十一口磬,十一个木拉鱼子十一盏灯,十一个金钟儿四十四两,西北风一刮响哗棱。

玲珑塔,塔玲珑,玲珑宝塔十三层。十三张高桌儿五十二条腿儿,十三个和尚十三本经,十三副铙钹十三口磬,十三个木拉鱼子十三盏灯,十三个金钟儿五十二两,西北风一刮响哗棱。

玲珑塔,塔玲珑,我往回数玲珑宝塔十二层。十二张高桌儿四十八条腿儿,十二个和尚十二本经,十二副铙钹十二口磬,十二个木拉鱼子十二盏灯,十二个金钟儿四十八两,西北风一刮响哗棱。

玲珑塔,塔玲珑,玲珑宝塔第十层。十张高桌儿四十条腿儿,十个和尚十本经,十副铙钹十口磬,十个木拉鱼子十盏灯,十个金钟儿四十两,西北风一刮响哗棱。

玲珑塔,塔玲珑,玲珑宝塔第八层。八张高桌儿三十二条腿儿,八个和尚八本经,八副铙钹八口磬,八个木拉鱼子八盏灯,八个金钟儿三十二两,西北风一刮响哗棱。

玲珑塔,塔玲珑,玲珑宝塔第六层。六张高桌儿二十四条腿儿,六个和尚六本经,六副铙钹六口磬,六个木拉鱼子六盏灯,六个金钟儿二十四两,西北风一刮响哗棱。

玲珑塔,塔玲珑,玲珑宝塔第四层。四张高桌儿十六条腿儿,四个和尚四本经,四副铙钹四口磬,四个木拉鱼子四盏灯,四个金钟儿十六两,西北风一刮响哗棱。

玲珑塔,塔玲珑,玲珑宝塔第二层。两张高桌儿八条腿儿,两个和尚两本经,两副铙钹两口磬,两个木拉鱼子两盏灯,两个金钟儿整八两,西北风一刮响哗棱。

玲珑塔,塔玲珑,宝塔共有十三层,我隔着一层上下数,一数数到大天明。

十四、喊人训练

假设远处有个熟人,用发音响亮的音节组成该人的名字,如"老张——""小兰——""阿毛——"等,试图喊住他。站在山顶,面对空寂的山谷做这种练习,回声可帮助你找到这种感觉。

十五、"声铺地"训练

选取一些沉郁、苍劲、辽阔、伤感、幽怨的古诗词片段放声朗诵,感觉声音不是在往上送,而是往下走,铺满脚下的大地,借此来体会腹部肌肉的控制能力。

如:在明月高悬的静夜抒发思怀故乡情感的李白的《静夜思》:

床前明月光,疑是地上霜。

举头望明月,低头思故乡。

如:表现古代戍边保国将士爱国抗敌精神的王昌龄的《出塞》:

秦时明月汉时关,万里长征人未还。

但使龙城飞将在,不教胡马度阴山。

如:表现维护天下统一壮怀豪迈之情的刘邦的《大风歌》:

大风起兮云飞扬,威加海内兮归故乡,安得猛士兮守四方。

十六、绕音训练

(1)用单韵母 a、e、i、u 结合气息控制做声调绕音训练。

①引导词:光明磊落→宏伟目标→好事多磨→大江南北→妙手回春→喜从天降→能歌善舞→经验总结。

ā→á→ǎ→à→á→ǎ→à→ā→ā→à→ā→à→ā→ǎ→à→ǎ→á→ā→á→ā→à→á→ā→à→ā→ǎ→ā→ǎ→á(一口气数完)

引导词:天南地北→风景名胜→花好月圆→先进集体→明码标价→长治久安→人

际交往→南征北战→铁面无私→狠抓落实→百花齐放→改革创新→卫星导航→道德修养→就职演说→重点工程。

ā→á→à→ǎ→ā→ǎ→á→à→ā→à→ǎ→á→ā→à→ǎ→ǎ→ā→à→á→à→ǎ→ā→ǎ→ā→ǎ→ā→ǎ→à→ā→ǎ→ā→à→ǎ→ā→ǎ→ā→à→á→à→á→ā→ā→à→ǎ→á→ā→à→ā→à→ā→ǎ→ā→á(一口气数完)

组合1：ā→á→ǎ→à→á→à→ā→ǎ→à→ā→á→ā→ǎ→á→ā→ǎ→á→ā→à→ā→á→ā→ǎ→à→ā→ǎ→à→ǎ→á→(建议换气)→ā→á→à→ǎ→ā→ǎ→á→ā→á→à→á→ā→à→ā→ǎ→ā→á→ā→á→ā→á→ā→à→ā→à→ā→à→ā→à→ā→ā→à→ā→à→ā→à→ā→à→ā→à→ā→à→ā→à→ā→à→ā→à→ā→à→ā→à→ā→á→ā→à→á→ā→à→á→ā→à→ā→ǎ→ā→á

② ē→é→ě→è→é→ě→è→é→ē→è→ē→é→ē→é→ē→ě→ē→é→ě→ē→è→é→ē→è→ě→ē→è→ě→é(一口气数完)

ē→é→è→ě→ē→ě→ē→è→ē→é→ē→é→ē→é→ē→é→ē→é→ě→é→ē→é→ē→ě→ē→é→ē→é→è→ē→è→ē→ě→é→è→é→è→é→ē→é→ē→ě→ē→é(一口气数完)

组合2：ē→é→ě→ē→é→é→ē→ě→é→ē→é→ē→ě→é→ē→ě→é→ē→è→é→ē→è→é→ě→é→(建议换气)→ē→é→è→ě→ē→ě→è→ě→é→ē→è→ē→è→ē→ě→ē→é→ē→é→ē→è→é→ē→è→ē→è→é→ē→è→é→ē→è→é→ē→è→ē→è→é→ě→ē→è→é→ē→é→ě→è→é→ě→ē→è→é→ě→ē→è→é→ē→é

③ ī→í→ǐ→í→ǐ→ī→í→ī→ǐ→ī→í→ī→ǐ→ī→ǐ→ī→ì→ī→ǐ→í→ī→ǐ→ī→í(一口气数完)

ī→í→ǐ→ì→í→ī→ǐ→ī→í→ī→í→ī→ǐ→ī→í→ǐ→ī→ǐ→ī→ǐ→í→ī→ǐ→ī→ǐ→ī→í(一口气数完)

组合3：ī→í→ǐ→ì→í→ǐ→ī→ì→ī→ǐ→ī→í→ī→ǐ→ī→í→ī→ì→ǐ→ì→í→í→(建议换气)→ī→í→ì→ī→í→ī→í→ī→í→ī→í→ī→ǐ→ī→ǐ→ī→ǐ→ī→ǐ→ī→ǐ→ī→ǐ→ī→ǐ→ī→ǐ→ī→í→ì→í→ǐ→í→ǐ→í→ǐ→í→ī→ī→í

④ ū→ú→ǔ→ù→ú→ǔ→ù→ū→ú→ù→ū→ú→ù→ū→ú→ǔ→ǔ→ū→ú→ū→ù→ú→ū→ù→ū→ù→ǔ→ú(一口气数完)

ū→ú→ù→ǔ→ū→ǔ→ú→ù→ū→ú→ù→ú→ù→ú→ǔ→ū→ù→ū→ù→ū→ú→ū→ú→ū→ú→ū→ú→ū→ú→ú→ù→ū→ù→ū→ǔ→ú→ǔ→ù→ū→ú→ū→ú(一口气数完)

组合4：ū→ú→ǔ→ù→ú→ǔ→ù→ū→ǔ→ù→ū→ú→ǔ→ù→ú→ū→ǔ→ú→ū→ú→ū→ú→ù→ū→ǔ→ù→ū→ǔ→ú→（建议换气）→ū→ú→ǔ→ù→ú→ū→ù→ǔ→ú→ū→ù→ú→ū→ù→ú→ǔ→ú→ǔ→ù→ū→ù→ú→ū→ú→ǔ→ú→ǔ→ù→ū→ù→ǔ→ú→ū→ù→ū→ú→ǔ→ù→ū→ú→ǔ→ù→ú→ǔ→ū→ù→ǔ→ū→ú

(2) 用 b、d、g 与 a、e、i、u 构成音节，做声调绕音训练。

① bā→bá→bǎ→bà→bá→bǎ→bà→bā→bǎ→bà→bá→bā→bá→bǎ→bà→bǎ→bà→bá→bā→bǎ→bà→bā→bà→bá→bā→bà→bǎ→bá（一口气数完）

bā→bá→bà→bǎ→bā→bǎ→bá→bà→bā→bá→bā→bà→bá→bǎ→bá→bā→bǎ→bà→bǎ→bà→bā→bá→bā→bá→bǎ→bā→bà→bá→bā→bǎ→bā→bà→bǎ→bā→bá→bā→bǎ→bā→bà→bǎ→bà→bā→bǎ→bà→bā→bǎ→bā→bà→bá（一口气数完）

组合5：bā→bá→bǎ→bà→bá→bǎ→bà→bā→bǎ→bà→bá→bā→bá→bǎ→bà→bǎ→bà→bá→bā→bà→bǎ→bā→bà→bǎ→bā→bá→（建议换气）→bā→bá→bà→bǎ→bā→bǎ→bá→bà→bā→bà→bǎ→bá→bǎ→bà→bā→bǎ→bá→bā→bà→bā→bǎ→bá→bā→bǎ→bà→bá→bā→bǎ→bà→bá→bā→bà→bā→bà→bǎ→bá→bā→bà→bǎ→bà→bā→bà→bǎ→bā→bá

② bī→bí→bǐ→bì→bí→bǐ→bì→bī→bǐ→bì→bī→bí→bǐ→bì→bí→bī→bǐ→bī→bí→bī→bí→bī→bì→bī→bǐ→bì→bī→bǐ→bí（一口气数完）

bī→bí→bì→bǐ→bī→bǐ→bí→bì→bī→bí→bī→bì→bí→bǐ→bí→bī→bǐ→bì→bǐ→bì→bī→bí→bī→bí→bǐ→bī→bì→bí→bī→bǐ→bī→bì→bǐ→bī→bí（一口气数完）

组合6：bī→bí→bǐ→bì→bí→bì→bī→bì→bī→bí→bì→bī→bí→bì→bǐ→bì→bī→bí→bǐ→bī→bí→bǐ→bī→bí→（建议换气）→bī→bí→bì→bǐ→bí→bǐ→bí→bī→bí→bī→bì→bī→bí→bī→bì→bǐ→bī→bì→bǐ→bī→bí→bǐ→bì→bí→bǐ→bì→bī→bì→bī→bí→bǐ→bī→bì→bī→bì→bí→bī→bì→bǐ→bì→bī→bì→bǐ→bī→bí

③ bū→bú→bǔ→bù→bú→bǔ→bù→bū→bǔ→bù→bū→bú→bù→bū→bú→bǔ

→bù→bǔ→bú→bū→bǔ→bú→bū→bù→bú→bū→bù→bǔ→bū→bù→bǔ→bú（一口气数完）

bū→bú→bù→bǔ→bū→bǔ→bú→bù→bū→bǔ→bù→bú→bū→bù→bú→bǔ→bú→bǔ→bū→bù→bú→bǔ→bū→bú→bù→bū→bǔ→bú→bū→bù→bú→bǔ→bù→bú→bū→bǔ→bū→bù→bǔ→bū→bǔ→bù→bū→bù→bú→bù→bú→bù→bǔ→bù→bǔ→bū→bù→bǔ→bū→bú（一口气数完）

组合7：bū→bú→bǔ→bù→bú→bǔ→bù→bū→bù→bū→bù→bú→bù→bū→bú→bǔ→bù→bǔ→bú→bū→bǔ→bú→bū→bù→bū→bú→bǔ→bū→bù→bǔ→bú→（建议换气）→bū→bú→bù→bū→bǔ→bú→bù→bū→bǔ→bù→bú→bū→bù→bú→bǔ→bú→bǔ→bū→bù→bú→bǔ→bū→bú→bù→bū→bǔ→bú→bū→bù→bú→bǔ→bù→bú→bū→bǔ→bū→bù→bǔ→bū→bǔ→bù→bū→bù→bú→bù→bú→bù→bǔ→bù→bǔ→bū→bù→bǔ→bū→bú

④ dā→dá→dǎ→dà→dá→dǎ→dà→dā→dǎ→dà→dā→dá→dà→dā→dá→dǎ→dà→dǎ→dá→dā→dǎ→dá→dā→dà→dā→dá→dà→dā→dá→dǎ→dá（一口气数完）

dā→dá→dà→dǎ→dā→dǎ→dá→dà→dā→dá→dā→dá→dà→dá→dǎ→dá→dǎ→dā→dà→dá→dà→dǎ→dā→dà→dá→dā→dá→dǎ→dà→dǎ→dà→dá→dā→dǎ→dā→dà→dá→dǎ→dā→dà→dá→dā→dǎ→dā→dà→dá→dā→dǎ→dā→dà→dá→dǎ→dā→dà→dǎ→dā→dá（一口气数完）

组合8：dā→dá→dǎ→dà→dá→dǎ→dà→dā→dǎ→dà→dā→dá→dà→dā→dá→dǎ→dà→dǎ→dá→dā→dǎ→dá→dā→dà→dā→dá→dà→dā→dá→dǎ→dá→（建议换气）→dā→dá→dà→dǎ→dā→dǎ→dá→dà→dā→dá→dà→dā→dá→dà→dā→dà→dá→dǎ→dā→dà→dá→dǎ→dā→dà→dǎ→dā→dá→dǎ→dà→dā→dà→dá→dā→dá→dǎ→dā→dá→dā→dà→dā→dǎ→dá→dà→dǎ→dā→dǎ→dà→dǎ→dā→dà→dá→dǎ→dā→dá

⑤ dē→dé→dě→dè→dé→dě→dè→dē→dě→dè→dē→dé→dè→dē→dé→dě→dè→dě→dé→dē→dě→dé→dē→dè→dē→dé→dè→dē→dé→dě→dé（一口气数完）

dē→dé→dè→dě→dē→dě→dé→dè→dē→dé→dē→dé→dè→dé→dě→dé→dě→dē→dè→dé→dè→dě→dē→dè→dé→dē→dé→dě→dè→dě→dè→dé→dē→dě→dē→dè→dé→dě→dē→dè→dé→dē→dě→dē→dè→dé→dē→dě→dē→dè→dé→dě→dē→dè→dě→dē→dé（一口气数完）

组合9：dē→dé→dě→dè→dé→dě→dè→dē→dě→dè→dē→dé→dè→dē→dé
→dě→dè→dě→dé→dē→dě→dē→dé→dē→dě→dè→dē→dé→dē→dé
→(建议换气)→dē→dé→dě→dè→dě→dē→dě→dé→dè→dē→dé→dè→dē→dé
→dè→dě→dē→dě→dé→dè→dē→dé→dè→dē→dé→dè→dē→dé→dě
→dè→dě→dē→dě→dé→dē→dě→dé→dè→dé→dē→dě→dé→dē→dě
→dè→dě→dē→dě→dé→dē→dè→dě→dé→dě→dē→dè→dě→dē→dé

⑥ dī→dí→dǐ→dì→dí→dǐ→dì→dī→dǐ→dì→dī→dí→dì→dī→dí→dǐ
→dí→dǐ→dí→dī→dǐ→dí→dǐ→dì→dí→dī→dǐ→dí(一口气数完)

dī→dí→dì→dǐ→dī→dí→dǐ→dì→dī→dǐ→dì→dī→dí→dǐ→dí→dī
→dí→dǐ→dì→dī→dǐ→dí→dì→dī→dǐ→dí→dì→dī→dǐ→dí→dì→dī
→dǐ→dí→dī→dǐ→dí→dì→dǐ→dī→dì→dí→dǐ→dì→dī→dǐ→dì→dī
→dǐ→dī→dì→dǐ→dī→dí(一口气数完)

组合10：dī→dí→dǐ→dì→dí→dǐ→dì→dī→dǐ→dì→dī→dí→dì→dī→dí→
dǐ→dí→dǐ→dí→dī→dǐ→dí→dǐ→dì→dí→dī→dǐ→dí→(建议换气)→
dī→dí→dì→dǐ→dī→dí→dǐ→dì→dī→dǐ→dì→dī→dí→dǐ→dí→dī
→dí→dǐ→dì→dī→dǐ→dí→dì→dī→dǐ→dí→dì→dī→dǐ→dí→dì→dī
→dǐ→dí→dī→dǐ→dí→dì→dǐ→dī→dì→dí→dǐ→dì→dī→dǐ→dì→dī
→dǐ→dī→dì→dǐ→dī→dí

⑦ dū→dú→dǔ→dù→dú→dǔ→dù→dū→dǔ→dù→dū→dú→dù→dū→dú→dǔ
→dù→dǔ→dú→dū→dǔ→dú→dǔ→dù→dú→dū→dǔ→dú→dǔ→dú(一口
气数完)

dū→dú→dù→dǔ→dū→dú→dǔ→dù→dū→dǔ→dù→dū→dú→dǔ→dú→dǔ
→dú→dǔ→dú→dū→dǔ→dú→dǔ→dù→dú→dū→dǔ→dú→dù→dū→dǔ
→dù→dú→dū→dǔ→dū→dú→dǔ→dù→dǔ→dū→dù→dú→dǔ→dù→dū
→dǔ→dú→dù→dú→dū→dǔ→dù→dǔ→dū→dù→dǔ→dū→dú(一口气数完)

组合11：dū→dú→dǔ→dù→dú→dǔ→dù→dū→dǔ→dù→dū→dú→dù→dū→dú
→dǔ→dù→dǔ→dú→dū→dǔ→dú→dǔ→dù→dú→dū→dǔ→dú→dǔ→dú
→(建议换气)→dū→dú→dù→dǔ→dū→dú→dǔ→dù→dū→dǔ→dù→dū→dú→dǔ
→dú→dǔ→dú→dǔ→dú→dū→dǔ→dú→dǔ→dù→dú→dū→dǔ→dú→dù
→dū→dǔ→dù→dú→dū→dǔ→dū→dú→dǔ→dù→dǔ→dū→dù→dú→dǔ
→dù→dū→dǔ→dú→dù→dú→dū→dǔ→dù→dǔ→dū→dù→dǔ→dū→dú

⑧ gā→gá→gǎ→gà→gá→gǎ→gà→gā→gǎ→gà→gā→gá→gà→gā→gá→
gǎ→gà→gǎ→gá→gā→gǎ→gá→gǎ→gà→gá→gā→gǎ→gā→gà→gǎ→gá
(一口气数完)

gā→gá→gà→gǎ→gā→gǎ→gá→gà→gā→gǎ→gà→gá→gā→gà→gá→gǎ→gá→gā→gà→gá→gà→gǎ→gā→gà→gá→gā→gǎ→gà→gā→gǎ→gà→gǎ→gā→gá→gà→gǎ→gá→gā→gà→gā→gà→gǎ→gā→gǎ→gá→gà→gá→gā→gǎ→gà→gā→gà→gǎ→gā→gá(一口气数完)

组合 12： gā→gá→gǎ→gà→gá→gā→gà→gā→gǎ→gà→gā→gá→gà→gā→gá→gǎ→gà→gā→gá→gǎ→gá→gā→gǎ→gā→gǎ→gà→gǎ→gá→（建议换气）→gā→gá→gà→gǎ→gá→gā→gǎ→gà→gā→gǎ→gà→gā→gá→gá→gà→gā→gǎ→gá→gǎ→gā→gà→gá→gà→gā→gá→gā→gà→gá→gǎ→gà→gā→gǎ→gá→gǎ→gà→gā→gǎ→gà→gǎ→gā→gà→gǎ→gā→gǎ→gā→gǎ→gà→gá→gā→gǎ→gà→gǎ→gá→gā→gà→gā→gà→gǎ→gā→gà→gǎ→gā→gǎ→gá

⑨ gē→gé→gě→gè→gé→gě→gè→gē→gě→gè→gē→gé→gè→gē→gé→gě→gè→gě→gé→gē→gě→gé→gě→gè→gé→gé→gé→gé→gé→gē→gé→gě→gé(一口气数完)

gē→gé→gě→gě→gě→gě→gé→gè→gé→gě→gē→gě→gé→gě→gé→gé→gé→gé→gé→gé→gé→gé→gē→gé→gè→gé→gè→gé→gē→gé→gě→gé→gē→gé→gé→gé→gé→gé→gé→gé→gé→gě→gé→gè→gé→gé→gé→gé→gě→gě→gé→gè→gé→gé→gé→gě→gé→gé→gē→gé(一口气数完)

组合 13： gē→gé→gě→gè→gé→gě→gè→gé→gè→gē→gé→gè→gé→gé→gé→gé→gé→gé→gé→gé→gē→gé→gé→gé→gě→gé→gé→gé→（建议换气）→gē→gé→gè→gě→gé→gè→gé→gè→gé→gē→gé→gè→gé→gé→gé→gé→gé→gé→gé→gé→gé→gé→gé→gé→gé→gé→gé→gě→gé→gé→gé→gě→gé→gé→gé→gé→gé→gé→gé→gé→gé→gé→gé→gé→gé→gé→gé→gé→gē→gè→gé→gé→gé→gé→gé→gé→gě→gē→gè→gě→gē→gé

⑩ gū→gú→gǔ→gù→gú→gǔ→gù→gū→gǔ→gù→gū→gú→gù→gū→gú→gǔ→gù→gū→gú→gǔ→gū→gú→gū→gù→gǔ→gū→gù→gú(一口气数完)

gū→gú→gù→gǔ→gū→gǔ→gú→gù→gú→gǔ→gū→gù→gú→gǔ→gú→gǔ→gū→gù→gú→gǔ→gú→gǔ→gū→gú→gǔ→gū→gù→gú→gū→gù→gǔ→gú→gū→gù→gǔ→gú→gǔ→gú→gǔ→gú→gǔ→gú→gū→gù→gǔ→gū→gú(一口气数完)

组合 14： gū→gú→gǔ→gù→gú→gǔ→gù→gū→gǔ→gù→gū→gú→gǔ→gū→gú→gǔ→gù→gǔ→gú→gū→gú→gǔ→gū→gù→gú→gū→gù→gǔ→gū→gù→gǔ→gū→gú

→(建议换气)→gū→gú→gù→gǔ→gū→gǔ→gú→gù→gū→gǔ→gù→gú→gū→gǔ→gú→gǔ→gū→gù→gú→gǔ→gū→gù→gú→gǔ→gū→gù→gú→gū→gǔ→gù→gū→gǔ→gú→gù→gū→gǔ→gù→gú→gū→gǔ→gū→gù→gú→gǔ→gū→gù→gú→gǔ→gù→gū→gǔ→gù→gú

(3)用 p、t、k 与 a、e、i、u 构成音节，做声调绕音训练。

① pā→pá→pǎ→pà→pá→pǎ→pà→pā→pǎ→pà→pā→pá→pà→pā→pá→pǎ→pà→pǎ→pá→pā→pǎ→pá→pā→pà→pá→pā→pà→pá→pǎ→pā→pà→pǎ→pá(一口气数完)

pā→pá→pà→pǎ→pā→pǎ→pá→pà→pā→pǎ→pà→pá→pā→pà→pá→pǎ→pá→pǎ→pā→pà→pá→pà→pǎ→pā→pá→pà→pā→pǎ→pà→pā→pá→pà→pā→pǎ→pá→pā→pà→pá→pā→pǎ→pà→pá→pā→pǎ→pá→pǎ→pā→pà→pá→pà→pā→pǎ→pá(一口气数完)

组合 15：pā→pá→pǎ→pà→pá→pǎ→pà→pā→pǎ→pà→pā→pá→pà→pā→pá→pǎ→pà→pǎ→pá→pā→pǎ→pá→pā→pà→pá→pā→pà→pá→pǎ→pā→pà→pǎ→pá→(建议换气)→pā→pá→pà→pǎ→pā→pǎ→pá→pà→pā→pǎ→pà→pá→pā→pà→pá→pā→pǎ→pá→pǎ→pā→pà→pá→pà→pǎ→pā→pá→pà→pā→pǎ→pà→pā→pá→pà→pā→pǎ→pá→pā→pà→pá→pā→pǎ→pà→pá→pā→pǎ→pá→pǎ→pā→pà→pá

② pī→pí→pǐ→pì→pí→pǐ→pì→pī→pǐ→pì→pī→pí→pì→pī→pí→pǐ→pì→pī→pǐ→pí→pī→pǐ→pí→pī→pì→pí→pī→pì→pí→pǐ→pī→pì→pǐ→pí(一口气数完)

pī→pí→pì→pǐ→pī→pǐ→pí→pì→pī→pǐ→pì→pí→pī→pì→pí→pǐ→pí→pǐ→pī→pì→pí→pì→pǐ→pī→pí→pì→pī→pǐ→pì→pī→pí→pì→pī→pǐ→pí→pī→pì→pí→pī→pǐ→pì→pí→pī→pǐ→pí→pǐ→pī→pì→pí→pì→pī→pǐ→pí(一口气数完)

组合 16：pī→pí→pǐ→pì→pí→pǐ→pì→pī→pǐ→pì→pī→pí→pì→pī→pí→pǐ→pì→pī→pǐ→pí→pī→pǐ→pí→pī→pì→pí→pī→pì→pí→pǐ→pī→pì→pǐ→pí→(建议换气)→pī→pí→pì→pǐ→pī→pǐ→pí→pì→pī→pǐ→pì→pí→pī→pì→pí→pǐ→pí→pǐ→pī→pì→pí→pì→pǐ→pī→pí→pì→pī→pǐ→pì→pī→pí→pì→pī→pǐ→pí→pī→pì→pí→pī→pǐ→pì→pí→pī→pǐ→pí

③ pū→pú→pǔ→pù→pú→pǔ→pù→pū→pǔ→pù→pū→pú→pù→pū→pú→pǔ→pù→pǔ→pú→pū→pǔ→pú→pū→pù→pú→pū→pù→pú→pǔ→pū→pù→pǔ→pú(一口气数完)

pū→pú→pù→pǔ→pū→pǔ→pú→pù→pū→pǔ→pù→pú→pū→pù→pú→pǔ→pú

→pǔ→pū→pù→pú→pù→pǔ→pū→pú→pù→pǔ→pú→pū→pǔ→pù→pǔ→pù→pú→pū→pǔ→pū→pù→pú→pǔ→pū→pú→pù→pú→pū→pù→pú→pū→pǔ→pù→pú→pǔ→pū→pù→pǔ→pū→pú(一口气数完)

组合17：pū→pú→pǔ→pù→pú→pǔ→pù→pū→pǔ→pù→pū→pú→pù→pū→pú→pǔ→pù→pú→pǔ→pù→pū→pǔ→pù→pū→pǔ→pù→pǔ→pú（建议换气）→pū→pú→pù→pǔ→pū→pǔ→pú→pù→pū→pǔ→pù→pǔ→pú→pū→pù→pú→pǔ→pù→pū→pǔ→pú→pù→pū→pǔ→pù→pū→pú→pǔ→pù→pú→pū→pǔ→pū→pù→pú→pǔ→pù→pū→pú→pǔ→pù→pú→pǔ→pù→pǔ→pū→pù→pú→pǔ→pú→pū→pù→pǔ→pū→pù→pǔ→pū→pú

④ tā→tá→tǎ→tà→tá→tǎ→tà→tā→tǎ→tà→tā→tá→tà→tā→tá→tǎ→tà→tǎ→tá→tā→tǎ→tà→tá→tā→tà→tǎ→tā→tà→tǎ→tá(一口气数完)

tā→tá→tà→tǎ→tā→tǎ→tá→tà→tā→tǎ→tà→tá→tā→tà→tá→tǎ→tá→tā→tà→tá→tà→tā→tá→tà→tā→tǎ→tà→tá→tā→tà→tá→tā→tà→tá→tā→tà→tá→tǎ→tā→tà→tǎ→tā→tá(一口气数完)

组合18：tā→tá→tǎ→tà→tá→tǎ→tà→tā→tǎ→tà→tá→tā→tá→tǎ→tà→tǎ→tā→tà→tǎ→tá→tā→tà→tá→tā→tà→tá→tā→tà→tǎ→tā→tà→tǎ→tá→（建议换气）→tā→tá→tà→tǎ→tā→tǎ→tá→tà→tā→tǎ→tà→tá→tā→tà→tá→tǎ→tá→tā→tà→tá→tà→tā→tá→tà→tā→tǎ→tà→tá→tā→tà→tá→tā→tà→tá→tā→tà→tá→tǎ→tā→tà→tǎ→tā→tá

⑤ tē→té→tě→tè→té→tě→tè→tē→tě→tè→tē→té→tè→tē→té→tě→tè→té→tē→tě→tè→té→tē→tè→tě→tē→tè→tě→té(一口气数完)

tē→té→tè→tě→tē→tě→té→tè→tē→tě→tè→té→tē→tè→té→tě→té→tē→tè→té→tè→tē→té→tè→tē→tě→tè→té→tē→tè→té→tē→tè→té→tē→tè→té→tě→tē→tè→tě→tē→té(一口气数完)

组合19：tē→té→tě→tè→té→tě→tè→tē→tě→tè→té→tē→té→tě→tè→tě→tē→tè→tě→té→tē→tè→té→tē→tè→té→tē→tè→tě→tē→tè→tě→té→（建议换气）→tē→té→tè→tě→tē→tě→té→tè→tē→tě→tè→té→tē→tè→té→tě→té→tē→tè→té→tè→tē→té→tè→tē→tě→tè→té→tē→tè→té→tē→tè→té→tē→tè→té→tě→tē→tè→tě→tē→té

⑥ tī→tí→tǐ→tì→tí→tǐ→tì→tī→tǐ→tì→tī→tí→tǐ→tì→tí→tī→

tǐ→tí→tī→tì→tí→tī→tì→tǐ→tī→tì→tǐ→tí(一口气数完)

tī→tí→tì→tǐ→tī→tí→tì→tǐ→tī→tí→tì→tǐ→tī→tí→tì→tǐ→tí→tì→tǐ→tī→tí→tì→tǐ→tī→tí→tì→tǐ→tī→tí→tǐ→tī→tí→tì→tǐ→tī→tí→tì→tǐ→tī→tí→tì→tǐ→tī→tí→tì→tǐ→tī→tí→tì→tǐ→tī→tí→tǐ→tī→tí(一口气数完)

组合20：tī→tí→tǐ→tì→tí→tī→tì→tī→tǐ→tì→tí→tī→tì→tǐ→tí→tī→tì→tǐ→tí→tī→tì→tí→tǐ→tì→tí→tī→tì→tǐ→tí→(建议换气)→tī→tí→tì→tī→tǐ→tī→tì→tǐ→tí→tī→tì→tǐ→tí→tī→tì→tǐ→tí→tī→tì→tǐ→tí→tī→tì→tǐ→tí→tī→tì→tǐ→tí→tī→tì→tǐ→tí→tī→tì→tǐ→tí→tī→tǐ→tí→tī→tì→tí→tǐ→tí→tī→tǐ→tī→tí

⑦ tū→tú→tǔ→tù→tú→tǔ→tū→tù→tǔ→tù→tū→tú→tù→tú→tǔ→tù→tú→tū→tǔ→tú→tū→tù→tú→tū→tù→tǔ→tū→tù→tǔ→tú(一口气数完)

tū→tú→tù→tǔ→tū→tǔ→tú→tù→tū→tǔ→tù→tú→tū→tù→tú→tū→tù→tú→tū→tù→tú→tū→tù→tú→tū→tù→tú→tū→tù→tú→tū→tù→tú→tū→tù→tú→tū→tù→tǔ→tū→tù→tǔ→tū→tú(一口气数完)

组合21：tū→tú→tǔ→tù→tú→tǔ→tū→tù→tū→tù→tū→tú→tù→tǔ→tú→tū→tù→tú→tū→tù→tú→tū→tù→tǔ→tú→(建议换气)→tū→tú→tǔ→tù→tū→tú→tù→tū→tú→tū→tù→tū→tù→tú→tū→tù→tú→tū→tù→tú→tū→tù→tú→tū→tù→tú→tū→tù→tū→tù→tú→tū→tù→tú→tū→tù→tú→tū→tù→tú→tū→tù→tú→tū→tù→tú→tū→tù→tú→tū→tù→tú→tū→tù→tú→tū→tǔ→tú

⑧ kā→ká→kǎ→kà→ká→kǎ→kà→kā→kǎ→kà→kā→ká→kā→ká→kā→kǎ→kà→kǎ→ká→kā→kǎ→ká→kā→kà→ká→kā→kà→ká→kǎ→ká(一口气数完)

kā→ká→kà→kǎ→kā→kǎ→ká→kà→kā→kǎ→ká→kā→kà→ká→kā→kǎ→ká→kǎ→kā→kà→ká→kā→kǎ→ká→kā→kà→ká→kā→kǎ→ká→kā→kà→ká→kā→kǎ→ká→kā→kà→ká→kā→kǎ→ká→kā→kà→ká→kā→kǎ→ká→kā→kà→ká(一口气数完)

组合22：kā→ká→kǎ→kà→ká→kǎ→kà→kā→kǎ→kà→kā→ká→kā→ká→kā→kǎ→kà→kǎ→ká→kā→kǎ→ká→kā→kà→ká→(建议换气)→kā→ká→kà→kǎ→kā→kǎ→ká→kà→kā→kǎ→ká→kā→kà→ká→kā→kǎ→ká→kǎ→kā→kà→ká→kā→kǎ→ká→kā→kà→ká→kā→kǎ→ká→kā→kà→ká→kā→kǎ→ká→kā→kà→ká→kā→kǎ→ká→kā

→kǎ→ká→kà→ká→kā→kǎ→kà→ká→kà→kā→kà→kǎ→kā→ká

⑨ kē→ké→kě→kè→ké→kè→kē→kě→kè→kē→ké→kè→kē→ké→kě→kè→kě→ké→kè→ké→kē→kè→ké→kē→kè→kě→kē→kè→ké→ké（一口气数完）

kē→ké→kè→kě→kē→kè→ké→kē→kè→kě→kè→ké→kē→ké→kè→kě→kē→kè→ké→kē→kè→ké→kē→kè→ké→kě→kè→ké→kē→kè→ké→kē→kè→ké→kè→kē→kè→kě→kē→ké（一口气数完）

组合 23：kē→ké→kě→kè→ké→kè→kē→kè→kě→kē→kè→ké→kè→kē→ké→kè→kē→kè→ké→kē→kè→ké→kē→kè→kě→kē→kè→ké→kě→ké→（建议换气）→kē→ké→kè→kē→kè→ké→kē→kè→ké→kē→ké→kè→kē→kè→ké→ké→kě→kē→kè→ké→kē→kè→ké→kě→kè→ké→kē→kè→ké→ké→kě→kē→kè→kē→ké

⑩ kū→kú→kǔ→kù→kú→kǔ→kù→kū→kǔ→kù→kū→kú→kù→kū→kú→kǔ→kù→kǔ→kú→kū→kǔ→kú→kū→kù→kú→kū→kù→kǔ→kū→kù→kǔ→kú（一口气数完）

kū→kú→kù→kǔ→kū→kù→kú→kū→kù→kǔ→kù→kú→kū→kú→kù→kǔ→kū→kù→kú→kū→kù→kú→kū→kù→kú→kǔ→kù→kú→kū→kù→kú→kū→kù→kú→kù→kū→kù→kǔ→kū→kú（一口气数完）

组合 24：kū→kú→kě→kù→ká→kǔ→kù→kū→kǔ→kù→kū→ká→kù→kū→kǔ→kù→kū→kù→ká→kū→kù→ká→kū→kù→kǔ→kū→kù→ká→kǔ→ká→（建议换气）→kū→ká→kù→kū→kù→ká→kū→kù→ká→kū→ká→kù→kū→kù→ká→ká→kǔ→kū→kù→ká→kū→kù→ká→kǔ→kù→ká→kū→kù→ká→ká→kǔ→kū→kù→kū→ká

对以上呼吸控制训练的方法做以下说明：

纯呼吸控制训练，是一切有声呼吸控制的基础。须提醒学生切实从思想上给予高度重视，并落实到艰苦、长期的训练过程中。

在慢吸慢呼、慢吸快呼、快吸快呼、快吸慢呼四种训练方法中，慢吸慢呼最容易有效体会到胸腹联合呼吸的要领及真谛，如何坚持以情运气、情动气行；气息如何下沉和外行；横膈肌如何降升；胸腔容积如何立体扩张和压缩；小腹肌肉如何收紧并控制；如何体验双向气流运动；如何开源节流、厚积薄发；呼吸如何体现出"流动感"，一气呵成；

等等，都需要首先在此方法的训练中逐渐摸索和创建。离开慢吸慢呼，后三种方法都会表现出根基的缺失，不是摇晃就是虚飘。慢吸快呼和快吸快呼的训练，是第二层级的技巧，在有声语言的表达中，适用于某些特定的语句和语态，也是必须训练的。

快吸慢呼是呼吸训练中最常见、最实用的方法，必须加大学生训练的强度和难度。吸好气后，必须控制几秒钟，然后再从容地将气息有节奏地呼出。15秒、20秒、25秒、30秒、35秒、40秒的时间要求只是阶段性的一般原则，可根据情况自行安排数量的多少及强度的大小。快吸慢呼能力的养成和巩固应延续到今后相当长的一段时间，即便是进入数"数儿"、数"葫芦"或数"枣儿"等环节，也须利用一定时间巩固和强化。

"si""yi""yu""a"音的训练及以 m 为素材的哼鸣训练基本上沿袭了单纯呼吸控制训练的模态，只不过是由无声状态进入有声状态，与实际发声更贴近了，更有实效性了。学生学习的热情和兴趣也会随之提高。

在以往的数"数儿"训练中，形式大多仅是从"1"数到"20"或更多，虽然有效但略显死板和枯燥。而变换花样儿的数"数儿"训练使得训练的内容和质量得到扩张和充实，单项及组合形态的变换运用在艺术性上也得到丰富和提升，训练也就更加富有成效。小课教师可根据需要挑选部分段子施训，但组合训练是不可或缺的。小课教师应提醒学生：练"气"是很耗力的，只有经过艰苦的训练，今后进入稿件播读阶段才不会吃力。

数"葫芦"训练、数"枣儿"训练、数"旗"训练、数"葫芦瓢"训练、数"玲珑塔"训练等气息控制训练，节奏要控制自如，以稳健、有序为基点。学生接受此类训练伊始可能在节奏上掌控得不如意，第一是找不到基本节奏，忽快忽慢、忽高忽低，声音忽大忽小、忽强忽弱，小课教师应提醒学生在平时说话的感觉上稍加力度即可。开始训练时，不要求换气，一口气能数多少就数多少，在建立起感觉后再逐渐加大数量。训练中，小课教师应多强调"数清楚"，"好"的标准首先以发音清晰准确为基础，而不是数得越多越有本事，因为此项训练的主要目的是掌握气息在有声语言表达中的控制与运用，而不是单纯地练嘴皮子。有的学生想数清楚些，想数得多些，只是在稍快节奏的语言行进过程中苦于嘴上功夫不够，"叼"不住字音，经常"拌蒜"，字词好不容易"捯饬"过来了，又无法兼顾速度和数量。这个问题是此项训练中必经的过程，一段时间后，学生心理、生理方面都适应了训练的强度和难度，这个问题就会自然而然地解决了。小课教师要坚持的是，不能一味地追求速度而牺牲掉字词的准确和表达的清晰度。这些气息控制训练的段子，从形式上看，已经接触到了语言表达的内容，所以数起来在节奏和感觉上须有变化。同样一个段子，可安排学生由中速稳稳当当地数起，然后做一些慢快慢弱强弱虚实虚、快慢快强弱强实虚实、慢快慢快弱强弱强虚实虚实、快慢快慢强弱强弱实虚实虚的变换训练，防止将段子数得单一和僵化。

"葫芦"两个音节的韵母都是后口腔的 u，要求学生"嘟噜"清楚，即便到了最后气息即将耗尽的阶段也须让它们逐次清晰优美地"消亡"。

数"葫芦瓢"的训练,一口气无法数到"二十四个葫芦四十八个瓢",中间允许做气息的切分和换气处理,但"气口儿"必须安排得科学合理,不能太从容地大换气,而且"气口儿"的前后节奏应做必要的不露痕迹的衔接,不能呈现大的起伏,除非有意设定。一般是将"十个葫芦二十个瓢"后作为第一个"气口儿",将"二十个葫芦四十个瓢"后作为第二个"气口儿"。

结合阴阳上去四个声调进行的绕音训练,目的是寻找语流行走过程中的字调在气息控制下的感觉,是对气息控制训练内容的拓展和扩张。要求学生将音程做满、做足。

思考与复习

1. 人类呼吸器官主要包括哪几个部分?
2. 简述胸腹联合呼吸法的原理和要领。
3. 评述气息在艺术语言发声中的意义和作用。
4. 怎样理解播音艺术创作中情、气、声三者之间的关系?
5. 播音语言发声对气息的基本要求有哪些?

第七单元 口腔控制

教学目的： 通过本单元的讲授，使学生掌握牙关、舌、腭、唇等口腔机理及打开口腔、力量集中、字着前腭等咬字器官的配合要领。掌握播音语言发声对吐字的基本要求、吐字归音方法、吐字归音的规范——"枣核儿"形、吐字"拢、弹、滑、挂、流"的综合感觉。掌握口部操的训练方法、几种简便易学的塞音性质的以增强唇舌力度为主的绕口令的感觉和位置。

教学要求： 打开口腔、力量集中、字着前腭的配合要领，叼住弹出字头、拉开立起字腹、到位弱收字尾的感觉，吐字"枣核儿"形的感觉需要边讲解边示范。着重强调"口部操"等训练途径和手段对于制声的意义和作用，提高学生唇舌的灵活性、力度及可控性，帮助学生初步建立起良好的口腔环境。

重点难点： 打开口腔、力量集中、字着前腭的配合要领；叼住弹出字头。拉开立起字腹、到位弱收字尾的感觉；吐字"枣核儿"形的感觉；口部操技巧的掌握和运用。

课时安排： 大课4课时，小课8课时。

第一节 口腔机能及咬字器官配合要领

从发音的角度讲，口腔主要有两个功能：一是作为共鸣器官，可使喉原音扩大和美化；二是充当咬字器官，人类的各种字音都是在口腔里"做"出来的。喉部发出的喉声束经咽腔到达口腔，在此受到人为的节制而形成了字音。口腔对于人类的言语发声比起歌唱、戏曲等其他姊妹艺术来都显得重要。没有口腔有序的调控与配合，任何字音都无从谈起。本课程将"口腔"部分从语音体系中抽离出来专门讲解，目的也就在于强调口腔的运作在吐字过程中的重要性和必要性，强化口腔机能的训练。

一、口腔机能

咬字器官是一个协同动作的整体,各部门相互关联又有分工,对吐字的质量起着不同的作用。这些口腔部位对于呼出气流构成的各种态势的障碍可以形成不同的辅音;它们不同的作形造就了不同的元音。它们肌肉的每一次松紧都会构成一个独立的音节。

(一)牙关

牙关本来是指上颚和下颚的活动,但是由于口腔的上骨壁联结在头骨的颞骨上不能动弹,所以这里的"牙关"仅狭义地指下颌关节带动下巴的上下活动。下颌关节是既稳定又灵活、具有转动和滑动机能的左右连动的关节,俗称"挂钩"。牙关的主要肌群是咀嚼肌。它的运动关系咀嚼、吞咽、言语、表情等诸种功能。口腔的开合控制主要是在开颌肌与咀嚼肌的相互拮抗过程中完成的。开口时,开颌肌群收缩,咀嚼肌产生明显的肌电作用以对抗开颌肌;闭口时,舌骨上的开颌肌群放松,咀嚼肌群收缩,下巴复归原位。

上下颌关节的运动(即牙关的运动)直接关系到口腔开度及容积的大小,在吐字过程中起如下作用:

(1)影响口腔的泛音量。牙关开度与泛音量成正比,直接影响元音的第一共振峰。发不同元音的不同口腔开合度的比例关系全靠牙关控制。略大于生活语言的牙关开度是获取鲜明、饱满的元音音色的先决条件。

(2)构成声束进入前口腔的必经通道。这个通道宽敞,声束才能顺畅地由此前行,从而较好地发挥口咽部的共鸣作用,声音也就通畅、响亮;如果通道狭窄,经咽腔扩大了的声音闷在口腔后部,声束还有可能上冲,产生不必要的鼻音。

(3)影响舌头的活动范围。为了使字音清晰圆润,要求舌头的活动区域比生活口语发音时加宽一些,这就必须将牙关打开,给舌头创造宽松适宜的环境。

(4)牙关的打开也可使得口腔前部的器官(如舌头、双唇)运动起来更加灵活有力。

(二)舌头

舌头是人类吐字活动中最积极、最活跃的咬字器官。

舌头附于下颌骨,舌体的前三分之二段,属于口腔范畴;后三分之一段参与咽前壁的构成,应称为"后舌面",人们惯常叫它"舌根"。

舌体主要由横纹肌构成,分舌内肌和舌外肌。舌内外肌协同动作使之能伸能缩、能翻能卷、能凸能凹,进行各种复杂而灵活的运动。

比较口腔内各个部位与构字的关系,舌头当之无愧地占据首要地位。这是因为:

(1)普通话里除了唇辅音 b、p、m、f 外,其余绝大部分音素都与舌头的活动有直接关系,而且都是由舌头积极地促成字音的发出与收束。所以对舌头的控制是吐字训练的最重要的一环。

(2)舌头的活动直接影响到字音的准确。辅音的发出是依靠舌体的有关部位与上腭构成的阻碍,元音的发出靠的是舌位(舌高点)适当的、前后高低的变化;音节的形成则是依靠舌头在各种发音规则的制约下有控制、有次序地运作。

(3)字音的清晰集中与舌体的运动状态密切相关。舌的弹发力越强,声母发得越坚挺;舌高点越鲜明,元音音色就越清晰。

(4)舌头的滑动力概括着字音的美誉度。舌头的滑动感越强、幅度越弯曲,字音就越朗润饱满。

(三)腭

腭,俗称"口盖儿",是口腔与鼻腔的"隔板"。前腭又叫"硬腭",占腭体的三分之二,呈穹隆状,有牙弓围绕,骨质水平板构成支架,表面覆以软组织。中纵线由前及后明显凸起,成为声音输出的正确路线。软腭即腭体的后三分之一段,是约一厘米厚的能够活动的肌肉膈膜体。软腭能升能降,决定着口音和鼻音。对腭的理解应把握以下几点:

(1)上颌的穹隆状态关联着口腔的泛音共鸣。在一般情况下,腭拱又宽又长的,利于低泛音共鸣;腭拱又短又深的利于高泛音共鸣。

(2)软腭能升能降,控制着咽口的大小,是声束能否顺畅地进入口腔的门户。它关闭或打开鼻腔的通道决定着口音或鼻音。同时,软腭又是后声腔的上壁,适当地将软腭提起会更有效地发挥后声腔的共鸣作用,使声音变得浑厚、结实。

(3)硬腭前部是发声的主要内感区,字音只有到达了这里才能提高发声效率及声音的明亮度,获得良好的口腔共鸣。

(四)唇

唇分两片,中间是横着的口裂,唇肌受口部肌肉的控制和牵动。

唇上肌有笑肌和颧肌。笑肌牵引着口角外展,颧肌牵引着口角向外上方运动。唇下肌牵动下唇。在吐字归音过程中,作用最大的是唇上肌及颊肌与口轮匝肌的拮抗力。

口部肌肉属于表情肌,在言语表达时肌肉的收缩与松弛会影响人的情绪,产生各种情态的变化。比如,当面部肌肉呈微笑状时,大脑皮层会出现相应的喜悦情状,声音色彩也就随之明朗而有光泽。

双唇地处口腔最前沿,犹如两扇大门把控着字音的出口。双唇的开闭、撮展对吐字有重要的影响。

(1)发音时,双唇如果过分地向前噘出,等于加长了声道,使声音带有 u 的色彩,字义会被闷实的共鸣裹挟掉一部分,容易形成"音包字"。只有使双唇收拢与齿相依,声音才会明朗透亮,字也容易发出口外。

(2)唇的收撮力强,可以使发出的声束集中。双唇是发音的最后一道大门,一定要兜得住、放得开、收得拢。

(3)汉语的语音特点使得双唇的作用更显突出。韵母的开、齐、合、撮主要就是视唇形的不同而分档的。开口呼,唇裂较宽,双唇松弛;齐齿呼,发音伊始唇即扁平,上唇几乎与上齿下缘平行,因而叫"齐齿";合口呼发音时唇呈圆形,发 u 时前声腔大,口唇有合拢之感,叫"合口";撮口呼发音唇形较圆,因发 ü 音时前声腔小,有撮唇感,因此叫"撮口"。

韵母的开齐合撮之间有一定的对应关系。唇形不正确会导致字音的错误,影响字义,特别是撮口和齐齿之间舌位相近,只是唇形有别,需严格区分。另外,元音韵尾 i 和 u(o)也都与唇形有直接的关系。

二、咬字器官的配合要领

吐字的功力源于对咬字器官的灵活控制。欲使字音发得准确、优美,首先要重视对咬字器官的锻炼,讲究口腔内各器官的有机配合,创造一个良好的口腔环境。这是掌握吐字归音技巧的先决条件。牙、舌、腭、唇等咬字器官是一个协同动作的整体,各部门相互关联又有分工,对吐字的质量起着不同的作用。这些口腔部位对于呼出气流构成的各种态势的障碍可以形成不同的辅音;它们不同的作形造就了不同的元音。它们肌肉的每一次松紧都会构成一个独立的音节。咬字器官的配合要领包括以下三条。

(一)打开口腔

要求比平时说话的口腔开度更大一些。打开口腔并不等于说要一味地张大嘴。平时张大嘴时,口腔是"前>后"型的,实际上是前开后不开;而吐字的要求是前口腔和后口腔都须打开,呈"前大后大"型,上腭用力上抬,下颌放松。

这个要求是通过"提颧肌、打牙关、挺软腭、松下巴"四个动作实现的。

(1)提颧肌:这是提起上腭的前部动作。颧肌,并不是嚼肌或笑肌。提动颧肌就是利用颧大肌、颧小肌和颊肌向外上方提的力量与上唇向中撮合力的相互对抗以实现对唇形的微细变化的控制。这时口腔前部有展宽的感觉,鼻孔也略微张开,同时使双唇尤其是上唇贴紧牙齿,唇不离齿,唇齿相依。提动颧肌的目的在于获取清晰、明亮、有色彩的音色,唇齿相依使得双唇有了坚实的依托,活动起来更加灵便。

颧肌属于表情肌的一种,颧肌的上提必然使面部呈微笑状,锻炼时可用"微笑"的动作和感觉去体会这种状态。但这种微笑状与生活中因高兴而引发的微笑还有区别。前者只是咬字时面部的一个动作,后者是心理状态的反映,上唇放松,拮抗力也不十分明显。这就提醒我们,既不能不顾内容需要一味地"笑眯眯""美滋滋"地发音,也不能将提颧肌片面地理解为嘴角向后咧,把口裂拉扁。

提动颧肌关系唇形状态。吐字时口形的动作不宜过大,开口呼的口裂适中,齐齿呼的口裂适当可以圆些,合口呼不要撮唇,撮口呼只撮唇角即可。这样才能保证字音清晰、口形美观,这也正是古代艺人们讲究的"口角轻圆"之说。

(2)打牙关:打开牙关属于提起上腭的中部动作。打牙关指的是撑开双侧的后槽牙,使后槽牙始终保持向上提的态势,仿佛上下槽牙间含着弹性物一般而又保持着一定的距离。打开牙关的目的是丰富口腔的共鸣,将咬字位置调整得适中有力,使字音在口腔里能"站起来"。

(3)挺软腭:挺软腭是提起上腭的后部动作。软腭在不说话时是向下自然垂着的,用舌尖后舔可感觉到它的塌软,即使是说话时也很少有人意识到它的提起和放下。艺术语言发声由于声音和咬字的需要就得将它"挺"起来,使口腔后部呈倒置的桃形。软腭的挺起一方面加大了后口腔的空间区域,另一方面鼻腔的入口变小了,口腔入口撑大了,可以避免声音过多地冲入鼻腔,减轻鼻化音的现象。

挺软腭可用夸张的吸气和"半打哈欠"的方法来体会。软腭一般在这时都是挺起来的,保持住这样的状态去发音就可能获得不同寻常的声音效果。用后口腔开度较大的字来带动其他音节的发出也会收到比较理想的效果。

(4)松下巴:由于生理上的原因,下巴在打开口腔方面比起上腭起的作用更大一些。下巴只要放松了,口腔就可以明显地打开了。咬字的力量主要在上腭,下巴处在"从动"状态。下巴内收才能放松,用"牙疼时说话"的感觉来体会这种放松的状态效果很好,因为牙疼时下巴是使不上劲的。发音时下巴不要主动去帮忙。

(二)力量集中

声音集中首先靠的是咬字器官的力量的集中,主要体现在唇、舌力量的集中上。唇的力量要集中在上唇的中央三分之一段,目的是保持唇的较强收撮力,使之弹动轻快、出字有力。

舌的力量集中表现在两个方面:一是,将力量集中在舌体的前后中纵线上;二是,发音时舌体取收势,这是在打开口腔的前提下,舌头能够有力而又灵活地运转构字的保障。吐字时舌与唇是不间断地滑动的,打开口腔后,舌的滑动幅度会相应加大,上挺力也会显著增强,唇也自然而然地增加收撮力以与其配合。口腔的这种"后开前有力"

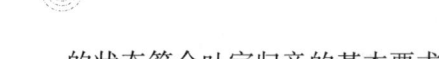

的状态符合吐字归音的基本要求。

(三)字着前腭

字音的发出有既定的路线,应呈流线型。我们要求字音沿着上腭的中纵线"挂"在硬腭前部,而不是从下巴"铲"出来的,这是一种感觉和体验。声音只有沿着这条路线被气流推进到前腭,才会获得"音从上唇以上透出"的感觉,音色才会集中明亮,而不呈放射状。

总之,咬字器官的各部位在发音过程中要相互配合、协同动作。任何一个部位的活动都不是孤军作战,它必须得到其他部位肌肉的响应与配合,连锁互动方能完成。比如,"打开口腔",就不能喊着口令一、二、三、四地先提动颧肌,然后打开牙关,接下来挺起软腭,最后是放松下巴。实际发声中,这四个要求是同时进行的,要一步到位。在训练中肢解讲授,有重点地练习某一动作要领是允许也是必要的,但是最终仍需注意抓总体的组合感。

吐字时,口腔的总状态可以概括为:"口盖提起如穹隆,唇舌灵活力集中,开口如同打哈欠,闭口好似啃苹果。"要充分讲究"牙关的开合咬嚼力、上腭的提起升降力、舌头的顶弹滑动力、双唇的喷闭收撮力"。

第二节　吐字归音

"吐字归音"是指汉语音节(汉字)的"出字"和"收音"的技巧。它根源于传统戏曲、相声、单弦、大鼓词等说唱艺术。前辈演员长期的发声实践证明:吐字归音技巧的应用可以大大提高语言的艺术性,收到字正腔圆、光彩照人的美学效应,沿用至今仍可以作为语言艺术工作者字音训练不可或缺的手段之一。

一、语言发声对吐字的基本要求

"字正腔圆",这是人们衡量语言艺术工作者吐字发声的最基本的标准。所谓"字正"应当包括字准、字真、字纯三个方面。"腔圆"指的是声音运用得集中、圆润、灵活、自如。具体可以概括为准确、清晰、集中、圆润、流畅。

(一)准确

准确是"说"的艺术语言的最低标准,或者说是入门标准,是必须做到的。准确就是按照标准的汉语普通话语音规律约束、匡正自己的吐字归音。字准,要求对字音的组成部分有比较详细的了解,并能准确发音。音素要准,字调也要准。

(二)清晰

清晰即"字真"。这是言语发声的又一基本标准。优秀的语言艺术家,音质不一定十分动听,但吐字必定是十分清楚、丝丝入扣的;反过来,无论你的声音多么漂亮动听,倘若口齿不清,那是决然称不上是什么"艺术"的。

(三)集中

声音集中了才能圆润,才能颗粒殷实,才容易获得较为丰富的泛音共鸣,才悦耳、动听。许多艺术语言都是通过话筒及一系列电声设备发射出去的。无论在话筒前播音主持、解说还是配音都无须用过大的音量;较小较自然的音量有时同样可以收到极佳的效果,甚至比大音量的表达效果还好。这种弱控制的发音没有集中的声束作保证,没有"珠走玉盘"的语言功力是不可能实现的。

(四)圆润

圆润,是指在一个字的发声过程中,头、腹、尾之间过渡、衔接时所表现出的自如性和润滑度,是在头、腹、尾合理布局的基础上音响共鸣的要求。标准是甜、脆、圆、润、水。

(五)流畅

语言的流畅性是一切艺术语言都必须讲究的。忽视了语言的流贯畅达,仅仅将力量放在某一个音节上,只知道"绷"字,将字音咬得过死,就会给人以明显的雕琢痕迹,使得语言垒块斑斑、艰涩难行。

总的说来,吐字归音的最高境界应该是:颗粒饱满,光泽晶莹,轻快连贯,如珠如流,字字皆入听者之耳,字字滋润听者之心,说者轻松自如,听者愉悦欣然。

二、吐字归音的方法

"吐字有力,归音到位"是吐字归音的基本要求。要做到这一点,必须对汉语音节有个正确的认识,真正弄清普通话音节的声母、韵母和字头、字腹、字尾之间的关系。

当代语言学家根据音节结构这样来划定汉字的头、腹、尾的位置和性质:字头=声母+韵头(介音);字腹=韵腹(主要元音);字尾=韵尾(尾音),而不是声母=字头,字腹=韵母。

在吐字过程中，对于字头、字腹、字尾的处理可分别概括为"出字""立字""收字"六个字。

(一)出字——字头叼住弹出

对字头的处理讲究的是部位准确，弹发有力。"字头"是一个汉字的始发阶段，利用这一阶段的力量带动字腹和字尾的响度，才能使整个字音打得响、传得远。传统曲艺十分讲究"喷口"的功夫，就是指出字的功夫。

汉语音韵学家把介音归于韵母的一部分，称作"韵头"；戏曲家将介音放在"字头"里处理，"声""介"结合成"字头"。从介音的实际发音状态和它对前后音素的影响来看，介音与声母的结合远比与"韵母"的结合密切得多。因此，把它放在"字头"里处理，使之与声母结合成一个整体，更加符合实际发音时的情况。介音的性质影响到它前面声母唇形的变化，口腔容积也会随之改变。

对字头处理的基本要求是叼住弹出。叼住，是指声母的成阻与持阻阶段，也就是"咬字"的阶段。首先，叼字须有一定的力度。成阻时，有关部位的肌肉相当紧张，阻气要有力，要超过生活语言的发声强度。其次，叼字的力量要集中在有关部位的中纵部，而不是满口用力。再次，声母的唇形要合适，特别是"齐、合、撮"三呼，开口度小，如果不配以相应宽度的唇形就很难"叼"得住。最后，要叼得巧而不死。过紧则僵，过松则泄。打个比方：咬字如同大猫叼小猫那样的劲儿，既不能将小猫咬伤，也不能将小猫掉在地上。

所谓"弹出"，指声母的除阻阶段，也叫"吐字"阶段。它的含义应当是：轻捷有力，如同弹丸弹出，不粘不滞，不拖不疲，不使拙劲。只有叼得住，才能弹得出，"叼"是"弹"的准备，"弹"是"叼"的延续。叼和弹只是一瞬间的事，长则容易形成"字疵"。

字头的长短视其性质而定，塞音字头感觉最明显，也最短；擦音最长。尽管这样，都不能拖得过长，如果把"腔儿"使在字头上，就会破坏吐字的力量和字音的完整性。字头的长度最多只能约占整个字音长度的四分之一。京剧里有的拖腔把字头处理得过长，几乎占到整个字音的一半，语言发声要是也这样拖就离生活太远了。京剧里有重腔轻字的倾向，而艺术语言必须以字为主。

(二)立字——字腹拉开立起

字腹，又称"韵腹"或"主要元音"，是汉语音节的核心部分，也是一个音节中最响亮、最富有色彩的部分。韵腹是音节中必不可少的成分。汉语普通话的十个单元音都可以做字腹，用得最多的是 a、o、e、i、u、ü、-i(前)、-i(后)。字腹运用得好坏不仅关系到字音的响亮度，同时也对字音的清晰度有直接的影响。

字腹的拉开立起可使声腔展大，保证声音的响度。在追求声音响度的同时，还应注意防止"音包字"现象。因为语言毕竟有别于音乐或戏曲，它是以字音清楚、表义准确为第一前提的。在保证字音清晰准确的前提下寻找丰富语言音乐性的途径才合乎艺术性语言的标准。字腹又是音节中所占时值最长的一段。在行腔使调过程中它的长度必须占到整个音节音值的一半左右，拉长字头或字尾都有碍于字音的准确度。

"拉开"与"立起"是一个动作的两个阶段，也是字音展开的过程。"拉"的过程容易体会，有音素动程的感觉；而"立"的感觉却不那么容易捕捉到。"拉"是个横向的音素过渡，在字头轻捷地弹出之后，口腔（牙关）随字腹的到来扯起适当的开度，再配以声束向前硬腭的流动冲击和字调的滑行，感觉字腹随上腭的提起而朝纵的方向一挺，挂在口腔的前腭。为了取得清晰的音色和丰富的泛音共鸣，口腔的开度必须略大于生活语言的口腔状态，否则，字腹是既拉不开也立不起来的。

(三) 收字——字尾到位弱收

普通话里的字尾，包括元音尾（以 i 或 u 收尾的）和辅音尾（以 n 或 ng 收尾的）两种。写文章讲龙头凤尾，一个音节要是头重脚轻也站不稳当；况且字尾还有区别词义的功能，如果丢失了这一段尾巴就会引起整个字音的倾斜和走样儿。发音最容易犯的毛病之一是不归音或归音不到位，形成欠缺的"半拉子"字。

不论元音尾还是辅音尾，其音值的长度都因声调的不同而有差别。一般来讲，阴平字和去声字的字尾比较短些，阳平字和上声字的字尾相对长些。发上声字时要尽量将字腹延长，将字尾缩短。在上升的时候，三分之二的时段都应保持在字腹的口腔开度上；待字腹的口腔状态延续转折以后再向字尾过渡。阳平字在口腔状态到达阳平字应有的高度 4 度到 5 度之间时再归到字尾的位置。

总之，字头、字腹、字尾是字音的三个组成部分，共同构成一个字音不可分割、有机联系的整体。其中的任何一部分运作不当都有可能影响到整个字音的成色。所以，在吐字归音的训练中必须建立起这三个部分之间的有机联系，合理布局，从字头滑到字腹再滑到字尾，形成"枣核儿"形的整体。虽然头、腹、尾之间是滑动过渡的，中间没有间歇，但是每一个部分的特征必须要表现清楚。只有这样才能进入"字如珠玑"的境地。

三、吐字归音的规范——"枣核儿"形

"枣核儿"形是说唱艺人对吐字过程形象化的描述。根据汉语的结构特点，各种形式的民间说唱艺术都要求一个音节的发音过程有头有尾，即头、腹、尾三者俱全，形成一个完整的形状，以求得"字润珠圆"的发声效果。它以叼住弹出的字头为一端，以到位弱收的字尾为另一端，以拉开立起的字腹为核心，将三者结合起来正好成为一个两

头小、中间大的"枣核儿"形状。它涉及音节各部分口腔的开合度及所占时值的短长。如图3所示：

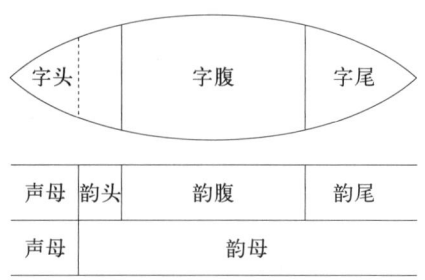

图3 "枣核儿"形示意图

"枣核儿"形充分体现了字音清晰圆润、颗粒饱满的特点。"枣核儿"形，必须得到气息的支撑。也就是说，吐字时嘴里有充满气息的感觉，字音才能结实、有光泽。否则，嘴虽然张开了，缺乏气息的支持，字音也不会饱满圆润。这里"字头取气"起着关键的作用。

"枣核儿"形是吐字归音的基本模式，是发音规范化的必需过程。但是语言是行进的、流动的，我们不可能要求每个字音的发出都如"核儿"。艺术语言的特点是一板多字，很少一字一板，更没有一字多板的拖腔使调。音节疏密相间、轻重缓急是构成语言节奏的重要内容。一个音节的发音时间仅仅是三分之一秒，甚至更短，加上情感表达的需要，做到字字如"核儿"也是不现实的。较重较长的音节"枣核儿"形可能表现得充分一些，较轻较短音节的完整性肯定会差一点。

一般来讲，昂扬庄重的内容往往要求吐字颗粒饱满、收束麻利干净；柔和抒情的内容则可以把"枣核儿"形拉长抻扁，有时甚至可以"余音袅袅，不绝如缕"。个中变化细致入微，口中须有功夫才能控制得当。

总之，"枣核儿"形在单字训练阶段是一种积极有效的手段。在语句表达时，倘若仍旧板板眼眼、字字如核儿，又会产生副作用，助长"一字一板"的呆腔拖调。必须根据内容、形式、对象等的不同要求灵活运用，不能机械地套用。

四、吐字的综合感觉

吐字的综合感觉可以用"拢""弹""滑""挂""流"五个字表述。

"拢"指发音有关部位的着力点向整个口腔中部聚拢，字音集中、有力。

"弹"指字从口中吐出时，灵活轻捷、富于弹性。

"滑"指吐字过程中音素过渡要有滑动感，主要体现在唇和舌上。

"挂"指字音要"挂"在硬腭的前部。

"流"指字音沿着口腔的中纵线向前行进时要有流动的感觉。

向前流动的声束,受口腔的节制形成言语声的"链"。每个字音都是呈流线型向前放射流动的,在其放射流动过程中形成"珠","挂"在硬腭前部,"弹"出口外,汨汨不绝,仿佛一串语"珠"的溪流,晶莹、跃动,充满生命力和表现力。

第三节 口部操

一、唇的基础训练

(1)撮唇:口小开,在提起颧肌的前提下,双唇沿上下齿向中间部位撮起,撮到圆唇状态为止,再展开,反复练习。这是唇的基本练习。

(2)合口噘唇:外口腔闭合,牙关打开,使合拢的双唇分别向上、向下、向左、向右运作。再反方向运作,反复练习。注意方向性和棱角感。

(3)转唇:在合口噘唇的基础上,双唇沿着上左下右方向运作,即左转 360 度;然后再反方向转动,右转 360 度;交替进行,反复练习。

(4)裹响:先将双唇闭合内收,上下齿嵌入唇内,然后利用内裹和口腔突然打开迸发的力量将双唇打开,犹如"唤小鸡儿"的状态,反复练习。

(5)弹唇:吸好气后,在均匀稳劲的气息支撑下,使双唇快速地均衡颤动。分无声的、有声的两种。有声的可做绕声的训练。幅度应小,力度要适中。

(6)b 本音:闭口提颧,上唇向中间收缩,力量集中在上唇中央三分之一段,反复地利用气息和双唇的力量将不带元音的 b 本音发出,发音时能感觉到清晰的双唇爆破声响。

(7)ba 音:面壁站立,状态基本同(6)。意念中仿佛墙上对着口腔的地方有一小窝儿,发带元音的 ba;再想象每个 ba 音又如同一个个小球,把它从口中喷弹到小窝儿里,以观念带动声音的集中,反复练习。

二、舌的基础训练

(1)顶腮:口腔闭合,牙关打开,舌体分别向左、向右用力伸顶;用舌尖的力量向外顶左右内颊,即腮帮子,直到舌身下面的舌系带被抻疼为止。外观能明显地发现一小圆包,左、右交替,反复练习。

(2)刮舌:舌尖抵住下齿背,上齿下缘接触舌叶;舌前部逐渐向前下方挺起,上齿缓缓沿着舌的中纵线向后"刮",口腔好似被撑开,直到极限为止,反复练习。这是舌的收拢上挺力的主要练习。

(3)伸卷:用力将舌体伸出口外,到达极限时,使舌尖用力向上回卷,最好能与"人中"穴相触,反复练习。

(4)立舌:舌在口内由水平状态翻动90度角,使左边缘向上立起;然后再向回翻动180度角,使右边缘向上立起,反复练习。

(5)转舌:将舌前端置于齿外唇内,舌尖依次沿着上左下右的方向转动;然后逆向回转,直至舌根酸疲,反复练习。这种方法又叫"围口转",对于训练舌肌的力量很有效。

(6)弹舌:口微开,舌尖处在与上齿龈接触的状态,用持续稳劲的气息推动舌尖做快速的弹动。在做这种训练有了一定基础后,可带动双唇同时弹动,反复练习。

(7)d本音:利用气息的配合,用舌尖的力量把上齿龈打响,反复练习。同双唇b本音的练习一样,应注意运用"塞音"的爆发力。

(8)da音:方法同双唇ba音的练习,反复练习。注意气息和节奏的控制。

(9)g本音:这是一种训练舌根的方法。用舌根抵住软腭,阻住气流,然后突然放开,爆破成声,反复练习,也可发成ga或ge音。

三、牙关打开训练

(1)咀嚼状态:闭、张口各20次,30秒。
(2)半打哈欠状态:5次,10秒。
(3)"啃苹果"状态。

四、面部肌肉放松整理

(1)搓脸:10秒。
(2)转颈:10次,10秒。
(3)松下巴:10秒。
(4)提颧肌:10次,10秒,手辅和自行交替进行。
(5)鼓腮:双唇紧闭或用手捏住双唇,逐渐给口中加压充气,撑满。左右一起鼓撑,10秒;左右腮变换鼓撑,10秒。
(6)裹腮:左右一起裹,10秒;左右变换裹,10秒。

五、绕口令指导性接触

(1)放开声音读绕口令,训练双唇的力量:
　　八百标兵奔北坡,炮兵并排北边跑。
　　炮兵怕把标兵碰,标兵怕碰炮兵炮。
(2)放开声音读绕口令,训练舌尖的力量:
　　调到敌岛打特盗,特盗太刁投短刀。
　　挡推顶打短刀掉,踏盗得刀打倒盗。
(3)放开声音读绕口令,训练舌根的力量:
　　哥挎瓜筐过宽沟,赶快过沟看怪狗。
　　光看怪狗瓜筐扣,瓜滚筐空哥怪狗。

思考与复习

1. 打开口腔的基本要领是什么?
2. 在吐字归音中对字头、字腹、字尾处理的基本要求是什么?
3. 简述要获得良好的口腔发音状态,字音行走的正确路线和状态。
4. 评析字音处理的"枣核儿"形。

第八单元　喉部控制

教学目的: 通过本单元的讲授,使学生掌握人类喉部机理及功能,了解人类声带的功能,学会科学地运用声带并掌握声带保健知识。

教学要求: 学会依客观条件科学地确定自己的声音类型;学会以气托声;学会气泡音和哼鸣训练方法。

重点难点: 以气托声、气泡音和哼鸣的训练方法。

课时安排: 大课 2 课时。

第一节　喉部机能

喉头和声带,介于咽和气管之间,狭义地理解就是我们平常所说的"嗓子"。一个人音质的优劣尽管是各发音器官通力协作的结果,但与"嗓子"这个发声功能的代表性器官有着密切的关联。嗓子位于气管上端尽头处,自肺部呼出的气息只有上行到嗓子,形成供共鸣器官调制音色、音量,供咬字器官加工语音的"喉原音",才算真正进入了发音阶段。

一、喉部机能

喉头位于第三至第五颈椎水平之间,上接咽部,下连气管,好似一个精巧的可以活动的小室。上部略呈三角形,下部呈圆筒状,由许多借助关节和韧带连接起来的软骨和肌肉组成。这些软骨和肌肉的相互作用使喉内部的两片声带得以合理地调节运动。喉软骨构成喉的支架,有八块。对人类发音有意义的主要有四块:一块甲状软骨,一块环状软骨,两块勺状软骨。另外还有会厌软骨一块,小角软骨、楔状软骨、麦粒软骨各一块(见图 4)。

(一)甲状软骨

甲状软骨又叫"甲状骨",是喉软骨中最大的一块。它由两块连成一定角度的四边形软骨板构成,外形像个盾甲,又有些像一本打开的书,"书脊"就是甲状软骨角,成年男性呈50度至90度;成年女性介于88度至114度之间,较平滑。甲状软骨位于环状软骨的上前方,突出于喉头的前部,构成喉前壁,从脖颈的外部可以摸到,人们也习惯地把它叫作"喉结"。男性的喉结更明显一些,说话或吞咽食物时可观察到它的活动。

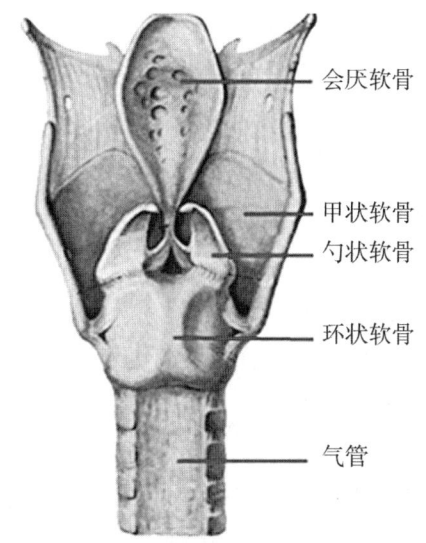

图4 喉软骨示意图

甲状软骨的后缘,上下分别有两个"突起",叫"上角"和"下角"。两上角与上面的舌骨相连,两下角与下面的环状软骨相接。

(二)环状软骨

喉部的基础软骨,处于整个喉部的底面,形似一枚指环,前窄后宽,宽的一面朝后,窄的一面朝前。下缘接合气管的第一节软骨环,上缘连接着两块三角形的勺状软骨,形成勺状关节。环状软骨是喉腔的"基座",对保证喉的畅通和制声功能有重要作用。

(三)勺状软骨

歌唱发声学上叫"披裂软骨",呈不规则的三面锥体形,位于环状软骨后上部的喉部支架内,从外部不能直接看到。勺状软骨有两块,一左一右各有一个向喉腔突出的角,叫"声带突",两条声带的后端就分别附着在这两条声带突上。勺状软骨灵活得很,可以转动滑移,操纵声带的开合松紧,对声带的张合起关键作用。当它向后轮转时,声带被拉紧、靠拢;向前轮转时,声带随之放松,后端分离。

另外,在喉头的上口前方(即甲状软骨的后面)生长着一个上宽下窄、树叶儿形的黄色弹性软骨片,叫"会厌软骨",通过韧带附于甲状软骨上。它似喉门的"活盖儿",可以自由开关,负责在吞咽食物时遮盖喉口,以避免食物误入气管。当呼吸和发音时它直立放开,让气息从喉门进入、流出;饮食时喉头略微向上一顶就将它稍稍推弯正好盖住喉门,食物就从气管后面的"食道"被咽下去。如果吃饭或喝水时说话,会厌软骨有时就来不及关闭,导致食物误入喉腔,发生咳嗽或喷鼻,即所谓"呛着了"。

(四)喉部肌肉

喉部肌肉包括环甲肌、甲勺肌、环勺后肌、环勺侧肌和勺肌。

环甲肌:又叫"声带外张肌"。上端与甲状软骨的下沿相连,下端与环状软骨相接。它收缩时,甲状软骨前倾并牵动环状软骨前部上移,后部下移。主要功能是增加声带的紧张度,使声带伸长、拉紧。

甲勺肌:又叫"声带肌"。甲勺内肌长在声带内,也就是声带的本体。它的前端起于甲状软骨板交角内面,后端止于勺状软骨的声带突。收缩时,声带缩短并彼此接近,可调节声带的紧张度,因此又叫"声带内张肌",是发声学上极为重要的肌肉。

环勺后肌:起于环状软骨的后部,止于同侧勺状软骨的肌突。其作用是旋转勺状软骨,使声带突向外转动、扩大声门,因此也有人称它是"声门外展肌"。

环勺侧肌:起于环状软骨的外侧,止于同侧勺状软骨的肌突,能使声带突向外转动,从而使声带前部变窄甚至闭合。

勺肌:包括勺横肌和勺斜肌,附着于两个勺状软骨的后面,收缩时使两个勺状软骨彼此靠近,从而使声门后部闭合。

勺肌与环勺侧肌都被称作"声门闭合肌"。

(五)声带

由声带肌和声韧带组成。它是人类发音的主要颤动体,也有人叫它"声源"。声带位于喉室中央,形似两唇,是两条长短宽窄一致、左右并列对称、富有弹性的纤维质薄膜,性质相当于韧带。正常情况下的声带呈磁白色。声带的前端互相联结在一起,固定在甲状软骨内面,不能分开;后端分别挂在两条勺状软骨的声带突上,可以回承转合。勺状软骨活动起来时,牵动着声带左右运动,把它拉紧、放松、扯薄、变厚,使之整体振动或部分振动,此时两片声带之间的狭窄缝隙犹如一扇能开能合的门,随时呈现开启或关闭状态。

两片声带中间的通道叫"声门"。声门分为两部分,前面与甲状软骨角相接的较窄的三分之二段是"音声门",处于两片声带之间;后面与勺状软骨的声带突接连的较宽的三分之一段是"气声门",处于两声带和软骨之间。

正常呼吸时,声门敞开,声带和勺状软骨联合呈等腰三角形,气息可自由出入;强呼吸时,能听见些微的摩擦声。

发气声或耳语时,前面的音声门靠拢,勺状软骨间留有空隙,强气息从后半部的气声门摩擦而出,只稍微颤动声带,发出轻微的气息摩擦声。因此耳语只产生噪音。

咳嗽时,两条声带和勺状软骨完全并拢,声门紧闭,先形成一种"喉塞音"挡气,强气流剧烈地冲击特别紧张的声带,会发出一种破裂的声音。这种因强气流冲击而发出的破裂声对声带有损伤,用音声工作的人应设法避免长时间的咳嗽。

正常发音时,音声门和气声门接近于闭合,声带和勺状软骨联合趋向靠拢。实际上我们平时说话时勺状软骨之间是留有一定缝隙的,气息就从这缝隙之间冲出并振动声带,声带不断作出周期性的开合,形成乐音性的明亮实声。像 a、i、u 等都是声带有节奏地颤动形成的。

声带振动机能报告:发音开始前,声带进入发音的准备状态。发音时,喉部内外肌肉收缩,使两片声带达到必要的紧张度并相互靠拢或闭合,声门缩小关闭。此时,由于呼吸肌肉群的作用,从肺部呼出的气息在声门下形成不断增高的气压,当这种气压超出声带闭合紧度时,气息就会周期性地迫使声带稍向两侧分开而后冲出。在冲出后的一刹那,声带又借本体的弹力重新恢复到原来的闭合状态;继而又是增高气压、冲开声带、随之闭合。由于声带在气息的冲击下节律性地被冲开与闭合这一系列周而复始的振动,气息通过声门时就形成一系列的气喷,造成了空气中稠密与稀疏相间的动荡状态的"声门波"。声门波经过声道共鸣管腔的放大、美化和节制,就成为人的声音。

人类的言语发声,两片声带主要是向内、向外的横向振动。声门开大时,声带边缘变得厚钝;声门闭合时,边缘变得锐薄。相比之下,声门关闭的时间远大于开放时间。它们之间的时间差就是声音的延续。从上面的分析我们可以得到这样的结论:声音的变化取决于声带的拉长或缩短、紧张或松弛、边缘变薄或变厚,也取决于喉肌和软骨的牵引和掣动。声带的振动虽然不能直接形成语音,但是它的位置、形状、质量、张力、弹性的变化却直接影响着语音的产生,尤其是对音高和音色的形成至关重要。声带长度的变化产生不同的音高,声门的开合变化产生不同的音色。音高与音色的不同组合又形成各种丰富的声音变化(见图 5)。

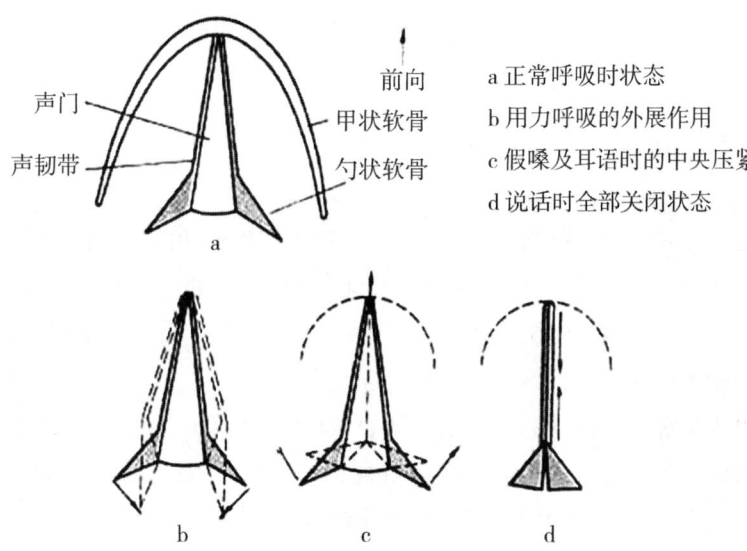

图 5　声带动作示意图

人的声带有两对。前面介绍的声带,我们这里权且叫它"真声带"。其实,在真声带的上方还有两条与之平行的、皱襞的黏膜带体,一般我们叫它"假声带"。假声带在语言发声中虽然不起决定性的作用,可是它能分泌出丰富的黏液腺,对两条真声带有温润湿泌作用。不仅如此,当过强、过猛的气息将声带往上掀开,单靠真声带抵挡不住气流时,假声带则会主动地将其边缘部分往下移动,甚至直接压迫真声带帮助挡气,疏解了气流对真声带过强的冲击和刺激。从这个意义上说,假声带是真声带的润滑剂、缓冲体和保护神。

在假声带和真声带之间的喉头侧壁上,左、右还各有一个凹陷的小空隙叫"喉室"或"声窦"。声带发出的喉原音在这里可以得到微弱的共鸣,这是所有共鸣中最原始、最先期的共鸣。

既然假声带不具备发音的功能,那么"假声"又是怎么发出的呢?音声专家对假声研究后总结出了以下三个特点:(1)环甲肌把声带拉紧拉长,边缘变薄;(2)声带不是全部振动,只是边缘振动,其运动指向是纵向的、上下的;(3)两声带不能紧贴,要留出一条缝隙,随着假声的升高,声门裂隙也相对变短(真声发出时,主要是靠甲勺肌的收缩拉紧,声带边缘圆钝、包膜松皱,整体振动,方向主要是横向左右振动的)。客观地讲,假声不如真声那么圆润丰满,泛音成分有限,听来带有特殊的韵味。歌唱中的花腔女高音、抒情男高音,京剧中的小生、青衣、花旦都是假声唱法的主要使用者。可见,假声是由真声带经过特殊形式的调节后形成的一种独特的声音形式。

第二节 声带的保健与训练

一、声带运用中应注意的问题

声带是人体发声活动的核心环节,是声音赖以实现的功能性基础器官。它是振动体,是声源,离开了声带的震颤,任何语音都无从谈起,它的振动状况直接决定着声音质量的优劣。一个漂亮声音的发出,其声带一定是健康的、高质量的、控制良好的;反之,粗糙、沙哑的声音,其声带不可能是无病变、不失控的。

艺术语言是源于生活又高于生活的语言,这种特点要求一切艺术语言工作者必须具备一对高保真的声带。唯有对其高度重视、有效护养才能永葆其艺术青春。为此,这里特提出几点声带运用中应注意的问题供参考。

(一)端正对声带的认识,依其客观条件科学地确定声音类型

声带的运动形式决定着音质的好坏及声音的高低、响度和音域的幅度。从生理解剖得到的结果看,声带外缘部分与喉壁相连,只有相互靠近的内缘部分(音、气声门)能够自由地启闭开合。自肺部呼出气流的冲击使它振动起来,但这种振动不是声带全部、平均地振动,而是两条声带靠近的内缘部分振动得剧烈些,与喉壁粘连的外缘部分振动相对弱些。勺肌和环勺侧肌都有使声带靠拢的功能,声带靠拢时,加上本身具有的弹性,产生挡气作用,遏止了气息随意地通过声门闸。在它连续受到呼气的冲击进行周期性振动时,可以产生一种向上弯曲的牵张现象,气息的冲击力愈大,这种牵张力量就愈强,声带所发出的音调也就愈高。由此可见,增加声带的张力是获得高音的关键所在。声带绷不紧是发不出高音来的。当然,声带属于被动器官,单靠声带的紧张还不能完全决定声音的高低,还必须依靠全部喉肌的通力合作并在气息的有力托持下最终实现。但是我们起码应当明确这样一个简单的道理:音高的形成,声带肯定是拉紧或缩短了的。

声带的伸缩力和振动部位的改变还决定着一个人音域的宽窄。宽音域的声音往往都是声带的伸缩性大、带肌张力强造成的。日常谈话时,声音的运动幅度一般都在一个八度左右。为了适应各种艺术门类的专业性表达要求,一个八度就显然不够,唱的艺术要求音域常在两个八度,话剧语言的音域在一个半八度上下,播音员主持人的音域最低也不能少于一个半八度,况且诗歌散文的朗诵、小说的播讲、广播剧的扮演、影视剧的配音还有个语言造型问题,与"对手"合作也还要"搭调",音域不够就必然受到限制,理解了的东西不一定能全部表达出来。因此,即使是"说"的艺术也应当适当地展宽音域。为了拓展语言表现领域,就十分有必要锻炼声带的伸缩力。

每个人的声带都有其各自的长度、宽度、颜色和厚度。这些生理特性为声音类型的确定提供了必要的物质条件。人们正是凭借声带的这些特征来确定自然声区的范围的。通常认为,声带天生短、窄、薄者大致属于高音类型,声带天生长、宽、厚者应属低音类型。这一点上出入不是很大。比如:播音员的声音应是"本色"播音,播音语言要求在自然声区发音,这样不但可使声带全部振动起来,气流的排出量也最小、最省力且发出的声音接近生活语言,"真"的成分多,自然、结实、明亮,富于色彩,容易体现出声音的个性。

权威人士总结出这样一条规律:男性播音员的声音,最好是中音偏高,听起来刚亮、浑厚、有气势,其声带长度在17~21mm最佳;女性播音员的声音最好是高一些,听起来热情、亲切、壮丽,其声带长度在12~15mm为最佳。

对一个人的声音类型作以鉴定并非易事,无法恪守一成不变的准则。每个人的声带本体条件不同,呼吸控制、共鸣运用、吐字归音技巧也有高下,加上五官相貌、体型、

气质、性格等因素对声音或多或少的影响,定下结论就更应审慎一些。一个天生声带长、宽、厚的人所做的高音努力完全有可能还不如一个天生声带短、窄、薄的人发中音时的绝对音值高。在确定声音类型时对声带只要有个基本的评估和划定即可,声音本质偏高的人应注意多练些中低音,加补点胸腔共鸣,使声音饱满、浑实起来;声音本质偏低的人可适当增加一点上部(头腔)共鸣,使其明亮、透彻一些。总之,要紧的是改善自己感觉最舒服的自然音区内声音的质量。倘若离开了自己的声带本质去追求力所不及的声音效果,结果只能适得其反。

(二)调控气息,以气托声,减缓声带的承受力

声带的运动是气息和喉部肌肉联合作用的结果。声带的本质原音微乎其微,人类声音的发出主要靠的是气流给予它的压力波。人要呼气、要发声,不论大小、轻重、缓急总会给声带一定的冲击或压力,这种外界的压强大些,声带就振动得快些、振动幅度就大些。在这种情况下,我们就不得不注意到问题的另一个方面,即声带的承受能力。声带只是两片极薄、极珍贵的薄膜性韧带组织,仿佛两条细细的"猴皮筋儿",尽管它本身具有一定的弹性,但承受能力还是有限度的,用久了会疲劳,超出它的阈限会造成劳损。这就给我们提出了一个合理地、有节制地使用声带的问题。

经验证明,运用声带的上佳办法就是正确地运用气息,以"丹田气"为依托,用均衡、稳劲、有支点的呼吸来疏解声带的负担。有些人高音上不去就缩紧喉头、拉紧声带,扯着嗓子喊,把全部力量都集中于喉头和声带上,不承想,越是用力声音越窄,越是用力声音越横,越是用力声音越左,结果事与愿违、恶性循环,陷入声带运用的误区。要想走出误区,唯一的途径就是学会调节气息,放松声带。气息运用自如了,声带也就不再与你过不去了。

喉部控制与气息的配合应遵循这样四条原则:(1)呼出的气息(气柱)要形成一定密度,以便在声门下造成强度适当的压力。呼气量小,密度不够,声音是不会结实有力的。(2)根据表达需要灵活地控制气息的流量和流速。气息失控无序地外溢,喉部就必然靠缩紧来节制气流,这样势必造成嗓子的捏挤、僵硬、涩拙,喉部也极易疲劳,用这种状态发高强音时,喉部的负担更大。(3)有声调的汉语中每个音节的高低升降都要求声带及气息压力做相应的调节。去声字容易使气息一泄无余,上声字的音变(半上调)容易泄气,因此念去声和上声字时应格外注意气息与喉部控制的平衡。(4)发音时,气息与声带在时间上要配合默契,气到声门闭,不允许有"时间差"。如果声门先闭,呼气晚一步到达,就会增大冲开声带所需要的气息压力,引起喉头及咽部的紧张。"激起"时(发音动作的开始)费力且音直,这是由发音动作迟缓、吸气方法不正确造成的。若气流先到,声带晚一步闭合,"激起"时不但音调欠准,而且还会产生显著的"漏气"现象,声音带"沙",发音效率低下。由于发音"激起"时的状态对其后整个音节的发

音起先导作用,所以必须特别注意开始时音节激起音的气息与声带的协调与配合。

(三)解放喉头,给声带以宽松的活动余地

声带处于喉室中央,它的振动发声必然受到框罩在外面的喉头的限制。喉部的这些肌肉正常运动时可以带动声带自由活动,倘若将它们箍得过紧,彼此联动收缩,也有碍声带的正常发声。声音偏紧、偏尖往往就是这几组喉肌束得过紧的后果。任何事物都有一定的"度",做十分努力,需有十二分的能量,也就是说要有"余份儿"。声带的活动余地完全取决于喉头的相对放松程度。相对放松喉部,声带自如地振动,才能自如地发出泛音丰富的乐音;放松喉部,用较小的气息使声带振动,可以大大改善声音质量,提高发声效率。

虽然声带和喉头的放松在某种程度上能够有效地改善声音形象,但这并不意味着要松到不可收拾的地步,我们的目的在于用放松喉头的努力来调节喉肌。过分地使声带松到了失去应有的张力与我们的初衷是相悖的。我们这里是针对一些发声者为了炫耀声音的厚度,刻意模仿某某名家的发音,一味地压低喉头,结果发出的声音生硬、艰涩、混浊、呆滞,既无表现力又缺乏美感的现象而言的。所以,作为一个职业发声者善于适度地给喉头"松绑"尤为重要,喉头一要稳(亚稳定状态),二要松,三要主动调节。要学会用吸气时的感觉去放松喉头,努力给声带营造一个良好宽松的工作环境。

二、声带的保健

声带是人类发声的本体,是一切职业发声者的劳动工具。人的声带只有一对,而且还是天生的,因此声带对于每个职业音声工作者是弥足珍贵的。但是在发声实践中众多的情况并不令人乐观,发声状态的错位和变形以及烟、酒、心情、睡眠诸因素的影响往往使得一部分人的声带发生充血、嘶哑、声带边缘不齐、闭合不良、肥厚、小结等肌肉组织病变。这就迫使我们必须设法掌握一套积极、科学、合理的保养声带的方法,做到练声、用声、养声三位一体的有机结合。

(一)正确发声

艺术语言工作者要高度珍惜和爱护自己的声带,用声时除了注意气息的调控外,还要讲究嘴皮子上的功夫,注意口唇力度和在巧劲上的打点。发声实践告诉我们,嘴上的功夫不到家,嗓子(声带)的负载必然加重,疲顿劳乏也就在所难免了。嘴上无功还会降低胸腔内部气流的压力,声音非但含混污浊,长时间用声还会降低或衰减嗓音的持久力。所以说,正确发声、提高发声技巧当是保护嗓音的核心环节,也是积极预防发音器官疾病的有效方法之一。那些经验老到、卓有成就的语言艺术家在嗓音方面大多不过中等天赋,他们那上乘的音色和对声音运用自如的功力主要仰仗的是日久天长的积淀和磨炼。

(二)心境愉悦

"七情六欲",人之常情。人们由于个性的不同常常表现出用声方面的种种差异。有的人情绪激动时暴跳如雷,势不可遏;有的人兴致来时狂呼乱叫,以喊为快;有的人悲恸时欲哭无泪,干声号啕;有的人骂起街来声嘶力竭,怒气冲天。这些生活里用声偏激的情况对职业音声工作者来说无疑都是大忌,过分的喜怒哀乐会直接影响到嗓子的健康。所以职业音声工作者应该加强德行修养,注意心理健康和嗓音卫生,做到不论任何情况都"临乱而不惑",时刻保持稳定愉快的心境,以利于嗓音的益寿延年。

(三)节制谈话

生活言语有无限的随意性。常见一些年轻人自恃精力充沛,习惯于旁若无人地高声笑谈、絮聒不休。个人所好本无可厚非,但倘长此以往也会引发喉肌的疲顿、声带闭合不良、声门漏气或嗓音沙哑等失常现象。既然职业需要用声,那么平时的交谈就理应自觉节制,不可滥用。留意观察保护嗓音有方之人不难发现,他们生活中的言语总是松弛、轻盈的,低声低语的,并无显山露水之处;一旦到了该派上用场的时候则一反常态,始露庐山真面目,以浑厚、洪亮、润泽、美畅的声音夺人心魄。两种环境形成了两套迥然不同的发声方法和用声效果,这对嗓音的休养和调适是有益的。生活言语有节制,工作时也应有所控制,以免嗓音的长期超负荷运转招致声带肌肉组织的病变。

(四)合理饮食

从前梨园界有"饱吹饿唱"之说,话虽简单却基本合于生理科学。当然,"饿唱"也不是空腹,只是强调"唱"比"吹"前的进食要尽量少些。"说"的艺术在这一点上与"唱"的艺术同理。因为胃脏横卧在横膈肌下,如果吃得过饱发声时会使胃脏膨胀,或多或少会妨碍横膈肌的上下运动,限制胸腔上下径的伸扩,引起气短。另外,唱、吹时大脑神经系统注意力集中在作品上,还会影响到胃肠的正常蠕动和吸收。由此可以推断,饮食适度也是发声的一种需要。

饮食方面还应注意定时定量,暴饮暴食不仅有碍发音器官的正常活动,也不利于身体其他方面的健康。有人习惯大量用声后马上喝凉水或吃冷饮,这对嗓子也构成较大刺激。刺激性较强的食物对发音管腔特别是声带的影响,历来众说纷纭,有的音声工作者吃辣椒、葱、蒜成瘾,可能这些食物对他们的声带确无多大影响,因而他们就持"辣物无害论",但更普遍的事实却是吃辣物会引起声带的不适应症,尤其是大蒜,吃了生蒜后发声,嗓子会有黏着感,因此少吃或不吃辣物起码对嗓音是无害的。不论酸甜苦辣、冷热生熟，任何食物都不宜过量，在用声前后的一段时间内更应谨慎，以免影响正常发声。

(五)切忌烟酒

烟酒是嗓子的大敌，这在发声学上已有定论。以前有些唱戏的人登台前喜欢喝上几口，提提"神气儿"。少量饮酒对声带确实不至于有什么明显的损伤，但嗜酒成癖就当足戒了。有的职业发声者无限量地酗酒，生生把原本优美的嗓音喝得干枯无味、黯然失色，最终不得不挥泪改行。

吸烟对嗓子和身体其他脏器都有百害而无一利。吸烟后痰多、易咳嗽、声道干涩，音质缺乏润泽和色彩。大凡职业烟民没有一个嗓子是无病变的，长期抽下去声带黏膜必然充血、发炎，危及身体健康，影响发声。有人主张"宁酒勿烟"，原因是烟入气管、喉头、肺部，酒入食道、肠胃，这样看来，烟比酒对发声器官的危害更直接。

(六)谨防感冒

感冒多是身体过度疲劳或受寒受暑所致。感冒对嗓音的损害不容小视，它可直接诱发上呼吸道炎症，出现红肿、热痛和机能障碍。感冒时，鼻腔、咽部、喉头、声带、气管等部位的黏膜质会出现充血和急性咽炎，使原来的管腔相对变窄，气流和音波通过时比平常困难得多。这种状态下，别说艺术语言的发声，便是生活言语的发声也多有不便。如果在感冒时大量发声，炎症和充血现象会越发严重，更不利于嗓音的恢复。所以一旦患了感冒，就应及时治疗，适当调养。

在发声实践中，有时还会出现这样的情况：在自我感觉稍有感冒迹象时，声音会突然变得动听许多。其实这恰恰是声带病变的先兆。因为声带一旦出现炎症，整个呼吸道的各肌肉组织(包括声带)就会慢慢喧肿起来，声带一喧肿，反而比原先闭合得好一些，歪打正着，似乎有"事半功倍"的效果。越是在这样的情况下越要节制用声，千万不可被假象所迷惑。指不定当你正为所获得的一种"良好"的感觉而自得其乐的时候，你已走入了用声的误区。

嗓子是人体的一部分，它的健康状况与全身的健康密切相关。为了保持良好的发声状态，应该积极锻炼身体，增强体质，避免各种疾病(包括感冒)对身体的侵扰。过去艺人讲究"冬练三九，夏练三伏"，练的不光是嗓子和嘴皮子的功夫，还包括锻炼身体。

(七)充足睡眠

发声是全身心的运动。有了充沛的精力(心力、脑力、体力的综合)才会产生强有力、高质量的声音。如果睡眠不足、身体疲惫，声带是不会随心所欲地为你所用的。用声的张弛之道在于劳逸结合，音声工作者要尽可能保持充足的睡眠，让声带得到充分的休息。

(八)定期检查声带

声带存于喉室中央，看不见、摸不着，要感觉到它不容易。人体好多部位的病变都会波及它，它的病变多是突发性的。有条件应该定期去医院检查（职业音声工作者更应如此），发现病灶隐患及时诊治，防微杜渐。

(九)特殊保健

人的变声期是个特殊的阶段。变声，戏曲界叫"倒仓"。变声期喉部生长迅速，一般男性声带长度大约可以增长一倍，女性声带要增长二分之一左右。这一时期如果用声过度则会使声带充血、水肿、声带后端闭合不良。指望"喊破"之后出现"金嗓子"的说法缺乏科学依据。但也大可不必将变声期视若禁声期，与其消极被动地保养不如做一些呼吸控制、嘴上功夫等的训练。

女性例假期间，鼻、咽、气管、黏膜也常常充血，肌肉能力会减退。这期间一般不提倡高强度、长时间用声，个别情况可遵医嘱。

三、声带的训练

(一)气泡音训练

职业音声工作者每天都要用声音工作，有时需要大量、高强度地用声，即使很会用声的人，时间久了声带也会劳顿，有时就不可避免地产生两片声带颤动不一、声带闭合不良的现象，这些属于正常情况，不必大惊小怪。在声带用疲之后适当休息便可恢复。研究者在发声实践中摸索出了一套积极的休息方法，叫"气泡音"练习法。

所谓"气泡音"，就是由喉部发出的微弱颤音。再具体一点说，就是在发音时使两条声带微微靠拢，用微弱的气息轻轻地吹动声带，发出一种像空气在水中起泡儿的声音。事实证明，气泡音的锻炼对于实现声带振动的平衡、促进声带的生长及增加声带肌的力量都是有益有效的，同时在锻炼过程中还容易体会到对气息的控制，是一举多得的好办法。

气泡音的练习应注意这样几点：

(1)气泡音在声音用疲后不易发好。充足的睡眠之后最容易找到这种感觉。最好选择在清晨刚起床时开始训练，它也是推醒声带的一种有效的准备活动。

(2)气泡音练习时间不宜过长，几分钟即可。清晨练习主要是为了使尚处在睡眠状态的声带进行发声适应性的准备,时间久了反而会使声带疲劳,影响上午的工作。

(3)做气泡音练习,口腔和喉部的肌肉要放松,头部端正平视,声带不可控得过紧,保持正确的呼吸姿态,心境平实,气息要缓,只要能吹动声带振动就行。

(4)气泡音的"音"要均匀、持久,不能间歇,不能时大时小、时有时无。

(5)气泡音重点在"泡儿"。发音时,声音可放到最大,闭口、张口均可。用气泡音带发元音 a 等亦可,只是这样的锻炼需在发好气泡音的基础上进行,离开了"泡"的本质色彩去发纯粹的元音,意义就不大了。

(6)发气泡音时,口腔可以往复开合,甚至可作咀嚼状,这对声带振动的匀称性具有重要意义。

(二)哼鸣训练

哼鸣练习是建立在气泡音锻炼基础上的,它比气泡音又进了一步,做这种练习可以使两条声带靠得更紧些,使气流的冲击力量更强些。哼鸣练习一般采用鼻辅音 m、n、ng 做素材。歌唱发声教学多用 m 练习。言语发声为了扩大声腔,使口鼻联合形成强有力共鸣,加大声音的响度,不妨也借用这种 m 音练习法。

需要指出的是,言语发声仅用 m 音还不够,还要用到 n 和 ng,因为 n 和 ng 练好了,汉语的前、后鼻音问题就解决了一半。言语发声的哼鸣练习主要是改变声带的运动形式,使声带得到均衡的运动,而并不希图像歌唱发声学上所要求的为了锻炼音高,找上部共鸣或统一声腔。因此说,艺术语言工作者练习哼鸣应格外小心不要将声带绷得太紧,声音往上走的时候口腔的内腔也应随之撑大,并可寻找一种带有疑问色彩的共鸣。

m 哼鸣的综合感觉应当是:软腭带着小舌自然垂下,活开鼻腔的通路;双唇吻合,牙关打开,口腔内呈自然状态;让气息过咽腔到达口腔前部,在此首先振动取得微弱共鸣;然后,又折返咽腔上冲鼻腔流出,带动鼻腔的共鸣,形成口鼻联合共振。m 哼鸣实际上有三个共振点,一是口腔,二是鼻腔,三是眉宇间的额窦。三点先连成线,继而又扩展成面,感觉双唇在均衡紧张振动,有麻酥感,甚至整个面部都在麻木。

哼鸣的声音由低到高,由弱到强,结合气息的训练,效果更好。

思考与复习

1. 简述喉部的构造(软骨和肌肉)。
2. 拟制声带的振动机制报告。
3. 怎样理解气息与声带的关系?
4. 保护声带需注意的问题有哪些?

第九单元 共鸣控制

教学目的：通过本单元的讲授，使学生了解人体各共鸣腔体的结构及作用，学会共鸣控制基础训练的方法和技巧。

教学要求：掌握什么是可变共鸣腔和不可变共鸣腔，什么是上部共鸣和下部共鸣；根据言语发声共鸣的特点，寻找并巩固综合性一体性共鸣的整体感觉。

重点难点：共鸣控制基础训练方法和技巧。

课时安排：大课2课时，小课4课时。

第一节 共鸣器官机制

共鸣是声场中的某振动体受到与本振动体固有频率相等或接近的声波感应时，振幅急剧增大、同时振动发声的一种自然连锁性的发音现象。共鸣器一般都是可以使原发音体的发音得到加强和扩大的器皿式物体或空腔。生活里的共鸣现象随处可见，凡是充满空气的地方都有产生共鸣的可能性。

人类刚从声带本体发出的喉原音极其单纯微弱，既打不响也传不远，又无法改变其音色，它的效应的实现必须借助于共鸣器官这一系列扩音器管道的扩大和润饰。一个人的发音器官是天生的，无法改变，而共鸣的成色却是可以经过训练得到某种程度甚至大幅度的改善的。可以这样说，共鸣的获得和调节是扩大发声效率、改善声音质量的一个重要环节。

人类发音的共鸣腔体主要有口腔、鼻腔、咽腔、喉腔、胸腔和头腔的"窦"等。不过要想获得并利用胸腔和头腔的共鸣是不容易的，必须在口腔、鼻腔、咽腔先造成强有力的共鸣，把声音扩大到一定程度才行。所以锻炼口腔和鼻腔共鸣是最基本的。

人类共鸣腔体的划分一般以软腭为界。软腭以上包括鼻腔、额窦等，叫"上部共鸣"，这部分共鸣腔形体不变，体积固定，又称为"不可变共鸣腔"。软腭以下包括口腔、咽腔、喉腔和胸腔，叫"下部共鸣"，这部分共鸣腔与语言的关系尤为密切和直接，其形状和容积可以在大脑的支配下受一些器官的牵动而随意地调节变化，因此又叫"可变共鸣腔"。

一、共鸣器官机能

(一)口腔

口腔既是共鸣器官，同时又担负着咬字器官的职能，被形象地喻为人类语言的制造场。口腔里的唇、舌、齿、腭等部位的不同作形可以制造出不同字音来，所以口腔在发音中的作用是举足轻重的。

口腔分为上、下两个部分，分别称之为上颌和下颌。上颌不能活动，下颌可以移动。上颌自前而后排列着上唇、上齿(上门牙)、上齿龈(上牙床)、硬腭、软腭和小舌。硬腭是上齿龈往里、口腔上壁的坚硬部分。它又可进一步分为前腭、中腭、后腭。言语发音以前腭为要，我们平常所说的"硬腭"指的就是前腭。硬腭与舌叶部位成阻可构成辅音音素 j、q、x。

软腭是与后硬腭毗连、硬腭后面的柔软部分，可以上下活动。它与静止时的舌头根部(舌面后部)相对应。软腭与舌根成阻会形成 g、k、h、ng 等辅音音素。软腭再往后所连接的尖端肉坠儿叫"小舌"。它有很强的依附性，只能随着软腭的升降活动。

下颌从前往后数有下唇、下齿和舌头。舌头是人类众多发音器官中最积极、最主动、最灵活的器官。它可以前伸或后缩，可以抬高或压低，可以平放或翘卷，在口腔内调节成不同态势，直接影响着音素的发出，形成有声语言的物质材料。舌头又可以进一步分为舌尖、舌叶、舌面和舌根。舌头的尖端是舌尖。舌尖自然平伸时稍往后一点与静止时的上齿龈相对的部位是舌叶。语音理论认为，舌尖前辅音 z、c、s 就是舌叶与上齿背阻气形成的。舌面并非指整个舌头的表面，发音理论上的概念只是狭义地将其限定为舌叶往后的一段，其部位大致与静止时软腭与硬腭的接合线对应。辅音音素 j、q、x 的发音就有"舌面"部位的参与。舌面再往里便到了舌头的根部(实际上是舌面的后部)。舌根的后面是坚挺的咽壁。发元音时舌根是松弛的，发辅音 g、k、h、ng 时舌根上抬与软腭阻气。

(二)咽腔

位于口腔后面的咽腔是前后略扁的漏斗状腔管，也叫"咽头"。它仿佛一个丁字路口，后壁附于后脊柱(即咽壁)，前通口腔，上接鼻腔，下连喉头和食管。咽腔自上而下分为三段，软腭以上接近鼻腔的部分叫"鼻咽腔"，中段前通口腔的部分叫"口咽腔"，下边与喉腔相连的部分叫"喉咽腔"。软腭和小舌的升降可以切断或放开口咽腔至鼻咽腔的通道。气息和声波自肺部经喉涌入咽部，面临多元走向，起码有以下两种抉择和延伸：要么只平直前冲口腔（关闭鼻腔），自口流出；要么冲到口腔遇阻后又回冲鼻腔，自鼻泄出。因此，可以认为，咽部是口、鼻音形成的分野处和关节点。

咽腔是声波必经之路，是人体发声系统的一个重要共鸣交通区，对声音的扩大乃至修饰和美化都起着相当大的作用。除鼻咽腔外，咽壁通过肌肉的收缩可以改变咽管的粗细和壁面的坚度。口咽腔对语言发声的作用更加显著。掌握咽腔共鸣的控制对于高音歌唱演员就更重要了。意大利有这样的说法：低音是喉部（声带）发出的，高音则系咽部像吹哨的口唇那样作势吹响的。因此唱高音时为了避免单纯地应用声带而讲究"咽音"法。咽音是意大利名词 Voce Faringea 的直译，是指声带在缩短的情况下发出的一种类似"假声"的真声。发好咽音要求口咽腔圆、竖、立，增大咽管长度，扩大咽管空间，上下共鸣贯通。

咽腔共鸣作用的发挥，必须首先保证咽腔的畅通贯达。咽后壁要直而不弯，保持一定的坚韧度，以利于声波的通过。

口咽腔和鼻咽腔是咽管的弯头，除了发 m、n、ng 三个鼻辅音外，大部分声波都要经过口咽腔进入口腔，形成口音。

为了保持口弯道的畅通必须做到：(1)软腭要适当提起（提起口盖儿），使口咽的上部弯度适中。但须注意：提软腭必须适度，如果提过了头，弯道近于直角会使相当一部分声波在口咽部淤积；提得不够，口咽与鼻咽连通，相当一部分声波又会上冲至鼻腔，形成鼻化音。(2)舌根不得后缩，如果后缩会使口咽垂直管道变窄变细，阻滞声波的前行。(3)下巴要适当放松，以牵带舌根略微下降。由此看出，欲使大部分声波在口咽弯道处改变方向，由垂直向上转而水平前行，口咽腔的后上部是控制共鸣的内感区域。

(三)鼻腔

鼻腔是个容积较大的固定腔体，属不可变共鸣腔。鼻腔由垂直的鼻中隔分为左右对称的两部分，底部是硬腭，外面是坚硬的鼻甲，前方有两个鼻孔与外界相通，后面向下伸入鼻咽腔。鼻腔覆盖着黏膜，并有丰富的血管构成鼻甲海绵体丛。鼻腔的共鸣是由"鼻窦"实现的。鼻窦是由鼻腔向周围骨质膨出的含气骨腔，包括额窦、蝶窦、上颌窦、筛窦等，它们各有小小的孔口与鼻腔通连。发超高音时，这些小窦起共鸣作用，使发声者的头部有振动感。当然，这些小窦只是含气的骨腔，容积不大。它们的振动不是典型的空气振动，而主要是借助于"骨传导"的骨质振动。

"上部共鸣"就是利用喉、咽、口腔的共振，经过头骨的传导引起几个窦体的共振来强化声音。这几个小窦的共振就是人们常说的"头腔共鸣"。发高、窄元音比起发宽、低元音来，这种头腔"窦"的振动共鸣更为显著。因为发 i、u、ü 时，口腔窄、声位高，声波在口腔不是那么容易地就能发出口外,要比发宽元音的气流送得慢些。这时颅部被鼓动的力量也相应增强,因而可使颅骨受到强烈的振动。发宽低元音 a、o、e 时气流则很容易从口腔辐射出去,所以颅骨振动的力量也就相对弱些。这些都告诉我们:找上部"窦"的共鸣,以高元音 i、u、ü 做素材为好。

鼻腔位于口腔的上部,鼻腔下底部的硬腭如同一块天花板,天然地将口腔与鼻腔隔成小阁楼的一层和二层。一二层楼之间的联系由一扇活动的小门儿控制,这便是可以挺直或垂下的小舌。小舌在英语中几乎不起什么作用,但在汉语言里它却随软腭的升降实现口咽腔与鼻咽腔的切断与对接,决定着口音和鼻音的性质。

当软腭牵带小舌向后平挺抵住后咽壁时,就关闭了进入鼻腔的通路,从肺部呼出的气流和音波只能从口腔流出,这样发出的声音是纯口音。不论是单元音还是复元音都是这样的口音。当软腭牵带小舌放松垂下,口腔内某两个发音部位又完全阻塞时,就切断了口腔的通路,一部分气流和音波经咽腔径直上冲鼻腔,另一部分到达口腔受阻后又转而折回到咽腔,与冲入鼻腔的气息合流,一块从鼻腔鱼贯流出。这样发出的声音是纯鼻音。鼻辅音音素只有 3 个,它们是:双唇阻气的 m、舌尖与上齿龈阻气的 n、舌根与软腭阻气的 ng。如果软腭牵带小舌自然悬浮在空中,不靠舌根也不贴后咽壁,咽头的上、前、下三路皆通,从肺部呼出的气息在咽部分流,分别从口腔和鼻腔流出,这样发出的声音既有口音成分又有鼻音色彩,叫"口鼻音"或"鼻化元音"。鼻化元音用符号"~"表示,加在元音的上方。普通话里没有单独存在的鼻化元音现象,只是鼻韵母中鼻韵尾的发音状态与之相像。有的方言区的人发不好 n 和 l,原因就在于不能自觉地控制软腭与小舌的升降活动。

鼻腔共鸣的使用原则:发口音时,适当允许软腭和小舌在后贴咽壁时稍稍放松,让气流的一部分从鼻腔透出去。带点鼻腔共鸣能使声音柔和而有光泽,发音也比较经济省力。但需要注意的是,鼻音色彩不能过量,过了量就会形成"嚷鼻音"。

(四)喉腔

喉室是音波形成后的第一个共鸣腔体,容积虽小,对声音质量的影响却不可低估。如果压迫喉器,喉腔被挤扁,原始的共鸣得不到充分的发挥和展示,就会导致声音发横,像是被"锁"在里边,从而丧失一部分应有的泛音。因此,放松喉头对充分发挥喉腔共鸣的作用是至关重要的。

喉头可以在一定幅度内降低或升高。降低时,声道拉长,有利于低泛音共鸣;升高时声道变短,有利于高泛音共鸣。但喉头频繁地上下活动,容易使喉肌疲劳,白白地消耗能量。所以发音时喉部位置应当保持相对稳定。

还应指出:喉腔基本上是由软骨组织构成的,在软共鸣腔体中发声,声音首先被吸收一部分;又因喉腔较小,不能对它的共鸣作用期望值太高,只要能提供优质的初(首)

期共鸣，目的就达到了。

(五)胸腔

胸腔共鸣，又叫"低音共鸣"或"下部共鸣"。胸部的振感点就是胸部的支点。胸部共鸣虽然不直接参与语言的制造，但它能使音量增加，尤其对于低频声波共鸣作用明显，听感洪亮、浑厚、有力。低音歌唱家常以胸腔共鸣的低泛音为主，间或兼用其他共鸣腔体。人体发声共鸣腔体的运用应当是各共鸣腔的联合运用，仅凭哪一个共鸣腔体单兵作战，其能量都是有限的。

人的声音大致分为高、中、低三个声区，不同声区使用的共鸣腔也不一样。低音使用的是胸腔声区，以胸腔共鸣为主，口腔次之，头腔更次；中音是混声区，共鸣以口咽腔为主，头腔次之，胸腔更次；发高音时是头声区，以头腔为主要共鸣区，口咽腔次之，胸腔更次。

尽管声区不同，所侧重的共鸣腔体比例也不一样，但每个声区都要同时混合使用几个共鸣腔体才能将声音统一起来，达到使声音饱满、浑厚、圆润、贯通的效果，这就是声音"腔圆"的要求。

二、言语发声共鸣的特点

言语发声所采用的共鸣方式是以口腔共鸣为主，以胸腔共鸣为基础的声道共鸣。人的声道如同一个近似直角的弯管，是由管子、阀门和腔体组成的空气装置。气管可看作一个管子；声带、唇、舌、软腭皆可看作一个个阀门；腔体有喉腔、咽腔、口腔、鼻腔、胸腔等。当类似"风箱"的肺脏被挤压时，气息就通过微支气管、小支气管、支气管、气管等系列管道到达喉头，喉头既是可以上下些微移动的"活塞"，喉内的声带又是第一道"阀门"，它可以振动发声，也可以不振动发声而只控制气息的流速和流量。喉的上面是咽腔、口腔、鼻腔，分别由软腭、舌体、双唇三道阀门控制，使三个腔体通连成"片"，形成网络共振体系，进行协同、立体、多层次的共鸣。我们强调"声道"共鸣就是为了说明言语发声动作的协同性、交叉性、立体性。

(一)以口腔共鸣为主

"说"的艺术，如播音主持、配音、话剧、相声、朗诵、演讲等，最基本的要求是准确、清晰，那么，口腔共鸣效应在这些艺术门类里也就当然成为第一位的了。喉腔、咽腔、鼻腔和胸腔共鸣都必须建立在良好的口腔共鸣基础上。口腔共鸣又叫"中部共鸣"，如果能出色地运用它，字音的清晰圆润、音色的明亮饱满才有保障。

(二)善于运用胸腔共鸣

胸腔共鸣属于"下部共鸣",含有许多泛音,在发声中用得好可使声音结实、浑厚、洪亮、有力,使音量扩大。日常的播音主持语言多是在自然声区发声,这就需要建立胸腔共鸣这个坚实的"底座",有了共鸣的支撑才不至于使声音发飘、发虚。男播音员需有较充分的胸实声,高音类型的男声尤应重视获取这种胸腔共鸣的色彩。女声中高音者偏多,胸腔共鸣的缺口更大,更应重点找寻和锻炼这个薄弱环节。当然,胸腔共鸣的运用也需适量,不可没有,也不可过多,避免导致声音的沉闷和字音的混浊。

(三)泛音共鸣适量,保证吐字清晰、准确

发音时有泛音共鸣固然好,但在艺术语言里却不是说越多越好。言语发声的共鸣与歌唱不同,尤其与美声唱法差异更大。美声唱法是极其强调共鸣美的,而言语发声中字音的清晰、准确是头等重要的。它所给予受众的主要不是声音的旋律而是语句的意义。只要让人们听清楚了,基本目的就达到了。在这个基点上加之适量的泛音共鸣的装饰和美化才不违背言语发声的原则。如果过分地追求共鸣量,有可能造成"音包字"的现象,充其量也只有层次丰满的声音外壳而全无清晰明确的内核——语义,这是语言艺术最忌讳的流弊。忽视了言语发声的特性,颠倒了声音与语义的关系,很容易陷入唯美主义的泥淖。

(四)共鸣腔体的灵动

歌唱界有声部的划分,戏曲界有行当的指定,这主要因为它们在共鸣腔体的运用上各有特点。言语发声却没有这个必要。言语共鸣的运用灵活多变,幅度多在自然声区内调节。如果单从音高上硬性给它界定一下的话,那它只能大致处在中音共鸣的范畴。在诸共鸣腔中,以口腔共鸣为主,同时辅以胸腔共鸣,还应略带些鼻腔共鸣的色彩,这是一个诸共鸣腔体混合运用、综合控制的过程。这种混合共鸣中的诸共鸣成分不仅随音高的变化而变化,还要受稿件、台词的样式、内容、对象、场合等因素的制约,使音色随着需要而变化。以播音为例,新闻报道和较严肃郑重的内容,胸声就得用得多些;播知识性稿件、少儿节目和轻松活泼的内容时,胸声成分就不宜过多。即使是同一篇稿件,也需根据情节的脉络和情感的抒发,灵活地调节各类共鸣的比例。因此可以说,言语发声所要求的共鸣比起歌唱发声来更全面、更灵活一些。

第二节 共鸣控制训练

在大课上讲授共鸣控制的训练方法时,主讲教师要做示范,先给学生们正确的概念,将技巧和关节点明,日后小课上由小课指导教师针对每个学生的情况进行训练。具体方法有:

训练一:结合气息控制做哼鸣训练。做这种哼鸣练习至少应当找到以下三个感觉:(1)额窦振动的感觉。用手轻抚脑门,以增强这种意识的体验。这种训练做好了,会感到大脑这部"机器"里的许多元件都在震荡,骨传导和空气传导同时进行。(2)双唇吻合,有麻酥感。(3)后槽牙撑开,气息盈满口腔,在口腔内回旋激荡,作为额窦共鸣的呼应。可做"｜1 3 ｜5 3 ｜1 — ｜"和"｜1 — ｜3 — ｜5 — ｜3 — ｜1 — ｜1 — ｜"两种训练。另外可用较低的声音做横膈肌与哼鸣结合的训练,体会胸部响点及响点的高低串移。

训练二:用较低的声音发"｜a — ｜o — ｜e — ｜i — ｜u — ｜ü — ｜"六个母音,重点体会胸腔共鸣的逐渐加强;然后提高声音再发一遍这六个母音,体会胸腔共鸣的逐渐减弱、共鸣位置的逐渐上移。

训练三:以自我感觉最舒服的音发好上述的六个母音,体会上下贯通的共鸣状态。发音时用手轻抚胸骨处或两颊处会感到某些振动。

训练四:打开后槽牙,从容地发出复韵母 ai、ei、ao、ou,体会声束沿上腭中纵线前行并"挂"在硬腭前部的感觉。

训练五:结合横膈肌的锻炼,发较短促的 ba、pa、da、ta、ga、ka 等音节,体会声束冲击硬腭前部的状态。

训练六:声音拔高。由最低音拔向最高音,发 a — i — u,体会共鸣状态的变化。

训练七:绕音。先由低至高地螺旋形向上发 a — i — u,然后再由高至低螺旋形向下发 a — i — u。

做共鸣控制训练时,脊柱要直而舒展,保持咽管的畅通,要体现出积极的精神状态,并加强声波的反射力。胸部应放松,气不可吸得过满,感觉到声音仿佛是从胸部响点"透"出来的;适当打开后槽牙,取得较为丰富的口腔共鸣;在意念上感到从小腹拉出来的声束弹性带先垂直向上,经口咽部转而向前,沿着上腭的中纵线流动前冲,"挂"在硬腭前部,透出口外。

在发声过程中,一部分能动弹的起主导作用的发音器官,叫作"积极发音器官"或"主动发音器官",有双唇、舌头、软腭、小舌等,它们共同构成了人类发音器官的主干;

另一部分不能活动的在发音时起辅助作用的器官,称为"消极发音器官"或"被动发音器官",如硬腭、上下齿、齿龈等。无论是哪一个音素的发出都是这些发音器官的若干部位协同联动的结果,但具体到发音训练,还是应该侧重于运用好声带、舌头和软腭三个关键部位。

思考与复习

1. 言语发声所采用的共鸣方式应当怎样表述?
2. 什么叫上部共鸣?什么叫下部共鸣?
3. 上颌和下颌各包括哪些部位?
4. 以 m 为材料做"哼鸣"练习时,双唇、口腔、上部共振点应怎样表述?

附录一 绕口令

初练绕口令速度要慢,务必保证发音准确清晰,在此基础上逐步提高速度和内容的表现力。

一、以声母为训练目的的绕口令

八百标兵奔北坡,炮兵并排北边跑;炮兵怕把标兵碰,标兵怕碰炮兵炮。炮兵炮碰怕兵标,碰兵标把怕兵炮;跑边北排并兵炮,坡北奔兵标百八。

八了百了标了兵了奔了北了坡,炮了兵了并了排了北了边了跑,炮了兵了怕了把了标了兵了碰,标了兵了怕了碰了炮了兵了炮。炮了兵了炮了碰了怕了兵了标,碰了兵了标了把了怕了兵了炮;跑了边了北了排了并了兵了炮,坡了北了奔了兵了标了百了八。

八的百的标的兵的奔的北的坡,炮的兵的并的排的北的边的跑,炮的兵的怕的把的标的兵的碰,标的兵的怕的碰的炮的兵的炮。炮的兵的炮的碰的怕的兵的标,碰的兵的标的把的怕的兵的炮;跑的边的北的排的并的兵的炮,坡的北的奔的兵的标的百的八。

八地百地标地兵地奔地北地坡,炮地兵地并地排地北地边地跑,炮地兵地怕地把地标地兵地碰,标地兵地怕地碰地炮地兵地炮。炮地兵地炮地碰地怕地兵地标,碰地兵地标地把地怕地兵地炮;跑地边地北地排地并地兵地炮,坡地北地奔地兵地标地百地八。

潘佩平,捧盆瓶,瓶盆捧,平佩潘。潘捧盆瓶频频碰,频碰频瓶潘盆捧。碰频频碰频碰碰频频碰碰碰频频佩潘平。

一平盆面烙一平盆饼,半平盆面烙半平盆饼。饼碰盆,盆碰饼,盆碰饼,饼碰盆。

烙一平盆饼用一平盆面,烙半平盆饼用半平盆面,烙一平盆半饼用一平盆半面。

打南边儿来了个白胡子老头儿,手里拎着个绷白的白拐棒棍儿。手里拎着个绷白的白拐棒棍儿的是打南边儿来的白胡子老头儿。

铺兔皮褥子比铺别的皮褥子强,补破皮褥子不如不补破皮褥子。不补破皮褥子,皮褥子破;补了破皮褥子,皮褥子就成了不破的皮褥子。铺别的皮褥子不如铺兔皮褥子,那就铺兔皮褥子,别铺别的皮褥子。

天上一个盆,地下一个棚,地下一个棚,天上一个盆。盆掉了,棚倒了,盆也被打破了。盆打破了,棚倒了,盆也掉了。你说是盆赔棚呢,还是棚赔盆呢?要不就是盆破了不赔棚,棚倒了也不用盆赔。

吃葡萄不吐葡萄皮儿,不吃葡萄偏吐葡萄皮儿;不吃葡萄不吐葡萄皮儿,吃葡萄也不吐葡萄皮儿。不论吃不吃葡萄都别乱吐葡萄皮儿。

搬柏木板摆木板,摆木板搬柏木板;摆柏木板搬木板,搬木板摆柏木板。搬搬木板摆木板,摆罢木板搬木板;摆罢木板搬木板,搬搬木板摆木板。先搬柏木板,后摆柏木板;后摆柏木板,先搬柏木板。搬木板又摆木板,柏木木板搬摆完。

半块面擀不满案板,一块面可擀满案板;一块面可擀满案板,半块面擀不满案板。一块半面擀得满满案板,满满案板用了一块半面。

白布包白果,白果恨白布;白布骂白果,白果打白布。白果打白布,白布骂白果;白果恨白布,白布包白果。白布不包白果,白果就不恨白布;白布不骂白果,白果就不打白布。

班干部甲让班干部乙帮班干部丙,班干部乙就帮班干部丙;班干部甲不让班干部乙帮班干部丙,班干部乙就不帮班干部丙。丙班干部不让乙班干部帮甲班干部,乙班干部偏要帮甲班干部;丙班干部让乙班干部帮甲班干部,乙班干部偏就不帮甲班干部。

玻璃杯倒进白开水,白开水倒进玻璃杯;白开水倒进玻璃杯,玻璃杯倒进白开水。玻璃杯倒进白开水就成了装白开水的玻璃杯,玻璃杯不倒进白开水就成不了装白开水的玻璃杯。装白开水的玻璃杯被倒进白开水,白开水被倒进装白开水的玻璃杯。

长鞭杆把,短鞭杆把;短鞭杆把,长鞭杆把。短鞭杆把,长鞭杆把;长鞭杆把,短鞭杆把。长鞭杆把要是比短鞭杆把长半鞭杆把,短鞭杆把就比长鞭杆把短半鞭杆把;短鞭杆把要是不比长鞭杆把短半鞭杆把,长鞭杆把也就不比短鞭杆把长半鞭杆把。

老彭捧着一个盆,路过老庞干活儿的棚。不小心老彭的盆碰倒了老庞的棚,老庞的棚也碰破了老彭的盆。老彭要赔老庞的棚,老庞要赔老彭的盆;老庞要赔老彭的盆,老彭要赔老庞的棚。结果是老彭帮着老庞补破棚,老庞陪着老彭去买盆;老庞要是不陪着老彭去买盆,老彭也就不帮着老庞补破棚。

白猫黑鼻子,黑猫白鼻子;黑猫白鼻子,白猫黑鼻子。不小心白猫的黑鼻子碰破了黑猫的白鼻子,黑猫的白鼻子没碰破白猫的黑鼻子;又不小心黑猫的白鼻子碰破了白猫的黑鼻子,白猫的黑鼻子没碰破黑猫的白鼻子。黑猫的白鼻子被碰破了,就剥个秕谷壳儿补鼻子;白猫的黑鼻子没被碰破,就不必剥秕谷壳儿补鼻子;白猫的黑鼻子被碰破了,也剥个秕谷壳儿补鼻子;黑猫的白鼻子没被碰破,也就不必剥秕谷壳儿补鼻子。

扁担长,板凳宽;板凳宽,扁担长。扁担没有板凳宽,板凳没有扁担长;板凳没有扁担长,扁担没有板凳宽。扁担要绑在板凳上,板凳不让扁担绑在板凳上,扁担偏要将扁担绑在板凳上。板凳宽,扁担长;扁担长,板凳宽。板凳没有扁担长,扁担没有板凳宽;扁担没有板凳宽,板凳没有扁担长。板凳要让扁担绑在板凳上,扁担不愿绑在板凳上,板凳偏要让扁担绑在板凳上。

长扁担,短扁担,短扁担,长扁担;长扁担比短扁担长半扁担,短扁担比长扁担短半扁担。长板凳,短板凳,短板凳,长板凳;长板凳比短板凳长半板凳,短板凳比长板凳短半板凳。长扁担应绑在长板凳上,短扁担应绑在短板凳上;短扁担应绑在短板凳上,长扁担应绑在长板凳上。长板凳不能绑比长扁担短半扁担的短扁担,短板凳也不能绑比短扁担长半扁担的长扁担;短板凳不能绑比短扁担长半扁担的长扁担,长板凳也不能绑比长扁担短半扁担的短扁担。

蜜蜂酿蜂蜜,蜂蜜养蜜蜂;蜂蜜养蜜蜂,蜜蜂酿蜂蜜。蜜养蜜蜂蜂酿蜜,蜂酿蜂蜜蜜养蜂;蜂酿蜂蜜蜜养蜂,蜜养蜜蜂蜂酿蜜。

山里有座庙,天天猫来尿。天天猫来庙里尿,庙里天天猫来尿;天天庙里猫来尿,庙里来猫天天尿。不知到底是庙尿了猫还是猫尿了庙,也不知到底是猫尿了庙还是庙尿了猫。

白庙外蹲着一只白猫,白庙里扣着一顶白帽;白庙里扣着一顶白帽,白庙外蹲着一只白猫。白庙外的白猫看见了白庙里的白帽,叼着白庙里的白帽跑出白庙;白庙外的白猫没看见白庙里的白帽,就没法儿叼着白庙里的白帽跑出白庙。

方凤飞,翻粪肥;翻粪肥,方凤飞。粪肥凤飞翻,凤飞翻粪肥;凤飞非粪肥,粪肥非凤飞。凤飞反复翻粪肥,粪肥反复凤飞翻。反复凤飞翻粪肥,翻粪肥的是方凤飞。

一条裤子七条缝儿,横缝儿上有竖缝儿,竖缝儿上有横缝儿;竖缝儿上有横缝儿,横缝儿上有竖缝儿。缝了横缝儿缝竖缝儿,缝了竖缝儿缝横缝儿;缝了竖缝儿缝横缝儿,缝了横缝儿再缝竖缝儿。

调到敌岛打特盗,特盗太刁投短刀;挡推顶打短刀掉,踏盗得刀打倒盗。盗倒打刀得盗踏,掉刀短打顶推挡;刀短投刁太盗特,盗特打岛敌到调。

调了到了敌了岛了打了特了盗,特了盗了太了刁了投了短了刀,挡了推了顶了打了短了刀了掉,踏了盗了得了刀了打了倒了盗。盗了倒了打了刀了得了盗了踏,掉了刀了短了打了顶了推了挡;刀了短了投了刁了太了盗了特,盗了特了打了岛了敌了到了调。

调的到的敌的岛的打的特的盗,特的盗的太的刁的投的短的刀,挡的推的顶的打的短的刀的掉,踏的盗的得的刀的打的倒的盗。盗的倒的打的刀的得的盗的踏,掉的刀的短的打的顶的推的挡;刀的短的投的刁的太的盗的特,盗的特的打的岛的敌的到的调。

调地到地敌地岛地打地特地盗,特地盗地太地刁地投地短地刀,挡地推地顶地打地短地刀地掉,踏地盗地得地刀地打地倒地盗。盗地倒地打地刀地得地盗地踏,掉地刀地短地打地顶地推地挡;刀地短地投地刁地太地盗地特,盗地特地打地岛地敌地到地调。

断头台倒吊短单刀,歹徒登台偷短刀,断头台塌盗跌倒,对对短刀叮当掉。门上吊刀,刀倒吊。刀单短吊倒头断台,台登刀短歹徒偷,塌台跌倒盗头断,刀短叮当掉对对。刀吊门上,倒吊刀。

白石塔,白石搭;白石搭,白石塔。白石搭白塔,白塔白石搭;白塔白石搭,白石搭白塔。搭得好白石塔,白塔它白又大;搭不好白石塔,白塔它就达不到白又大。

大刀对单刀,单刀对大刀;大刀斗单刀,单刀夺大刀。单刀夺大刀,大刀斗单刀;单刀对大刀,大刀对单刀。大刀单刀对对刀,单刀大刀刀刀对,单大刀刀刀对刀,大单刀刀刀对对。对对刀斗刀刀对,刀刀对夺对对刀;刀对刀夺对刀对,对刀对斗刀对刀。

楼上吊铜灯,楼下钉铜钉;铜钉楼下钉,铜灯楼上吊。钉铜钉震动了铜灯,钉了铜钉掉了铜灯;钉铜钉震不到铜灯,钉了铜钉也掉不了铜灯。

东洞庭,西洞庭;洞庭西,洞庭东。洞庭山上一条藤,藤上挂着个大铜铃。风吹藤动铜铃动,风停藤定铜铃静;铜铃静藤定风停,藤动风吹动铜铃。

黑豆掉到黑斗里,黑斗里面掉黑豆。斗黑里面掉豆黑,豆黑掉到斗黑里。黑豆掉黑斗,黑斗掉黑豆;斗黑掉豆黑,豆黑掉斗黑。黑豆黑斗豆斗掉,斗掉斗豆黑豆黑。不知是黑豆掉进了黑斗,还是黑斗里面掉进了黑豆;也不知是斗黑里面掉进了豆黑,还是豆黑掉进了斗黑。

会炖冻豆腐来炖冻豆腐;不会炖冻豆腐就别乱炖冻豆腐。炖冻豆腐须混炖,会炖冻豆腐再来混炖冻豆腐。不然要是炖坏了混冻豆腐,就吃不成混冻豆腐;吃不成混冻豆腐,就是炖坏了混冻豆腐。

一个大兔子腆着个大肚子,碰到一个挺着大肚子的大兔子。挺着大肚子的大兔子要舔腆着大肚子的大兔子的大肚子;腆着大肚子的大兔子不让挺着大肚子的大兔子舔它的大肚子,挺着大肚子的大兔子偏要舔腆着大肚子的大兔子的大肚子。

刘奶奶的两头老奶牛拴在两棵嫩柳树下,两棵嫩柳树下还拴着两头牛奶奶的老奶牛。老牛奶奶的两头老奶牛也拴在另两棵老柳树下,另两棵老柳树下还拴着两头老刘奶奶的老奶牛。

驴车拉来两箩梨,两辆驴车来拉梨。两梨箩里梨略绿,略绿梨摺在两梨箩里。

牛拉碾子碾牛料,碾完牛料留牛料。牛料牛碾牛料留,牛碾牛料留碾料。

蓝衣布履刘兰柳,布履蓝衣柳兰刘;柳兰刘衣履布蓝,衣履蓝布兰刘柳。兰柳拉犁来犁地,兰刘牵牛来打耧;打耧刘兰牵来牛,犁地拉犁柳兰来。

老龙恼怒闹老农,老农恼怒闹老龙;农老怒恼龙老闹,恼怒龙老农闹龙。农怒龙恼农更怒,龙恼农怒龙怕农。

牛郎年年恋刘娘,刘娘连连念牛郎;刘郎连年念牛娘;牛娘年连恋刘郎。牛郎恋刘娘,刘娘念牛郎;刘郎恋牛娘,牛娘念刘郎。郎恋娘来娘念郎,娘恋郎来郎念娘;刘牛郎娘年年恋,娘郎牛刘恋连年。

河边上有两棵柳,柳下拴着两头牛。两头牛要去顶柳,柳条扭住了牛的头。

院儿里有四匹伊犁马,你爱拉哪俩就拉哪俩;门口儿有四辆两轮儿马拉车,你爱拉哪两辆就拉哪两辆。

聂妞妞儿,倪妞妞儿,拿泥捏牛鸟儿;倪妞妞儿,聂妞妞儿,拿泥捏鸟儿牛。聂妞妞儿能捏泥牛难捏鸟儿,倪妞妞儿能捏泥鸟儿难捏牛;倪妞妞儿能捏泥鸟儿难捏牛,聂妞妞儿能捏泥牛难捏鸟儿。能捏泥牛的聂妞妞儿捏不了鸟儿,能捏泥鸟儿的倪妞妞儿也捏不了泥牛。那么,倪妞妞儿能捏泥鸟儿就捏泥鸟儿,聂妞妞儿能捏泥牛就捏泥牛;聂妞妞儿能捏泥牛就捏泥牛,倪妞妞儿能捏泥鸟儿就捏泥鸟儿。

哥挎瓜筐过宽沟,赶快过沟看怪狗;光看怪狗瓜筐扣,瓜滚筐空哥怪狗。狗怪哥空筐滚瓜,扣筐瓜狗怪看光;狗怪看沟过快赶,沟宽过筐瓜挎哥。

哥了挎了瓜了筐了过了宽了沟,赶了快了过了沟了看了怪了狗,光了看了怪了狗了瓜了筐了扣,瓜了滚了筐了空了哥了怪了狗。狗了怪了哥了空了筐了滚了瓜,扣了筐了瓜了狗了怪了看了光;狗了怪了看了沟了过了快了赶,沟了宽了过了筐了瓜了挎了哥。

哥的挎的瓜的筐的过的宽的沟,赶的快的过的沟的看的怪的狗,光的看的怪的狗的瓜的筐的扣,瓜的滚的筐的空的哥的怪的狗。狗的怪的哥的空的筐的滚的瓜,扣的筐的瓜的狗的怪的看的光;狗的怪的看的沟的过的快的赶,沟的宽的过的筐的瓜的挎的哥。

哥地挎地瓜地筐地过地宽地沟,赶地快地过地沟地看地怪地狗,光地看地怪地狗地瓜地筐地扣,瓜地滚地筐地空地哥地怪地狗。狗地怪地哥地空地筐地滚地瓜,扣地筐地瓜地狗地怪地看地光;狗地怪地看地沟地过地快地赶,沟地宽地过地筐地瓜地挎地哥。

在干苞谷地里的干苞谷秆儿上掰干苞谷棒,苞谷干棒掰在干苞谷地里的干苞谷秆儿上。

开垦块,快垦宽,快快开垦块块宽;块宽宽块垦快宽,垦宽块块快垦开。

何贺挥毫绘黄河,浩瀚黄河何贺绘;黄河浩瀚何贺绘,挥毫何贺黄河绘。

一堆粪,一堆灰;一堆灰,一堆粪。灰混粪,粪混灰;粪混灰,灰混粪。粪混灰来灰混粪,灰混粪来粪混灰。粪灰灰灰粪粪灰粪粪粪灰灰,粪灰灰粪灰粪粪灰灰粪粪灰灰灰粪混混肥。

发灰黑化肥,发黑灰化肥;发黑灰化肥,发灰黑化肥。黑化肥发灰,灰化肥发黑;灰化肥发黑,黑化肥发灰。黑化肥发灰会挥发,灰化肥挥发会发黑;灰化肥挥发会发黑,黑化肥发灰会挥发。黑化肥发灰挥发会花飞,灰化肥挥发发黑会飞花。

大花碗架上扣着个大花碗,大花碗底下扣着个大花活蛤蟆;大花碗架上扣着个大花碗,大花碗底下扣着个大花活河蛤蟆;大花碗架上扣着个大花碗,大花碗底下扣着个大花活海蛤蟆。

粉红墙上画凤凰,凤凰画在粉红墙;画凤凰在红粉墙,凤凰粉红墙上画。红凤凰,黄凤凰,粉凤凰,粉红凤凰,红粉凤凰,黄红凤凰,红黄凤凰,粉黄凤凰,黄粉凤凰,花凤凰。

红饭碗,黄饭碗;黄饭碗,红饭碗。红饭碗盛了满饭碗,黄饭碗盛了半饭碗;黄饭碗盛了半饭碗,红饭碗盛了满饭碗。黄饭碗添上半碗饭,就像红饭碗一样的满碗饭;红饭碗要是少盛半碗饭,也就像黄饭碗一样的半碗饭。

饭碗黄,饭碗红;饭碗红,饭碗黄。饭碗红盛了半饭碗,饭碗黄盛了满饭碗;饭碗黄盛了满饭碗,饭碗红盛了半饭碗。饭碗黄少盛半碗饭,就像饭碗红一样的半碗饭;饭碗红要是添上半碗饭,也就像饭碗黄一样的满碗饭。

会糊粉红活佛花儿和活佛花儿粉红,就糊糊粉红活佛花儿和活佛花儿粉红;不会糊粉红活佛花儿和活佛花儿粉红,就别胡糊粉红活佛花儿和活佛花儿粉红,免得糊坏了粉红活佛花儿和活佛花儿粉红。

就近几家鸡皆叫,叫惊就近寂静街;街寂静近就惊叫,叫鸡皆近就几家。

向欣溪心想学戏,虚心学戏细学习;学戏虚心需细学,习戏虚心细学戏。

斜街鞋铺协成美,前门钱店乾泰昌;门前昌泰乾钱店,美成协鞋斜铺街。

琴琴擎起氢气球,氢气球就轻轻起。氢气球起琴琴喜,气球不起琴琴气。琴琴气气球不起,气球轻起琴琴擎。

七加一,七减一,加完减完等于几?七加一,七减一,加完减完还是七。

稀奇稀奇真稀奇,麻雀踩死老母鸡,蚂蚁身长七尺七,七十七岁的老头儿躺在摇篮里。

七巷一个漆匠,西巷一个锡匠;西巷一个锡匠,七巷一个漆匠。七巷的漆匠拿了西巷锡匠的锡,西巷的锡匠也拿了七巷漆匠的漆;西巷的锡匠拿了七巷漆匠的漆,七巷的漆匠也拿了西巷锡匠的锡。七巷的漆匠气西巷的锡匠拿了漆,西巷的锡匠讥七巷的漆匠拿了锡;西巷的锡匠讥七巷的漆匠拿了锡,七巷的漆匠气西巷的锡匠拿了漆。请问漆匠和锡匠,你们究竟是谁拿了谁的漆?谁拿了谁的锡?

车床厂,出车床,出产的车床常超产。出厂车床超常产,产车床车床出厂。

床身长,船身长;船身长,床身长。床身船身船身床身不是一样长。船床身长常伸长,伸长长身床船长。

常州城里产竹床,长春车厂出汽车。汽车出厂长春厂,竹床常产常州城。

朱老师,制竹纸,朱知竹纸竹枝制。枝竹枝主竹质纸,纸质竹制竹主枝。

石诗士,识时势,时事使石诗士识时势。不识时事石诗士就不识时势,时识时事使石诗士适时时时事事识时势。

宋丛兰买了把苏州素色碎花儿的塑料伞,买素色碎花儿塑料伞的是苏州的宋丛兰。

锄长草,草成材,长草丛中出粗柴。柴粗出处丛草长,草长常锄草成材。

种紫竹,做竹桌,紫竹桌子自制作。桌子做自紫竹制,竹紫制作做竹桌。

三山撑四水,四水绕三山;四水绕三山,三山撑四水。三山四水春常在,四水三山四时春;春四时三水四山,水四山三常在春。

四是四,十是十,十是十,四是四。四十四个十四十,十四十个四十四;十四十个四十四,四十四个十四十。十四是十四,四十是四十;四十是四十,十四是十四。谁说"十四"是"时事"就打谁十四,谁说"四十"是"事实"就打谁四十;谁说"事实"是"四十"也打谁四十,谁说"时事"是"十四"也打谁十四。谁能说准四十、事实、十四、时事、四十四,就请谁来试一试。

长虫围着砖堆转,转完了砖堆钻砖堆。钻砖堆钻长虫钻,转砖堆转长虫转。

转转钻砖堆,钻钻转砖堆;钻钻转砖堆,转转钻砖堆。钻钻不愿钻砖堆,转转不愿转砖堆;转转不愿转砖堆,钻钻不愿钻砖堆。那么,转转就不转转砖堆,钻钻就不钻钻砖堆;钻钻就不钻钻砖堆,转转就不转转砖堆。

钻钻钻砖堆,转转转砖堆;转转转砖堆,钻钻钻砖堆。转转不愿钻砖堆,钻钻不愿转砖堆;钻钻不愿转砖堆,转转不愿钻砖堆。那么,钻钻就不转转砖堆,转转就不钻钻砖堆;转转就不钻钻砖堆,钻钻就不转转砖堆。

蚕常叶里藏,叶里常藏蚕;蚕藏蚕叶里,藏叶里藏蚕。叶里藏蚕蚕常藏,藏蚕常常叶里藏;常常藏蚕叶里藏,蚕藏常藏藏叶里。

粗树粗,秃树秃;秃树秃,粗树粗。粗树说粗树比秃树粗,秃树说秃树比粗树秃;秃树说秃树比粗树秃,粗树说粗树比秃树粗。粗树说粗树树粗树不秃,秃树说秃树树秃树不粗;秃树说秃树树秃树不粗,粗树说粗树树粗树不秃。

山前有个崔粗腿,山后有个崔腿粗;腿粗崔住在山上,腿崔粗住在山下。四人常常来比腿。不知是崔粗腿比崔腿粗的腿粗,还是崔腿粗比崔粗腿的腿粗;也不知是腿粗崔比腿崔粗的腿粗,还是腿崔粗比腿粗崔的腿粗?

树上有个涩柿子,树下有个石狮子;石狮子蹲在树下,涩柿子长在树上。风吹柿树唰唰响,树上掉下了涩柿子。涩柿子砸着了石狮子,石狮子碰坏了涩柿子;碰坏了涩柿子的是石狮子,砸着了石狮子的是涩柿子。

山前有四十四个小石狮子,山后有四十四棵紫色柿子树;山后有四十四棵紫色柿子树,山前有四十四个小石狮子。山前的四十四个小石狮子吃了山后的四十四棵紫色柿子树的涩柿子,不是山后的四十四棵紫色柿子树的涩柿子把山前的四十四个小石狮子给涩死了,就是山前的四十四个小石狮子被山后的四十四棵紫色柿子树的涩柿子给涩死了。

四十四个字和词,组成一组子词丝的绕口词:桃子李子梨子栗子橘子柿子榛子槟子,栽满院子村子和寨子;刀子斧子锯子凿子锤子锛子刨子尺子,做出桌子椅子和箱子;名词动词数词量词代词助词副词连词,造成语词诗词和唱词;蚕丝生丝熟丝缫丝染丝晒丝纺丝织丝,自制粗丝细丝人造丝。

二、以韵母为训练目的的绕口令

墙上挂面鼓,鼓上画老虎。老虎抓破鼓,拿块破布补。不知是破布补破鼓,还是破布补老虎。

楼上一块破瓦,楼下一匹骡马。破瓦落下来打着了骡马,骡马跳起来踩着了破瓦。

树上卧只猴儿,树下蹲条狗。猴儿跳下来撞着了狗,狗翻起身来咬住猴儿。猴儿撞狗,狗咬猴儿,狗咬猴儿,猴儿撞狗。不知到底是猴儿撞了狗,还是狗咬了猴儿。

白石白又滑,白滑白石塔,搬来白石搭白塔,石塔白滑白石搭。白石塔,白石搭,白石搭,白石塔。白石搭石塔,白塔白石搭;白塔白石搭,白石搭石塔。搭得好白石塔,白塔白又滑;搭不好白石塔,白塔白滑也白搭。

咬牛奶,喝面包,夹着火车上皮包。东西街,南北走,出门看见人咬狗。拿起狗来打砖头,又怕砖头咬了手。

牛牛要吃河边柳,妞妞儿赶牛牛不走;妞妞儿护柳扭牛头,牛牛扭头儿瞅妞妞儿;妞妞儿怒牛牛又扭,牛扭妞妞儿拗拧牛。

大雁过雁塔,雁塔留雁雁不落;小鱼入渔网,渔网捕鱼鱼难逃;看我非我,我看我我亦非我;装谁像谁,谁装谁谁就像谁。

嘴说腿,腿说嘴;腿说嘴,嘴说腿。嘴说腿爱跑腿,腿说嘴爱卖嘴。一个动嘴不动腿,一个动腿不动嘴。动嘴的不动腿,动腿的不动嘴,不如不长嘴和腿。应当动嘴也动腿。

水中映彩霞,水面游花鸭。霞是五彩霞,鸭是麻花鸭。麻花鸭游进五彩霞,五彩霞网住麻花鸭。

一位爷爷他姓顾,上街打醋又买布。买了布,打了醋,回头看见鹰抓兔。放下布,搁下醋,上前去追鹰和兔。结果是飞了鹰,跑了兔,洒了醋,湿了布。

哥哥弟弟坡前坐,坡上卧着一只鹅,坡下流着一条河。哥哥说:宽宽的河;弟弟说:白白的鹅。鹅要过河,河要渡鹅。不知是鹅过河,还是河渡鹅。

正月到姑家,姑家未种瓜;二月到姑家,姑家正种瓜;三月到姑家,姑家瓜发芽;四月到姑家,姑家瓜开花;五月到姑家,姑家长成瓜;六月到姑家,姑家正吃瓜。

东门童家,门东董家,童董两家同种冬瓜。东门童家知道门东董家冬瓜大,到门东董家学种冬瓜。门东董家懂种冬瓜,来教东门童家种冬瓜。童家董家都懂得种冬瓜,董童两家的冬瓜比桶大。

九月九,九月九,九个酒友来喝酒。九个酒杯九杯酒,九个酒友喝九口。喝罢九口酒,又倒九杯酒。九个酒友端起酒,咕咚咕咚又九口。九杯酒,酒九口,九个酒友醉了酒。

华华园里有株藤萝花,佳佳园里有株喇叭花。佳佳的喇叭花绕住了华华的藤萝花,华华的藤萝花缠住了佳佳的喇叭花。也不知是藤萝花先绕住了喇叭花,还是喇叭花先缠住了藤萝花。

梁上有两对倒吊鸟儿,泥里有两对鸟儿倒吊;鸟儿倒吊泥里有两对,倒吊鸟儿两对在梁上。梁上的两对倒吊鸟儿惦记着泥里的两对鸟儿倒吊,泥里的两对鸟儿倒吊也惦记着梁上的两对倒吊鸟儿。

一葫芦酒,九两六;一葫芦油,六两九。一葫芦油,六两九;一葫芦酒,九两六。六两九的油要换九两六的酒,九两六的酒不换六两九的油;九两六的酒也要换六两九的油,六两九的油也不换九两六的酒。

营房里出来两个排,直奔正北菜园来。一排浇菠菜,二排砍白菜。一排浇完了菠菜,又把八百八十八棵大白菜掰下来;二排砍完白菜,把一排掰下来的八百八十八棵大白菜背回来。

铜勺舀热油,铁勺舀凉油;铁勺舀热油,铜勺舀凉油。铜勺舀了热油舀凉油,铁勺舀了凉油舀热油;铁勺舀了热油舀凉油,铜勺舀了凉油舀热油。一勺热油一勺凉油,一勺凉油一勺热油,热油凉油凉油热油凉油热油热油凉油它都是油。

初八十八二十八,八个小孩儿把萝卜拔。你也拔,我也拔,看谁拔得多,看谁拔得大。你拔得不多个儿不小,我拔得不少个儿不大。一个萝卜一个坑儿,算算多少用车拉。一个加俩,俩加仨,七十二个加十八,拿个算盘打一打,一百差俩九十八。

六十六岁的刘老六,修了六十六座走马楼。楼上摆了六十六瓶苏合油,门前栽了六十六棵垂杨柳,柳下拴了六十六个大马猴儿。忽然一阵狂风起,吹倒了六十六座走马楼,打翻了六十六瓶苏合油,压倒了六十六棵垂杨柳,吓跑了六十六个大马猴儿,气走了六十六岁的刘老六。

小娇娇儿吃饺饺儿,娇娇儿老吃小饺饺儿;麻妈妈问妈妈,妈妈老问麻妈妈;老姥姥问姥姥,姥姥老问老姥姥。山羊上山山挂山羊角,水牛下水水没水牛腰,沙马行沙沙打沙马腿,草驴驮草草压草驴腰,妈妈骑马马慢妈妈骂马,妞妞儿骑牛牛拗妞妞儿扭牛,姥姥喝酪酪落姥姥捞酪,舅舅架鸠鸠飞舅舅揪鸠。

刘老六家住柳林镇的六号楼。这一天,来了个牛老六,牵了六只猴儿;来了个侯老六,拉了六头牛;来了个仇老六,提了六篓油;来了个尤老六,背了六匹绸。牛老六、侯老六、仇老六、尤老六,住上了刘老六的六号楼。半夜里,牛抵猴儿,猴儿斗牛。撞洒了仇老六的油,油坏了尤老六的绸。牛老六帮仇老六收起油,侯老六帮尤老六洗掉绸上油。他们拴好牛,看好猴儿,一同上楼去喝酒。

东街一座彩虹楼,楼上两人打拳头。拳头打,打拳头。来了一个人,拉来一头牛,将牛拴在楼脚下,看他两人打拳头。拳头打,打拳头。又来了一个人,牵来一只猴儿,将猴儿放在牛脚下,看他两人打拳头。拳头打,打拳头。又来了一个人,挑了一担油,将油放在猴儿脚下,看他两人打拳头。拳头打,打拳头。又来了一个人,挑了一担绸,将绸放在油脚下,看他两人打拳头。拳头打,打拳头,拳打拳头打拳头;打拳头,拳头打,打打拳头打拳头。两人打垮了彩虹楼,楼垮了压倒牛,牛一蹲蹲倒猴儿,猴儿一抓抓倒油,油一泼泼上绸。绸要油卖油买绸来赔绸;油要猴儿卖猴儿买油来赔油;猴儿要牛卖牛买猴儿来赔猴儿;牛要楼卖楼买牛来赔牛。直问得绸扯油来油扯猴儿,猴儿扯牛来牛扯楼。

一只青蛙一张嘴,两只眼睛四条腿,扑通一声跳下水。两只青蛙两张嘴,四只眼睛八条腿,扑通扑通跳下水。三只青蛙三张嘴,六只眼睛十二条腿,扑通扑通扑通跳下水。四只青蛙四张嘴,八只眼睛十六条腿,扑通扑通扑通扑通跳下水。五只青蛙五张嘴,十只眼睛二十条腿,扑通扑通扑通扑通扑通跳下水。六只青蛙六张嘴,十二只眼睛二十四条腿,扑通扑通扑通扑通扑通扑通跳下水。七只青蛙七张嘴,十四只眼睛二十八条腿,扑通扑通扑通扑通扑通扑通扑通跳下水。八只青蛙八张嘴,十六只眼睛三十二条腿,扑通扑通扑通扑通扑通扑通扑通扑通跳下水。九只青蛙九张嘴,十八只眼睛三十六条腿,扑通扑通扑通扑通扑通扑通扑通扑通扑通跳下水。十只青蛙十张嘴,二十只眼睛四十条腿,扑通扑通扑通扑通扑通扑通扑通扑通扑通扑通跳下水。

打南边儿来了个喇嘛,手里提拉着五斤鳎目;打北边儿来了个哑巴,腰里别着个喇叭。提拉鳎目的喇嘛要拿鳎目换别喇叭的哑巴的喇叭,别喇叭的哑巴不愿意拿喇叭换提拉鳎目的喇嘛的鳎目。提拉鳎目的喇嘛急了抡起鳎目打了别喇叭的哑巴一鳎目,别喇叭的哑巴也急了摘下喇叭打了提拉鳎目的喇嘛一喇叭。也不知是提拉鳎目的喇嘛打了别喇叭的哑巴一鳎目,还是别喇叭的哑巴打了提拉鳎目的喇嘛一喇叭。到后来,喇嘛回家炖鳎目,哑巴站那儿嘀嘀嗒嗒吹喇叭。

三、以前后鼻音为训练目的的绕口令

藤绳挂风灯,风灯挂藤绳。风猛风增藤绳灯,藤绳风灯风猛增。灯碰藤绳绳碰灯,藤绳碰灯猛增风。

河里有只船,船上挂白帆。风吹帆张船向前,无风帆落停下船。

任命是任命,人名是人名。任命、人名不能错,错了人名就下错了任命。

十字路口三色灯,黄红绿灯要分清。红灯停,绿灯行,见了黄灯等一等。

天上有银星,星旁有阴云。阴云要遮银星,银星躲过阴云不让阴云遮银星。

军爱民,民拥军,民军心连心,军民并肩进。军民团结如一人,军民鱼水情谊深。

同姓不能念成通信,通信也不能念成同姓。同姓的可以相互通信,通信的可不一定是同姓。

姓陈不能说成姓程,姓程也不能说成姓陈。禾木是程,耳东是陈。程陈分不开,当心认错人。

天连水,水连天,水天一色望无边。蓝蓝的天似绿水,绿绿的水如蓝天。到底是天连水,还是水连天?

蒋家羊,杨家墙;杨家墙,蒋家羊。蒋家羊撞倒了杨家墙,杨家墙压死了蒋家羊。杨家要蒋家赔墙,蒋家要杨家赔羊。

玲玲摇银铃,银铃丁零零;玲玲不摇铃,银铃不丁零。银铃丁零零是玲玲摇银铃,银铃不丁零是玲玲没摇铃。

真冷,真冷,真正冷！冷冰冰,冰冰冷,人人都说冷。猛的一阵风,更冷。说冷也不冷,人能战胜风,更能战胜冷。

蒜拌面,面拌蒜;面拌蒜,蒜拌面。吃蒜拌面算蒜瓣儿,才算吃了蒜拌面;吃蒜拌面不算蒜瓣儿,就不算吃了蒜拌面。

辛厂长,申场长,同乡不同行。辛厂长声声讲生产,申场长常常闹思想;辛厂长一心只想着革新厂,申场长却满口只讲加薪饷。

天上一颗星,地上一个人。星照人,人瞧星,星照不清人,人瞧不清星。

小光和小刚,抬着水缸上山岗。上山岗,歇歇凉,拿起竹竿玩儿打仗。乒乒乒,乓乓乓,打来打去砸了缸。小光怪小刚,小刚怪小光,小光小刚都怪竹竿和水缸。

洪家地下有个棚,冯家房上有个瓶。冯洪两家猫打架,弄倒了洪家的棚,打碎了冯家的瓶。冯家要赔洪家的棚,洪家要赔冯家的瓶。不知是冯家赔了洪家的棚,还是洪家赔了冯家的瓶。

墙上一根钉,钉上挂条绳,绳下吊个瓶,瓶下放盏灯。掉了墙上钉,脱掉钉上绳,滑落绳下瓶,打碎瓶下灯。瓶打灯,灯打瓶,瓶说灯,灯骂绳,瓶说绳,绳说钉。

山前住着个严圆眼,山后住着个严眼圆;山后住着个严眼圆,山前住着个严圆眼。二人山前来比眼。不知是严圆眼比严眼圆的眼圆,还是严眼圆比严圆眼的眼圆;也不知是严眼圆比严圆眼的眼圆,还是严圆眼比严眼圆的眼圆。

东庄住着个殷英敏,西庄住着个应尹明。应尹明挖蚯蚓,殷英敏抓苍蝇。不管天阴或天晴,两人工作都不停。为了比辛勤,两人通了信,要看谁行谁不行。不知是殷英敏抓的苍蝇多过应尹明的蚯蚓,还是应尹明抓的蚯蚓多过殷英敏的苍蝇。

抬头看,满天星;低头看,有个坑;坑里看,冻着冰;冰上看,有棵松;松上看,落着鹰;屋里看,一老僧;僧前看,有本经;经前看,点着灯;墙上看,钉着钉;钉上看,挂着弓。看着看着迷了眼,西北连天刮大风。说大风,好大风。刮散了满天星,刮平了地上坑,刮化了坑里冰,刮倒了冰上松,刮跑了松上鹰,刮走了一老僧,刮飞了僧前经,刮灭了经前灯,刮掉了墙上钉,刮崩了钉上弓。霎时间,只刮得星散、坑平、冰化、松倒、鹰飞、僧走、经翻、灯灭、钉掉、弓崩。

四、以儿化韵为训练目的的绕口令

一个半罐儿是半罐儿,两个半罐儿是一罐儿,三个半罐儿是一罐儿半,四个半罐儿是两罐儿,五个半罐儿是两罐儿半,六个半罐儿是三满罐儿,七个、八个、九个半罐儿,请你算算是多少罐儿。

一个小孩儿叫小三儿,挑着个水桶上庙台儿,摔了个跟头儿拾了个钱儿。他又买醋又买盐儿,还买了个小饭碗儿。这个小饭碗儿真好玩儿,没有边儿没有沿儿,中间儿有个小眼儿眼儿。

一个小孩儿叫小兰儿,挑着个水桶上庙台儿,摔了个跟头儿捡了个钱儿。她又买醋又买盐儿,还买了个小饭碗儿。这个小饭碗儿真好玩儿,没有边儿没有沿儿,中间儿有个小红点儿。

进了门儿,倒杯水儿,喝了两口儿运运气儿,顺手拿起了小唱本儿,我唱了一曲儿又一曲儿。练完嗓子我练嘴皮儿,绕口令儿,练字音儿,还有单弦儿牌子曲儿小快板儿和大鼓词儿,越说越唱我越带劲儿。

附录二 传统贯口

小孩子

在想当初,大宋朝文彦博幼儿倒有灌穴浮球之智,司马温公倒有破瓮救儿之谋,汉孔融四岁就懂让梨之礼,十三郎五岁朝天,唐刘晏七岁举翰林,汉黄香九岁温席奉亲,秦甘罗一十二岁有宰相之才。那吴周瑜七岁学文,九岁习武,一十三岁官拜水军都督,统带千军万马,执掌六郡八十一州之兵权;使苦肉,献连环,借东风,借雕翎,火烧战船,使曹操望风鼠窜,险些命丧江南。虽有卧龙、凤雏之相帮,那周瑜也算小孩子当中之魁首。

忠厚人

后汉三国有一位忠厚人,此人姓鲁,名肃,字子敬。只皆因刘备当阳大败,夏口屯兵。鲁肃同孔明过江东,舌战群儒,对周瑜念《铜雀台赋》,言说曹操下江东所为二乔,以乐晚景。气坏周公瑾,那周瑜才与曹操势不两立。阚泽下书,怒打黄盖,庞统献连环之计,周瑜用火攻。只皆因欠东风,周郎身染重病。南屏山借东风。周瑜密差丁奉、徐盛去杀孔明。赵子龙箭射篷绳,孔明才得活命。火烧战船,曹兵大败,荆襄九郡俱为刘备占领。到后来屡讨荆州,刘备总是不还,竟自难为鲁子敬。那金圣叹老先生批三国说:"鲁子敬是一位忠厚人也。"

不是人

想当初后汉三国有位不是人,姓曹,名操,字孟德。自赤壁一败,行至华容小道,忽听一棒铜锣,闪出一哨人马。当先一将:卧蚕眉,丹凤眼,胯下赤兔马,手持青龙刀,乃圣贤关公也。曹操说:"你我今狭路相逢,放我一命。"圣贤全其大义,放他一命。曹操在马上回思旧景:"想当初在我帐下,三日一小宴,五日一大宴,上马金,下马银。到如今落得叫他放我一命,我真乃不是人也。"

浑人

秦始皇命王翦并吞六国,在夜间偶得一梦,梦见黑娃娃白娃娃双夺日月,惊醒后心中忐忑不安,恐怕江山落于他人之手。遂下旨意,南修五岭,东填大海,北造万里长城,以防匈奴。不想江山传至二世胡亥之手,就有楚汉相争之事。自鸿门宴刘邦赴会,项伯、项庄拔剑助舞。鸿门宴多亏大将樊哙,保走刘邦。楚、汉两路进兵,以咸阳为定,先到咸阳为君,后到咸阳为臣。此时有一人姓韩名信,先投霸王,霸王只以执戟郎授之。后张良卖剑访韩信,劝他投奔刘邦。果然登台拜帅,在九里山前设下十面埋伏,困住楚霸王。前有乌江拦路,后面韩信追兵甚紧。霸王正在危急之中,只见江面飘飘来一小舟。霸王摆手唤之道:"我乃西楚霸王是也,你将孤渡过江岸,见着父老乡民,孤家二次领兵征讨。那时我若成事,必封尔公卿之位。"船家闻听,抱拳当胸,口称:"千岁听真,只因我这渔船窄小,您那枪沉马大,渡千岁不能渡枪马,渡枪马不能渡千岁,望千岁酌量之。"霸王笑道:"那有何难,先渡枪马过岸,再渡孤家不迟。"说话之时,小船拢岸,将枪马牵于船上,船篙一撑,船离江岸,直奔江心。船家高声喝道:"咄,西楚霸王重瞳项羽听真:休拿某家当一打鱼之人,我乃韩元帅帐下将吕马童是也。奉我家元帅将令,在此等候于你,骗你枪马。你虽有拔山盖世之力,掌中无枪,胯下无马,如失去手足一般,难道说你要死在韩信之手乎?还不拔剑自刎,等待何时?"霸王闻听,顿足捶胸:"想当年悔不听亚父范增之言,今日处此地位,看来我真乃一浑人也。"

莽撞人

后汉灵帝之时,涿州有一人姓张名飞字翼德。为人慷慨,禀性刚直,身高八尺,膀阔三停,面如润铁,浓眉环眼,声如巨雷,势如奔马。时年方二十,恰黄巾起事,国家挂榜招贤,张飞正欲投军之际,巧遇刘玄德、关云长。三人一见,意气相投,遂在桃园结义。自结义以来,招募义兵,大破黄巾。到后来讨董卓,战吕布,失徐州,依袁术,败汝南,投刘表,兵屯新野,收徐庶,取樊城,徐元直走马荐诸葛,刘玄德三顾茅庐。卧龙出山,博望坡前,夏侯十万大兵,片甲不存,与曹操结下仇恨。曹操带领八十三万人马,亲下江南,欲图报复。刘玄德因寡不敌众,乃弃新野,走樊城,且战且走。这一日,败至在当阳县,长坂桥前,只有张飞一人殿后。张飞传令下去,随行二十余骑砍下树枝,拴在马毛之上,在树林之中来往奔驰,所为搅起尘土,故作疑兵。张三爷匹马单枪,桥头之上等候曹兵。少时,曹操带兵追到,见桥头之上只有张飞一人,后面树林之中尘土大作,疑有埋伏,不敢轻举妄动。传令压住阵脚。只见张飞圆睁环眼,厉声大喝道:"我乃燕人张翼德也,谁敢前来与我决一死战?"声如巨雷。曹操闻之,回顾左右曰:"昔日白马坡前,曾闻关公言道:'张飞千军万马中取上将首级,如探囊取物。'今日相逢,不可轻敌。"言犹未绝,张飞又喝道:"燕人张翼德在此,谁敢来前决战?"曹操闻听,心中害怕,颇有退意。张飞遥见曹军阵脚移动,挺矛又喝曰:"尔等战又不战,退又不退,是何道理?"喝声未绝,只吓得曹操身旁大将夏侯杰肝胆俱裂,坠马而死。曹操拨马便走,众将一拥而退,人如潮涌,马似山崩,自相践踏,死者不计其数。后人有诗赞之曰:"长坂桥头杀气生,横枪立马眼圆睁,一声好似轰雷震,独退曹家百万兵。"张飞见曹军大退,不敢去追,传令随行摘去马尾松枝,将坂桥拆断,回见玄德,述说以往。玄德叹曰:"贤弟勇则勇矣,可惜失于计算。那曹操素多好诈,汝今拆断桥梁,他知你无兵胆怯,势必卷土重来。彼率百万之众,虽涉江汉,可填而渡,岂惧一桥之断耶?"张飞闻听,后悔不及,顿足言道:"我真乃一莽撞人也!"

贯口集纳训练

数九寒天冷嗖嗖,转年春打六九头;正月十五是龙灯会,有一对狮子滚绣球;三月三王母娘娘蟠桃儿会,孙猴儿又把那仙桃儿偷;五月初五是端阳日,白蛇许仙不到头;七月七传说是天河配,牛郎织女泪双流;八月十五云遮月,月里的嫦娥犯了愁。

要说愁,咱们净说愁,唱一段绕口令的十八愁:狼也愁,虎也愁,象也愁,鹿也愁,骡子也愁马也愁;猪也愁,狗也愁,牛也愁,羊也愁,鸭子也愁鹅也愁;蛤蟆愁,螃蟹愁,蛤蜊愁,乌龟愁,鱼愁虾愁个个愁。虎愁不敢把高山下,狼愁野心耍滑头,象愁脸憨皮又厚,鹿愁长了一对大犄角,马愁鞴鞍行千里,骡子愁的是一世休;羊愁从小把胡子长,牛愁本是犯过牛轴,狗愁改不了净吃屎,猪愁离不开臭水沟,鸭子愁扁了它的嘴,鹅愁脑门儿上长了个"锛儿喽"头;蛤蟆愁了一身脓疱疥,螃蟹愁的本是净横搂,蛤蜊愁闭关自守,乌龟愁胆儿小净缩头,鱼愁离了水不能游,虾愁空枪乱扎没个准头儿。

说我诌,我就诌,闲来没事儿我溜溜舌头。我们那儿有六十六条胡同口儿,住着位六十六岁的刘老六,他家里有六十六座好高楼。楼上有六十六篓桂花油,篓上蒙着六十六匹绿绉绸,绸上绣着六十六个大绒球;楼下钉着六十六根檀木轴,轴上拴着六十六头大青牛,牛旁蹲着六十六个大马猴儿。六十六岁的刘老六,坐在门口儿啃骨头。

这时候儿,打南边儿来了一条狗,这条狗,好眼熟,它好像是大大妈妈家的大大妈妈脑袋、大大妈妈眼睛、大大妈妈耳朵、大大妈妈尾巴、大大妈妈家的鳌头狮子狗。打北边儿又来了一条狗,这条狗,嘿!又眼熟。它好像是二大妈妈家的二大妈妈脑袋、二大妈妈眼睛、二大妈妈耳朵、二大妈妈尾巴、二大妈妈家的鳌头狮子狗。两条狗打架抢骨头,打成仇。吓跑了六十六个大马猴儿,吓惊了六十六头大青牛,拉折了六十六根檀木轴,拉倒了六十六座好高楼,洒了六十六篓桂花油,油了六十六匹绿绉绸,脏了六十六个大绒球。

这时候儿,打南边儿来了个气不休,拿着土坯头来砍狗的头,也不知是气不休的土坯头砍了狗的头,还是狗的头碰坏了气不休的土坯头。打北边儿又来了个秃妞妞儿,拿着个油篓来套狗的头,也不知是秃妞妞儿的油篓套住了狗的头,还是狗的头钻了秃妞妞儿的油篓口。狗啃油篓篓漏油,狗不啃油篓篓不漏油。

什么上山吱扭扭?什么下山乱点头?什么有头没有尾?什么有尾没有头?什么有腿儿家中坐?什么没腿儿游九州?赵州桥什么人修?玉石栏杆什么人留?什么人骑驴桥上走?什么人推车轧了一道沟?什么人扛刀桥上站?什么人勒马看春秋?什么人白?什么人黑?什么人胡子一大堆?什么圆圆在天边?什么圆圆在眼前?什么圆圆长街卖?什么圆圆道两边?什么开花节节高?什么开花猫着腰?什么开花无人见?什么开花一嘴毛?什么鸟穿青又穿白?什么鸟穿出皂靴来?什么鸟身披十样锦?什么鸟身披麻布口袋?双扇门儿,单扇开,我破的谜儿自己猜。车子上山吱扭扭,瘸子下山乱点头,蛤蟆有头没有尾,蝎子有尾没有头。板凳儿有腿儿家中坐,小船儿没腿儿游九州。赵州桥,鲁班修,玉石栏杆圣人留。张果老骑驴桥上走,柴王推车轧了一道沟。周仓扛刀桥上站,关公勒马看春秋。罗成白,敬德黑,张飞胡子一大堆。月亮圆圆在天边,眼镜儿圆圆在眼前,烧饼圆圆长街卖,车轱辘圆圆道两边。芝麻开花节节高,棉花开花猫着腰,藤子开花无人见,玉米开花一嘴毛。喜鹊穿青又穿白,乌鸦穿出皂靴来,野鸡身披十样锦,鹨丽儿身披麻布口袋。

一道儿黑,两道儿黑,三四五六七道儿黑,八九道儿黑十道儿黑。买个烟袋乌木杆儿,抓住两头儿一道儿黑。二姐描眉去打鬓,照着镜子两道儿黑。粉皮墙上写川字儿,横瞧竖瞧三道儿黑。象牙的桌子乌木腿儿,放在炕上四道儿黑。买个小鸡儿不下蛋,圈在笼里捂到儿(五道儿)黑。挺好的骡子不吃草,拉到街上遛到儿(六道儿)黑。买头小驴儿不套磨,备上鞍辔骑到儿(七道儿)黑。姐俩儿南洼儿去割麦,丢了镰刀拔到儿(八道儿)黑。月窠儿的孩子得了疯病,点起艾子灸到儿(九道儿)黑。卖瓜子儿的没注意,唰拉撒了一大堆,笤帚簸箕不凑手,一个一个拾到儿(十道儿)黑。

正月里,正月正,姐妹二人去逛灯,大姐名叫粉红女,二姐名叫女粉红。粉红女身穿一件粉红袄,女粉红身穿一件袄粉红。粉红女怀抱一瓶粉红酒,女粉红怀抱一瓶酒粉红。姐俩儿找个无人处,推杯换盏饮刘伶。女粉红喝了粉红女的粉红酒,粉红女喝了女粉红的酒粉红,粉红女喝了一个酩酊醉,女粉红喝了一个醉酩酊。女粉红揪着粉红女就打,粉红女揪着女粉红就拧。女粉红撕了粉红女的粉红袄,粉红女也撕了女粉红的袄粉红。姐俩儿打罢落下手,自己买线自己缝。粉红女买了一条粉红线,女粉红买了一条线粉红。粉红女是反缝缝儿缝粉红袄,女粉红是缝反缝儿缝袄粉红。

出南门,面正南,有个面铺面冲南。门上挂着个蓝布棉门帘。摘了蓝布棉门帘,看了看面铺面冲南;挂上蓝布棉门帘,瞧了瞧,面铺还是面冲南。

出西门,走七步,拾到鸡皮补皮裤。是鸡皮补皮裤,不是鸡皮就不必补皮裤。

我家有个肥净白净八斤鸡,飞到张家后院儿里。张家院儿有个肥净白净八斤狗,咬了我的肥净白净八斤鸡。我拿他的肥净白净八斤狗赔了我的肥净白净八斤鸡。

打南边儿来了个瘸子,挑了一担子茄子,手里托着个碟子,地下钉着木头橛子。没留神儿那橛子绊倒了瘸子,弄撒了瘸子的茄子,砸了瘸子的碟子,瘸子猫腰拾茄子。打北边儿来个醉老爷子,腰里披着个烟袋别子,过来要买瘸子的茄子。瘸子不卖给醉老爷子茄子,老爷子一生气抢了瘸子的茄子,瘸子猫腰捡茄子,拾碟子,拔橛子,追老爷子;老爷子一生气,不给瘸子茄子,从腰里抽出烟袋别子;也不知是手拿烟袋别子的老爷子打了挑茄子的瘸子,还是挑茄子的瘸子打了手拿烟袋别子的老爷子。

闲来没事儿出城西,树木椰林数不齐。一二三四五六七,七六五四三二一,六乘四,三二一,五四三二一,四三二一三二一,二一一,一个一,数了半天一棵树,一棵树长了七个枝,七个枝结了七样果,结的是槟子、橙子、橘子、柿子、李子、栗子、梨!

附录三 60分钟练声方案

结合气息、声带的控制及口部操,开列一张约60分钟的声音训练计划表,作为晨练的方案。每天可以根据自己的情况有选择、有针对性地组合操练。

1. 气泡音:闭口和张口共10秒。

2. 轻度哼鸣:10秒。

3. 膈肌训练(狗喘气):闭口1分钟,改良的"嘿""哈"共30秒。

4. 快吸慢呼:4次,1分钟。

5. "丝""衣""啊""呜""吁"——音:各20秒。

6. 搓脸:10秒。

7. 转颈:10次,10秒。

8. 松下巴:10秒,用"牙疼"的状态。

9. 提颧肌:手辅和自行交替进行,10次,10秒。

10. 咀嚼:闭、张口各20次,20秒。

11. 半打哈欠:5次,5秒。

12. 鼓腮:双唇紧闭或用手捏住双唇,逐渐给口中加压充气,撑满。(1)左右一起鼓撑,10秒。(2)左右变换鼓撑,10秒。

13. 裹腮:(1)左右一起裹;(2)左右变换裹。10秒。

14. 撮唇:10次,10秒。

15. 合口左右噘唇:10次(左、右为一次),20秒。

16. 转唇:88拍,20秒。

17. 双唇裹响:30次,10秒。

18. 弹唇:30秒。

19. b本音:30次,30秒。

20. ba音:30次,30秒。

21. bababababa……:30秒。

22. 顶腮:20次,20秒。

23. 刮舌:20次,20秒。

24. 伸卷舌:10次,10秒。

25. 立舌:10次,10秒。

26. 转舌:88拍,30秒。

27. 弹舌:30秒。

28. d本音:30次,30秒。

29. da音:30次,30秒。

30. dadadada……:30秒。

31. g本音:30次,30秒。

32. ga音:30次,30秒。

33. gagagaga……:30秒。

34. ge音:30次,30秒。

35. 数"数儿":3分钟(见本教材第205页)。

36. 数"葫芦":20秒(见本教材第207页)。

37. 数"枣儿":1分钟(见本教材第207页)。

38. 数"旗":20秒(见本教材第207页)。

39. 数"葫芦瓢":40秒(见本教材第207页)。

40. 利用21个声母与元音a、o、e、i、u、ü构成的音节结合气息控制做声调绕音训练:6分钟(见本教材第209页)。

41. 利用非送气塞音声母b、d、g与元音a结合成的音节做声调绕音训练:一口气数完,30秒(见本教材第211页)。

42. 利用送气塞音声母p、t、k与元音a结合成的音节做声调绕音训练:一口气数完,30秒(见本教材第215页)。

43. 喊操:变换节奏进行,1分钟。

44. 绕口令训练:25分钟(见本教材第254页)。

45. 古今诗文片段:自选,5分钟(见《古诗词诵读》《古文诵读》等)。

主要参考书目

张颂. 中国播音学[M]. 修订版. 北京:中国传媒大学出版社,2009.
徐世荣. 普通话语音知识[M]. 北京:文字改革出版社,1980.
许宝华,汤珍珠. 语音[M]. 上海:上海教育出版社,1981.
黄伯荣,廖序东. 现代汉语[M]. 兰州:甘肃人民出版社,1981.
胡裕树. 现代汉语[M]. 北京:上海教育出版社,1979.
王力. 汉语史稿[M]. 北京:中华书局,1980.
陈原. 社会语言学[M]. 上海:学林出版社,1983.
周殿福. 艺术语言发声基础[M]. 北京:中国社会科学出版社,1980.
徐恒. 播音发声学[M]. 北京:北京广播学院出版社,1980.

后　记

《播音主持语音发声训练教程》是为播音与主持艺术专业的学生编写的普通话语音及艺术发声学习训练的专业基础教材。它以现代汉语语音教学体系为基本纲目，结合播音员、主持人用气发声训练的专业性技巧，辅以汉语字、词、短语、绕口令、贯口等训练素材，将语音理论与实际发声融会贯通，使之既能汇集"普通话语音"和"播音发声"两门课程教学体系的精华，又具有较强的实用价值。与同类图书相比，本教程更注重的是两门课程在实际运用中的经验总结和操作提示，内容取舍、行文阐释、选词用例都兼顾了专业性和通俗性。

普通话语音课程和播音发声课程一直以来都被视为播音与主持艺术专业的两门核心基础课程，都安排在第一学期或第一学年，目的是使学生一方面掌握普通话语音的规范性、准确性，另一方面掌握能够进行声音塑造的艺术性。改革开放30多年来，伴随着广播电视事业的发展，播音主持艺术新的表现领域日益拓展，新的表现形态和样式不断涌现，尤其是主持人节目等很多实践性强的专业技巧在与时俱进地滋生着、改变着、更新着，普通话语音和用气发声理论也以其基础性的专业特质稳健地丰实着、推进着，并深刻影响着播音主持艺术的建设和前行。前沿形态出新之必然，催生并带动着基础教学形态做出适应、调整和变革。尽管普通话语音和用气发声理论教学不会直面播音主持实践的诸多变数，但是提高教学水平，健全理论研究的体系，一直是我辈肩负的使命所在。

作者对于两门课程的兴趣和研究始于1982年。时山东省广播电视学校第一期在职播音员培训班举办，我们在播音工作一线的年轻人登上三尺讲台，凭借刚在大学里学到的知识，现买现卖式地"教"起课来。自那时起开始积累教学经验及训练素材，从1992年出版50万字《普通话语音教程》，到2004年出版70万字《实用普通话》，加上今次，

后 记

20 年时间教材体系改编了 3 次,也一步步在充实、完善和精进。

  2008 年秋,作者受山东省广播电影电视局之命借调到山东传媒职业学院筹备组建播音主持系,成为该校播音主持学科学术带头人,教学、管理之余,有机会又结合播音主持教学一线课程设计、学生训练的实际,重新将原有的理论框架拆解、建构、整合,去芜存菁,推陈出新,将语音发声训练讲义推及出来,力争能更全面、更系统、更切实地照应到普通话语音和用气发声教学训练的整体面貌。作者所期待的不仅仅是学生及社会的认可,更觉得有义务有责任为中国播音主持学理论的丰富和完善聊尽绵薄之力。当然也希望此教材成为在职播音员主持人、各级各类教育工作者、学生、演艺人员、公关礼仪人员、旅游服务接待人员、汉语留学生及社会各界人士提高语言修养和学习、使用普通话,训练发声技巧的参考用书。

  中国传媒大学是中国传媒类院校的最高学府,中国传媒大学出版社是传媒类图书的权威出版机构。这次承蒙青睐能够连同自己的《播音员主持人汉字读音手册》《古诗词诵读》《古文诵读》一并付梓,感佩之余又生出许多感想。赵欣老师从选题、约稿、立项到设计,并与李艳华老师修改、校对书稿,付出了心智、心力、心血,其敬业、乐业、职业的工作精神,其严谨、细致、负责的工作态度,其精湛、深厚、专业的语言学养只有个中人知。成书之际,诚愿借文页一角真心地向她们道声辛苦,致谢并致敬。

作者谨识

2011 年 8 月

于山东传媒职业学院